KB071443

직업상담학

Job Counseling

송관재 · 김범준 · 이재창 · 이기학 공저

학지사

머리말

　사람들은 모두 직업을 갖고 살아간다. 근무형태나 일하는 방식은 다르지만, 개인마다 직업이 있다. 직업은 생계를 유지하기 위하여 자신의 적성과 능력에 따라 일정한 기간 동안 계속하여 종사하는 일로 정의되지만, 단순히 생계를 위한 것만은 아니다. 직업은 개인의 신분이나 지위를 나타내기도 하고, 개인이 지닌 다양한 욕구를 충족시켜 주는 기능도 한다. 행복은 대부분 끊임없이 계속되는 일과 그것에 의거한 행복으로 이루어진다는 말도 있다. 직업은 개인의 삶에 없으면 안 되는 필수적인 요소이다.

　일의 세계의 변화로 인해 직업과 관련하여 상담을 필요로 하는 사람들이 많아지고 있다. 상담의 유형도 다양해져 취업상담부터 전직상담, 직업복귀상담, 은퇴상담, 재활직업상담, 직업적응상담, 심층직업상담, 구인자상담, 구직자상담, 창업준비상담, 다문화직업상담 등 상당히 다양한 형태의 상담 유형이 나타나고 있다. 직업상담은 초기에 주로 직업복귀상담에 초점을 두었다. 정신적으로나 사회적 · 경제적으로 장애를 가진 사람들을 돕기 위해 직업상담이 필요했다. 그러나 고용상황과 실업의 문제에 국가가 적극적으로 나서 문제를 해결하려고 하면서 직업상담의 영역이 확장되고 있다. 또한 이직이나 전직, 은퇴 후에도 계속 직업을 가지려는 사람들이 많아지고 있고, 전업주부나 군인, 다문화 집단구성원 등 상담 대상자들도 다양해지면서 직업상담의 영역은 더욱 확장되고 있다.

　직업상담을 언급할 때 사람들이 갖는 의문점이 있다. 직업상담과 진로상담의 차이점이 무엇인가 하는 것이다. 특정한 직업을 선택하고 준비하도록 돕는 과정을 '직업지도(vocational guidance)'라고 하였으나, 최근에는 '진로지도(career guidance)'

라는 말을 더 많이 사용한다. 진로발달이 전 생애를 통해 계속적으로 진행하는 과정으로 보면서 진로발달이론들은 청소년들의 진로선택뿐만 아니라 성인들의 진로선택과 적응도 다루고 있다. 또한 진로에 대한 개념정의를 확장하여 진로가 직업적·교육적 선택뿐만 아니라 개인의 삶의 다른 측면까지 포함하는 것으로 간주한다. 직업상담의 영역이 확장되고 진로상담에 대한 정의가 달라지면서 둘 간의 구분은 쉽지 않게 되었다. 직업상담과 진로상담이 처음 시작될 때는 학문적 배경과 다루는 영역이 분명히 구분되는 것이었으나, 현재는 상호교환적으로 사용되고 있다고 볼 수 있다.

직업상담에 대한 관심이 높아지면서 최근에 직업상담과 관련된 책이 많이 출판되었다. 직업상담이라는 용어를 사용하기도 하고 진로상담이라는 용어를 사용하면서 상담이론이나 실제 적용을 다룬 다양한 책이 출판되었다. 그러나 직업상담을 하기 위해 필요한 것들을 하나로 정리하여 제시하는 것이 없었다. 직업상담을 하고자 하는 사람들이 학습해야 하는 것이 무엇이고, 어떠한 능력을 갖추어야 하는지에 대한 기준이 분명하게 제시될 필요가 있었다.

직업상담을 하기 위해 갖추어야 할 것은 상담이론과 기술에 대한 지식, 측정방법과 기술, 노동시장의 정보, 직업 관련 프로그램의 개발 및 시행 등이라고 할 수 있다. 이에 노동시장의 정보와 고용정보를 제외하고 이들을 하나로 정리하여 제시하는 책을 집필하고자 하였다. 책을 집필하면서 가장 고민이 된 것은 상담이론과 기술을 어디까지 다루어야 하느냐에 관한 것이었다. 직업상담을 하는 경우, 단순한 직업지도부터 전문적이고 심층적인 직업상담에 이르기까지 수준이 다양하기 때문에 어디에 기준을 두어야 할 것인지에 대해 고민이 많았다. 현장에서 직업상담을 하는 사람들은 실제로 적용하지도 않는 상담이론을 복잡하고 깊이 있게 다룰 필요가 없다고 할 수 있다. 그러나 직업상담에서 내담자를 이해하고 상담을 올바르게 진행하기 위해 상담이론과 기법은 필수적으로 갖추어야 할 요소이다.

상담이론과 기법에 대해서는 다양한 내용을 다루려고 하였다. 그러나 이론들을 상세하게 기술하지는 않았다. 직업상담을 하는 사람들이 특정한 이론과 기법에 대해 관심이 있고 더 폭넓게 학습하고자 한다면 다른 자료를 참고하면 된다. 책을 집필하면서 가진 다른 고민은 직업상담의 실제 적용과 관련하여 내용들을 어떻게 기술할 것인지에 관한 것이었다. 직업상담의 하위 영역별로 취업상담, 전직상담, 직업재복귀상담 등으로 내용을 구성할 수 있고, 직업개발 프로그램별로 내용을 구성할 수도 있다. 책을 집필하면서 만난 어떤 전문가는 구인상담과 구직상담은 분명히 다른 것이고 구분해야 한다고 하기도 하였다. 그러나 상담 대상자와 상황이 다르다 하여도 상담의 전체적인 원리만 이해한다면 응용할 수 있는 것이라고 생각하였고, 특정 상담을 깊이 있게 다루기에는 지면상의 한계도 있었다.

직업상담과 관련한 새로운 이론들과 기법들이 앞으로도 계속 나올 것이다. 이 책은 직업상담의 범위와 기준을 잡는 하나의 작은 시도이다. 직업상담에 대해 학습해 보고자 하는 사람들에게 디딤돌이 되기를 바란다. 이 책을 집필해 보면 어떨까 하고 말했을 때, 주저하지 않고 흔쾌히 수락해 주고 집필 방향을 잡을 때까지 기다리며 지원해 준 김진환 사장님과 한승희 부장님께 감사를 드린다. 원고를 다듬고 교정하여 보기 좋게 편집해 준 학지사 관계자분들께도 감사를 전한다.

2020년 9월
공동저자 대표 송관재

차례

제**1**장

직업상담학에 대한 이해

1 상담의 의미

상담(counseling)은 서로 말을 주고받는다는 의미를 포함하고 있으나, 단순히 정보를 교환하고 토의하는 대화, 설교 혹은 토론과는 차이가 있다. 상담이란 도움을 필요로 하는 사람(내담자)이 전문적인 경험과 지식을 갖추기 위해 일정한 훈련을 받은 사람(상담자)과의 촉진적인 관계 형성을 통해서 이루어지는 것이다. 상담은 이러한 관계를 기초로 개인의 생활 속에서 일어난 당면 문제들을 해결해 나가는 것이며, 더 나아가 개인의 잠재능력을 확인하고 자신에 대한 이해를 증진시킴으로써 개인의 성장을 촉진시키고 적응력을 향상시키는 것이 상담의 주요 목표라 할 수 있다. 이 과정에서 개인의 생각, 느낌, 행동 상에서의 변화가 일어나게 되며, 이를 기초로 문제의 해결뿐만 아니라 인간적인 성장이 이루어지게 된다.

상담의 성공 여부 혹은 상담의 효과를 결정하는 데 기초가 되는 것은 바로 상담자와 내담자 간의 관계 형성의 질이다. 즉, 내담자와 상담자가 얼마나 질적으로 좋은 관계를 형성하는가에 따라 상담의 효과가 달라진다. 그렇다면 어떤 관계가 질적으로 좋은 관계일까? 바로 상담을 촉진시킬 수 있는 관계가 바로 그것이다. 다른 말로 표현하면, 상담자와 내담자 간의 신뢰할 수 있는 관계 확립이라고도 할 수 있다. 이는 상담의 기초 작업이라 할 수 있는데, 마치 건물을 짓기 위해 기초 작업에 공을 들이는 것처럼, 전문적인 상담자는 이 기초 작업에 공을 들이게 된다. 따라서 상담의 가장 기본적인 기법 혹은 면담 기법으로 알려진 것이 바로 내담자와 상담자 간의 관계 형성에 도움을 주는 것들이다. 이 작업이 적절하게 이루어지게 되면, 이후 상담 과정에서 상담자가 이해한 내담자의 문제를 해결하기 위해 사용하는 다양한 전문적인 상담기법의 효과가 증폭될 수 있으며, 이는 상담의 성공적인 결과로 이어지게 된다.

상담을 촉진시킬 수 있는 관계 형성을 하기 위해서는 기본적으로 상담자의 중요한 자질 세 가지가 필수적이라고 알려져 있다. 이는 상담자의 기본적인 자질이라고도 불리며, 기본적인 면담기법이라고 한다. 구체적으로 공감적인 이해, 무조건적 긍정적 존중, 진실한 태도가 바로 그것이다. 내담자의 고통스러운 감정이나 복잡한 심리적 상태를 마치 자신의 경험인 것처럼 함께 느끼고 이해할 수 있는 것, 내담자의 행동이나 생각 그리고 부정적인 감정에 대해 상담자 자신의 가치관이나 기존의 사회적 가치관의 잣대로 평가하는 것이 아니라, 내담자를 한 인간으로서 존중하면서 이를 무조건적으로 수용하는 것 그리고 한 인간으로서 상담자가 내담자를 진실하게 대하는 태도는 내담자와의 신뢰할 수 있는 관계 구축에 가장 핵심적인 부분이 된다.

내담자와 상담자 간의 신뢰할 수 있는 관계 형성은 이후 본격적인 문제해결 과정에 중요한 토대가 된다. 내담자가 호소하는 심리적 불편이나 증상을 줄이거나 없애기 위해서 사용되는 다양한 상담기법은 이러한 토대 위에서 효과를 발휘하게 된다. 다양한 상담이론에 근거한 상담기법들의 차이는 본격적인 문제해결 과정에서 나타나는 것이며, 관계를 구축하는 과정까지는 여러 상담이론의 접근방법에는 큰 차이가 없다. 그만큼 내담자와 상담자 간의 관계 형성과 관련된 기법들은 다양한 상담 접근 방법에서 가장 핵심적이면서 공통적인 부분이라 할 수 있다.

상담의 기본적인 요소에서도 나타나듯이, 상담은 일종의 인간관계를 토대로 이루어지는 심리적 문제해결 과정이라 할 수 있다. 상담에 대한 잘못된 생각 중의 하나가 상담은 심리적인 어려움을 가진 사람들이 문제해결을 위해 전문가를 만나 진단을 받고 문제해결 방법에 대한 정보를 일방적으로 제공받는 것이라는 생각이다. 이는 부분적으로는 맞는 말이지만, 상담이 이루어지는 기본적인 과정이나 상담과정에서 일어나는 다양한 심리적 현상에 대한 오해를 불러일으키게 된다. 상담이란 심리적 어려움을 가진 사람들이 자신에 대한 깊이 있는 탐색 과정을 통해서 스스로 문제의 원인을 자각하고, 이를 해결하기 위한 동기를 높여 가면서 궁극적으로 변화를 모색해 나가는 과정이다. 이 과정에서 상담자는 전문가로서 중요한 정보를 제공하고, 때로는 심리적 지지자 역할도 하고, 또한 내담자 스스로 문제해결을 할 수 있도록 전문적인 도움을 주는 조력자 역할을 하게 된다.

전문가는 다양한 심리적 문제의 원인이나 형성 과정 그리고 변화 과정에 대한 이해와 관련된 상담기법들을 훈련해야 한다. 상담은 앞서 언급한 바와 같이, 내담자와 상담자 간의 관계 형성을 기초로 이루어지는 의사소통 과정이므로, 이 과정에서 내담자는 자신을 상담자의 모습에 비추어 객관적으로 살펴보기도 하고, 자신의 모습을 전문가인 상담자에게 드러내면서 자신을 정리할 수 있는 기회를 얻게 된다. 이런 일련의 과정이 적절하게 이루어지기 위해서는 상담자는 전문가로서 기본적인 의사소통 혹은 면담 기술을 갖추고 있어야 한다. 특히 상담과정에서 상담자가 지니고 있어야 하는 기본적인 면담 기술들은 상담 장면뿐만 아니라 일상적인 대화 그리고 인간관계에서 신뢰감을 구축하는 데 기초가 된다. 구체적으로 상대방의 말을 경청하는 기술, 상대방의 감정을 공감하는 기술, 상대방을 진실하게 대하는 기법, 상대방을 평가하지 않고 무조건적으로 존중하고 수용하는 자세 등은 우리가 일상생활에서 맺고 있는 다양한 인간관계 혹은 우리 자신에게 중요한 사람들과의 친밀한 인간관계를 형성하고 유지하는 데 매우 필수적인 기술들이다.

　상담의 일차적 목표는 개인의 호소하는 증상을 제거하고 문제를 해결하는 것이다. 더 나아가 상담의 궁극적인 목표는 내담자가 당면한 문제를 해결하는 것에 머물지 않고 자신의 잠재 능력을 확인하고 이를 최대한으로 실현할 수 있도록 도와주어 보다 한 단계 높은 자기 성장을 도와주는 것이다. 또한 이와 관련하여 구체적으로 예방적인 차원에서 문제에 대한 적응 능력을 키워 주고, 가능성에 대한 끊임없는 추구를 할 수 있도록 동기를 부여해 주는 것이다. 전자를 증상 혹은 문제해결적 목표라고 한다면 후자는 성장 촉진적 목표 혹은 자기 성장적 목표라 할 수 있다. 다양한 상담 접근법이나 상담기법들은 이러한 상담 목표에 있어서 차이를 보이고 있다. 예를 들어, 어떤 상담이론에서는 당면한 문제해결에 초점을 두고 상담이 이루어지는 반면, 다른 상담접근에서는 보다 궁극적인 상담 목표를 향해 상담계획을 세운다.

　상담(counseling)과 관련해서 사람들이 자주 사용하는 용어가 심리치료(psychotherapy)이다. 상담과 심리치료는 어떤 차이가 있는 것인가? 심리치료와 상담을 구분하기는 쉽지 않다. 전통적으로 볼 때 상호교환적으로 사용되어 왔다. 둘 간에 분명히 구분되는 본질적인 차이는 없다. 차이점이 있다면 심리치료를 하는 사람은 임상심리전문가이고, 상담은 상담심리전문가들이 한다는 것이며, 그들이 관심을 갖는 것과 일하는 곳이 다르다는 것이다(CCPA, 2012). 심리치료와 상담을 분명하게 구분할 필요가 없는 상황이라면 편의상 두 가지를 모두 지칭하는 것으로 상담이라는 용어를 사용한다. APA(American Psychological Association)와 ACA(American Counseling Association)에서 제시하는 상담과 심리치료의 목적은 다음과 같다.

　상담은 다양한 개인이나 가족, 집단 등이 정신건강, 신체건강, 교육, 진로목표 등을 성취할 수 있도록 도와주는 전문적인 관계이다(American Counseling Association, 2010). 상담의 목적은 다음과 같다(Canadian Counseling and Psychotherapy Association, 2012).

상담의 목적

- 자기지식, 정서적 수용, 성장 등을 촉진하기 위한 것
- 개인적 자원을 최적으로 개발하기 위한 것
- 더 만족스러운 삶을 누릴 수 있는 기회를 제공하기 위한 것

상담의 세 가지 중요한 기능은 다음과 같다.

상담의 기능

- 치료(curative): 내담자의 역기능적 행동이나 질병, 증상 등을 해소하는 것
- 회복(restorative): 내담자가 증상을 관리하여 병적인 삶으로 돌아가지 않고 새로운 삶을 살아가도록 해 주는 것
- 예방(preventative): 건강을 유지하고 향상시키도록 교육시키는 것

2 직업상담의 의미

직업의 사전적 의미는 생계를 유지하기 위하여 자신의 능력과 적성에 따라 일정 기간 종사하는 일을 말한다. 그러나 직업은 단순히 생계유지의 수단을 의미하는 것만은 아니다. 사람들이 직업을 갖는 이유는 돈을 벌기 위한 것도 있지만, 자기발전과 꿈을 실현하기 위한 것일 수도 있고, 사회 구성원으로서의 역할을 수행하기 위한 것일 수도 있다. 예전에는 대부분의 사람들이 하나의 직업을 갖고 살아가는 경우가 많았다. 그러나 일의 세계가 변화하고 있고, 한 개인이 다수의 직업을 갖거나 은퇴 연령을 넘어서도 사회활동을 계속적으로 유지하려는 사람들이 많아지고 있다. 전직(change of employment)이나 이직(change jobs), 창업(start-up) 등 개인이 처한 환경에 따라 자신의 직업을 변경하거나 추가해야 하는 상황들도 발생하고 있다. 직업이라는 용어와 진로를 동일하게 사용하던 시기도 있었고, 직업선택의 내용보다는 과정을 중요시하게 되면서 개인의 생애직업발달과 그 과정내용을 가리키는 진로라는 용어를 더 많이 사용하는 경우도 있다. 그러나 현재의 다양한 직업상담의 영역과 문제를 다루는 데 있어 직업의 개념을 진로라는 개념으로 대체하여 사용하기에는 한계가 있다.

1950년대에 상담이 하나의 전문 영역으로 구분되었을 때 상담은 결혼이나 직업, 개인적인 문제들을 가진 사람들이 자신들의 문제를 해결하고 적응할 수 있도록 도와주는 것이라고 하였다(Super, 1955). 이후 상담의 대상과 영역이 더 세분화되면서 상담자가 다루는 주제는 이루 헤아리기도 어렵다. 학업이나 진로, 학교나 직장에서의 적응, 인간관계의 문제, 불안이나 우울과 같은 심리적 장애를 가진 사람 등 상담의 역할은 점차 확대되고 있다. 상담은 내담자가 어떤 특성을 갖고 있는가에 따라 구분하기도 하고, 어떤 상황에 있는 내담자를 대상으로 하는가에 따라 구분하기도 하며, 어떤 목표를 갖고 있는가에 따라 구분하기도 한다. 청소년상담이나 여성상담, 노인상담 등은 대상자의 특성을 반영한 구분이다. 학교상담이나 조직상담은 내담자가 속해 있는 장소에 따른 구분이고, 전직상담이나 구직상담, 재복귀상담 등은 상담의 목표에 따라 구분한 것이다. 또한 심리적 불편감이나 부적응, 장애 등을 가진 사람(abnormal)을 대상으로 하는 상담, 직장 전환이나 실업자 등과 같이 일반인(normal)을 대상으로 한 상담 등으로 구분할 수도 있다. 이 외에 상담자와 내담자가 관계를 맺는 방식에 따라 대면상담, 전화상담, 서신상담, 사이버상담 등으로 구분하기도 한다.

상담이 심리학의 전문 영역으로 구분되면서 상담과 진로상담을 특별히 구분하지는 않았다. 개인상담(personal counseling)과 진로상담(career counseling)은 단지 용어상의 차이일 뿐 의미상의 구분은 하지 않았다. Super(1955)의 예전 기록을 보면, 상담심리학의 대상이 비정상적이고 적응하지 못하는 사람들에게만 한정하지 않고 일반적인 보통 사람들에게도 적용될 수 있다고 가정하면서 상담 자체가 진로상담의 의미를 담고 있는 것으로 간주하였다. 그러나 가족이나 정서적 장애, 인간관계와 같은 주제를 다루는 개인상담과 직업이나 진로와 관련된 문제를 다루는 직업상담은 구분되어야 한다고 주장하는 학자도 있다(Manuele-Adkins, 1992). 그러나 문제의 유형만 다를 뿐이고 상담자가 상담하는 것은 내담자이기 때문에 이를 구분하기는 쉽지 않다.

직업상담은 직업심리학(vocational psychology)과 밀접한 관련이 있다. 대부분의 학문과 이론들은 시대적인 필요성에 의해 만들어진 것이다. 제1차 세계대전과 대공황을 거치면서 응용심리학에 대한 요구가 있었고, 산업심리학(industrial psychology), 조직심리학(organizational psychology)과 같은 심리학 영역이 생겨나면서 직업심리학도 나타나게 된 것이다. 직업심리학이 처음 만들어질 시기에는 진로지도에 초점을 두었으나 점차 범위를 확대하여 생애 전반에 걸쳐 일과 관련하여 일어나는 모든 활동에 관심을 두고 있다. 현재 직업심리학에서는 직업(vocation)이라는 용어보다 진로(career)라는 용어를 더 많이 사용하고 있다.

직업심리학에서 직업지도의 아버지라 불리는 Frank Parsons(1854~1908)는 직업의 선택, 준비, 취업 후 적응 등을 도와주는 과정을 기술하면서 직업선택(choosing a vocation)이라는 용어를 사용하였다. 이후 직업선택이 단순하게 직업만 선택하는 것이 아니라 다양한 활동도 포함된 것이며, 개인의 발달적 측면에서 이해되어야 한다는 주장이 제기되었다. 또한 직업선택의 과정이 한번 이루어지면 끝나는 것이 아니라 전 생애에 걸쳐 계속적으로 이루어진다는 주장이 나오면서 이를 설명하기 위해 진로발달(career development)이라는 용어가 생겨났다. 개인의 직업선택은 심리적,

사회적, 교육적, 경제적, 신체적 요인 등이 서로 상호작용하여 형성되는 것이라는 연구가 많이 이루어졌고, 이를 개념화하여 진로발달의 개념이 널리 사용되게 되었다. 인간의 발달과 행동에 대한 생애진로발달의 관점은 진로의 의미를 직업에 한정하지 않고, 사람이 전 생애에 걸쳐 경험한 역할, 장면, 사건들도 포함하는 것으로 간주한다.

진로발달이라는 개념이 보편적으로 사용되면서 직업탐색이나 직업지도와 같은 용어들은 진로탐색, 진로지도라는 것으로 대체되었고, 직업상담이라는 용어보다는 진로상담이 더 보편적으로 사용되고 있다. 현재 미국에서 직업적인 정보를 포괄적으로 제공해 주는 NCDA(National Career Development Association)도 처음에는 NVGA(National Vocational Guidance Association)이었으나 1980년대에 명칭을 변경한 것이다. 따라서 진로는 개인의 생애진로발달과 그 과정을 가리키는 개념이며, 발달적 관점을 강조하는 학자들은 직업이라는 개념보다는 진로라는 개념의 사용을 더 선호한다.

학문적으로는 직업상담보다 진로상담이라는 용어가 더 많이 사용되고 있으나, 진로상담이 갖고 있는 부정적인 고정관념이 있다. 진로상담은 단기적인 과정이며, 진로이슈와 관련된 문제만 다룰 뿐, 개인적인 내면에 대한 탐색은 이루어지지 않는다는 것이다. 그래서 진로상담은 주로 학교에서 사회에 처음 나오는 학생들을 대상으로 한 것이라고 생각하는 사람이 있다. 이런 사람들은 진로상담이 삶의 문제를 전반적으로 다루려고 하지 않고 단지 직업에 대한 정보 제공, 검사, 대안 제시 등을 하는 과정으로만 이해한다. 이는 진로상담을 올바르게 이해하지 못한 것이다.

진로상담은 상담자와 내담자가 면대면 상호작용으로 직업이나 진로와 관련된 문제를 다루는 과정이며, 상호작용이 상담관계에서 중요한 기능을 한다고 정의할 수 있다(Swanson, 1995). 그러나 삶의 개인문제와 진로문제가 동시에 발생할 수 있고 상호의존적이기 때문에 진로상담의 내담자들이 진로의 문제만 가지고 있는 것은 아니다(Flores, 2007). 내담자를 효과적으로 상담하기 위해서는 진로영역과 삶의 개인적 영역을 모두 다루는 것이 필요하며, 상담의 초점은 내담자가 되어야만 한다(Zunker, 2002).

직업상담과 진로상담은 상호교환적으로 사용될 수 있는 것이다. 이를 인위적으로 구분하기는 쉽지 않다. 기존에 산업심리학이나 조직심리학이라는 심리학의 전문 분야를 최근에는 일의 심리학이라는 용어로 사용하기도 한다. 사람들의 인식과 시대적인 흐름에 따라 용어의 사용이 달라지고 있다.

1) 직업상담

직업상담의 역사는 직업심리학(vocational psychlogy)과 상담심리학(counseling psychology)의 역사와 분리하여 생각하기 어렵다(Whitely, 1980). 직업상담의 최초 시작은 Parsons(1909)가 미국 보스턴에서 이민자를 대상으로 직업정보센터(Vocation Bureau)를 만든 것이다. 직업상담이 처음 시작될 시점에 그 주 대상은 노동자 계층, 가난한 사람, 이민자 등 스스로 직업을 찾기 어려운 사람들이었다. 직업상담이 전문화된 영역으로 성장하게 된 것은 심리측정 기술의 진보, 상담이론의 발전에 기인한 것이었지만, 직업탐색에 대한 지원 필요성이 증가하고, 노동시장이 다변화하면서 직업상담의 영역은 확대되어 왔다(Herr, Cramer, & Niles, 2004; Pope, 2000). 직업가이드 운동이 시작될 때에 상담서비스는 주로 고등교육기관에서 시행되었다. 대도시에서는 비영리단체가 직업을 찾는 사람에게 직업상담을 제공하기도 하였는데, 실직 상태인 사람이나 더 안정된 고용을 찾으려는 구직자들에게 상담과 측정을 제공하였다.

일의 세계에서 상담을 언급할 때 주로 사용하는 용어는 진로상담(career counseling)이다. 진로라는 개념이 확장되고, 구체적으로 재정의되면서 현장에서는 진로상담이라는 용어가 보편적으로 사용되고 있다. 진로상담은 내담자가 일과 관련된 개인의 가치, 능력, 흥미 등을 탐색할 수 있도록 도와주는 심리적인 개입이다. 진로상담은 내담자가 진로탐색을 효율적으로 할 수 있도록 도와주는 활동뿐만 아니라, 내담자가 일의 세계에서 자기조절과 자기결정을 향상시키도록 힘을 불어넣어 주는 역할도 한다. 또한 진로상담은 일과 관련된 적응의 문제도 다룬다. 현재는 내담자가 노동시장의 기회불균등을 가져오는 사회적 · 경제적 영향을 이해하도록 도와주는 역할도 하고 있다(Blustein et al., 2005).

직업상담에서 직업이라는 용어는 전통적인 의미와는 다른 것이다. 기존에 직업(vocation)은 일과 관련하여 두 가지의 의미를 갖고 있었다. 하나는 종교적인 개념으로서 신의 부름을 받는 일, 즉 소명(calling)이라는 것이었다(Bloch, 2004). 다른 하나는 미국에서 고등교육을 요구하지 않는 직업, 즉 육체노동자(blue collar)나 미숙련 여성노동자(pink collar)를 언급할 때 직업이라는 용어를 사용하였다. 현재 사람들은 일이나 교육에 대한 의사결정을 할 때 소명으로 받아들이기보다는 자유의지를 반영하고 있어 이러한 정의는 점차 의미가 없어지고 있다.

　직업상담에 관한 기존 연구들을 검토해 볼 때 이제 직업상담의 의미는 새롭게 조명되어야 한다. 직업상담이 이루어지고 있는 상황과 대상이 예전보다는 훨씬 확대되고 있다. 직업재복귀에 관한 직업상담(Szymanski & Parker, 2003), 위기 청소년을 대상으로 한 직업상담(Blustein, Juntunen, & Worthington, 2000), 다양한 인종을 대상으로 한 직업상담(Helms & Cook, 1999), 실업자를 대상으로 한 직업상담(Amundson, Borgen, Jordan, & Erlebach, 2004) 등 다양한 직업상담이 이루어지고 있다. 직업상담은 더 이상 직업적인 부분만 다루는 것은 아니다. 내담자가 직업문제만 가지고 오는 것은 아니며, 직업문제와 개인적 · 심리적 문제가 서로 상호작용하기 때문이다. 직업상담은 비직업적인 부분도 포함하고 있다. 직업상담은 사회체제를 변경하기 위한 개입들을 포함한다. 예전처럼 자신에게 맞는 일의 세계를 찾는 것에 그치지 않고 개인에게 맞는 일자리를 더 많이 보장할 수 있도록 사회체제와 구조를 변화시키는 것에 관심을 기울이는 시도들도 직업상담에서 다루고 있다. 또한 직업상담은 노동자이든 잠재적인 노동자이든 모든 사람이 일과 관련된 삶에 만족할 수 있도록 효율적이고 도덕적인 활동을 하는 것을 포함한다. 직업상담은 모든 잠재적 노동자에게 건설적이고(constructive), 효과적이고(effective), 힘을 돋우는(empowering) 서비스를 제공할 수 있어야 한다.

　직업상담 전문가들은 다음과 같은 지식을 갖고 있어야 한다.

- **사회정의**: 직업상담을 하는 목적이 무엇인가에 대한 것, 누구를 위해 진로개입을 하는가에 대한 것
- **측정**: 진로 서비스를 제공하기 위해 필요한 것, 공식적인 것이든 비공식적인 것이든 내담자의 행위와 결정을 향상시키는 데 도움을 주는 것
- **노동시장 정보**: 효과적인 진로의사결정을 위해 필요한 것
- **직업탐색**: 단순히 직업을 찾는 것에 그치지 않고 개인적 문제를 이해하는 것

2) 심리치료

심리치료는 신체적인 건강, 정서, 대인 간 문제, 정신적 장애, 가족갈등, 외상 후 적응, 일과 관련된 문제 등을 가진 개인이 이러한 문제들에 잘 대처할 수 있도록 심리학적 연구와 이론들을 적용하는 것이다(Blustein, 2001a). 어떤 학자들은 더 제한된 의미로 심리치료는 상담자와 내담자 간에 계약적이고, 권한을 위임하며, 공감할 수 있는 관계를 가지면서 일어나는 변화지향적 과정이라고 설명한다(Zeig & Munion, 1990). Wolberg(1977)는 심리치료가 심리학적 의미로 볼 때 일종의 처치(treatment)로서, ① 현재 증상을 제거하거나 수정하거나 지연시키는 것, ② 혼동된 행동을 조정하는 것, ③ 긍정적인 성장과 발달을 촉진하는 것과 같은 목적을 지닌다고 주장한다.

심리치료의 정의에는 일과 관련된 문제를 다루는 것이 포함되어 있으나, 대부분의 심리치료 이론이나 연구들에서는 일이 인간의 삶에 미치는 영향에 대해 간과하거나 무시하는 경향이 있었다(Blustein, 2001b). 일과 관련된 문제를 박스화하여 들여다보지 않았으니 삶의 어떤 한 문제가 다른 삶의 영역에 미치는 영향을 살펴볼 수가 없었다(Cinamon & Rich, 2002). 기존의 심리치료 이론가들 중에서 일과 관련된 문제를 강조한 학자도 일부는 있었다(Lowman, 1993). Lowman은 일과 관련된 역기능이 선택과 자유의지를 가진 사람들의 삶에 미치는 영향을 제시하였다. 소방관이나 경찰관을 대상으로 한 근로자 지원 프로그램(Employee Assistance Program: EAP)과 조직 정신의학 프로그램 등은 일과 관련된 문제가 개인에게 미치는 영향을 살펴본 것이지만 폭넓게 조사된 것은 아니었다. 오히려 근로자 지원 프로그램의 발전과 확장에 도움이 되는 연구와 이론들은 심리치료 영역이 아닌 일의 심리학 영역에서 이루어지고 있다. 연구들을 살펴보면, EAP는 실직자들이 직업상담과 심리치료를 통합하는 서비스를 받을 수 있도록 접근하기에 특히 유용한 것으로 알려졌다. 또한 EAP는 특정한 상사와의 갈등으로 고민하는 작업자가 갈등의 본질이나 원인 및 결과를 탐색하기에 적합한 것으로 보이며, 조직 내에서 자신의 가치에 맞는 과제나 과업을 찾지 못한 작업자가 개인에게 적합하고 조직에도 도움이 되는 대안을 찾는 데 유용하게 사용될 수 있다.

진로상담에 관한 전문서적을 살펴보면 개인의 성격이나 능력, 가치에 적합한 직업을 찾거나 구체화하는 것에 관한 내용이 주를 이루고 있다(Brown, 2002; Herr et al., 2004). 이러한 내용들은 교육적 · 직업적 결정을 하면서 딜레마를 직면하는 내담자들에게는 매우 도움이 될 수 있지만, 대다수 노동자들의 요구를 충분히 포함하지는 못한다. 예컨대 실직자들이나 만족스럽지 못한 직업을 택해야 하는 사람들에게는 충분히 관심을 두지 못하였다. 전통적인 진로발달이론들은 정신건강의 문제를 다루는 것에는 쉽게 적용하기가 어려웠다. 진로선택이나 발달이론들은 적응적인 결정의 선행요인을 탐색하는데, 이는 모욕적인 상사와 투쟁하고 있는 내담자, 고용기회가 부족한 내담자, 성취나 만족을 추구하기에는 외적인 장애물이 존재하는 내담자들에게는 적용하기 어려울 수 있다. 심리치료의 내담자들은 전통적인 직업상담의 내담자들과는 다른 방식으로 일에 초점을 두며, 갖고 있는 질환도 더 심각한 경우가 있다.

심리치료에서 일과 관련한 문제에 관심을 덜 기울인 것은 시장의 요구와도 관계가 있다. 심리적인 치료가 의료건강서비스에 포함되기 위해서는 의학적 모델을 따를 수밖에 없었다(Barlow, 2004). 의학적 모델을 따르면서 심리치료는 점차 현재의 진단체계에서 파악될 수 있는 내적이고 인간관계적인 문제에 초점을 두게 되었다. 심리치료에서 일과 관련한 문제에 관심을 가지지 못한 다른 이유는 성격이나 정신병리의 대다수 이론이 인생경험의 적절한 영역으로서 일을 포함시키지 못했다는 것이다. 대부분의 이론에서 가족이나 다른 관계들은 정신건강과 정신병리에 중요한 것으로 간주하였다(Wachtel, 1993). 그러나 사람들이 실제로 접하는 삶과는 일치하지 않았고, 특히 일하는 것을 포함시키지 못했다.

심리치료 전문가들은 삶에 대해 좁은 시야를 갖고 있다고 볼 수 있다. 그들은 인간이 기능하는 데 기초가 되는 생물학적 요인이나 내적인 인지, 정서 등에 주로 초점을 둔다. 심리치료이론들에서 중요하게 다루는 개인의 정서 상태나 대인 간 관계 등과 같은 내적인 요인이 직장생활을 결정하는 데 중요한 것은 사실이다. 그러나 기회에서의 불평등과 같은 사회경제적 맥락도 개인의 삶에 미치는 영향이 크다. 직업심리학에서는 이러한 부분들을 다루는 이론들(예컨대, 다문화적 관점, 여성주의 관점, 해방적 · 공동체적 접근)이 제시되고 있지만, 심리치료에서는 관심을 두지 않고 있다(Prilletensky, 1997).

심리치료는 다음과 같은 목적을 위해 시행된다(American Psychological Association, 2012).

- 위안과 성격 변화를 제공함
- 미래에 발현할 증상을 완화함
- 삶의 질을 향상함
- 직장이나 학교, 인간관계 등에서 적응적으로 기능할 수 있게 해 줌
- 건강한 삶을 선택할 가능성이 높도록 만듦
- 내담자와 심리 전문가 사이의 협력으로 이득을 제공함

3) 직업상담과 심리치료의 통합

직업심리학과 직업상담 영역에서의 연구와 이론들은 각각의 연구자들에 의해 별도로 이루어지는 경우가 많았지만, 직업상담과 개인상담의 연구들에서는 서로 중복되는 경우가 많았다(Heppner & Heppner, 2003). 개인상담과 직업상담의 경우 치료적 요인에서는 일치하는 부분이 있었다. 두 분야의 전문가들도 자신들의 전문기술을 발휘하는 데 차이점이 별로 없었다(Manuele-Adkins, 1992).

직업상담과 개인상담은 용어상의 차이일 뿐 내용상의 차이는 없으며, 직업상담도 개인상담처럼 복잡하고 쉽지 않은 것이다. 상담과정에서 직업적 문제는 관계적 문제보다 덜 중요하고 덜 고통스러운 것으로 잘못 인식되는 경우가 많다. 전 생애에 걸친 인간의 변화 과정은 개인마다 일부의 차이는 있지만 거의 유사하다.

직업상담과 개인상담이 상당히 유사하다는 주장에 대해 일부에서는 차이점이 있다고 주장하기도 한다. 첫째, 직업상담은 개인상담에 비해 부가적인 기술을 요구하고 있다는 것이다. 직업상담 전문가들은 정신건강 상담자나 심리치료자들만큼 능력을 갖추어야 하고, 일의 세계에 대해서도 전문적인 능력을 갖추어야 한다. 둘째, 직업상담과 개인상담이 차이가 없다는 것은 내적인 심리적 갈등이나 해결되지 못한 가족문제, 다른 관계적 문제들에 비해 일과 관련한 문제들을 중요시하지 않을 수 있다. 그러나 노동자나 잠재 노동자들이 직면하는 문제들은 동일하지 않고, 노동자 각자의 고유한 경험은 중요하게 다루어져야 한다. 셋째, 인종이나 나이, 성별로 인하여 고용기회가 불공정하게 주어지는 체제와 관련하여 발생하는 문제들을 다루는

데 차이가 있다.

　Blustein과 Spengler(1995)는 직업상담과 개인상담의 통합에 대해 영역–민감 접근(domain-sensitive approach)을 제시하고 있다. 내담자의 심리적 경험 중에는 진로와 관련된 영역이 있고, 진로와 관련이 없는 영역도 있다. 상담 전문가들에 따라 더 많은 관심을 두는 내담자의 영역이 다를 수 있다. 직업상담과 개인상담 전문가들이 사용하는 개입이나 기술들은 상당히 유사하지만 그들이 관심을 기울이고 더 많은 주목을 하는 것이 다를 수 있다. 전통적인 심리치료 전문가들은 일과 관련된 문제들에 대한 분명한 이해가 없이도 내담자의 문제를 탐색할 것이다. 일과 관련된 문제가 내담자에 따라 전경이 될 수도 있고, 배경이 될 수도 있다. 개인마다 더 우선적인 것이 다를 수 있고, 더 중요한 문제가 무엇인지 다를 수 있다는 것이다. 다른 사람들과의 관계에서 분노나 불안과 같은 정서적 문제를 표출하는 내담자의 경우, 그러한 정서적 문제가 개인 내적인 심리적 요인에 의한 것일 수도 있지만 직장을 잃어버릴지도 모른다는 직무불안정에 기인한 것일 수도 있다.

　직업상담과 심리치료가 임상적인 장면에서 구분하기 어렵고, 서로 유사한 점이 더 많은 것은 사실이다. 각 영역별로 상당히 많은 연구와 이론들이 제시되었고 내담자에 대한 개입(intervention)도 효과적이었다(Sharf, 2000). 그러나 기존에 관심을 크게 기울이지 못한 내담자들 예컨대 소득이 낮은 계층의 사람이나 사회재복귀를 준비하는 전업주부, 경제불황으로 인한 실업자, 현재의 직업을 전환하고자 하는 노동자, 비정규직 근로자 등에 대해 더 많은 연구들이 필요하다. 직업상담 전문가들은 이러한 내담자들에게 더 민감하게 반응하고 접근할 수 있는 사람이다.

　일과 관련된 문제들, 예컨대 실업, 불안정 고용, 불만족스러운 직무, 직장의 위압적인 환경, 직장에서의 성희롱 등과 같은 문제를 가진 내담자들이 많이 있다. 이러한 문제들에 대해 어떻게 대처하는 것이 가장 바람직한지에 대한 연구들은 부족하다. 기존에 심리치료와 직업상담 영역에서 나온 개입들을 적절하게 활용하여 새로운 문제들에 대처하는 것이 가장 바람직한 방안이 될 것이다. 이러한 과정을 통해 일을 포함한 삶의 문제를 전반적으로 포괄할 수 있는 체계가 지속적으로 만들어질 수 있을 것이다.

3   상담이론에 대한 이해

우리는 평소에 일상생활을 하면서 가까운 친구로부터 혹은 직장 동료나 선후배로부터 일과 관련된 고민거리에 대해 상담을 요청받는 적이 있다. 이처럼 상담과정은 우리 일상생활에서 전문가가 아닌 일반 사람에게도 일어나는 것이다. 이러한 일반적인 상담과 전문적인 상담의 차이는 무엇일까? 이는 상담이론에 대한 이해와 관련이 있다.

상담이론에 대한 이해는 전문적인 상담자의 역할에서 중요한 부분이며, 일반적인 상담과 차별화된 전문적인 상담을 수행하는 데 필수적이다. 일상적인 상황에서 이루어지는 고충 상담과정에서 사람들이 흔히 겪는 어려움으로는 상대방 친구의 문제에 대해 공감은 되는데 어떻게 도와주어야 할지를 모르거나, 어려워하는 것이 무엇인지는 알겠는데 문제의 원인이 무엇인지를 확인할 수가 없거나, 불편함을 털어놓은 상대방도 너무 혼란스러워 자신이 무엇을 어려워하는지조차 확인하기 힘든 상황 등이 있다.

상담이론은 상담을 요청한 내담자가 현재 어떤 상황에 처해 있는지를 정확하게 이해하는 데 도움을 주고, 이런 어려움이 어디서 온 것인지 그리고 이를 해결하기 위해 어떤 과정이 필요한지에 대한 중요한 정보를 제공해 준다. 다시 말하면, 내담자의 문제에 대한 파악, 원인에 대한 이해, 치료계획의 구체적인 수립 등에 상담이론이 중요한 기능을 하게 된다.

상담이란 상대방에 대한 관심이나 문제해결을 하고자 하는 동기나 열정만으로는 적절한 기대효과를 볼 수가 없다. 내담자에 대한 진실한 관심과 열정이 상담과정에서 기본적인 상담자의 자세라고 한다면, 각 상담이론에 입각한 다양한 상담기법은 상담자의 전문적인 능력을 발휘할 수 있는 도구에 해당된다. 아무리 효과적인 도구라고 하더라도 이를 사용하는 사람이 도구의 기능이나 특징, 사용 방법에 대해서 정확히 알지 못한다면 그 기능의 효과는 기대하기 어려울 것이다. 그리고 그다음에는 그 도구가 자신의 손에 잘 맞을 수 있도록 연습과 훈련이 필요하다. 마찬가지로 다양한 상담기법을 사용하는 사람은 바로 상담자이므로 상담자는 기법의 정확한 원리와 기법이 적절하게 사용될 수 있는 상황에 대해 정확하게 알고 있어야 한다. 아울러 이런 기법들에 대한 체계적인 훈련과 교육이 뒤따라야 한다.

1) 일반상담이론에 대한 이해

상담심리학에서 다루어지는 다양한 상담이론은 일반적으로 다음의 세 가지 내용을 포함하고 있다. 즉, 인간에 대한 기본적인 관점, 심리적 · 직업적 문제의 원인에 대한 견해, 문제해결을 위한 방법들이 각각 포함되어 있다. 인간에 대한 기본적인 관점은 인간의 행동을 이해하는 데 취하는 관점이다. 예를 들어, 정신분석이론에서는 인간의 행동은 무의식적 요인에 의해 동기화되므로 무의식적 요인에 의해 영향을 받는다는 심리적 결정론을 취하고 있다. 반면, 행동주의 이론에서는 인간의 행동은 환경적 요인 혹은 외부적인 요인에 의해 결정된다는 환경적 결정론을 취하고 있다. 그 외 인본주의적 접근에서는 결정론적인 측면보다는 인간의 계속적인 성장 지향적인 동기를 강조하면서 변화 가능성에 대한 개방적인 견해를 강조한다. 각 이론은 이러한 인간에 대한 기본 가정에 있어서 서로 차이가 있기 때문에 내담자가 호소하는 심리적 어려움을 이해하는 방식이 서로 다르다.

보다 두드러지는 차이는 문제의 원인을 확인하고 이를 해결하는 방식에서 나타난다. 개인이 호소하는 문제는 동일하다고 하더라도 문제를 바라보는 시각에 따라 문제의 원인과 분석 그리고 해결방식은 달라진다. 우울증을 심하게 호소하는 내담자를 예로 들어 보자. 내담자는 우울 증상이 심각한 수준으로 의욕이 저하되어 있고, 일상생활에서 즐거움을 거의 느낄 수 없으며, 자살 충동에 휩싸이기도 한다. 정신분석적 상담에서는 내담자의 이러한 우울 증상을 이해하기 위해서 과거 초기 아동기 경험을 탐색하고 본인이 의식하지 못하는 무의식적인 갈등이나 욕구 불만 등에 초점을 두고 분석을 하며, 변화하기 위해서 이러한 무의식적인 측면의 원인을 스스로 자각하게 도와주는 기법들을 사용한다. 한편, 인지적 상담 접근에서는 상담자는 우울 증상의 원인을 내담자 개인의 사고방식에 있는 것으로 보고, 우울한 감정을 유발하는 데 중요한 기여를 한 개인의 부적응적인 사고방식을 확인하려고 노력한다. 예를 들어, 자신이 중요하게 여기는 사람들이 자신에게 관심을 보이지 않거나 인정해 주지 않을 때, 내담자는 스스로의 존재 가치가 흔들릴 정도로 부정적인 영향을 받는 경우가 있다. 이러한 상황이 벌어지는 이유는 다른 사람들과는 달리 내담자는 모든 사람으로부터 인정을 받고 사랑을 받아야 한다는 비현실적이고 융통성이 결여된 생각에 빠져 있기 때문이라고 이해한다. 따라서 인지적 상담에서는 우울 증상으로부터 벗어나게 도와주기 위해서 내담자가 강하게 믿고 있는 부적응적인 신념체계를 변화시키는 것이 중요하다고 본다. 직업상담을 하는 전문가라면 내담자의 직장생활에 대해 관심을 가질 것이고, 내담자가 자신의 직무안정성에 대해 불안해하는 것은 아닌지, 직장 내에서 동료나 상사와의 관계, 직장 내의 분위기와 환경에 대해 파악하고 문제의 원인을 찾아내려고 시도할 것이다.

이와 같이 내담자가 호소하는 문제에 대한 이해는 다양한 접근으로 이루어질 수 있으며, 또한 다양한 원인에 초점이 맞추어져 상담이 이루어질 수 있다. 각각의 상담이론은 각기 다른 시각으로 문제를 바라보기 때문에 어떻게 보면 문제의 모든 원인을 완벽하게 확인하고 이들 원인들을 모두 제거하거나 변화시키는 것은 불가능하다. 단지 각 상담이론들이 주장하는 것은 다른 원인들에 비해서 특정 요소 혹은 특정 원인이 특히 중요하다는 것이다. 따라서 어떻게 보면 문제의 각각 다른 측면에 관심을 두고 상담이 이루어진다고도 볼 수 있고 이에 따라 상담의 구체적인 목표도 다를 수밖에 없다.

특정 문제에 대해서 어떤 상담이론에 입각하여 상담을 할 것인지를 결정하는 것은 단순한 문제는 아니다. 즉, '어떤 상담이론이 가장 성공적이며 효과적인가?'라는 질문에 대한 대답을 하는 것은 쉽지 않다. 그만큼 각 상담이론은 각기 상대적인 강점을 지니고 있으며, 특수한 접근법과 상담기법들을 검증해 보이고 있다. 실제적인 상황에서 한 전문적인 상담자가 특정 문제를 호소하는 내담자와 상담을 할 때 이 문제에 대해 어떤 접근을 할 것인가를 결정하게 되는데, 이 결정과정에서 사용하는 정보는 어떤 것일까? 특정 문제에 대해서는 두드러지게 효과를 보이는 상담기법이 있다고 검증되었다면, 이것은 중요한 정보가 될 것이다. 한편으로 상담자는 전문가이기는 하지만 모든 상담이론에 완벽한 전문가가 되기는 어려우며, 개인적으로 자신에게 옳다고 판단되는 인간에 대한 기본 관점이나 기법들이 있기 마련이다. 따라서 상담 전문가들을 훈련하는 과정에서는 기본적으로 여러 가지 다양한 상담기법을 이해하고 익히는 과정을 거치고 난 후에 자신에게 특히 잘 맞고 편하게 사용할 수 있고 신뢰가 가는 특정 접근 몇 가지를 자연스럽게 선택을 하게 된다. 그리고 상담 전문가들은 특정 문제에 대한 각 이론의 상대적인 효과성을 무시할 수 없기 때문에 내담자가 호소하는 문제의 특성에 기초하여 자신이 가장 유능하게 사용할 수 있는 상담이론을 택하게 된다.

한 가지 상담이론은 내담자가 호소하는 문제의 특정 측면에만 부분적으로 혹은 제한적으로 초점을 두기 때문에 다른 상담이론과 비교해서 상대적으로 제한점이 있기 마련이다. 또한 어떤 상담이론적 접근에서는 보다 구체적인 원인에 초점을 두는 반면, 어떤 접근에서는 보다 근본적이고 포괄적인 원인에 초점을 두는 차이도 있다. 따라서 상담이론들 간의 상대적 효과를 평가하기란 복잡한 문제이며, 이를 검증하기 위한 다양한 연구 방법이 개발되고 있다.

각 이론적 접근의 상대적 효과 검증뿐만 아니라 보다 근본적인 측면을 확인하고자 하는 연구들이 상담심리학 분야에서 이루어지고 있다. 이는 상담이 과연 효과가 있었는가에 대한 답을 찾는 작업이다. 상담으로 인한 변화가 분명히 나타났는지 그리고 그 변화가 어떤 요인에 의한 것인지를 구체적으로 확인하는 작업이 이루어지는 것이다. 상담 장면에서 실제로 내담자로 하여금 변화를 하게 하는 요인들에는 여러 가지 요인이 포함된다. 단지 상담기법이나 구체적으로 계획한 접근 이외에도 다른 예상치 못한 요인에 의해 긍정적인 방향으로의 변화가 일어나는 예를 가끔 보게 된다. 더 나아가 상담자가 아직 예상치 못한 변화가 일어난다든지, 즉 구체적인 상담 계획에 의한 것이라고 보기 어려운 변화가 실제로 일어나 내담자가 스스로 상담의 효과를 경험하고 이를 보고하는 경우도 있다. 혹은 상담자의 계획대로라면 분명히 변화가 일어날 것으로 생각되는 상황에서도 내담자가 스스로 경험하는 변화가 없는 경우도 있다. 이처럼 상담과정에서 일어나는 다양한 변화는 내담자와 상담자에게 동일하게 지각되지 않는 경우도 있으며, 또한 이런 변화가 다양한 요인에 의해 생길 수 있다. 상담심리학에서는 이와 같이 우리가 통제할 수 있는 요인들의 수를 늘려 가면서 궁극적으로 상담에서 일어나는 변화에 대한 예측능력을 증가시키는 것을 목표로 연구들이 진행되고 있다.

2) 직업상담이론에 대한 이해

상담의 주요 학파는 정신분석(psychoanalytic), 아들리안(Adlerian), 존재적
(existemtial), 사람-중심(person-centered), 여성주의(feminist), 포스트모던
(postmodern), 가족체계(family systems) 등이며(Corey, 2013), 다른 분류도 있을 수 있
다. 상담이론들은 각기 다른 인식론적 패러다임을 갖고 있으며, 시대에 따라 변화되
어 온 것이다. 직업상담이론들을 이해하기 위해서는 상담이론의 역사적 맥락을 이
해할 필요가 있다.

이론들은 각 시대별로 인간을 이해하기 위한 하나의 기술로 만들어진 것이다.
19세기 후반은 기계 발전과 성장산업으로 인해 엄청난 기술 변화의 시대였다. 20세
기 초반은 격정적이지 않은 것은 아니지만 산업 자체는 대량파괴를 위한 기계생산
이 중심이었다. 제1차 세계대전(파괴, 두려움, 죽음)은 심리학적으로 인간성과 인간
의 허약함, 죽음을 부각시켰고, 인생은 끝까지 살아남는 것이 중요하다는 생각을
갖게 하였다. 여기에 제2차 세계대전은 더 많은 파괴와 두려움, 죽음을 가져오면
서 세상은 불안전하고 정부는 평화와 생산성을 보장해야 하며, 사람들은 마셜 플랜
(Marshall Plan)으로 재건해야만 한다는 시대정신이 나타났다. 한국전쟁과 베트남전
쟁을 통해 사람들은 다시 파괴와 두려움, 죽음을 접하면서 분위기는 달라졌다. 정부
가 평화와 생산성을 가져다주지 않으며, 행복과 삶의 만족도 보장해 주지 않는다며
정부를 신뢰하지 않게 된 것이다. 자본주의와 무정부주의, 오일쇼크, 인플레이션,
스태그플레이션, 에이즈 등등 상당히 많은 일이 발생하면서 어떤 것도 믿을 수 없는
세상이 되었다. 상담은 맥락적이고 시대적인 것을 반영하고 있으며 그 시대의 철학
적 사고와도 관련이 있다.

사건이나 시기를 분명히 구분할 수 없지만 시대정신은 은유적으로 기계론
(mechanism), 형식주의(formism), 유기체론(organicism), 맥락론(contextualism) 등의
네 가지 은유형식으로 이해될 수 있다(Pepper, 1942). 심리학적 이론은 이러한 시대
정신을 반영하여 만들어진 것이다. 기계론은 인과법칙을 중시하며 물리학의 법칙이
자연을 지배하는 것과 같이 인간을 지배하는 법칙이 있다고 가정한다. 정신분석이
나 행동주의는 기계론적 시각으로 세상을 바라보면서 나온 것이다. 형식주의는 일
련의 특정한 대상을 분명히 확인하고, 대상의 종류의 독특한 속성을 밝히는 것이다.

Jung의 심리치료는 형식주의의 시각으로 본 것이라 할 수 있다. 유기체론은 특정한 대상은 부분들의 총화보다는 다른 더 큰 전체라는 시각으로 독특한 대상의 특성과 다양한 형태의 현상을 설명해 주는 것이다. 이에 해당하는 것으로 내담자중심치료(client-centered therapy)를 들 수 있다. 맥락론은 진리와 설명에 관한 이론으로 사건의 의미와 중요성에 대해서 기능적인 개념을 강조한다. 여성주의자(Feminist)와 포스트모던 상담자들은 세상이 단순하지 않고 복잡하며, 예측할 수 없고, 상호작용하는 것으로 보는데, 이는 맥락론적 시각으로 세상을 보는 것이라 할 수 있다.

기존의 심리학적 이론들은 역사적인 시기를 고려하여 평가하는 것이 합당하다. 현재의 이론들을 기준으로 하여 평가하고 비판하면 현대식 오류(presentist bias)에 빠지기 쉽다. Freud와 그의 이론에 대해 비판하는 것은 충분히 있을 수 있고 옳은 지적도 많다. 그러나 산업화 시대에 기계론적 패러다임에 기반하여 심리적 과정을 수압식으로 은유한 그의 업적은 놀라운 것이다. 따라서 상담이론들은 그 시대의 기술적인 성취로 생각하는 것이 필요하다.

기존의 심리학 연구에서는 실증주의 접근을 사용해 왔다. 실증주의(positivism)는 관찰 가능한 객관적인 사실로부터 도출된 지식만이 과학적이라고 믿으며, 보편적인 진리가 존재한다고 믿는다. 실증주의의 영향을 받아 직업상담의 이론들도 가치판단적인 특징을 갖고 있었다. 현대의 심리학 연구에서는 사회적 구성주의라고 불리는 포스트모더니즘과 같은 접근을 하기도 한다. 포스트모더니즘은 절대적인 진실이 없으며, 우리가 행하고 지각하는 모든 것이 상대성이 있어 행동은 그것이 발생한 맥락 내에서만 이해될 수 있다고 믿는다. 이러한 접근이 직업상담에도 반영되어 관계접근(Richardson, 2012), 맥락적-행위 접근(Young, Valach, & Collin, 2002) 같은 것이 제시되고 있다.

상담과 직업심리학의 이론들은 네 가지 은유형식과 세 가지 패러다임으로 분류하여 이해할 수 있다(Corey, 2013). 세 가지 패러다임은 Ponterotto(2005)가 제시한 실증주의자-후기실증주의자(positivist-postpositivist), 구성주의자-해석주의자(constructivist-interpretivist), 비판적-이념적(critical-ideological) 등이다.

상담이론들의 통합에 대한 네 가지 주된 접근이 있다. 그것은 기술적 절충주의(technical eclecticism), 이론적 통합(theoretical integration), 동화적 통합(assimilative integration), 공통요인(common factors) 등이다(Norcross, 2005). 기술적 절충주의를 사

표 1-1   은유형식과 패러다임으로 구분해 본 상담이론과 직업심리학 이론들의 분류

패러다임	은유형식			
	기계론	형식주의	유기체론	맥락론
실증주의자- 후기실증주의자	SCCT	RIASEC	LSLS	CTC
	CIP	P-E	CTC	
	정신분석	TWA		
	행동치료	Jungian		
구성주의자- 해석주의자	인지행동치료	CCT	CCT	CCT
	현실치료		내담자중심	STF
				CAT
				REL
				Existential
				Feminist
				Family systems
비판적-이념적				Adlerian
				ECA
				REL
				Feminist
				Postmodern

SCCT(Social Cognitive Career Theory)
CIP(Cognitive Information Processing model of career decision making)
RIASEC(Realistic, Investigative, Artistic, Social, Enterprising, Conventional types)
P-E(Person-Environment correspondence
TWA(Theory of Work Adjustment)
CCT(Career Construction Theory)
LSLS(Life-Span, Life-Space theory)
CTC(Chaos Theory of Career)
STF(Systems Theory Framework)
CAT(Contextualist Action Theory)
REL(Relational)
ECA(Emancipatory Communitarian Approach)

용하는 상담자들은 어떤 이론적 체계에 집착하기보다는 다른 상담기법들을 혼합하여 사용하는 경향이 있다. 예컨대, 상담자가 워크북, 측정자료에 대한 개인적인 해석, 일의 세계에 대한 정보 등 다양한 자료를 어떻게 활용하는가는 상담자가 스스로

정해서 한다. 그렇다고 기술적 절충주의가 비논리적인 것은 아니다. 모든 상담자는
그것이 공식적인 이론이든 개인적인 이론이든 어떤 이론적인 체계를 따라서 수행
하는 것이다.

　이론적 통합은 둘 혹은 그 이상의 이론으로부터 새로운 이론을 만들어 내는 것이
다. 직업심리학에서 이론적 통합에 맞는 적절한 예는 다음과 같다.

- 체계이론 틀(systems theory framework): 진로를 구성하는 다양한 영향 체계를
  하나의 이론으로 조직하는 것(Patton & McMahon, 2006)
- 진로발달의 발달적-동기적 모델: 발달이론에서 온 것(Vondracek & Kawasaki,
  1995)
- 진로구성이론(career construction theory): 성격의 세 가지 수준 체계에서 온 것
  (McAdams, 1996). 수준 I은 성격 특질과 같은 개인차이고, 수준 II는 효능감, 전략,
  관심이며, 수준 III은 사람의 개성을 구성하고 있는 개인적인 이야기이다.

　동화적 통합은 선호하는 이론을 그대로 유지하고, 개념적으로 이론의 기본적인 가
정에 어울린다면 다른 이론의 기술도 받아들이는 것이다. 예컨대 특성요인 측정이나
이야기 측정은 내담자를 의미 있게 측정하기 위해 통합된 것이다(Hartung & Borges,
2005). Krumboltz(2009)의 직업상담이론도 특질이나 흥미, 직업 사이의 조화를 결정
하는 전통적인 방식과 다르게 학습을 위한 자극물로 객관적인 측정 절차를 동화시킨
것이다. 최근 연구자들은 임상적인 기술을 진로상담에 동화시키고 있는데, 자살경
향성의 측정(Popadiuk, 2013), 마음챙김에 기초한 스트레스 감소(Jacobs & Blustein,
2008), 수용 및 관여 치료(Hoare, McIlveen, & Hamilton, 2012) 등을 들 수 있다.

　공통요인 접근은 특정한 이론적 선호도를 버리고 모든 치료에 효과적인 내담자 요
인이나 상담관계와 같은 요인에 비중을 두는 것이다. 공통요인 접근에서는 다양한
치료법의 효과성은 근본적인 차이가 없다고 주장하며(Wampold et al., 1997), 상담
자와 내담자 간의 관계, 내담자 자체가 중요하다는 것을 강조한다(Lambert & Barley,
2001).

4 일에 대한 이해

　일(work)은 시대와 문화에 따라 그 의미가 달라져 왔다. 산업혁명 이전 시대에 가능한 직업은 농업뿐이 없었고, 목수나 가게지킴이, 약사 등 소수의 직업만 있었다. 사람들은 먹고 살기 위해 농장이나 노동집약적 직업에서 일했었다. 산업혁명이 일어나면서 기술을 가진 사람이 필요해졌고, 기술을 가르치기 위한 교육의 중요성이 부각되었다. 이 시기에도 자신이 원하는 일을 선택하는 것은 일부의 사람에게만 해당하는 것이었고, 대부분의 사람들은 그저 자신이 마주친 일, 자신에게 주어진 일을 할 수밖에 없는 시대였다.

　19세기에 Marx(1867)는 일을 자기정의(self-definition)의 수단으로 간주하였다. 그는 자본주의 사회에서의 소외의 현상을 제시하면서 대부분의 노동자들이 착취당하고 있다고 비판하였다. Freud(1930)는 일하는 것이 삶에서 규칙성을 제공해 주며, 지역사회와 교류를 하게끔 만들어 주기 때문에 도움이 된다고 하였다. Marx나 Freud에게 있어, 일은 개인적인 만족을 성취하는 수단은 아니었다. 산업화로 인한 분업의 시대에 노동은 육체적으로 힘든 것이었고, 자신의 노동으로 인한 결과를 눈으로 확인하기는 어려운 상황이었다.

　철학자인 Heidegger(1962)에 따르면, 일은 사람들이 프로젝트에 참가하는 수단이며, 그것은 사람들이 세상과 연결되도록 만들어 주고, 그들의 존재가 계속 유지되도록 해 주는 것이라고 보았다. Gini와 Sullivan(1989)은 일은 우리가 사람이 되도록 만들어 주고, 우리 자신을 만들어 주는 것이라고 하였다. 이러한 철학적 관점은 일이 포함하고 있는 자기결정을 강조하는 것으로서, 현대의 심리학에서 일을 정의하는 것에도 영향을 미쳤다. 경제학적인 측면에서 보면, 일은 다른 사람에게 가치 있는 서비스와 상품을 만들어 내는 활동이라고 볼 수 있다. 심리학적 관점에서 보면 일은 과제를 수행하기 위한 노력의 지출로 정의할 수 있다(O'Brien, 1986). 이는 조직심리학의 연구와 이론들에서 공통적으로 나타나는 견해이기도 하다. 사회학적 관점에서는 일의 개념을 노동(labor)에 제한하며 일과 노동이 유사한 것으로 간주한다. 일에 대한 여러 가지 관점을 요약하면 다음과 같다.

- 일은 사람들에게 정체감을 갖게 해 주고, 사회적 상호작용에서 응집력을 느끼게 해 주는 것이다. 일은 외적인 정체감을 제공해 주는 것이라고 볼 수 있다.
- 일은 개인마다 다른 의미를 갖고 있다. 각 개인이 어떤 해석을 하고 있는지, 다른 사람과의 상호작용은 어떤지에 따라 다르다.
- 일은 주어진 과제에 노력, 활동, 에너지를 불어넣는 것이다. 이때 과제는 특정 문화에서 사회적으로나 경제적으로 도움이 되는 것이어야 한다. 일은 유급고용뿐만 아니라 가족이나 지역사회의 다른 사람을 돌보아 주는 것도 포함한다.
- 일은 우리의 삶에 없어서는 안 되는 것이다. 일의 경험은 시대와 문화를 초월하여 인간을 하나로 묶어 준다.

1) 일의 심리학적 의미

일은 문화적 영향과 역사적 시기에 따라 의미가 달라져 왔다. Herr 등(2004)의 분석에 따르면, 일은 사람들의 여러 가지 욕구(연결, 성취, 구조, 목적)를 충족시켜 주는 수단이라고 하였다. 그들에 따르면 일은 ① 생존과 권력에 대한 수단, ② 사회적 연결을 위한 수단, ③ 자기결정의 수단 등의 기능을 갖고 있다고 한다. 일에 대해서는 전통적으로 다음과 같은 의미가 있는 것으로 간주되었다.

(1) 정신분석적 관점

Freud(1930)는 일을 본능적인 에너지를 사회적으로 용인된 기능으로 전환하는 수단이라고 하였다. Freud 이론의 기본 가정을 보면, 인간행동은 생물학적 욕구로 인해 발생한다. 일은 충동을 본능적인 에너지가 빠진 활동으로 전환시켜 주는 수단이며, 사람들이 사회적으로 허용된 방식으로 기능하도록 해 주는 것이다. Freud는 일이 인간의 필수품으로서 지루함, 스트레스의 근원으로 보기도 하였으며, 개인의 심리 에너지를 발산하는 수단으로 생각하였다. 최근의 정신분석적 관점에서는 일에 대해 더 낙관적인 시각을 나타내고 있다. 인간은 관계, 대인 간 친밀, 다른 사람의 승인(affirmation)을 추구한다고 간주하며, 일은 아주 깊은 수준에 잠재되어 있는 즐거움과 자신감의 근원이 된다고 주장한다(Axelrod, 1999).

(2) 자기개념적 관점

진로발달의 자기개념 이론을 제시한 Super(1957)는 일과 진로에 대한 선택이 자신의 흥미, 재능, 가치를 일의 세계 내에서 증명하는 것이라고 주장하였다. 자기개념은 '나'라는 것을 나타내는 것으로 전 생애에 걸쳐 발달하는 것이다. 일의 기능 중 하나는 조직세계에서 개인의 자기개념을 발산하는 수단을 찾는 것이다. 따라서 일은 개인에게 만족, 성취, 성공을 제공해 주는 것이라고 볼 수 있다. 그러나 이러한 관점은 사람들이 그들의 일과 관련된 삶을 선택할 수 있다는 가정에서 시작하는 것인데, 대부분의 노동자들은 그렇게 하지 못할 수 있다.

(3) 맥락적 견해

Marx는 산업화로 인해 반복적인 일을 하면서 노동자들이 소외감을 가지게 되었다고 주장한다. Marx는 노동자가 노동 생산물을 확인하는 것이 어려워졌고, 부의 분배가 잘못되어 소유자나 투자자는 더 부자가 되고, 살기 위해 투쟁하는 노동자는 더 많아졌다고 주장한다. 이러한 관점에서 일은 생존에 초점을 둔 가장 기본적인 심리적 욕구이다. 그래서 Marx는 경제적, 사회적, 작업장의 맥락이 일의 경험에 미치는 영향에 관심을 가졌고, 일은 사람들이 자연과 연결된 느낌을 갖도록 도와주는 힘이 있다고 주장한다. 조직심리학자인 O'Brien(1986)은 Maslow의 자기실현이론에 기초하여 기본적인 욕구(안전, 사랑, 자존감)가 충족된다면, 일은 자기를 실현하는 경험의 일부분이 될 수 있다고 하였다.

(4) 통합적 관점

Neff(1985)는 일의 심리적 기능에 관해 통합적인 분석을 제공하였다. '사람들마다 일에 쏟는 에너지가 다른 이유는 무엇인가?'에 대해 다음과 같은 요인들이 영향을 미친다고 주장한다.

- **물질욕구**: 사람들은 필요한 것을 얻기 위해 일한다.
- **자존감**: 일은 자존감을 향상시켜 준다.
- **활동**: 일은 사람들에게 일상의 활동을 제공하여 따분함, 무기력 등을 완화시켜 준다.
- **다른 사람의 존경**: 일은 사람들에게 사회적 지위를 제공해 준다.
- **창의성에 대한 욕구**: 일을 통해 창의적인 욕구가 충족될 수 있다.

2) 정보화와 세계화

이제 일은 안정적이지 않고 예측할 수 없는 것이 되었다(Collin & Young, 2000). 더구나 많은 조직의 다운사이징(downsizing)은 일의 의미에 중요한 영향을 미쳤다. 21세기에 많은 사람에게는 일에 대한 접근이 허용되지 않을 수도 있다. 일의 세계와 노동시장의 요구가 변화하고 있는 시기에 일의 의미를 다시 정립해야 할 필요가 있다(Peterson & Gonzalez, 2005).

일(work)의 의미는 변화하고 있다. 교육을 마치고 직장에 들어가 은퇴할 때까지 그 직장에 머무르는 사람은 없어지고 있다. 평생고용의 의미는 사라졌고 한 직장에서의 안정성은 보장받지 못한다. 일하는 장소도 변화하고 있고, 통신과 기계장치의 발달로 재택근무가 가능해지며, 일하는 환경도 변화하고 있다. 사람들은 직장 내의 인간관계에서도 변화를 체감한다. 정보의 교환이나 회의, 전달사항이 메시지로 주어지고, 사람들은 관계의 상실을 경험한다. 복잡한 과제는 기계가 대신하고 노동자들은 최저 임금을 받거나 고용불안에 시달리면서 고용을 유지하려고 애쓰고 있고, 심지어 해고를 당하기도 한다. 사람들은 고용과 실업의 상태를 반복하기도 하고, 고용 상태에서도 추가적인 교육과 훈련을 받고 있다. 어떤 사람들은 여러 개의 시간제 아르바이트를 하는 패치워크(patchwork)를 갖고 있기도 한다. 시간제 강사 일을 하면서도 여분의 시간에 잡역부로 아르바이트를 하는 사람도 있고, 한 직장에서 비정규직으로 근무하면서 식당에서 주방보조로 수입을 보충하는 사람도 있다. 이제 하나의 직업만 갖고 살아가기는 어렵고, 패치워크를 가져야 하는 사람이 점점 증가하고 있다.

21세기에 일의 세계에서 나타나는 대표적인 현상은 디지털기술의 도입이다. Rifkin(1995)은 디지털기술로 인해 발생하는 일의 세계를 다음과 같이 제시하였다.

- 컴퓨터로 인해 기계나 장치들이 일을 하면서 일자리가 줄어들고 있고, 어떤 직무는 더 이상 쓸모가 없어졌다. 가난한 사람이나 노동자들이 신분상승을 할 수 있는 기회로 여겨졌던 일들이 사라지고 있다(Wilson, 1996). 컴퓨터는 인간보다 더 신뢰로우며, 비용도 절감되고, 따라서 생산비용도 낮을 것이다. 전일제 고용은 점차 줄어들고 있고, 시간제 일자리가 증가할 것이다. 처음 일의 세계로 들어오는 작업자들이 일생 동안 갖는 직업의 수(미국의 경우, 평균 20개)는 점점 증가할 것이고, 외부 작업자들에게 과제를 부여하는 경우가 많아질 것이다.
- 디지털 기술은 생산을 어디에서 하든 통제하고 관리할 수 있게 해 주었다. 따라서 공장은 임금이 낮은 지역, 개발도상국으로 옮기는 경우가 많아지고 있다. 디지털화는 조직을 더 작게 만드는 것이 가능하게 하였고, 무경계(boundaryless) 조직이 만들어지도록 해 주었다.
- 자동화는 기술이 부족한 노동자를 관리하고, 조직부서 간의 정보를 전달해야 하는 중간계층의 관리자의 수를 줄어들게 만들었다. 조직이 몸집을 줄이려고 할 때 가장 우선적으로 정리하는 대상이 중간계층의 관리자들이다.

디지털 기술의 도입으로 인한 이러한 변화는 제조업에만 해당하는 것은 아니다. 서비스 산업에서도 일어나고 있는 것이다. 사람들이 하는 일을 디지털이 대신하면서 일의 세계도 변화하고 있고, 일의 의미도 달라지고 있다. 일의 세계에서 일어나는 다른 변화는 세계화(globalization)이다. 세계화는 현재의 사회구조를 완전히 재배치시키는 일이다(Friedman, 2005). 세계화의 가장 주된 특징은 자유시장자본주의(free market capitalism)이다. 자유시장은 상품과 서비스의 가격을 시장과 소비자가 정하게 한다는 것이다. 자유시장자본주의는 세계 경제에서 이제 이론의 여지가 없는 것이다. 이러한 변화가 일하는 삶에 미치는 영향은 아주 막대하다. 첫째, 국가나 기업의 경제 경쟁력은 심각한 영향을 받는다. 다양한 작업현장에서 직무안정성이 위협받을 것이다(Grantham, 2000). 노동자와 조직 간의 충성심은 사라지고 기업의 생존 가능성에 대한 충성심이 나타날 것이다. 둘째, 세계화는 국가 간 혹은 언어적인 장벽이 사라지게 만든다. 작업현장은 더 낮은 비용으로 질 좋은 노동을 제공받을 수 있는 곳으로 움직이게 될 것이다. 어떤 일의 세계는 더 경쟁적인 환경이 될 것이다. 기술과 훈련이 요구되는 일의 경우 준비되어 있는 사람들에게 기회가 주어질 것이고, 사람들은 더 훈련받아야 하고 생산적이어야 한다. 기술을 가지고 있지 않거나 미숙한 노동자들은 자동화가 대체할 것이고, 높은 수준의 기술을 갖추어야 대우를 받을 것이다.

세계화가 가져오는 다른 변화 중 하나는 작업현장이 더 스트레스가 많아지고 정신없이 바쁘게 돌아갈 것이라는 것이다. 작업자들은 다양한 과제를 효율적으로 움직이면서 처리해야 하고, 이전보다는 더 높은 수준의 수행을 요구받을 것이다. 일을 해 본 사람이 매우 힘들게 일을 하였다고 보고한다면 그 일은 경쟁력을 갖춘 것으로 본다. 사람들은 지름길을 찾기 위해 동분서주할 것이다. 세계화로 인해 어떤 사람에게는 일에 대한 책임감이 확장되면서 부담이 가중될 것이고, 어떤 사람들에게는 고용의 기회가 사라지게 될 것이다. 그래서 일과 부(wealth) 사이에 부적절한 배분이 발생할 것이다.

산업화 시대에 종업원과 고용주 사이에 맺는 고용계약을 일컬어 심리적 계약(psychological contract)이라고 하였다. 종업원은 자신이 맡은 일에 대해 몰입하고 생산적이 되는 반면, 고용주는 그에 대한 대가로 경제적 비용을 지불한다는 계약이다. 심리적 계약은 최선의 노력과 생산성을 유지하고, 일에 대해 책임지는 태도가 소속감과 연결성을 가져온다는 가정에서 시작된 것이다. 심리적 계약으로 인해 종업원들은 조직의 일원이 되었다는 것을 느끼고 특정 조직에서 일하는 것에 대해 자부심을 가지게 된다. 그러나 최근에는 이러한 심리적 계약이 사라지고 있다. 종업원들은 자신의 기술과 경험, 직무여정에 더 많은 몰입을 한다. Hall과 Mirvis(1996)는 조직 경력에서 프로틴 경력(protean career)으로의 변화를 제시하였다. 조직경력은 산업화시대의 심리적 계약처럼 개인과 조직 사이의 장기적인 관계를 의미한다. 노동자는 한 조직에서 승진하고 경력을 이어 가기를 원하며, 효과적이고 생산적인 방식으로 최선의 노력을 기울인다. 이러한 계약은 대부분의 노동자들에게 더 이상 가능한 것이 아니다. 프로틴 경력은 조직에서의 수직상승보다는 자신이 느끼는 심리적 성공을 중요시한다. 자신이 조직에 얼마나 있었는가보다는 자신이 배운 학습이 무엇이며 자신이 얻은 성취는 무엇인가를 중요시한다. 남들이 이상적이라고 생각하는 경력을 따라가지 않고 자신만의 독특한 경력을 구성하려고 한다. 그래서 프로틴 경력은 일종의 경력지문과 같은 역할을 한다. 이는 정보화 시대에 교육받은 노동자들에게는 이상적인 형태가 될 수 있을 것이다.

프로틴 경력과 관련하여 몇 가지 주목해야 할 것이 있다. 첫째, 프로틴 경력은 개인적인 목표와 기준을 정하며 자율과 통제를 가질 수 있게 해 준다. 자신의 성공을 판단하는 기준은 외적인 기준을 사용하지 않고 내적인 기준을 개발하여 사용한다. 프로틴 경력은 장기간의 고용계약을 하지 않는다. 고용계약이 없으면 보험과 관련된 혜택이 없기 때문에 이를 주의해야 한다. 둘째, 자신의 정체감이 점차 불안정해질 수 있다. 안정된 직장생활이나 조직에 대한 소속감이 없기 때문에 정체감이 분산될 수 있다. 셋째, 중년 이상의 노동자들이 조직 경력에서 프로틴 경력으로 전환하는 것은 매우 도전적인 일이 될 수 있다. 프로틴 경력은 과거에 일이 제공해 주었던 사회적 연결을 제공해 주지 않는다. 사회적 연결과 관계적 지지의 부족은 일의 도전적인 측면을 찾아가면서 보완하여야 한다.

현재 일의 특성이 급격하게 변화하면서 그로 인한 사회적·관계적 결과들이 나타나고 있다(Grantham, 2000). Sennett(1998)은 이러한 관계의 갈망을 새로운 자본주의(new capitalism)라고 지칭하였다. 정보화 시대와 세계화로 인해 유연성에 대한 분명한 선호와 급격한 변화에 대한 요구가 나타났다. 이는 21세기 경제구조의 전형적인 특징이라고 할 수 있다. 일의 특성이 경쟁적이고, 유연하고, 위험감수적으로 변화하면서 사람들은 더 이상 '우리'라는 것을 갈망하지 않는다. Sennett이 제시한 새로운 자본주의의 가장 중요한 결과는 일에서의 안정성 상실이다. 사람들이 일에서 의미를 찾고 직장에서 안정된 관계를 구축하려는 노력이 필요 없어졌다. 기존에 가졌던 완전함이나 관계적 연결, 결집된 느낌 등은 조금씩 부식되듯이 사라지고 있다. 이제 사람들은 소외감을 느끼게 될 것이다.

Hunt(1995)는 기술발달이 일에 미친 영향에 대해 다음과 같이 제시하였다.

- 작업조직은 규율관리가 매우 엄격한 조직에서 작은 조직으로 변화할 것이고, 특정한 상품을 생산하기 위해 동떨어진 곳에서 일할 수도 있다.
- 작업장의 사회적 구조는 재빠르게 변화할 것이고, 이전에 과제를 수행해 본 숙련된 노동자들이 들어온다.
- 급격하게 변화하는 작업장에서도 인지적 유연성과 사회적 유연성이 주목받을 것이다. 변화하는 환경에서 살아남기 위해서는 가장 가치가 있는 사람이 되어야 한다.
- 작업장에서 필요로 하는 인지적 속성은 정교한 기계적 기술, 높은 수준의 문제해결 기술, 다른 사람과 효과적으로 상호 의사소통할 수 있는 능력 등이다.

직업상담의 과정

상담은 일반적으로 정기적인 연속적 만남으로 이루어진다. 내담자의 문제 유형에 따라 혹은 상담 접근 방법에 따라 상담회기의 양적인 차이는 있지만, 상담에서 일어나는 과정은 유사하다. 기본적으로 상담에서 일어나는 과정은 크게 세 가지 단계, 즉 초기 단계, 중기 단계, 종결 단계로 구분한다. 각 단계별로 상담자가 해야 할 과제와 역할이 있다.

1) 초기 단계

상담의 초기 단계란 상담자와 내담자 간의 첫 만남이 이루어지는 순간부터 이후 몇 회(평균적으로 5~10회) 이내의 과정을 말한다. 초기 단계에서는 우선적으로 내담자에 대한 기본적인 이해 과정부터 시작해서 상담자와 내담자 간의 신뢰할 수 있는 관계 구축과 상담에 대한 준비 작업이 이루어진다.

초기 단계에서는 내담자의 문제에 대한 이해과정이다. 따라서 이 단계에서는 정보 수집을 위한 과정이 주로 이루어진다. 내담자 스스로 호소하는 문제는 무엇이며, 문제의 배경에 대한 탐색과 문제 증상의 변화 과정, 그리고 문제에 대해 내담자가 어떻게 대처했는지에 대한 상세한 정보를 얻는다. 상담자는 내담자의 직업흥미, 전환할 직무기술, 기능적인 제한, 특별한 직업복귀 서비스(예컨대 직업훈련, 신체회복 서비스, 적응 상담, 직무개발 및 배치)의 필요성 등에 관한 자료를 수집한다. 가능한 고용목표와 서비스를 확인할 수 있도록 하기 위해서 그리고 내담자가 그의 고용목표를 성취하는 데 필요한 지지를 확인하기 위해서 부가적인 진단 정보(학습과 인지적 측정, 직업적 평가, 의학적 평가, 심리적 평가 등)를 구하기도 한다.

상담자들은 먼저 내담자에 대해 다양한 정보를 측정하고, 자료를 수집하고 분석하여 해석해야 한다. 이러한 과정을 통해 내담자의 직업적 장점과 선호도, 약점을 파악할 수 있다. 가능한 고용목표를 설정하고 내담자가 필요로 하는 지원의 유형을 결정하기 위해서는 이러한 과정이 매우 중요하다. 상담자들은 이러한 과정을 하기 위해 인터뷰를 하거나 장애기록에 대한 검토, 고용 관련 기록, 행동관찰, 시험 등을 통해 진행한다(Benson, 2010).

인터뷰는 직업상담자들이 가장 흔히 사용하는 측정도구이다(Berven, 2001). 인터뷰는 대개 상담자와 내담자가 처음 만났을 때 시행한다. 인터뷰를 통해 상담자들은 내담자의 능력(장애의 원인, 발생 시기, 기능적인 제한, 의학적 처치 등)이나 교육배경, 고용기록 역사(가장 높았던 직위, 직업훈련 증명서, 최근의 고용동향, 전환 기술 등), 개인과 가족 역사(결혼상태, 가족 수, 거주유형, 수입원, 의료보험 등), 서비스에 대한 기대(원하는 서비스, 선호하는 서비스 제공자, 원하는 결과 등) 등에 관한 자료를 수집한다.

인터뷰를 통해 수집된 정보에 기초하여 상담자는 내담자의 직업적 장점과 약점을 더 잘 이해하기 위해 필요한 평가도구와 전략을 결정한다(Leahy, Chan, Sung, & Muwoong, 2013). 어떤 경우는 부가적인 평가가 필요 없을 수도 있고, 특별한 평가를 하기도 한다. 상담자는 내담자의 기록을 검토하고, 내담자의 장애로 인한 고용 장애물을 해결할 수 있는 방안을 탐색한다. 상담자는 내담자의 개인적인 특성에 맞는 직업적 목표를 확인하기 위해 다양한 개인정보(적성, 기술, 기능적인 제한점, 성취, 흥미, 개인적 특성들)와 직업정보(노동시장정보, 직업분류사전 정보)를 수집하고 해석한다.

내담자가 상담하고자 하는 문제에 대한 전반적인 이해가 된 후에는 상담의 성공 여부와도 관련되어 있는 내담자의 상담에 대한 동기를 확인하는 것이 필요하다. 상담은 전문가인 상담자가 해결 방법에 대한 정보를 제공해 주는 것이 아니라 내담자 스스로가 자신에 대한 깊이 있는 탐색 작업을 하고 문제해결 방법을 모색해 나가는 과정이다. 따라서 이러한 과정을 거치기 위해서는 높은 수준의 변화에 대한 동기가 필요하다. 상담자가 어느 정도까지는 변화를 일으키는 데 필요한 수준까지 이끌어 줄 수도 있고, 도움을 줄 수도 있지만, 그 이후 과정은 내담자 스스로의 동기부여와 동기의 유지 노력이 매우 중요하다.

상담의 초기 단계에서 핵심적인 과제는 바로 촉진적인 관계 형성(rapport)을 하는 것이다. 촉진적인 상담관계란 내담자가 상담에 몰입하여 생산적인 상담이 진행될 수 있도록 상담자와 내담자가 형성하는 협동적이고 우호적이며 신뢰로운 상담관계를 말한다. 여기서 생산적인 상담이란 내담자가 스스로 탐색하고 변화하려는 동기를 가지고 자신을 자연스럽게 두려움 없이 드러내고, 자신의 감정과 경험에 솔직해지면서 상담과정에서 겪게 되는 좌절과 상처를 이겨 내고 결국에 목표하는 바를 성취하는 것을 말한다.

직업상담에서는 상담의 단계를 초기, 중기, 종결로 구분하지 않는다. 순서는 유사하게 진행되지만 사용되는 용어가 다르고, 상담유형에 따라 과정도 조금씩 차이가 있다. 직업상담의 한 예를 살펴보면, 직업복귀상담에서는 상담의 초기 단계를 작업동맹으로 표현한다(Lustig, Strauser, Rice, & Rucker, 2002). 작업동맹은 직업복귀상담자와 내담자 간에 공유하고 있는 동등한 파트너십이며, ① 내담자의 직업적 장점, 선호도, 고용목표, 목표성취의 장애물, 서비스 요구 등을 확인하는 것, ② 의미 있는 고용에 도달할 수 있게 개인화된 서비스 계획을 개발하고 실행하는 것 등을 해 나가는 것이다(Kosciulek, 2004b; Wehmeyer, 2003). 작업동맹의 구성요소는 정보에 근거한 선택(informed choice), 자기결정(self-determination), 권한위임(empowerment) 등이다(Chan, Huff, Barclay, & Copeland, 1997; Kosciulek, 2004a). 정보에 근거한 선택은 직업복귀 서비스, 서비스 제공자, 서비스 조달, 고용목표 등에 관한 결정을 스스로 할 수 있다는 내담자의 권리를 의미한다. 직업복귀 상담자들은 내담자가 취할 수 있는 대안들에 대해 교육시키고, 자기결정에 기반한 선택을 어떻게 할 수 있는지를 학습할 수 있는 자원과 도구를 제공해 준다. 자기결정은 사람들이 자신들의 삶을 통제할 수 있다는 권리와 능력을 의미하며, 이는 직업복귀상담에서 중요한 요소이다. 그 이유는, ① 역사적으로 장애를 가진 사람들에게는 거부되었던 권리이고, ② 자기결정이 더 나은 직업복귀상담 결과를 가져온다는 연구결과들이 많기 때문이다. 권한위임은 힘없고 하찮은 존재였던 사람들이 자신의 삶과 환경을 통제할 수 있는 기술을 개발하는 과정을 의미한다. 권한위임은 직업복귀상담자가 내담자에게 일어나고 있는 것에 대해 통제와 권한을 발휘하도록 기회를 주는 것을 말한다. 장애를 가진 사람은 장애를 갖고 있지 않은 사람들만큼 자신들에게 영향을 미치는 것들을 통제할 수 있다.

상담의 초기 단계에서 내담자의 문제를 올바르게 확인하기 위해서는 상담자가 내담자의 입장이 되어 문제의 본질을 이해해 보려는 노력이 필요하다. 즉, 공감적인 이해노력이 도움이 되며, 이와 같이 상담자가 이해한 바를 내담자에게 다시 되돌려 이야기해 줌으로써 확인을 하고, 이를 통해 내담자는 자신의 문제에 대해 보다 명확한 이해를 할 수 있고, 또한 자신의 문제에 대해 관심을 갖고 자신과 같이 이해하고 있는 사람이 있음을 느낄 수 있도록 도와주는 것이 필요하다. 아울러 이러한 공감적인 이해의 분위기와 문제에 대한 파악은 내담자가 자신의 문제 및 상태를 변화하고자 하는 동기를 증가시킬 수 있게 된다.

2) 중기 단계

중기 단계는 초기 단계가 끝날 무렵부터 시작해서 상담의 목표가 어느 정도 달성되기까지의 과정으로 상담에서 중요한 과정이다. 중기 단계의 가장 큰 특징은 초기 단계에서 설정하고 계획한 상담의 구체적인 목표를 수행하는 것이다. 초기 단계에서 구축한 신뢰할 수 있는 관계 형성을 토대로 상담자와 내담자가 함께 합의하고 만든 상담계획을 체계적으로 수행해 나가는 본격적인 문제해결이 이루어지는 단계로서 상담의 핵심적인 부분이다. 다양한 상담이론에 기초한 효과적인 상담기법들이 실제로 적용되어 그 효과를 경험하고 변화 과정을 체험하게 되는 생생하고 역동적인 과정이라 할 수 있다. 상담기법의 선택이나 실제적인 적용에 대한 내용은 상담이론에서 살펴볼 수 있다.

직업상담에서는 이 시점에서 고용을 위한 계획을 설계하고 개발하는 것을 기록한 개인용 계획서를 작성하기도 한다. 이 계획서에는 내담자의 고용목표와 목표를 성취하기 위해 필요한 다양한 서비스 등이 포함되어 있다. 또한 각 서비스를 언제 시작하고 종결하는지에 대해서도 정하고 각 서비스를 담당할 제공자를 확인한다.

내담자가 계획서를 작성하면 직업탐색 단계로 넘어간다. 직업탐색에 어느 정도로, 어떤 지원을 해야 하는지는 내담자의 요구나 서비스를 제공하는 상황에 따라 다르다. 어떤 내담자는 상담자의 도움 없이 스스로 직업탐색을 하기도 하고 다른 개인은 상담자에게 더 많은 지원을 요구하기도 한다. 상담자가 제공할 수 있는 지원으로는 직업탐색 기술훈련, 직접적인 배치지원, 지원고용 등이다.

상담의 중기 단계인 문제해결 과정에서는 변화가 실제로 일어나기 시작한다. 이 과정에서 나타나는 내담자의 특징적인 행동 중 하나가 바로 변화에 대한 저항운동이다. 이는 감정적인 행동으로서 여러 가지 형태로 나타나고, 변화를 겪기 시작하면서 내담자가 경험하는 불편감과 고통, 두려움 및 불안에 대한 반응이라 할 수 있다.

예를 들어, 내담자가 특정한 문제를 갖고 상담을 진행하면서 처음 내담자가 가지고 있었던 문제들은 해결되면서 다른 문제들이 발생하는 경우가 있다. 이때 내담자는 새로운 불안감에 대한 방어행동으로 상담과정에 대해 강한 저항감을 나타내게 된다. 상담이 더 이상 도움이 안 된다는 등, 행동은 달라졌지만 불안이 더 심해서 견딜 수가 없다는 등 핑계를 대면서 상담을 그만두고자 하는 행동을 보이기도 한다. 이 경우에는 이런 과정이 모두 변화 과정에서 겪게 되는 자연스러운 현상이고 고통이라는 것을 보여 주고 지속적으로 생산적인 방향으로 행동변화를 이어 나갈 수 있도록 도와주어야 한다.

직업탐색

개인은 전 생애에 걸쳐 자신이 무엇을 하고 살 것인지를 고민한다(Vondracek & Porfeli, 2003). 일반적으로 직업탐색은 젊은 시기에 학교나 여가활동, 아르바이트 등을 통해 이루어진다. 초기 진로선택을 한 이후에도 개인은 끊임없이 자신의 진로를 다시 생각해 보고 다른 대안이 없는지를 탐색한다(Porfeli & Lee, 2012). 현재 직업환경이 빠르게 변화하고 있어 사람들의 직업탐색은 전 생애에 걸쳐 다양한 시기에 이루어지고 있다(Greenhaus, Callanan, & Godshalk, 2010). 예전에 직업탐색이 특정한 시기에 이루어지는 것으로 여기는 경우도 있었지만, 사람은 새로운 흥미와 능력을 개발할 수 있고, 시간이 흐름에 따라 변화할 수 있기 때문에 직업탐색과 결정은 더 이상 특정한 시기의 문제가 아니다. 또한 사람들 중에는 진로를 결정하는 데 자신이 없거나 어떤 결정을 하지 못하고 미루는 사람들이 있기 때문에 이들을 위해 직업탐색의 과정을 전반적으로 살펴볼 필요가 있다.

기존의 진로탐색에서는 청년들이 직업을 찾는 과정에 초점을 두는 경향이 있었다. 그러나 청년이나 실직 후 재취업을 원하는 사람이나 혹은 다른 직업을 찾는 사람이나 직업탐색의 과정은 유사하다. 직업을 구하는 사람에게는 두 가지 주된 도전이 있다. 하나는 그들의 교육배경이나 진로계획에 적합한 직업을 찾는 것이다. 다른 하나는 자신들의 직업이 가능한 안정적으로 유지되도록 조직구조에 성공적으로 사회화되는 것이다. 이러한 도전에 대처하기 위해서 구직자들은 직업탐색기술도 있어야 하고, 자신이 들어갈 직업세계에 효과적으로 통합될 수 있는 사회적 기술도 갖추어야 한다. 직업탐색기술과 관련해서 청년들에게 요구되는 기술은 성인 직업탐색자들과 유사하다. 단지 이전 직업경험이 전혀 없다는 것뿐이다. 일의 세계에 적응하는 것과 관련해서 구직자들에게 요구되는 기술은 동료나 상사와 안정된 관계를 형성하고, 다른 사람들로부터 오는 피드백을 알아차리는 것이다(Koivisto, Vuori, & Nykyri, 2007). 이 두 가지 도전에 덧붙여 구직자들이 직면하는 다른 도전이 있다. 그들이 진로를 시작하려고 노력하는 과정에서 오는 장애물(거절, 지연, 무반응 등)에 대해 준비되어 있어야 한다.

직업탐색은 자신이나 일의 세계에 대한 이해와 자신이 바람직한 결과를 만들어 내기 위해 환경과 어떻게 상호작용할 것인지를 이해하는 과정을 포함하고 있다(Porfeli & Skorikov, 2010). 일반적인 직업탐색의 과정은 먼저 개인이 자신의 흥미나 적성, 능력 등을 분석하여 이해하고, 직업세계에서 요구하는 교육적·직업적 요구 등을 이해한 다음 자신에게 가장 적합한 직업을 탐색해 내는 것이다.

직업탐색은 먼저 내담자의 욕구와 관련하여 자기탐색과 환경탐색을 비롯하여 다양하고 폭넓은 탐색활동으로 시작한다(Porfeli & Skorikov, 2010). 직업탐색활동에 도움을 줄 수 있는 사람들로는 부모나 전문상담자, 선생님, 동료 등이 있다. 그러나 효과적인 직업탐색활동이 이루어지기 위해서는 전문적인 진로개입을 받는 것이 바람직하다. 개인의 진로발달을 향상시키기 위해서 혹은 더 효과적인 진로결정을 할 수 있도록 만들어진 어떤 활동들로 구성된 것을 진로개입(career intervention)이라고 한다(Spokane, 1991). 진로개입은 주로 개인 진로상담(Prediger & Noeth, 1979)이나 집단진로상담(Pyle, 2007), 구조화된 진로프로그램을 통해 이루어진다. 진로개입을 통해 내담자의 욕구나 상담자의 목표, 제도적인 혜택, 가용한 자원들을 파악할 수 있고, 개인이 자신이나 직업의 세계에 대한 탐색활동을 효과적으로 하는 데 필요한 자신감을 향상시킬 수 있다. 진로개입은 주로 젊은이들의 직업적 정체감을 개발하기 위해 사용되지만 소수민의 욕구(Pantzer & Scanlan, 2006)나 차별집단(disadvantaged groups)의 진로이행을 살펴보는 데 활용되기도 한다. 특히 경제적으로 가난한 개인이나 취약계층 청년, 이주민, 장애인 등과 같은 내담자들에게 효과적으로 활용될 수 있다.

직업탐색 활동 중 자기탐색 과정에서 자신의 가치나 성격, 흥미, 기술 등을 이해하기 위해 측정도구를 사용할 수 있다. MBTI 검사(Myers-Briggs Type Indicator; Quenk, 2009)나 스트롱흥미검사(Strong Interest Inventory; Grutter & Hammer, 2004)와

같은 표준화된 검사를 사용하기도 하고, 진로이야기 워크북(Career Story Workbook; Savickas & Hartung, 2012)과 같은 질적 도구를 사용하기도 한다.

환경탐색에서는 직업적인 정보를 얻기 위해 인쇄물이나 전자기기, 지인 등을 통해 환경을 탐색한다. 미국에서 사용되는 전형적인 인터넷 탐색도구는 Occupational Information Network, O*NET(http://www.onetonline.org), World-of-Work Map(http://www.act.org/wwm) 등이다. 내담자들이 자신들의 학습경험을 조직하고 미래의 진로발달과제를 계획하도록 도와주기 위해서는 의사결정기법인 DOTS Thinking(Decision learning, Opportunity awareness, Transition learning, Self-awareness; Law, 1999), CASVE Stages(Communication, Analysis, Synthesis, Valuing, Execution) 등이 활용된다.

3) 종결 단계

내담자가 호소했던 문제나 증상이 완화되고 변화가 되었다고 해서 상담이 금방 종결되는 것은 아니다. 종결 단계는 초기 단계만큼이나 조심스럽게 다루어져야 할 단계이다. 일반적으로 상담이 종결되기 전에 종결을 준비하는 과정이 세심하게 이루어진다. 미리 상담에 대한 종결을 제의하고 이에 대해 내담자와 함께 이야기를 하며, 종결에 대한 내담자의 반응을 주의 깊게 받아들이고 이에 대처하는 노력이 필요하다. 따라서 상담의 종결은 점진적으로 이루어진다고 볼 수 있으며, 이러한 조심스러운 종결의 효과는 상담의 효과를 지속시키는 데 도움을 주고 상담의 효과를 증폭시키는 데 도움이 된다.

상담자는 종결 단계에서 내담자의 현재 어려움과 이를 유발시킨 원인 및 이를 지속시키는 요인들 간의 관계를 파악하게 하고 이를 변화시킴으로써 문제해결 능력을 증진시키고 전반적인 적응능력을 향상시킬 수 있게 된다. 각 상담이론마다 문제에 대한 원인을 파악하는 데 기울이는 초점에 있어서 각각 차이가 있으며, 이에 따라 변화를 위한 상담전략 및 기법들이 달라진다. 변화가 일어난 다음에는 이러한 변화에 대해 내담자의 반응 및 태도에 대한 탐색이 필요하며, 상담 이후의 일상생활에 대한 적응을 위해 실제 생활에서의 적응 훈련이 포함되어야 한다. 이러한 면에서 점진적인 종결과정은 적응노력 훈련과정 혹은 상담의 효과를 다지는 과정이라고 한다.

특정한 직업상담의 경우, 내담자가 안정된 고용을 이루거나 직업으로 돌아갔을 때 혹은 직무안정성을 갖기 위해 그들의 위치에서 충분한 시간을 보여 주었다면 상담과정을 마무리한다. 미국 정부에서 실시하는 직업복귀 프로그램은 최소 90일 이상 내담자의 능력이나 흥미, 선택에 어울리는 일을 하였을 때 직업복귀과정이 성공적이었다고 평가한다(Mandeville, Brabham, & Koch, 1998). 직업상담 프로그램에 의해 종결된 내담자들은 필요한 경우 다시 서비스를 받을 수 있다. 특정한 장애를 가진 내담자들에게는 전 생애에 걸쳐 서비스를 받을 수 있는 정책이 있다.

6 직업상담자가 갖추어야 할 것

직업상담을 하는 사람들이 갖추어야 할 지식과 기술은 무엇이며, 어떤 교육과정을 받아야 하는지에 대한 공식적인 기준은 없다. 직업상담자가 갖추어야 할 윤리적인 문제에 대해서도 상담과 관련해서는 공식적으로 정해진 것이 있지만, 직업상담에 별도로 적용되는 것은 마련되지 않았다. 일반적인 개인상담과 직업상담은 분명차이가 있는 것이고, 동일하게 다룰 수는 없는 문제이다. 또한 직업상담은 단순히 개인적인 문제가 아니라 사회정의나 정치적 책무와도 관련이 되어 있어 복잡한 과정이라고 할 수 있다.

1) 직업상담자의 필수요건

미국의 NCDA(National Career Development Association)에서 정의한 바에 따르면, 직업상담은 개인의 삶-진로의 발달을 도와주는 과정이라고 한다. 직업상담을 효과적으로 수행하기 위해 갖추어야 할 전문 역량에 대해서 NCDA에서는 다음과 같이 제시하고 있다. 이러한 역량에 대해서는 최소한의 역량이라는 것을 전제하였고, 보다 전문적인 상담자가 되기 위해서는 별도의 능력이 입증되어야 한다고 하였다.

- 상담이론에 대한 지식이 있어야 한다.
  - 상담이론과 관련된 기법
  - 직업발달의 이론과 모델
  - 개인차에 대한 이해
  - 인간 성장과 발달에 대한 이해
- 상담 기술을 갖추어야 한다.
  - 상담관계의 설정

- 상담 분위기 조성
- 내담자에게 적절한 기법의 활용
- 개인적 특성에 대한 이해
- 사회문화적 맥락에 대한 이해
- 내담자에 대한 지원 기술

• 측정기술을 갖추어야 한다.
- 다양한 개인적 특성의 측정
- 환경적 특성에 대한 측정
- 측정도구의 평가
- 적절한 측정도구의 선정 및 실시
- 측정 결과의 해석

• 정보와 자원을 갖고 있어야 한다.
- 노동시장의 정보, 고용 추세
- 교육 및 훈련에 대한 정보
- 직무탐색에 필요한 정보

• 프로그램을 관리하고 실시할 수 있어야 한다.
- 직업발달 프로그램의 개발
- 프로그램의 내용에 대한 이해
- 프로그램 진행에 필요한 지식과 능력
- 프로그램을 실시하는 데 필요한 지식과 능력

• 코칭, 상담, 수행 향상과 관련된 능력을 갖추어야 한다.
- 상담의 이론, 전략, 모형의 사용
- 생산적인 상담관계의 유지
- 상담의 중요성을 전달하는 능력

• 다양한 내담자를 이해할 수 있어야 한다.
- 발달모형과 다문화상담에 대한 이해
- 다양한 대상자별 특성 확인
- 대상자별 적절한 프로그램의 선정
- 직업발달과 고용에 대한 제안

• 추후 지도를 받아야 한다.
- 자신의 한계 극복을 위한 교육

-상담기술의 평가와 유지

-상담기술의 증진

• 윤리적/법적 문제에 대해 파악하고 있어야 한다.

-윤리적 문제에 대한 지식

-법적 문제에 대한 지식

-관련 규정에 대한 지식과 이해

• 연구와 평가를 할 수 있어야 한다.

-연구를 계획하는 것

-연구 결과를 프로그램과 연결시키는 것

-평가 프로그램의 실시 및 활용

-통계 절차에 대한 지식

2) 직업상담자의 윤리

직업상담자의 윤리적 문제와 관련해서는 ACA Code of Ethics(2015)에 제시된 것으로 다음과 같다.

(1) 원리 1: 내담자에게 해를 끼치지 않는다(Above All, Do No Harm)

내담자에게 상처를 주어서는 안 된다는 것이다. 특히 내담자의 문화적 가치를 반영하지 않으면 상담자의 의도와 상관없이 내담자가 상처를 받을 수 있기 때문에 주의하여야 한다.

(2) 원리 2: 유능해져야 한다(Be Competent)

상담자는 직업상담을 효과적으로 수행할 수 있는 지식과 능력을 갖추어야 한다. 지속적으로 교육받고 훈련하며, 직업상담이론의 수정이나 기법의 발달과 같은 새로운 변화에도 신경을 써야 한다.

(3) 원리 3: 내담자의 권리를 존중한다(Respect the Client's Rights to Choose Their Own Directions)

내담자를 존중할 수 있어야 한다. 내담자의 문화를 존중하고, 차별적이지 않은 기법을 사용하며, 내담자가 자신의 진로를 스스로 선택할 수 있는 권리를 가지고 있다는 것을 존중해야 한다. 내담자는 스스로 선택할 권리도 있고 다른 사람이 선택을 하도록 할 수 있는 권리도 있다.

(4) 원리 4: 책임감을 갖는다(Honor Your Responsibilities)

상담자는 자신에게 책임감을 가져야 한다. 신체적으로나 심리적으로 내담자에게 적절한 서비스를 제공할 수 있는 상태를 유지해야만 한다. 내담자의 존엄성을 존중하고, 내담자의 복지를 향상시키는 것에 대해 책임감을 가져야 한다.

(5) 원리 5: 자신의 한계를 분명하게 밝힌다(Make Accurate Public Statements)

상담자는 자신이 할 수 있는 것과 할 수 없는 것에 대해 분명하게 밝힐 수 있어야 한다. 자격을 갖추지 못한 영역에 대한 상담은 하지 않아야 한다. 자신의 한계를 분명히 밝힐 수 있어야 한다.

(6) 원리 6: 다른 직업상담 전문가를 존중해야 한다(Respect Counselor and Practitioners from Other Professions)

직업상담을 하는 전문가들은 다양한 배경을 갖고 있다. 각자 자신의 영역이 옳다고 주장하면서 상대방을 비난하는 것을 하지 말아야 한다. 자신과 다른 배경을 가지고 있다 하여도 전문가를 존중할 줄 알아야 한다. 특히 법규나 규정을 만들 때 주의해야 한다.

(7) 원리 7: 내담자를 옹호해 주어야 한다(Advocate for Clients in Need)

내담자의 편이 되어 그들을 변호할 수 있어야 한다. 주로 직업복귀 상담에서만 활용하는 것이었으나, 2015년에 ACA에서 포함시킨 것이다. 변호한다는 것은 내담자나 그 집단을 대표하는 책임감을 갖는다는 것이다. 이는 내담자나 그 집단에게 힘을 불어넣어 줄 수 있는 역할을 한다. 변호는 위험이 수반되는 것으로 대부분의 상담자가 피하려고 하는 것이다. 그러나 곤경에 빠진 내담자들에게 큰 힘이 되는 것이다. Fiedler(2000)는 변호의 과정을 ① 문제 정의, ② 정보 수집, ③ 행동 계획, ④ 주장적 행동 실행, ⑤ 평가와 같이 다섯 단계로 구분하여 제시하였다. 이 다섯 단계 중 3단계인 행동 계획이 가장 중요하다고 하였다.

제 **2** 장

측정에 관한 이해

1 심리측정도구

직업측정도구는 다양한 진로의 의사결정과정을 향상시키기 위해 특별히 고안된 평가 방법이다. 직업상담자들은 내담자의 직업선택 및 결정에 영향을 미치는 정보를 확인하기 위해 다양한 측정 방법을 사용한다. 측정도구는 잠재적인 직무수행의 예측치를 제공해 주며, 내담자의 직업과 관련된 만족을 예측해 준다. 측정은 정보수집, 내담자에 대한 정확한 평가, 문제의 확인, 개입, 결과 평가 등에 중요한 역할을 한다.

1) 심리검사

심리검사는 사람들의 심리특성을 직접적으로 측정하는 것이 아니라 간접적으로 추론하는 것이다(Crocker & Algina, 1986). 따라서 검사가 측정하고자 하는 구성개념을 측정하는 방법은 하나만 있는 것은 아니다. 조작적 정의를 잘 하였다 하더라도 검사문항이 심리특성을 완전히 반영하였다고 말하기 어렵다. 심리검사상의 측정은 항상 오차가 있을 수 있고, 심리특성을 나타내기에 적합하지 않은 척도단위가 사용될 수도 있다. 이러한 제한점을 인식하여 진로선택 및 결정에 심리검사를 적절하게 활용하여야 한다.

직업상담자가 전문적으로 검사를 제작하거나 표준화하는 전문가는 아니지만 검사를 제작하는 과정과 절차에 대한 지식을 갖고 있어야 한다. 대상자들에게 적합한 심리검사를 선택하고 이를 정확하게 실시하고 해석하려면 제작과정에 대해 알고 있어야 한다. 심리검사의 일반적인 제작과정은 다음과 같다.

검사의 용도 및 목적 설정

↓

검사내용의 조작적 정의

↓

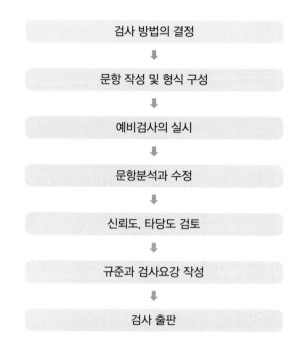

검사 방법의 결정

↓

문항 작성 및 형식 구성

↓

예비검사의 실시

↓

문항분석과 수정

↓

신뢰도, 타당도 검토

↓

규준과 검사요강 작성

↓

검사 출판

(1) 조작적 정의

심리적 특성이나 능력, 자질을 측정하기 위해서는 관찰 혹은 측정이 가능하도록 만들어야 한다. 측정하려는 개념에 대해서는 이론적인 측면을 반영하여 추상적 수준에서 정의되어 있다. 이를 개념적 정의라고 한다. 조작적 정의는 측정개념을 관찰 가능하거나 조작 가능하도록 하는 것이다. 따라서 조작적 정의는 측정하려는 특성을 살펴보기 위해 사용할 수 있는 구체적인 행동진술들로 구성되어 있다. 측정개념을 조작적으로 정의하기 위한 방법은 영역준거식 접근과 문장도해식 접근이 있다(Fiske, 1971).

- 영역준거식 접근: 측정하려는 개념을 나타내는 행동진술들을 나열해 본 다음 세부영역을 명세화하고 각 영역별로 세부요소로 나누는 방식이다.
- 문장도해식 접근: 측정하려는 개념을 가진 사람이 어떻게 행동하고 어떤 신념을 가지고 있는지를 살펴보고, 정의적 특성의 어떤 측면이나 요소를 점진적으로 나열하는 방식이다.

(2) 문항유형의 결정

개념에 대한 조작적 정의가 이루어지면 이를 어떤 방법으로 측정할 것인지를 결정하여야 한다. 심리검사는 주로 척도를 사용하여 측정한다. 척도(scale)란 측정하려는 심리적 특성과 서로 관련이 있는 문항이나 진술을 모아 놓은 것이다. 단순히 여러 문항이나 진술을 모아 놓은 것이 아니라 서로 경험적으로나 논리적으로 관련이 있는 문항이나 진술들을 모아 놓은 것이다. 문항들이 독립적이어서 무엇을 측정하려는 것인지 파악하기 어렵거나, 진술들이 부분적으로나 전체적으로 공통점이 없으면 척도를 구성한다고 말하기 어렵다. 척도 개발 방법으로는 서스톤(Thurstone)식, 리커트(Likert)식, 거트만(Guttman)식, 의미변별식 등이 있다.

- **서스톤식**: 구인에 대해 특정 수준을 나타내는 문항들을 제시해 준다. 각 문항이 척도치가 되고 척도치에 따라 문항들을 연속선상에 배열한 다음 반응자가 자신과 일치하는 문항에 표시를 하게 하여 측정하는 것이다.
- **리커트식**: 정적이거나 부적인 문항들을 제시해 주고 매우 긍정적인 것과 매우 부정적인 것을 연속선상에 놓고 자신을 나타내는 곳에 표시하게 하는 것이다. 일반적으로 다섯 개 혹은 일곱 개의 반응범주로 나눈다.
- **거트만식**: 서스톤식과 유사한 것이며, 대상자 반응의 누적성에서 차이가 있다. 거트만식은 문항번호가 올라갈수록 특정 수준을 재는 강도가 점점 높아지도록 되어 있다. 또한 문항의 개수가 서스톤식보다는 훨씬 적다.
- **의미분별식**: 평가적 함의를 지닌 형용사의 쌍을 연속선상의 양 끝에 제시해 주고 반응하게 하는 것이다. 일반적으로 양극성을 띠는 명사화된 형용사(부지런한–게으른)를 사용하지만 단극성을 띠는 명사화된 형용사(성실한–성실하지 않은)를 사용할 수도 있다.

(3) 문항분석

개념을 진술문의 형태로 만들기 위해서 어떤 형식을 취할 것인지를 결정하여야 한다. 문항형식은 측정하려는 심리적 특성에 따라 다르다. 검사가 성능검사(능력적인 요소를 측정하는 검사, 지능검사, 적성검사, 성취검사 등)인지 성향검사(일상생활에서

나타나는 개인의 전형적인 행동을 측정하는 검사, 성격검사, 흥미검사 등)인지 혹은 규준
참조검사(개인들이 특정검사에서 받은 점수를 서로 상대평가하기 위한 목적의 검사, 지능
검사, 성격검사, 흥미검사 등)인지 준거참조검사(어떤 기준 점수와 비교하는 절대평가가
목적인 검사, 성취도검사, 운전면허시험 등)인지에 따라 다르다.

　Phopam(1981)은 성능검사의 경우 문항형식을 크게 서답형과 선택형으로 구분하
였는데, 서답형은 반응의 생성을 요구하는 것으로 단답형, 완성형, 논문형이 있고,
선택형은 두 개 이상의 가능한 선택지 중에서 선택하도록 하는 것으로 양분형, 다분
형, 결합형 등이 있다고 하였다.

- **단답형**: 문제에 대해 간결한 답안으로 답하도록 하는 형식이다.
- **완성형**: 문장의 일부분을 비워 두고 문장을 완성하도록 하는 형식이다.
- **논문형**: 문항을 제시해 주고 논술식으로 답하게 하는 형식이다.
- **양분형**: 두 선택지(정/오, 진/위, 긍정/부정) 중에서 양분적인 판단을 요구하는 형식
  이다.
- **다분형**: 두 개 이상의 선택지 중에서 선택하도록 하는 형식이다.
- **결합형**: 양쪽에 대안들을 제시하고 관련 있는 것을 연결시키도록 하는 형식이다.

　성향검사의 경우 사용되고 있는 문항형식으로 일치–불일치형, Likert형, 양극 형
용사 검목표 등이 있다.

- **일치–불일치형**: 문항에 대해 자신과 일치하는지의 여부를 나타내도록 하는 형식
  이다.
- **Likert형**: 문항에 대해 자신이 어디에 해당하는지를 척도상에 나타내도록 하는 형
  식이다.
- **양극 형용사 검목표**: 양극적인 형용사 쌍을 연속선상에 제시해 주고 자신이 어디에
  위치하는지를 나타내도록 하는 형식이다.

측정하고자 하는 특성에 대해 명확한 개념정리가 되었다면 예비문항을 만들어야 한다. 예비문항은 측정하고자 하는 목적에 맞게, 동일한 구인을 측정하도록 하여야 한다. 문항이 다르게 해석될 여지가 있거나, 대상자가 이해하기 어려운 것은 피하고 부정 어구의 사용도 신중해야 한다. 예비문항은 최종 척도에 포함될 문항의 2~5배 정도 확보할 필요가 있다. 검사에 사용할 예비문항이 충분히 확보되고, 검사형식이 정해지면 예비조사를 통해 문항이 적절한지에 대해 살펴보아야 한다. 예비조사를 통해 문항이 적절하게 표현되었는지, 문항형식은 적합한지, 검사지의 형태나 응답 방법, 소요시간 등은 적절한지, 검사와 관련하여 일어날 수 있는 다른 문제점은 없는지를 여러 번 반복하면서 살펴보게 된다. 문항의 적절성에 대해서는 문항분석을 실시한다.

문항분석은 검사의 특성이 무엇인가에 따라 달라진다. 성향검사의 경우 정답이나 오답이 있는 것이 아니기 때문에 문항별로 평균과 표준편차를 구하고 평정치가 대칭을 이루고 있는지를 살펴보면 된다. 검사문항이 어떠한 특성을 측정하고 있으며, 어떤 요인들이 포함되어 있는지를 살펴보기 위해 요인분석을 하기도 한다. 검사가 단일한 특성을 측정하는 것이거나 하위 검사들로 구성되어 있다면 이를 검증하기 위해서 요인분석을 해 보아야 한다.

성능검사의 경우 문항분석은 양적인 분석을 해야 하는데, 문항별로 문항양호도 분석을 통해 하게 된다. 문항분석에서 가장 일반적으로 사용하는 것은 문항난이도, 문항변별도, 오답의 능률도이다. 문항분석을 고전적 검사이론에 기초하여 실시할 것인지, 문항반응이론에 따라 실시할 것인지에 따라 세 가지의 활용도에 차이가 발생한다.

• 문항난이도: 문항이 얼마나 어려운가를 나타내는 것으로, 총 사례 수 중 정답으로 반응한 사례 수를 백분율로 나타낸 것이다. 문항난이도를 계산할 때는 대상자가 반응하지 않은 문항이나 추측으로 반응한 문항에 대해서 조정을 하는 것이 필요하다. 대상자가 반응하지 않은 문항을 오답으로 처리하면 문항난이도를 과소추정할 수 있고, 우연으로 반응한 것을 정답으로 포함하면 문항난이도를 과대추정할 수가 있다.

- 문항변별도: 문항들이 검사에서 높은 점수를 받은 사람과 낮은 점수를 받은 사람을 구분해 줄 수 있는가를 나타내는 것이다. 문항의 점수를 보고도 전체 점수를 추정할 수가 있다면 문항변별도가 높다고 할 수 있다. 문항변별도 지수를 산출하는 방법으로는 상하부지수(Upper-Lower Index: ULI), 양분상관계수(biserial correlation coefficient, R_{bis}), 사분상관계수(tetrachoric correlation coefficient), 양류상관계수(point correlation coefficient) 등이 있다.
- 오답의 능률도: 문항형식 중 선다형이나 결합형 문항과 같은 선택형의 문항형식에 대해서 문항양호도 분석을 할 때는 문항난이도나 변별도 대신에 오답의 능률도를 사용한다. 이는 선다형 문항에서 오답지를 정답으로 선택할 가능성을 의미한다. 오답의 능률도는 문항반응분포를 작성하여 구한다. 문항마다 답지별 반응의 빈도와 백분율을 나타낸 도표를 보면 문항의 오답의 능률도를 직관적으로도 판단할 수 있다.

(4) 검사 사용의 규범

심리검사 사용과 관련하여 관련 전문가들과 학회에서 제시하는 것은 다음과 같다.

- 내담자의 환경과 특성에 적합한 검사를 선택해야 한다.
- 검사 실시는 자격 있는 사람이 표준화된 절차에 따라 실시한다.
- 검사 채점과 해석은 내담자의 요구에 적합한 것을 활용한다.
- 상담자는 검사 전에 검사의 결과와 사용에 대해 설명한다.

① 검사도구 선정과 실시조건

- 검사도구를 선정할 때 도구의 신뢰도, 타당도 등을 고려한다.
- 검사 의뢰 시 내담자의 객관적인 자료를 충실하게 전달한다.

- 문화적으로 다양한 집단의 경우 검사도구의 적절성을 다시 살펴본다.
- 검사를 실시할 때 표준화 과정과 동일한 환경인지 고려한다.

② 검사 채점 및 해석

- 검사결과 발표 시 적절한 해석을 포함시킨다.
- 검사결과를 보고할 때 규준이나 신뢰도, 타당도의 문제점을 고려한다.
- 검사결과 해석 시 내담자의 특성을 고려한다.
- 검사도구의 기술적인 자료가 부족한 경우 해석 시 주의한다.
- 검사결과가 정확하게 전달되도록 노력한다.

2) 심리측정적 개념

표준화된 검사와 측정도구의 개발은 직업상담의 운동과 밀접한 관련이 있다. 초창기인 1883년경 미국 정부기관에서 직무배치를 위해 검사를 사용한 적이 있다(Kavruck, 1956). 다중 적성검사는 1940년대 중반 교육이나 직업상담 영역에서 폭넓게 사용되었고(Anastasi, 1988), 진학적성검사는 1947년에 설립된 ETS(Educational Testing Service)와 1959년에 설립된 ACT(American College Testing Program)에 의해 실시되었는데 교육기관에서 입학기준으로 사용되곤 하였다. 2000년대에 들어서면서 일상적인 테크닉을 사용한 능력 확인을 강조하고 있다(Bolles, 2000; Zunker & Osborn, 2002). 능력을 확인하는 일상적인 방법들 중 가장 주목받고 있는 것은 개인의 적성이나 기술, 다른 개인적인 특징들을 측정하는 것인데, 이는 진로결정과정에서 중요하다. 진로를 결정하는 것은 지속적으로 이루어져야 하는 것이기 때문에 개인에 대한 다양한 측면이 고려되어야 한다. 기술이나 적성, 흥미, 가치, 성취욕구, 성격특징, 성숙도, 문화적 배경, 맥락적 상황 등이 측정에 의해 평가될 수 있는 것들이다. 이러한 측정 결과들은 개인이 적절한 대안이나 옵션을 인식하고 경력결정과정에 개입하도록 도움을 줄 것이다.

상담자는 내담자에게 실시할 검사를 선택할 때 몇 가지 주의하여야 할 것이 있다. 표준화된 검사가 누구를 표본으로 하여 신뢰도와 타당도를 검증한 것인지, 내담자가 그 표본에 적합한지 살펴보아야 한다. 또한 내담자가 검사문항을 이해할 수 있는지, 검사문항의 내용을 검사제작자의 의도대로 해석하는지 등을 고려하여야 한다(Geisinger, 1998). 내담자가 어떤 문화적 배경을 갖고 있는지에 따라 가치나 기대, 행동패턴 등이 달라질 수 있기 때문에 상담자는 이를 잘 살펴보아야 한다. 그리고 번안된 검사나 축약된 검사를 사용할 경우 검사가 측정하고자 하는 본질을 변화시키지 않기 위해 더 주의를 기울여야 한다.

직업상담에서 내담자를 측정하는 다양한 방법들이 있다. 이러한 것들은 내담자가 누구이든지 간에 신뢰할 수 있고 타당한 결과를 가져올 수 있는 적절한 도구를 선택하는 것이 중요하다는 점을 강조한다. 직업상담자들은 측정도구를 선택하고 사용하는 데 필요한 심리측정적 개념을 알고 있어야 한다.

(1) 규준

규준(norm)은 검사점수가 상대적으로 어떤 위치에 있는가를 나타내는 것이며, 검사를 실시하고자 하는 대상을 대표할 수 있도록 표집한 규준집단의 평균적인 수행을 말한다. 따라서 검사를 표준화한다는 것은 규준을 설정한다는 것을 의미한다. 규준집단에서 개인이 어느 위치에 있는가를 알기 위해서는 개인이 검사에서 받은 원점수를 유도점수로 변환해야 한다. 검사마다 점수의 단위와 총점이 달라 비교 가능한 측정치가 되기 위해서는 유도점수가 필요하다.

규준을 만들기 위해서는 규준집단으로부터 얻은 점수들의 분포를 살펴보아야 한다. 이러한 분포는 절선형 도표나 히스토그램의 형태로 나타낼 수 있는데, 이 도표들을 통해 자료들의 중심경향치나 최빈치, 변산도를 비롯하여 평균을 얻어 낼 수 있다. 심리검사를 통해 얻은 점수는 정규분포를 이루는 것이 바람직하다. 대부분의 심리적 특성에 관한 자료들이 정규분포를 이루고 있기 때문이기도 하고, 상관계수의 유의도 검증이나 평균치들 간의 유의검증을 할 때 모집단 자료가 정규분포를 이루고 있다는 것을 가정하기 때문이다. 또한 정규분포는 특정한 영역에 속하는 사람들의 비율을 나타내 준다.

표준화를 위해 수집된 자료가 정규분포를 이루고 있는 경우는 드물다. 문항수준의 문제이기도 하고 표집절차의 오류 때문에 정규분포를 벗어나는 경우가 많기 때문이다. 이러한 문제를 해결하기 위한 방법으로는 세 가지가 있다.

- 완곡화: 빈도분포 그래프가 정규분포의 모양을 갖추도록 점수를 빼 주거나 보태는 방법
- 절미법: 꼬리가 작은 경우 편포의 꼬리를 잘라 내는 방법
- 면적환산법: 각 점수들의 백분위를 찾아 그 백분위에 해당하는 Z점수를 찾는 방법

규준의 종류로는 발달 규준과 집단 내 규준이 있다. 발달 규준은 한 개인이 심리검사에서 받은 원점수가 어떤 의미가 있는가를 나타내기 위해 사용할 수 있는 규준이다. 이는 개인의 원점수가 정상적인 발달의 어느 단계쯤 있는가를 나타내 주는 것이다. '정신연령 12세' '학년 수준 4' 등과 같은 방식으로 나타낸다. 발달 규준에는 정신연령이나 학년규준, 서열규준, 추적규준 등이 있다.

- 정신연령: 검사문항들이 연령수준별로 묶여 있는 경우 맞힌 문항수준들이 어느 정도인지를 알려 준다.
- 학년규준: 학업성취도와 같은 것은 학년점수로 수준을 나타낸다.
- 서열규준: 발달을 단계별로 제시하는 경우 어느 단계에 있는지를 알 수 있다.
- 추적규준: 연령에 따른 신장과 체중의 성장곡선을 기준으로 성장의 정도를 살펴볼 수 있다.

집단 내 규준은 한 개인의 원점수를 유사한 개인들의 점수와 비교해 보는 것이다. 표준화된 심리검사들은 대부분 집단 내 규준을 갖고 있다. 집단 내 규준에는 백분위점수, 표준점수, 편차 IQ 등이 있다.

- **백분위 점수**: 표준화 표본에서 특정한 원점수 이하에 속하는 사례의 비율로 개인의 상대적인 위치를 파악할 수 있다.
- **표준점수**: 개인의 점수가 평균으로부터 떨어져 있는 거리를 표준편차를 이용하여 나타낸 것이다. 개인의 원점수와 규준집단의 평균과의 차이를 표준편차로 나눈 것이다.
- **스테나인 척도**: 원점수를 1~9의 한 자리 숫자로 전환시킨 것이다.
- **편차 IQ**: 모든 연령집단의 IQ 분포를 표준편차가 같은 분포로 전환시킨 것이다.

(2) 신뢰도

신뢰도는 검사 점수가 안정적이고 일관적인지의 정도를 나타내는 것이다. 신뢰할 수 있는 검사라면 반복해서 측정해도 거의 동일한 결과를 산출할 것이다. 검사의 신뢰도는 상담과정에서 내담자에 대해 판단을 할 때 중요한 역할을 한다. 특히 특정한 프로그램에 배치시키는 것과 같이 중대한 결정을 내려야 하는 경우에 타당하고 신뢰할 수 있는 검사 결과가 중요하다. 신뢰도를 측정하는 방법은 다음과 같다.

① 검사-재검사 신뢰도

동일한 검사를 시간 간격을 두고 두 번 검사하여 상관을 살펴보는 것이다. 시간 간격을 두고 두 번의 검사를 실시하기 때문에 오차가 있을 수 있다. 검사와 재검사 간의 시차 동안 검사 점수에 영향을 미치는 요인은 수검자의 심리 상태, 기분이나 환경, 성숙, 연습효과 등이다. 검사-재검사의 간격이 짧거나 검사문항의 난이도가 너무 쉽거나 어려운 경우, 검사대상이 다르거나 크지 않은 경우 신뢰도 계수는 영향을 받는다.

② 동형 검사 신뢰도

동등한 검사를 시행하여 두 검사 간의 상관을 보는 것이다. 동형검사는 측정하려는 영역에서 동일한 내용이 표집되어야 하고, 문항수가 동일해야 하며, 문항의 형식이나 곤란도 수준도 동등해야 한다. 이러한 조건을 갖춘 동형검사를 개발하기 어렵고 두 개의 검사가 동등하다는 것을 입증하기가 어렵다.

③ 반분 신뢰도

하나의 검사를 반으로 나누어 두 하위 검사 간의 상관을 살펴보는 것이다. 검사를 두 부분으로 나누는 방법으로는 세 가지의 방법이 있다.

- **전후 절반법**: 한 검사의 문항을 배열된 순서에 따라 전반부와 후반부로 반분하는 것
- **기우 절반법**: 검사문항의 번호에 따라 홀수 또는 짝수로 검사를 구분하는 것
- **짝진 임의배치법**: 문항난이도와 상관계수를 기준으로 산포도를 작성한 다음, 가까이 있는 문항끼리 서로 짝을 이루고 각 짝으로부터 한 문항씩 임의표집하여 검사를 구분하는 것

문항 수와 상관계수의 크기는 비례하므로 반분 신뢰도를 구하기 위해서는 전체 문항의 수가 많아야 하며, 충분치 않은 경우 신뢰도가 과소 추정될 수 있다.

④ 내적 일관성 신뢰도

검사의 각 문항을 동형의 검사로 간주하여 각 문항들 간의 상관을 살펴보는 것이다. 검사문항이 얼마나 동질적인지를 살펴보기에 적합하다. 단일특성을 측정하지 않거나 문항의 곤란도가 일정하지 않은 경우 사용하기에 적합하지 않다. 신뢰도 계수를 추정하는 대표적인 방법은 Cronbach's α이며 서답형이나, 논문형, 평정형 등에 폭넓게 사용할 수 있다. 검사문항이 '예' '아니요'처럼 이분법적으로 채점되는 검사에서 각 문항의 변량이 1보다 작으면 Kuder–Richardson formula 20(KR 20)을 사용한다.

⑤ 측정의 표준오차

신뢰도계수가 크다고 해서 믿을 만한 검사라고 단정할 수는 없다. 신뢰도계수는 수검자의 진점수를 추론할 수 있는 정보를 포함하고 있지 않기 때문이다. 신뢰할

수 있는 검사라면 몇 번을 검사하여도 같은 점수를 얻을 수 있어야 한다. 수검자가 반복해서 실시한 여러 번의 검사에서 나온 검사점수(관찰점수)를 진점수(관찰점수의 평균)와 비교하여 산출한 표준편차가 측정의 표준오차이다. 측정의 표준오차가 크다는 것은 관찰점수가 진점수와 차이가 크다는 것을 의미하고 검사의 신뢰도가 낮다는 것을 말한다.

　검사가 얼마나 안정되고 일관적인지를 이해하기 위해서는 검사의 신뢰도에 영향을 미치는 요인을 파악해야 한다. 검사의 신뢰도에 영향을 미치는 요인은 다음과 같다.

- 검사 자체의 특성: 검사 문항이 많을수록, 문항의 난이도가 다양할수록 신뢰도는 높아진다.
- 개인 특성: 피험자의 기분이나 언어적 적성 등이 신뢰도에 영향을 미친다.
- 집단 특성: 성이나 인종배경
- 집단 내 개인차: 유전적 자질, 나이, 학습
- 수행 특성: 얼마나 최선을 다한 것인지의 정도

(3) 타당도

　검사가 안정되고 일관적인지를 살펴보는 것도 중요하지만, 검사가 측정하고자 했던 것을 제대로 측정하였는지를 살펴보는 것도 중요하다. 검사의 신뢰도가 높다 하여도 검사가 측정하고자 했던 것을 측정한 것이 아니라면 의미가 없기 때문이다. 타당도란 검사에서 측정하고자 했던 것을 얼마나 잘 측정하였는지를 의미한다. 검사타당도를 살펴보기 위한 방법으로는 내용타당도(content validity), 준거타당도(criterion validity), 구성타당도(construct validity) 등이 있다(AERA, APA, & NCME, 1999).

① 내용타당도

　내용타당도는 검사항목들이 측정하고자 하는 특성 혹은 속성들의 내용 영역을 얼마나 잘 나타내고 있는지에 대한 전문가의 견해를 의미한다. 검사 문항들이 측정하고자 하는 기술이나 능력, 가치, 흥미, 성격 등을 적절하게 대표하고 있는지를 전문가들이 확인하는 것이다. 내용타당도는 전문가들의 견해를 반영한 것인 반면, 일반인들의 판단에 의해 결정되는 것은 안면타당도(face validity)라고 한다.

② 준거타당도

준거타당도는 검사점수가 결과준거를 얼마나 성공적으로 예측할 수 있는가를 의미한다. 예를 들면, 대학에서의 성공을 예측하기 위한 적성검사의 준거타당도를 살펴보기 위해 적성검사의 점수를 대학교에서 첫 학기에 받은 학점과 비교하여 살펴보는 것이다. 준거타당도는 시간적 속성에 따라 공인타당도(concurrent validity)와 예측타당도(predictive validity)로 구분된다.

㉠ 공인타당도

공인타당도는 검사점수와 준거측정치를 동일한 시점에 측정하여 상관을 살펴보는 것이다. 공인타당도를 살펴보기 위해서는 새로운 검사가 측정하고자 하는 것을 측정하는 기존 검사가 있어야 한다.

㉡ 예측타당도

예측타당도는 검사의 점수가 대상자의 미래 행동이나 성과를 예측하는 정도를 나타내는 것으로 검사의 점수와 일정한 기간이 지난 이후 수행성과와의 상관을 통해 살펴볼 수 있다. 검사를 실시한 모든 대상자를 포함한 것이 아니기 때문에 타당도가 과소추정될 가능성이 있다.

③ 구성타당도

구성타당도는 검사가 측정하고자 하는 구성개념을 얼마나 잘 측정할 수 있는지를 나타내는 것이다. 특정한 구인을 측정하기 위해 만들어진 검사라면 그 구인에 대한 이론적 측면들이 적절하게 반영되어야 하고, 검사해석은 구인의 이론적 의미와 관련되어야 한다. 구성타당도를 살펴보는 방법으로는 검사의 각 문항들 간의 상관계수표를 통해 살펴보는 방법이 있고, 탐색적 요인분석을 통해 살펴보는 방법이 있다. 또한 중다특성-중다방법(multitrait-multimethod) 행렬을 기반으로 하여 살펴보는 방법도 있다. 중다특성—중다방법 행렬을 통한 방법은 Campbell과 Fiske(1959)이 제안한 것으로, 복수의 구인을 복수의 방법으로 일정한 기간을 두고 두 번 측정한 후 이들 변수들 간의 상관계수 행렬을 통해 타당도를 살펴보는 것이다. 이 행렬표에서 같은 구인을 다른 측정 방법으로 측정한 점수들 간의 상관을 살펴보는 경우 수렴타당도(convergent validity)라 한다. 이는 특정한 특성에 대해 기존 검사 점수와 새로운 검사 점수 간의 상관을 살펴보는 것을 의미한다. 이와 달리 다른 구인을 동일한 측정 방법을 통해 얻어진 점수들 간의 상관을 살펴보는 것은 변별타당도(discriminant validity)라 한다. 이는 하나의 검사로 서로 다른 구인을 측정한 검사점수들 간의 상관을 살펴보는 것을 의미한다.

2 심리측정 개념

직업측정은 내담자에게 표준화된 도구나 검사를 사용하여 기술이나 홍미, 가치 등을 추정하는 것을 의미한다. 측정 방법은 질문지의 형태나 실습, 컴퓨터를 이용한 검사, 온라인 검사 등 스스로 수행하는 것들이 주를 이룬다. 현재 상당히 많은 측정도구가 개발되어 있다. A Counselor's Guide to Career Assessment Instruments(Whitfield, Feller, & Wood, 2009)를 살펴보면, 60개 이상의 직업측정도구에 대해 검토되어 있고, 검토되지 않은 200개 이상의 도구들이 나열되어 있다. 측정 방식은 도구나 검사를 사용하는 것도 있지만, 가계도나 직업카드를 사용하는 질적 방법도 포함되어 있다.

측정도구나 검사는 모든 사람에게 동일하게 작용될 수 있는 것은 아니다. 학교를 막 졸업하고 직장을 구하는 사람과 어느 정도의 경력을 가진 사람을 측정하기 위해서 동일한 도구를 사용하는 것은 바람직하지 않다. 사람들이 살아오면서 경험한 것에 기초한 홍미와 가치, 그리고 그들의 능력들이 서로 다르기 때문이다.

기존 직업상담가들은 진로선택에 중요한 요인으로 자기이해와 직업에 대한 지식을 들고 있다. 그러나 현재 직업 전문가들은 개인적인 요인이나 생활스타일, 의사결정과정에 포함되어 있는 맥락적인 요인들을 결정하는 정신적인 요인 등이 더 중요한 것이라고 강조한다(Andeson & Vanderhey, 2006).

1) 능력과 적성

인간의 개인차에 관한 연구는 Sir Francis Galton에 의해 시작되었다(Jensen, 2002). 그는 일반적인 정신능력은 대부분의 신체적인 특징과 유사하게 유전적이며, 정보처리의 속도가 정신능력의 기초가 된다고 주장하였다. 그래서 지능은 시각적·청각적 자극에 대한 반응시간으로 측정될 수 있다고 하였다(Action & Schroeder, 2001). 이후 Alfred Binet와 Theodore Simon이 처음으로 IQ 검사를 발명해 내었고, 제1차 세계대전을 거치면서 군대에서 Army Alpha, Army Beta라는 두 가지의 지능검사를 개발하였다.

제1차 세계대전 이후 미네소타 대학교에서 능력 측정에 관한 연구가 이루어졌는데, 각각의 직업들에서 요구하는 능력의 유형을 분석하고, 각 직업과 관련된 능력을 측정할 수 있는 검사(Minnesota Mechanical Ability Tests: MMAT)를 개발하였다. 이는 능력에 대한 측정을 지능에 두지 않고 직업과 관련된 능력에 둔 것이었고, 오늘날 직업상담 영역에서 대부분의 능력측정도구에 기초가 되었다.

능력과 적성, 기술은 서로 관련이 높은 요인들이다. 능력은 특정한 행위나 과제를 완수하기 위한 신체적 혹은 정신적 능력을 의미한다(Snow, 1994). 능력 측정은 주로 시간제한이 있는 일련의 과제로 구성된 것을 개인이 얼마나 잘 수행하는지를 살펴봄으로써 이루어진다. 개인이 현재 가지고 있거나 혹은 미래에 가질 수 있는 특정한 능력의 장점과 약점을 파악할 수 있다. 기술은 실제 훈련이나 연습을 통해 획득된 숙달(proficiency), 유능(competence), 기민함(dexterity)을 나타내는 것이다. 직업상담 장면에서는 대안적인 진로탐색이나 직업요구의 평가, 자기선전 등을 위해 사용될 수 있다. 기술은 능력보다는 작은 단위로 많은 기술들이 모여 능력을 구성한다고 볼 수 있다.

적성이란 어떤 과제나 직무를 적절하게 수행하기 위한 개인의 특정한 능력을 의미한다. 적성은 어떤 특정한 상황에서 성취하기 위해 준비된 것을 의미하며, 직업에서 요구하는 기술들을 학습하거나 획득할 수 있는 가능성을 말한다(Dawis, Goldman, & Sung, 1992). 적성은 직업에서의 성공을 예측해 주는 심리적인 요인이며, 안정성(stability), 통일성(unity), 독립성(independence) 등의 속성을 가진 능력이다. 적성검사는 개인이 어떤 직업에서 과업을 얼마나 잘 수행할 것인지를 예측하기 위한 기술의 정도를 제공해 주기도 하지만 진로탐색을 위한 도구로 활용할 수도 있다. 한 개인이 가진 장점과 약점을 파악하게 되면 어떤 진로로 나가는 것이 적합한지에 대한 자료를 얻을 수 있다. 적성검사는 하나의 적성을 측정하는 것도 있고 여러 개의 적성을 함께 측정하는 검사도 있다. 직업에서 요구하는 기술이나 적성을 고려하여 상담자가 적합한 것을 선택하면 된다.

현재 사용되고 있는 주된 적성검사는 세 가지를 들 수 있다. 첫째는 이전의 Army Alpha, Army Beta 검사를 수정한 Armed Services Vocational Aptitude Test Battery

(ASVAB)가 있다. 이는 선발과 배치 목적을 위해 사용되는 것이다. 둘째는 미국 노동청에서 직무수행을 예측하기 위해 개발한 General Aptitude Test Battery(GATB)를 수정하여 적성검사로 사용하고 있다. 셋째는 O*NET에서 사용하고 있는 Ability Profiler가 있다.

(1) General Aptitude Test Battery(GATB)

이는 미국의 노동성(U. S. Department of Labor)에서 만든 것이다. 미국의 O*NET 개발자들은 52개의 능력을 확인하고 적성이라고 할 수 있는 9개의 능력을 제시하였다(U. S. Department of Labor, 1998). GATB는 8개의 지필검사와 4개의 도구검사로 구성되어 있다. 12개의 검사로 9개의 능력을 측정한다. 검사대상은 주로 고등학교 2~3학년 학생 이상의 성인이다. 9개의 능력은 다음과 같다.

- 언어능력(Verbal Ability)
- 산술적 추론(Arithmetic Reasoning)
- 계산(Computation)
- 공간능력(Spatial Ability)
- 형태지각(Form Perception)
- 사무지각(Clerical Perception)
- 운동조정(Motor Coordination)
- 손가락 재주(Finger Dexterity)
- 손재주(Manual Dexterity)

(2) Differential Aptitude Test(DAT)

DAT는 진로계획과정에서 유용한 것으로 8개의 하위 검사가 있다. 주로 고등학생이나 대학생에게 사용하기 위해 만들어진 것이다. DAT의 하위 검사는 다음과 같다.

- 언어추리력(Verbal Reasoning)
- 수학능력(Numerical Ability)
- 추상적 추리력(Abstract Reasoning)
- 사무적 속도와 정확성(Clerical Speed and Accuracy)
- 기계적 추리력(Mechanical Reasoning)
- 공간관계(Space Relations)
- 맞춤법(Spelling)
- 언어(Language)

(3) Armed Services Vocational Aptitude Battery(ASVAB)

이 검사는 군대에서의 진로를 계획하고 있는 사람들에게 유용한 것으로 10개의 하위 검사로 구성되어 있다. 10개의 하위 검사 점수를 7개의 합계점수로 제시해 주며, 7개의 점수차원은 다음과 같다.

- 학업적 능력(Academic Ability)
- 기계와 공예(Mechanical and Crafts)
- 언어능력(Verbal Ability)
- 전자와 전기(Electronics and Electrical)
- 사업과 사무(Business and Clerical)
- 건강, 사회, 기술(Health, Social, and Technology)
- 수학능력(Mathematical Ability)

ASVAB의 10개 하위 검사는 다음과 같다.

- 일반과학(General Science)
- 단어지식(Word Knowledge)
- 단락이해(Paragraph Comprehension)
- 숫자작업(Numerical Operations)
- 산수추리력(Arithmetic Reasoning)
- 수학지식(Mathematic Knowledge)
- 자동 및 상점 정보(Auto and Shop Information)
- 기계이해력(Mechanical Comprehension)
- 전자정보(Electronics Information)
- 코딩속도(Coding Speed)

(4) Flanagan Aptitude Classification Tests(FACT)

이 검사는 16개의 하위 검사로 구성되어 있다. 각 하위 검사들은 직무수행에 중요한 준거가 되는 행동을 측정한다. 16개의 하위 검사는 다음과 같다.

- 점검(Inspection)
- 기억(Memory)
- 집합(Assembly)
- 조화(Coordination)
- 산수(Arithmetic)
- 부품(Components)
- 기계(Mechanics)
- 추론(Reasoning)

- 코딩(Coding)
- 정확(Precision)
- 저울(Scales)
- 판단/이해(Judgment/Comprehension)
- 형태(Patterns)
- 탁자(Tables)
- 표현(Expression)
- 창의력(Ingenuity)

(5) O*NET Ability Profiler(AP)

AP는 개인이 가진 장점에 적합한 직업이나, 개인이 훈련받기를 원하는 영역에 적합한 직업이 무엇인가를 확인하기에 적합한 것이다. AP는 11개의 시간제한 검사를 통해 9개의 능력을 측정한다. 11개의 검사 중 6개는 지필형이고, 5개는 동작형이다.

AP에서 측정하는 9개 능력은 다음과 같다.

- 언어능력(Verbal Ability)
- 계산력(Computation)
- 형태지각력(Form Perception)
- 운동협응력(Motor Coordination)
- 손재주(Manual Dexterity)

- 산수추리력(Arithmetic Reasoning)
- 공간능력(Spatial Ability)
- 사무지각력(Clerical Perception)
- 손가락 재주(Finger Dexterity)

(6) 노동부 성인용 직업적성검사

이는 다양한 직업 분야에서 자기가 맡은 직무를 성공적으로 수행하기 위하여 요구되는 적성요인을 측정하기 위해 개발된 것이다. 총 11개의 적성요인과 16개의 하위검사로 이루어져 있으며, 총 337문항으로 구성되어 있다. 검사에서 측정하는 11개의 적성요인은 다음과 같다.

- 언어력
- 추리력
- 사물지각력
- 기계능력
- 색채지각력
- 협응능력
- 수리력
- 공간지각력
- 상황판단력
- 집중력
- 사고유창력

2) 흥미

개인이 직업에 적합한지를 결정해 주는 가장 유용한 정보는 흥미(interest)이다. 이는 좋아하는 것, 선호하는 것, 즐기는 것을 나타낸다. 흥미는 진로발달의 대부분의 이론에서 다루어지는 변인들 중 하나이다. Holland의 이론에서는 흥미에 기초하여 직업성격을 분류하였다. 그의 이론에서는 흥미가 성격을 반영한 것으로 보았다. 직업적응이론에서는 직업흥미의 역할에 대해 구체적으로 다루지는 않았지만, 만족이나 수행, 재직기간 등에 영향을 미치는 것으로 본다. Super의 이론에서 흥미는 성격을 형성하고, 직업적 정체감이 나타나게 해 주는 것으로 본다.

기존 이론들에서는 흥미가 형성되고 발달하는 데 영향을 미치는 환경의 역할에 초점을 두었다. 개인의 성장환경이 흥미 발달에 영향을 미친다는 것이다. 최근에는 흥미가 유전적으로 결정될 수도 있다는 견해가 제시되고 있다. 흥미의 생물학적인 기반을 이해하기 위해 사회적 뇌과학 모형(social neuroscientific model)이 제시되었다(Hansen, Sullivan, & Luciana, 2011). 이 모형은 행동접근 체계 연구에서 언급된 것으로, 긍정적인 정서를 나타내는 데 있어서의 개인차에 기초한 것이다. 성격에 관한 연구들이 동기나 긍정적 정서성, 유친-교감 등과 같은 다양한 개인차를 접근체계(approach system)로 설명하려고 한다. 이러한 연구들에서, 접근 동기는 개념적으로 두 가지 요소를 가지고 있는데, 주체적(agency; 군거성, 사회적 위계에서의 지배성, 잠재력, 주장성, 성취, 활동 등)과 유친적/교감적(affiliative/communal; 따뜻함, 호의, 사회적 연대 등) 차원이다. 주체(agency; 지도하고 설득하고 판매하는 것 등과 같은 활동으로

부터의 즐거움)와 교감(communion; 도와주고 가르치는 것과 같은 활동으로부터의 즐거움)은 별도의 신경생물학적 과정에서 나오는 것이며, 성격을 형성하는 것이다. 따라서 주체와 교감이 직업적·오락적 흥미를 형성할 수도 있다.

직업상담 영역에서 흥미를 측정하려는 목적은 다양하다. 첫째, 상담자가 내담자에 대한 가설을 개발하는 데 도움이 된다. 이러한 가설은 진로탐색을 인도하기 위해 사용될 수 있고, 내담자에게 새롭고 신선한 정보를 제공하기 위해 사용될 수도 있다. 흥미검사의 점수들은 내담자에게 자기이해를 촉진시킬 수 있다. 이전에 몰랐던 흥미를 확인하기도 하고, 직업적 대안을 넓히거나 좁힐 수 있으며, 진로선택을 확신시켜 줄 수 있는 역할을 한다. 둘째, 흥미검사는 고용 상황에서 고용주가 적절한 지원자를 선발하는 데 활용될 수 있다. 어떤 지원자가 훈련을 잘 소화할 수 있는지, 조직에 오랫동안 재직할 수 있는지, 업무에서 성공할 수 있는지 등을 결정하는 데 도움을 준다. 어떤 고용주는 작업자를 회사 내의 더 적합한 곳으로 배치이동을 하기 위해 흥미검사를 활용하기도 한다.

직업상담에서 내담자의 진로를 탐색하기 위해 가장 기본적으로 해야 할 일은 그들의 직업적 흥미를 측정하는 것이다. 흥미측정은 어떤 특정한 직업에 대한 선호도를 살펴보는 것이다. 내담자의 흥미나 선호도 등에 관한 정보를 수집할 수 있는 네 가지 방법이 있다(Super, 1957). 첫 번째 방법은 표현된 흥미(expressed interests)이다. 이는 개인에게 흥미가 있는 것이 무엇인가를 묻거나 성장하면서 해 보기를 원하는 것이 무엇인지를 질문하는 직접적인 방법이다. 표현된 흥미를 측정하는 것은 활동이나 과제, 직업 중에서 좋아하는 것과 싫어하는 것을 단순하게 질문하는 것을 포함한다. 두 번째는 명백한 흥미(evidenced interests)이다. 이는 활동이나 상황, 직업 등에 참여하는 것과 같이 사람의 행동을 관찰하는 것을 요구한다. 세 번째는 검증된 흥미(tested interests)이다. 이는 특정한 용어나 특정 주제와 관련된 정보에 대한 지식으로부터 흥미를 추론하는 것이다. 예를 들어, 어떤 사람이 한국에서 나오는 포도주를 만드는 품종과 포도주 상인의 역사적 맥락에 대한 지식을 나타낸다면, 그는 포도주를 만드는 데 흥미가 있다고 추론할 수 있다. 네 번째 방법은 검사된 흥미(inventoried interests)이다. 이는 가장 폭넓게 사용되는 것인데, 행동이나 선호도에 대한 체계적이고 폭넓은 샘플링을 요구한다.

- 표현된 흥미(expressed interests): 흥미의 언어적 표현 혹은 주장
- 명백한 흥미(manifest interests): 행동으로 표현된 흥미
- 검증된 흥미(tested interests): 통제된 상황하에서 나타난 흥미
- 검사된 흥미(inventoried interests): 선호도에 기초하여 다양한 질문으로 추정한 흥미

Super의 분류에서 볼 수 있듯이 흥미는 다양한 방법으로 측정할 수 있다. 흥미는 대부분 심리검사를 사용하여 측정되지만 검사된 흥미보다는 표현된 흥미가 직업선택이나 만족, 성취 같은 요인을 예측하는 데 더 유용한 경우가 많다(Whitney, 1969). 진로의사결정 과정에서 개인이 제한된 경험을 가지고 있는 경우라면 표현된 흥미나 검사된 흥미가 직업행동을 예측하는 훌륭한 도구가 될 가능성은 줄어든다. 흥미검사는 개인이 좋아하는 것과 싫어하는 것이 무엇인지를 나타내 주기는 하지만, 개인이 그것을 왜 싫어하는지 혹은 좋아하는지를 알려 주지는 않는다. 성격이나 가치의 측정은 그러한 형태의 정보를 제공해 줄 것이다.

역사적으로 보면 흥미검사의 개발은 세 가지 방법에 의해 이루어졌다. 그것은 합리적-이론적 방법, 비교집단과의 경험적 연구 방법, 항목 군집화 방법 등이다. 흥미검사를 개발하는 과정에서 이 세 가지 방법들이 결합하여 적용될 수도 있다. 합리적-이론적 방법은 잘 정의된 구성개념으로 시작한다. 이는 측정된 구성개념의 정의에 관한 이론에 기초하여 이루어지는 것이다. 비교집단과의 경험적 연구 방법은 개인이 구성개념에서 서로 다를 것이고, 검사항목에 대해서도 다르게 반응할 것이라는 가정에 기초한 것이다. 집단들 간에 유의미한 차이를 나타내 주는 항목들을 검사에 포함시킨다. 항목 군집화 방법은 요인분석이나 군집분석 같은 통계적인 분석에 기초하여 만들어지는 것을 의미한다. 그래서 통계적 분석에서 나온 차원을 기반으로 하여 구성개념을 측정하기 위한 척도를 구성하는 것이다.

가장 흔히 사용되는 흥미검사는 자기탐색검사(Self-Directed Search: SDS-R; Holland, 1994), 스트롱흥미검사(Strong Interest Inventory: SII; Donnay, Morris, Schaubhut, & Thompson, 2005), 캠벨흥미기술검사(Campbell Interest and Skill Survey: CISS;

Campbell, Hyne, & Nilsen, 1992) 등 세 가지이다. 이 세 가지 검사는 Holland의 여섯 가지 유형을 측정하기 위한 척도가 포함되어 있다. 그러나 SII와 CISS는 세 가지 수준의 구체성으로 구분하여 흥미를 측정하고, SDS는 일반적인 Holland 유형을 측정한다. SII와 CISS의 주된 차이점은 SII는 기술확신척도(Skill Confidence Inventory)가 포함되어 있고, CISS에는 기술 척도가 포함되어 있다는 것이다(Betz, Borgen, & Harmon, 1996).

(1) 자기탐색검사(SDS-R)

Holland는 1953년에 직업선호도 검사(Vocational Preference Inventory: VPI)를 처음 개발하였는데, 이후 개정 작업을 통해 1971년에 자기탐색검사(SDS)를 만들어 내었다(Holland, Powel, & Fitzshe, 1994). SDS는 Holland의 여섯 가지 직업적 성격유형을 측정하기 위한 자가진단용 검사이다. SDS는 작업활동(66개), 자기추정 능력(66개), 직업(84개), 여섯 가지 유형을 나타내는 자기추정능력(12개)와 같이 네 가지 부분으로 구분되어 228개의 항목으로 구성되어 있다. 스스로 검사를 한 다음 점수를 채점하고 해석할 수 있게 되어 있다. 현재 직업상담 영역에서 가장 많이 활용되고 있는 것이다.

(2) 스트롱흥미검사(SII)

SII는 1927년에 처음 개발된 것으로, 흥미측정도구 중 가장 오래된 것으로 볼 수 있다. SII는 처음 관리직이나 기술직, 전문직 영역에 관심이 있는 사람들의 흥미를 측정하기 위해 개발되어 현재에는 산업 전반에 걸쳐 경력전환이나 진로 선택과 관련하여 폭넓게 사용되고 있다. SII는 여섯 개의 영역으로 구분하여 291개 항목으로 구성되어 있다. 여섯 개의 영역은 직업명, 학교전공, 작업활동, 여가활동, 자기 특징, 일의 세계에서의 선호도 등이다. SII는 기본적인 흥미척도뿐만 아니라 일반적인 흥미척도, 일반적인 직업 주제 등 다양한 자료를 제공한다. SII는 개인흥미에 대해 다양한 수준의 분석을 할 수 있게 해 준다. 30개의 기본적인 흥미척도(Basic Interests Scales: BIS)가 있고, Holland의 유형에 기초한 일반적인 직업분류(General Occupational Themes: GOT), 122개의 직업척도(Occupational Scales: OS), 네 가지 유형별 개인특성척도(Personal Style Scales: PSS)가 포함되어 있다.

- **일반직업분류(GOT)**: Holland의 RIASEC 유형분류를 제공하며, 대상자의 흥미에 관한 포괄적인 정보를 제공한다.
- **기본흥미척도(BIS)**: GOT의 하위 척도이며, 특정 활동과 주제에 대한 흥미를 30개의 세부 척도로 세분화하여 측정한다.
- **직업척도(OS)**: 가장 구체적인 수준의 흥미를 제공한다. 개인의 흥미를 직업에 고용되어 있고 그들의 작업에 만족하고 있는 사람들의 흥미와 비교한다. 전체적으로 122개의 직업이 제시된다.
- **개인특성척도(PSS)**: 개인이 어떻게 일하고, 학습하고, 놀고, 생활하는지를 탐색하게 하는 것이다. 작업 유형(Work Style: WS), 학습 환경(Learning Environment: LE), 리더십 유형(Leadership Style: LS), 모험추구(Risk Taking: RT) 등의 네 가지 하위 척도별로 개인의 특성을 기술해 준다.

(3) 캠벨흥미기술검사(CISS)

CISS는 직업흥미(200개)와 기술의 자기추정치(120개)를 측정하기 위해 개발되었으며, 전체적으로 320개의 항목으로 구성되어 있다(Campbell et al., 1992). CISS에서 제시되는 척도들은 SII에서 제시되는 척도들과 유사한 것이다. 이 도구는 7개의 척도상에서 흥미와 기술점수를 제시하는데, 6개는 Holland의 6개 유형을 측정하는 것이며, 나머지 하나의 척도는 지향(orientation)척도로 모험(Adventuring)이다. 이는 육체적이고 경쟁적인 활동과 모험추구에 대한 흥미를 측정하는 것이다. CISS의 7개 척도는 다음과 같다.

- 영향(Influencing)
- 도움(Helping)
- 분석(Analyzing)
- 모험(Adventuring)
- 조직(Organizing)
- 창의(Creating)
- 제작(Producing)

(4) O*NET의 흥미검사(IP)

가장 최근에 개발된 흥미검사도구가 IP인데, 이는 미국 노동청에서 만들어진 것으로 O*NET 자료집에 올려져 있는 것이다. 이 도구는 IP에서 제시하는 질문에 대해 Like(L), Dislike(D), Uncertain(?)으로 답하게 되어 있고, Holland 유형의 점수를 제시해 준다. IP는 자가진단용이며 스스로 점수를 계산하는 것이다.

(5) 진로직업선호도체계(Career Occupational Preference System: COPS)

COPS는 어떤 영역에서 직업활동을 하는 것을 선호하는지를 살펴본다. COPS에서 측정하는 직업활동은 다음과 같다.

- 과학전문가(Science Professional)
- 숙련된 과학(Science Skilled)
- 기술전문가(Technology Professional)
- 숙련된 기술(Technology Skilled)
- 소비자경제(Consumer Economics)
- 아웃도어(Outdoor)
- 사업전문가(Business Professional)
- 숙련된 사업(Business Skilled)
- 사무직(Clerical)
- 의사소통(Communication)
- 숙련된 예술(Arts Skilled)
- 서비스전문가(Service Professional)
- 숙련된 서비스(Service Skilled)

(6) 진로의사결정체계(Career Decision-Making: CDM)

CDM은 Holland의 이론에 기초한 것으로 그의 유형과 유사한 6개의 점수를 제시해 준다. CDM에서 제시해 주는 차원은 다음과 같다.

- 기술적(Crafts)
- 과학적(Scientific)
- 예술적(the Arts)
- 사업적(Business)
- 사무적(Clerical)
- 사회적(Social)

(7) 쿠더직업흥미검사(Kuder Occupational Interest Survey: KOIS)

Kuder의 직업흥미검사(Form DD)는 특정한 직업을 예언하기 위해 만들어진 것으로, 10개의 흥미 영역으로 구분하여 측정한다. KOIS(Form DD)에서 측정하는 흥미 영역은 다음과 같다.

- 운동(Outdoor)
- 설득(Persuasive)
- 사회봉사(Social Service)
- 과학(Scientific)
- 음악(Musical)
- 계산(Computation)
- 문예(Literary)
- 기계(Mechanical)
- 미술(Artistic)
- 사무(Clerical)

(8) Reading-Free Vocational Interest Inventory(RFVII)

RFVII는 인지나 학습에 장애를 가진 사람의 흥미를 측정하기 위해 고안된 것이다. RFVII에서 측정하는 11개의 영역은 다음과 같다.

- 자동차(Automotive)
- 사무(Clerical)
- 음식사업(Food Service)
- 원예(Horticulture)
- 접객(Personal Service)
- 자재관리(Material Handling)
- 건축업(Building Trades)
- 동물돌봄(Animal Care)
- 환자 간호(Patient Care)
- 가정관리(Housekeeping)
- 세탁(Laundry)

(9) Ashland Interest Assessment(AIA)

AIA는 144개 쌍의 작업 관련 항목들로 구성되어 있고, 12개의 영역에서 점수를 제시해 준다. AIA에서 측정하는 12개의 영역은 다음과 같다.

- 미술과 공예(Arts and Crafts)
- 음식사업(Food Service)
- 판매(Sales)
- 보호서비스(Protective Service)
- 기계(Mechanical)
- 식물/동물관리(Plant or Animal Care)
- 접객(Personal Service)
- 사무(Clerical)
- 일반서비스(General Service)
- 건강관리(Health Care)
- 건축(Construction)
- 운송(Transportation)

3) 성격

　Holland(1997)와 Super(1990) 같은 이론가들은 직업선택과 진로행동에 있어서 성격을 주요 요인으로 가정한다. Holland는 자신의 흥미검사가 성격검사라고 주장하지만 검사가 선호도를 측정하는 것이기 때문에 성격검사라기보다는 흥미검사에 가깝다고 할 수 있다(Whitfield, Feller, & Wood, 2009). 성격이란 개인의 신념, 지각, 정서, 태도 등의 전체 합으로 정의될 수 있으며, 개인의 행동까지도 포함시킬 수가 있다. 전통적으로 진로선택에 있어서 성격의 역할은 흥미보다 우선하지 않으며 현재도 그러한 인식이 남아 있다. 또한 성격검사가 이상행동을 측정하기 위해 개발된 것이 많아 진로상담가들의 주목을 받지 못한 부분도 있다. 그러나 MBTI(Myers-Briggs Type Indicator)가 개발된 이후 직업선택에 있어서 성격의 역할이 강조되고 있는 추세이다. MBTI를 받아 본 많은 사람은 그들의 진로선택을 하기 위한 도구로서 MBTI의 결과를 받아들이고 있고, MBTI와 관련된 상당히 많은 자료가 축적되어 진로측정도구로 활용할 수 있게 되었다(Myers & McCaulley, 1998).

　구체적으로 성격유형검사를 통해 개인이 사물, 사건, 사람, 생각들을 인식하는 방법과 이에 근거하여 판단을 내리는 방법들을 확인해 볼 수 있다. 그러므로 성격 유형검사의 실시 목적은 이러한 인식과 판단과정에서 나타나는 사람들의 근본적인 선호성을 알아내고 각자의 선호성이 개별적으로 그리고 복합적으로 어떻게 작용하는지를 확인하여 이를 통해 자신의 관심, 가치관, 동기 및 흥미 분야 등을 확인해 볼 수 있다. 이러한 작업은 개인적인 차원에서 잠재능력을 개발하고 자신의 약점을 보완하기 위한 정보를 얻을 수 있으며, 대인관계 차원에서는 서로 간의 선호성의 차이로 발생되는 갈등과 문제점들을 이해하고 이를 토대로 조화로운 관계 형성으로 이끄는 데 도움을 얻을 수 있다.

Catherine C. Briggs와 Isabel B. Myers는 Jung의 성격유형이론을 바탕으로 사람들을 유형별로 구분할 수 있는 MBTI 성격유형검사를 개발하였다. MBTI의 바탕이 되는 성격유형이론의 요점은 인간의 행동이 겉으로 보기에는 예측하기 힘들고 변화무쌍하지만 근본적으로 일관성을 갖고 있다는 점이다. 이와 아울러 각 개인은 누구나 자신만의 독특한 개성과 잠재력을 지니고 있으며 세상을 지각하고 판단하는 방법이 각자 서로 다를 수 있다는 점이다. 개인의 행동상 일관성과 독특성은 성격을 보다 깊이 있게 이해하는 데 바탕이 되며 타인과의 관계를 이해하고 원만히 하는 데 도움이 될 수 있다.

MBTI는 95문항으로 구성되어 있으며, 검사결과를 통해 네 가지 성격유형 지표(type indicator)에 근거하여 개인의 성격 특성을 확인해 볼 수가 있다. MBTI의 각 지표는 인식, 판단 기능과 관련된 네 가지 기본적인 선호성 중 하나를 대표한다. 이 선호성은 주어진 사람들이 무엇에 주의를 기울이는가뿐만 아니라 그들이 인식한 것에 대하여 어떻게 결론을 내리는가에 영향을 준다. 네 가지 성격유형 지표는 각각 외향성-내향성, 감각-직관, 사고-감정, 판단-인식의 차원이다.

Extroversion(외향)   —   Introversion(내향)

Sensing(감각)   —   iNtuition(직관)

Thinking(사고)   —   Feeling(감정)

Judging(판단)   —   Perceiving(인식)

MBTI의 결과는 양극 차원의 점수 중 높은 점수를 기준으로 하나의 차원이 선정되고, 각 개인은 16개의 성격유형으로 구분된다. 예컨대, ESTJ 혹은 INFP와 같은 것이다. 각 성격 유형은 작업환경에 대한 선호와 같은 선호도를 포함하고 있다. 예컨대 어떤 연구팀의 연구원들 중 절반이 성격유형에서 NF가 나타났다면, 이는 연구원들이 자료를 취하는 방법으로 감각보다는 직관을 선호한다는 것이고, 정보를 사용하는 방식은 사고보다는 감정에 기초하는 것을 선호한다는 것을 의미한다. 개인은 네 가지 지표에 대한 자신의 행동 선호성을 확인해 볼 수 있으며, 이러한 행동에 대한 기본적인 지표는 자신뿐만 아니라 타인에 대한 이해, 더 나아가 대인관계를 이해하고 증진시키는 데 중요한 정보를 제공해 줄 수 있다.

(1) 외향성–내향성: 주의 집중의 방향과 에너지의 원천

이는 개인이 외향적인지 내향적인지를 나타내는 지표이며 상호보완적인 면을 지니고 있다. 외향성인 사람들은 주로 외부 세계와 외부 환경에 초점을 두는 경향이 있다. 사람들과의 상호작용을 통해 에너지를 충전하며 외부 상황에 대해 도전적이고 많은 활동에 참여하므로 활동적이고 사교적인 특성을 지닌다. 광범위한 분야에서 흥미를 느끼며 세상을 이해하기 위해 외적 경험을 필요로 하고 먼저 행동으로 체험하려는 경향이 있다. 내향적인 사람들은 주로 내적인 세계에 주의를 두고 있어 인식과 판단과정에 있어서 자신의 내부 세계나 개념에 초점을 두는 경향이 있다. 이들은 사람들과의 관계를 즐기지만 개인의 공간과 시간을 필요로 하고 이를 통해 에너지가 충전된다. 세상을 이해하기 위해 먼저 생각하고 이해하려는 성향이 있으며, 소수의 사람과 깊은 관계를 맺으며 침착하고 조용해 보인다.

(2) 감각–직관: 정보 수집(인식) 기능

이 지표는 개인이 선호하는 정보 수집 방법 및 인식 방법을 말한다. 감각형은 오관에 의존하여 외부의 정보를 받아들이는 반면, 직관형은 직관 혹은 육감에 의해 사물을 인식하는 성향을 지니고 있다. 감각형은 자신의 내·외부 세계에 무엇이 존재하고 현재 어떠한지에 대한 정보를 감각기관을 통해 상세하게 받아들이는 경향이 있다. 현재 이 상황에 무엇이 주어졌는지를 알려고 하고, 이를 처리하려고 하므로 현실적이고 실용적인 특성을 지닌다. 또한 대체로 현실을 있는 그대로 즐기고 순서에 입각하여 일처리를 하고 근면성실한 장점이 있는 반면, 구체적인 사실에 주의를 기울이느라 전체를 간과할 소지가 있다. 직관형은 감각기관에 의해 들어온 정보 차원을 넘어서서 미래의 가능성이나 사건에 대한 전체적인 관계와 의미를 파악하는 데 중점을 두고 있다. 일처리 방식에 있어서도 새로운 것을 추구하고 자신의 상상력과 영감을 사실 그 자체보다 더 중요한 가치로 두고 있다. 현대에 머무르기보다는 미래지향적이고 변화와 다양성을 즐기는 반면, 상황에 대한 정확하고 상세한 정보를 간과해 버릴 수 있는 약점이 있다.

(3) 사고-감정: 의사결정(판단) 기능

이 지표는 개인이 선호하는 판단 방법을 말한다. 즉, 판단을 할 때 사실과 논리에 근거를 두고 객관적인 가치에 따라 하는 경우와 이보다는 개인적 가치와 인간 중심적인 가치에 근거하여 결정을 내리는 경우로 나뉜다. 사고형은 일관성과 타당성을 중시하므로 자신이 가지는 선호가치와 관계없이 일반적으로 수용되는 객관적인 원리원칙에 입각하여 결정을 내린다. 따라서 옳고 그름, 진실에 대한 판단을 중시한다. 감정형은 인간 중심의 가치에 기초를 두고 결정을 내리는 경향이 있으며, 객관적인 기준보다는 자신의 주관적인 가치와 자신과 타인에게 어떤 영향을 줄 것인가를 고려하여 판단을 내리게 된다. 객관적인 진리보다는 보편적인 선(goodness)을 선호하고 인간관계에 있어서의 조화를 중시한다.

(4) 판단-인식: 외부 세계에 대한 태도/행동 양식

이 지표는 외부 세계를 받아들이는 방식이나 외부 세계에 대한 개인의 태도를 나타내는 지표로서 개인의 생활양식 및 행동양식을 반영해 준다. 판단형은 생활을 조절하고 통제하기를 원하여 계획을 세우고 질서 있게 살아가는 경향이 있다. 따라서 구조화되고 조직화된 상황을 선호하고 일을 미리 계획하고 준비하여 정해진 기간 내에 마무리 짓는 것을 철저히 지킨다. 반면, 인식형은 상황에 맞게 자율적으로 융통성 있게 생활하는 것을 선호한다. 삶을 통제하기보다는 이해하려고 노력하고 자신의 순간적인 적응 능력을 믿고 일의 과정을 즐긴다. 다양한 기회를 즐기고 애매한 상황에서도 잘 적응해 나가는 성향을 지니고 있다. 정해진 시간 내에 일을 처리하지 못하는 경우도 있으나 상황에 따라 자발적·개방적으로 적응해 나가는 장점이 있다.

MBTI 이외에 사용되는 성격검사는 16PF 다요인성격검사(Personality Factor Questionnaire)이다. 이는 Cattell, Eber, Tatsuoka(1970)에 의해 제시된 것으로 성격에 대한 해석을 제시해 주며 진로선택에 미치는 영향에 대해 알려 준다. 16개의 성격 특질은 개인의 성격 특질들의 조합으로 이루어진 것이며, 각 직업군과 비교되어 특정 직업군에 적합한지와 필요한 기술이나 능력 및 훈련이 무엇인지를 제시해 준다. 따라서 이러한 성격검사는 개인이 갖고 있는 욕구를 확인하고 분명하게 해 주며 진로탐색을 하는 데 도움을 줄 수 있다.

최근에 16PF를 대체할 수 있는 것으로 성격 5요인 모델이 제시되어 널리 사용되고 있다. Paul Costa와 Robert McCrae가 기존의 성격척도들의 문항을 분석하여 신경증(Neuroticism), 외향성(Extroversion), 개방성(Openness) 등의 세 요인을 추출하여 NEO-I(NEO Inventory)검사를 개발하였다. 이후 추가적인 연구를 통해 친화성(Agreeableness), 성실성(Conscientiousness) 두 요인을 추가하여 성격 5요인 검사인 NEO-PI(NEO Personality Inventory)를 만들어 내었다. 성격 5요인 모델의 5가지 차원은 다음과 같다.

- 신경증: 긴장이나 불안, 분노, 우울과 같은 부정 정서에 적응하는 정도를 나타낸다. 자신의 충동을 잘 조절하지 못하며 스트레스에 잘 대처하지 못한다.
- 외향성: 다른 사람들과 어울리는 것을 좋아하며 낙천적이다. 자기주장이 강하며 적극적인 성향을 갖고 있다.
- 개방성: 호기심이 많고 상상력이 풍부하며 지적인 탐구심이 강한 정도를 나타낸다. 창의적이며 독립적이고, 전통적인 권위를 인정하려 하지 않는다.
- 친화성: 타인을 신뢰하고 우호적이며 협동적인 것을 나타낸다. 친절하고 이타적이며 원만한 인간관계를 형성하기 쉽다.
- 성실성: 책임감 있고 자기조절을 잘하며 주어진 일을 유능하게 처리하는 것을 나타낸다. 체계적이고 조직적으로 일을 수행하며, 근면하고 규칙적으로 생활하는 것을 선호한다. 인간관계보다는 일과 효율성을 더 중요시한다.

4) 직업가치

가치에 대한 정의는 Rokeach(1973)의 것을 가장 폭넓게 활용하고 있는데, 그는 가치란 행동을 인도하고 행동을 판단하는 기준으로 작용하는 인지된 욕구로 정의하고 있다. 욕구 중 생리학적 욕구는 일시적인 것이라 일단 충족이 되면 더 이상 행동을 동기화시키지는 않는다. 가치는 상황에 따라 변화할 수 있지만 일시적인 것은 아니다. 흥미는 시간이나 상황에 관계없이 비교적 안정적인 특성을 갖고 있다. 흥미는 개인이 욕구나 가치를 만족시키기를 기대하는 활동에 대한 선호도라고 할 수 있다(Super, 1995). 그래서 흥미는 가치를 증명하는 것들 중 하나라고 할 수 있다.

Dawis(1991)는 가치와 흥미는 본질적으로 다른 의미이나 개념적인 수준에서 구분하기는 쉽지 않다고 주장한다. 흥미는 좋아하는 것, 싫어하는 것을 포함하고 있고, 가치는 중요한 것, 중요하지 않은 것을 포함하고 있다. 그래서 가치측정은 개인에게 항목의 중요성을 평가하게 하는 방법을 사용하고, 흥미측정은 개인에게 항목을 좋아하는지를 평가하게 한다. 상담 영역에서 보면 가치와 흥미의 개념적인 구분이 분명하지 않기 때문에 진로결정을 하는 내담자에게 상호교환적으로 사용할 수 있다는 것을 의미한다.

욕구(needs)와 가치(value)도 유사한 것이기는 하나, 차이가 있는 것이다. 어떤 욕구(공기와 물에 대한 욕구)는 개인의 생리학적 기능 때문에 오는 것이다. 그러한 욕구가 충족되지 않으면 개인은 삶을 유지할 수 없다. 다른 욕구들은 개인이 기능하기 위해 필요한 것들이고 그러한 욕구들이 충족되지 않으면 개인의 발달은 다양한 결과를 초래하게 된다. 이에 반해 가치는 저절로 갖게 될 수도 있고 학습될 수도 있다. 가치는 긍정적인 것일 수도 있고 부정적인 것일 수도 있다. 개인은 긍정적인 가치를 지닌 것을 향해 움직이며 부정적인 가치를 가진 것에서 멀어지려고 한다.

사람들은 세대에 따라 가치관이 다르고, 현재의 사람들은 예전과는 다른 가치를 갖고 있을 것이라고 한다. 시대에 따라 가치가 변화하고 있다는 것을 의미한다. 따라서 직업의 세계에서는 개인이 갖고 있는 작업가치(work value)뿐만 아니라 생활가치(life value)도 살펴보아야 한다. 상담과정에 활용할 수 있는 가치검사는 두 가지 유형으로 구분할 수 있다. 하나는 주로 작업가치를 측정하는 검사이고, 다른 하나는 생활양식과 관련된 가치를 측정하는 검사이다. 작업가치 검사는 직무성공이나 만족과 관련된 가치(성취, 특권, 안전, 독창성)를 측정하며, 생활양식가치 검사는 삶이나 직업과 연관된 욕구, 만족과 관련된 것이다. 검사대상자에 따라 두 가지 중 적합한 것을 선정하여 실시하는 것이 바람직하다.

직업상담에서 작업가치는 개인의 진로선택과 작업행동 수행결과와 관련이 있다고 가정한다. 개인이 중요하게 생각하는 것을 인식하면 현재의 직업에서 만족하는 것과 불만족하는 것을 이해할 수 있고, 작업수행이 효과적이지 못한 원인도 파악할

수 있다. 따라서 가치를 측정하게 되면 내담자가 동기적으로 원하는 것을 제공해 주
는 진로선택을 할 수 있다. 개인이 가진 가치와 조직이 제공하는 보상이 일치하면
직업에서 성공할 가능성이 높다. 가치측정은 개인이나 조직 모두에게 혜택을 가져
다줄 수 있는 것이다.

작업가치가 잠재적으로 중요한 정보를 제공함에도 불구하고 흥미와 같은 다른
개인측정치보다는 연구가 많이 이루어지지 않았다. 직업심리학의 분야에서뿐만 아
니라 다른 분야에서도 가치에 관한 연구들은 많지 않다. 그 이유는 직업심리학에서
진로탐색을 위해 조사하는 주 대상자들이 학생들이었기 때문이다(Rounds, 1990).
작업가치는 작업장에서 어떤 경험을 해 본 사람들에게 더 적절한 것이다. 그러나 최
근에 작업가치에 관한 연구들이 다시 활발해지고 있다. 사회문화적 접근으로부터
가치를 연구하는 사례가 증가하고 있고(Hofstede, 2001). 직업정보망(O*NET)에 가치
의 측정을 포함시켰다는 것이다.

직업상담에서 내담자의 가치를 사정하는 방법으로는 표준화된 검사를 사용하는
경우가 있고, 비표준화된 방법을 사용하는 것도 있다. 비표준화된 가치사정법에서
는 일련의 작업가치를 제시해 주고 각 가치에 순위를 매기게 하는 방법, 내담자가
과거에 선택한 가치들을 회상해 보게 하는 것, 여가시간을 어떻게 보낼 것인지에 대
해 물어보는 것, 내담자가 직업에 대해 가진 환상을 말하게 하는 것, 내담자가 존경
하는 인물이나 되고 싶은 사람을 말하게 하는 방법 등이 있다.

표준화된 검사로 하는 가치의 측정은 주로 세 가지의 이론적 배경을 기준으로 한
다. 첫째는 Dawis와 Lofquist의 직업적응이론이다. 이 이론에서 직업욕구는 여섯
개의 작업가치로 구분하여 측정한다. 여섯 개의 가치는 성취(Achievement), 위안
(Comfort), 지위(Status), 이타성(Altruism), 안전(Safety), 자율(Autonomy) 등이며, 일련
의 욕구들을 만족시켜 줄 수 있는 작업보상으로 기술될 수 있는 것이다. Dawis 등
은 이 여섯 개의 가치로 세 가지의 가치차원을 만들었다(성취 대 안정, 이타성 대 지위,
안전 대 자율). 이 세 가지 차원은 세 가지 유형의 보상, 즉 자기(성취, 자율), 사회(이타
성, 지위), 환경(위안, 안전) 등과 관련될 수 있다.

둘째는 Super의 직업개발이론에 관한 작업중요성 연구(Work Importance Study:
WIS; Super & Sverko, 1995)이다. WIS의 목적은 일이 다른 활동과 비교해서 상대적으
로 얼마나 중요한지, 사람들이 그들의 주된 삶의 역할에서 추구하는 보상이 무엇인

지를 연구하기 위한 것이다. 일련의 연구(Ferreira-Marques & Miranda, 1995)에서 측정할 삶의 가치와 작업가치를 결정하고, 그것들을 어떻게 측정할지에 대해 결정을 하였다. 가치척도에 포함된 항목들은 일과 관련된 것도 있고 관련 없는 것도 있었다. WIS에 포함된 가치들은 5개의 가치지향성과 18개의 작업가치(공리-경제, 승진, 명성, 권위, 성취; 개인적-삶의 방식, 자율, 창의성, 다양성; 자기실현-능력실현, 개인발달, 이타성, 성취, 미학, 창의성; 사회적-사회적 상호작용, 사회적 관계, 다양성; 모험적-모험, 육체적 활동, 권위) 등이다. 능력실현이나 미학, 창의성 등의 가치들은 다양한 역할이나 상황에서 획득될 수 있는 것이다. 경제, 작업조건, 승진 등과 같은 가치들은 작업 역할과 관련된 가치들이고, 개인적 발달, 삶의 방식과 같은 가치들은 작업 역할과 관련 없는 것들이다.

셋째는 Schwartz의 가치의 원형모델(Circumplex Model)이다. Schwartz(1992)는 모든 문화에서 기본적인 인간 가치는 생물학적 욕구, 사회적 상호작용, 집단 기능화를 나타낼 것이라고 가정하며 가치 유형들을 분류하였다. 그가 제안한 가치들은 10개의 동기적 유형(힘, 성취, 쾌락, 자극적, 자기지시, 보편적, 자비, 전통, 동조, 안전)이다. 10개의 가치들 각각은 하나의 가치를 추구하면 다른 가치와 일치하거나 부딪히는 것이 있을 수 있다. 10개의 가치들을 원형으로 나타내면 서로 반대되는 곳에 있는 가치들은 서로 부딪힐 수 있는 것이고 가까이 있는 가치들은 유사한 것들이다. 예컨대 동조의 추구는 자기지시와 서로 부딪히는 것이다.

(1) 미네소타 중요도 질문지(Minnesota Importance Questionnaire: MIQ)

MIQ는 Dawis와 Lofquist(1984)의 직업적응이론에 기초한 직무만족 연구결과에서 도출된 20개의 직업가치를 6개의 가치영역으로 구분하여 측정한다. 개인은 욕구나 능력과 같은 자신들의 행동적 기질과 조화를 이루는 작업환경을 추구할 것이라는 가정에서 만들어진 것이다. MIQ의 목적은 개인이 상대적으로 중요하게 생각하는 강화물이 무엇인지를 확인하고, 자신의 선호도를 직업선택과 연결시키는 것이다. 직업상담에서 MIQ는 개인에게 가장 중요한 욕구가 무엇인지를 확인하고 그들의 욕구를 충족시켜 줄 수 있는 작업환경을 찾는 데 도움을 줄 수 있다. MIQ는 두 가지 방식으로 사용할 수 있다. 하나는 210개의 항목들(190개는 두 개 중 하나를 강제 선택하는 것이고, 20개는 욕구의 중요성을 평가하는 항목)을 제시하고 선택하게 하는 방법이다.

다른 하나는 5개의 욕구가 포함된 세트를 제시해 주고 상대적인 중요성에 대해 순위를 매기게 하는 것이다. MIQ에서 구분한 6개의 가치영역은 다음과 같다.

- 성취(achievement): 능력실현, 성취
- 위안(comfort): 행위, 독립성, 다양성, 보상, 안전, 작업조건
- 지위(status): 승진, 인정, 권위, 사회적 지위
- 이타성(altruism): 동료, 사회봉사, 도덕적 가치
- 안전(safety): 회사정책과 실행, 감독기술
- 자율(autonomy): 창의성, 책임감

(2) Super의 작업가치도구(Work Value Inventory-Revised: SWVI-R)

SWVI-R은 Zytowski(2006)가 Super의 작업가치를 상업적으로 활용하기 위해 만든 검사이다. 12개의 차원이 각 차원당 6개의 항목으로 구성되어 총 72개의 항목으로 구성되어 있다. SWVI-R의 12개 차원은 다음과 같다.

- 성취(achievement)
- 창의성(creativity)
- 독립성(independence)
- 정신적 도전(mental challenge)
- 안전(security)
- 다양성(variety)
- 동료(co-workers)
- 수입(income)
- 생활양식(lifestyle)
- 명성(prestige)
- 감독(supervision)
- 작업장(workplace)

(3) 기타

① 작업중요도검사(Work Importance Profiler)

작업중요도검사에서 측정하는 작업가치는 6개이며, 그것은 성취(achievement),

독립성(independence), 인정(recognition), 관계(relationships), 지지(support), 작업조건(working conditions) 등이다.

② 생활가치검사(Life Values Inventory: LVI)

LVI에서는 13개의 가치를 측정하며, 그것은 소속감(belonging), 타인에 대한 배려(concern for others), 창의성(creativity), 전망(prosperity), 의존가치(dependability), 건강과 활동(health and activity), 과학적 이해(scientific understanding), 개인사생활(privacy), 영성(spirituality), 충성심(loyalty to family or group), 성취(achievement), 환경에 대한 관심(concern for environment), 겸손(humility) 등이다.

③ 진로경향성 배치 및 평가 질문지(Career Orientations Placement and Evaluation Survey: COPES)

COPES는 8개의 직업적 가치를 측정하며, 그것은 조사적 대 수용적(Investigative vs Accepting), 현실적 대 걱정 없는(Practical vs Carefree), 독립적 대 동조적(Independence vs Conformity), 리더십 대 지지적(Leadership vs Supportive), 질서적 대 융통적(Orderliness vs Flexibility), 공적 대 사적(Recognition vs Privacy), 미학적 대 현실적(Aesthetic vs Realistic), 사회적 대 보수적(Social vs Reserved) 등이다.

(4) 한국판 직업가치관검사

우리나라에서 개발된 가치검사로는 한국직업능력개발원에서 개발한 직업가치관검사(2001)와 노동부에서 개발한 직업가치관검사(2006)가 있다. 한국직업능력개발원에서 개발한 직업가치관검사는 중·고등학생을 대상으로 11개의 직업가치(능력발휘, 다양성, 보수, 안정성, 사회적 인정, 지도력 발휘, 더불어 일함, 사회봉사, 발전성, 창의성, 자율성)를 측정하는 것이다. 노동부에서 개발한 직업가치관검사는 만 15세 이상의 성인을 대상으로 하며, 다음과 같은 13개의 직업가치를 측정한다.

- **성취**: 스스로 달성하기 어려운 목표를 세우고 이를 달성하여 성취감을 맛보는 것을 중시하는 가치
- **봉사**: 자신의 이익보다는 사회의 이익을 고려하며, 어려운 사람을 돕고, 남을 위해 봉사하는 것을 중시하는 가치
- **개별활동**: 여러 사람과 어울려 일하기보다 자신만의 시간과 공간을 가지고 혼자 일하는 것을 중시하는 가치
- **직업안정**: 해고나 조기퇴직의 걱정 없이 오랫동안 안정적으로 일하며 안정적인 수입을 중시하는 가치
- **변화지향**: 일이 반복적으로 정형화되어 있지 않으며 다양하고 새로운 것을 경험할 수 있는지를 중시하는 가치
- **몸과 마음의 여유**: 건강을 유지할 수 있으며 스트레스를 적게 받고 마음과 몸의 여유를 가질 수 있는 업무나 직업을 중시하는 가치
- **영향력 발휘**: 영향력을 발휘하여 타인에게 영향력을 행사하고 일을 자신의 뜻대로 진행할 수 있는지를 중시하는 가치
- **지식추구**: 일에서 새로운 지식과 기술을 얻을 수 있고 새로운 지식을 발견할 수 있는지를 중시하는 가치
- **애국**: 국가의 장래나 발전을 위하여 기여하는 것을 중시하는 가치
- **자율성**: 다른 사람들에게 지시나 통제를 받지 않고 자율적으로 업무를 해 나가는 것을 중시하는 가치
- **금전적 보상**: 경제적인 어려움이 없고 돈을 많이 벌 수 있는지를 중시하는 가치
- **인정**: 자신의 일이 사람들로부터 인정받고 존경받을 수 있는지를 중시하는 가치
- **실내활동**: 주로 사무실에서 일할 수 있으며 신체활동을 적게 요구하는 업무나 직업을 중시하는 가치

5) 자기효능감 측정

자기효능감(self efficacy)은 과제를 어떤 수준에서 수행할 수 있다는 자신의 능력에 대한 개인의 판단이다(Bandura, 1986). 자기효능감은 개인으로 하여금 자신의 능력

을 뛰어넘는 과제나 활동은 회피하고, 그들 자신이 수행할 수 있는 과제나 활동에 몰입하게 만든다. 진로의사결정에서 자기효능감의 기대가 중요하다는 것을 처음 주장한 사람은 Betz와 Hackett(1986)이었다.

　자기효능감은 먼저 수행된 과제를 확인하면서 시작하여, 다음으로 내담자에게 과제난이도의 정도를 추정하게 하고, 그들이 과제를 수행할 수 있다는 자신감의 정도를 추정하게 한 다음, 마지막으로 관련된 상황에서 그들의 수행을 추정하는 것으로 측정한다.

- 가능한 과제를 확인한다.
- 과제의 난이도를 추정하고 과제수행에 대한 자신감을 추정한다.
- 유사한 과제에서의 자신감을 추정한다.

　측정된 자기효능감은 내담자가 자신의 능력에 대해 어떤 생각을 갖고 있는지를 판단하여 직업상담을 성공적으로 하기 위한 기초로 사용한다. 최근에 자기효능감을 질적으로 측정하지 않고 양적으로 측정하려는 경향이 많아지고 있다. 지각된 자기효능감의 측정을 흥미측정에 포함시키고 있다. Betz(2000)는 자기효능감 측정 시 지켜야 할 일반적인 원리를 제시하였다. 첫째, 자기효능감 측정은 특정한 행동영역에 초점을 두어야 한다. 자기효능감은 개인이 특정한 과제를 수행할 수 있다는 판단이기 때문에 하나의 특정 과제에만 적용해야 한다는 것이다. 따라서 진로는 특정한 하나의 행동이 아니라 복잡한 일련의 행동 수행을 다루기 때문에 진로 자기효능감이라는 용어는 잘못된 것이다. 자기효능감 측정은 전체적인 진로가 아니라 특정한 행동 영역에 국한시켜야 한다. 둘째, 행동의 영역이 확인되면 측정 방식을 결정해야 한다. 대부분의 자기효능감 측정은 10점 척도를 사용하고 있는데, 5점 척도를 사용하는 것이 더 바람직할 수 있다(Betz, 2000).

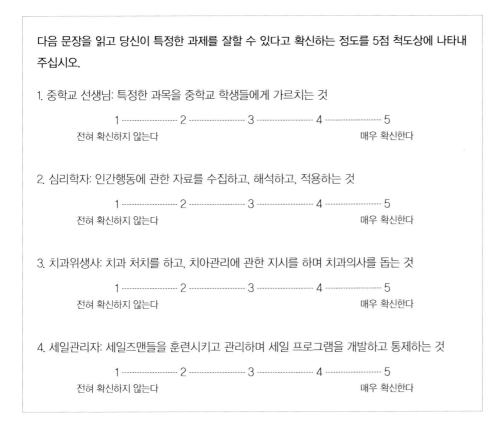

다음 문장을 읽고 당신이 특정한 과제를 잘할 수 있다고 확신하는 정도를 5점 척도상에 나타내 주십시오.

1. 중학교 선생님: 특정한 과목을 중학교 학생들에게 가르치는 것

1 ---------- 2 ---------- 3 ---------- 4 ---------- 5
전혀 확신하지 않는다　　　　　　　　　　　　　매우 확신한다

2. 심리학자: 인간행동에 관한 자료를 수집하고, 해석하고, 적용하는 것

1 ---------- 2 ---------- 3 ---------- 4 ---------- 5
전혀 확신하지 않는다　　　　　　　　　　　　　매우 확신한다

3. 치과위생사: 치과 처치를 하고, 치아관리에 관한 지시를 하며 치과의사를 돕는 것

1 ---------- 2 ---------- 3 ---------- 4 ---------- 5
전혀 확신하지 않는다　　　　　　　　　　　　　매우 확신한다

4. 세일관리자: 세일즈맨들을 훈련시키고 관리하며 세일 프로그램을 개발하고 통제하는 것

1 ---------- 2 ---------- 3 ---------- 4 ---------- 5
전혀 확신하지 않는다　　　　　　　　　　　　　매우 확신한다

Betz와 Hackett(1981)는 처음 지각된 자기효능감을 연구할 때 조직 자기효능감 척도(Occupational Self-Efficacy Scale)를 사용하여 대학생들에게 20개의 직업을 제시해 주고 각 직업이 요구하는 것을 수행할 자신감을 측정하였다. 다양한 Holland 유형에서 직업에 대한 자기효능감 기대를 측정하기 위해 기술자신감검사(Skills Confidence Inventory)가 사용되기도 하였다(Betz, Borgen, & Harmon, 2005). 현재 자기효능감을 측정하기 위해 가장 폭넓게 사용되고 있는 것은 진로의사결정 자기효능 감척도(Career Decision-Making Self-Efficacy Scale)이다(Betz & Taylor, 2001).

진로측정과정에서 자기효능감을 측정하는 것이 중요하다는 것은 이미 널리 알려진 사실이다. 기존의 연구들에 따르면 전통적인 남성 직업과 여성 직업에서 자기효능감의 성차가 나타났다. 직업적인 자기효능감은 개인이 고려해 본 직업의 범위와 관련이 있었다. 진로결정을 주저하는 것을 줄이기 위해서는 자기효능감을 향상시키는 것이 중요한 것으로 나타났다(Luzzo & Taylor, 1994). 흥미와 자기효능감은 밀

접한 관련이 있어 두 가지 중 하나만 사용하는 것보다 흥미검사와 자기효능감 검사를 모두 사용하면 더 효율적인 진로결정을 할 수 있도록 해 준다(Donnay & Borgen, 1999). 스트롱흥미검사(Strong Interest Inventory)는 기술자신감검사(Skills Confidence Inventory)와 같이 사용하는 것이 좋고, 쿠더직업흥미검사(Kuder Occupational Interest Survey)는 쿠더과제자기효능감척도(Kuder Task Self-Efficacy Scale)와 같이 사용하는 것이 바람직하다.

6) 직업발달

개인이 자신의 진로선택에 관심을 갖고 있고 직업적 의사결정을 할 준비가 되었다면 기존의 흥미검사나 적성검사를 통해 자신의 선호도를 명료화하고, 의사결정을 구체화하여, 직업선택을 실행하면 된다. 그러나 진로결정을 할 준비가 되어 있지 않은 경우 내담자의 발달과업 숙련도를 살펴보는 것이 도움이 된다. 진로문제와 관련한 개인의 발달 정도와 수준을 나타내는 것이 진로성숙도(career maturity)이다. 진로성숙도에 대해서는 두 가지의 정의가 있다. 먼저 Super가 제안한 바에 따르면, 생애발달단계, 즉 성장기, 탐색기, 확립기, 유지기 및 쇠퇴기 중에서 개인이 절대적으로 혹은 상대적으로 도달한 위치가 진로성숙의 정도라고 하였다. 반면, Crites는 정도와 비율이라는 개념으로 정의하였는데, 개인의 진로 행동과 그 개인이 속한 진로발달 단계에서 가장 나이가 많은 사람의 진로행동과의 유사성, 자신과 같은 연령대의 사람들과 비교하여 진로가 성숙한 정도를 진로성숙도로 보았다. 진로성숙을 측정하는 검사들은 주로 청소년을 대상으로 한 것들이다.

(1) 진로발달검사(Career Development Inventory: CDI)

CDI는 Super와 그의 동료들에 의해 개발되었는데, 청소년을 대상으로 진로성숙 모형을 구성하고 있는 4개의 차원(생애발달 단계와 과업에 대한 계획적 태도, 탐색에 대한 태도, 교육 정보 및 직업 정보, 의사결정 원리와 실제에 대한 지식)을 측정한다. 처음 4개의 척도와 91개의 문항으로 구성된 CDI Form I이 개발되었고, 이후 진로발달 과업의 인지적 지각을 진단하기 위해 새로운 문항들을 추가하여 CDI Form II를 개발하였다.

① CDI Form I

- 척도 A. 계획방향(33문항): 계획의 구체성 및 자신이 평가한 직업정보의 양
- 척도 B. 탐색을 위한 자원(28문항): 진로 탐색을 위해 실제로 사용했거나 사용 가능한 자원의 질
- 척도 C. 정보와 의사결정(30문항): 개인이 획득한 교육적·직업적 정보의 양과 건전한 의사결정을 위한 정보사용법의 숙달

② CDI Form II

- 계획의 정도(30문항): 계획의 구체성
- 탐색에서 자원의 사용 및 평가(30문항): 진로탐색을 위해 사용한 자원의 질
- 진로의사결정(30문항): 의사결정의 원리 및 실제
- 진로발달 정보(30문항): 발달 과제의 지각 및 관심
- 직업의 세계에 대한 정보(30문항): 일반적인 직업정보
- 선호하는 직업에 대한 정보(41문항): 흥미를 느끼는 직업군에 대한 지식

(2) 진로성숙도검사(Career Maturity Inventory: CMI)

CMI는 Crites에 의해 개발된 것으로 진로성숙모형의 네 개 차원(직업선택의 일관성, 직업선택의 현실성, 직업선택 태도, 직업선택능력) 중 두 개의 차원(직업선택 태도, 직업선택능력)을 측정하도록 되어 있다. 그래서 CMI는 태도 척도와 능력검사의 두 부분으로 구성되어 있다.

① 태도 척도

직업의사결정에 대한 태도 성숙의 정도를 다섯 개 차원으로 구분하여 측정한다.

- **결정성**: 선택하고자 하는 진로에 대해 확고한 정도
- **참여도**: 진로선택과정에 능동적으로 참여한 정도
- **독립성**: 진로선택과정에서 타인에게 의존하는 정도
- **성향**: 진로결정에 필요한 사전 이해와 준비 정도
- **타협성**: 진로선택 시 욕구와 현실을 타협하는 정도

② 능력검사

진로결정에 필요한 진로정보와 계획 및 의사결정 기술을 소유하고 있는 정도를 다섯 개의 하위 차원으로 구분하여 측정한다.

- **자기평가**: 개인이 자신의 능력, 직업적 흥미, 직업관련 욕구 및 가치 그리고 자아개념에 대해 알고 있는 정도
- **직업정보**: 특정 직업의 직무 내용에 대한 개인의 지식 정도
- **목표 선정**: 자신과 직업의 특성을 고려하여 개인과 직업을 매칭시키는 능력
- **계획**: 진로결정을 단계에 맞게 체계적으로 이행하는 능력
- **문제해결**: 진로의사결정과정에서 발생하는 문제를 해결하거나 대처하는 능력

(3) 인지적 직업성숙검사(Cognitive Vocational Maturity Test: CVMT)

이는 Westbrook과 Parry-Hill(1973)에 의해 개발된 것으로, 진로성숙의 인지적 · 능력적 측면을 살펴보기 위해 직업정보를 알고 사용하는 정도를 여섯 개의 하위 차원으로 구분하여 측정한다.

- **직업 분야**: 다양한 직업 분야에 대한 지식
- **직업선택**: 현실적인 직업선택을 할 수 있는 능력

- **근무 조건**: 수입 및 근무 조건에 대한 지식
- **학력**: 직업에서 요구하는 교육정도에 대한 지식
- **직업특성**: 직업에서 요구되는 능력, 가치, 흥미에 대한 지식
- **업무**: 직업에서 수행되는 주요 업무에 대한 지식

(4) 진로성숙도검사

이는 한국교육개발원(1991)에서 개발한 것으로 Crites의 CMI 모형에 기초하여 진로성숙의 태도와 능력을 측정한다.

① 태도검사

진로선택에 대한 개인의 성향이나 태도를 세 가지 차원으로 구분하여 측정한다.

- **계획성**: 자신의 진로 방향 선택 및 직업 결정을 위한 사전 준비와 계획의 정도
- **독립성**: 자신의 진로를 탐색, 준비, 선택하는 데 있어서 스스로 할 수 있는 정도
- **결정성**: 자신의 진로방향 및 직업선택에 대한 확신의 정도

② 능력검사

진로선택과 관련된 문제해결능력을 세 가지로 구분하여 측정한다.

- **직업세계의 이해**: 직업의 종류, 특성, 조건, 교육수준, 변화환경과 직업정보 획득에 대한 지식
- **직업선택**: 자신의 특성과 직업세계에 대한 지식에 기초하여 자신에게 적합한 직업을 선택할 수 있는 능력의 정도
- **의사결정**: 자신과 직업세계에 대한 지식에 기초하여 진로의사결정에서 발생하는 문제를 해결하는 능력

7) 특수 진단용 검사

특정한 진로개발문제를 측정하기 위해 개발된 검사들이 있다. 이 검사도구들은 주로 연구용으로 사용되지만 진로개발이나 진로의사결정과정을 저해하는 문제가 무엇인지를 살펴보는 데 효과적이다. 검사도구는 크게 두 가지 분류로 구분해 볼 수 있는데, 정상적인 진로발달을 측정하기 위해 만들어진 것이 있고, 이상적인 발달의 측면을 측정하기 위해 개발된 것이 있다. 측정도구와 내용은 〈표 2-1〉과 같다.

표 2-1   기타 측정도구들

측정도구	내용
Career Decision Scale (CDS)	CDS는 진로결정을 하는 데 실패하는 것에 대해 설명력 있는 정보를 제공해 준다. 두 개의 척도점수를 제시하는데, 첫째는 확실성(Certainty)이고, 둘째는 우유부단함(Indecision)이다. 결정을 주저하는 정도나 그것의 원인에 대한 설명을 제공해 준다.
My Vocational Situation	이는 직업정체감이 어느 정도 형성되었는지를 확인하기 위해 개발되었다. 개인이 직업선택을 하는 데 장애가 되는 개인적·환경적 정보를 제공해 준다. Vocational Identity, Occupational Information, Barriers와 같은 세 개의 척도점수가 있다.
Career Beliefs Inventory	이 검사도구는 개인의 자기지각이나 세계관의 문제점을 확인하는 데 도움을 준다.
Career Thoughts Inventory	이 검사도구는 진로문제해결과 의사결정에서 역기능적으로 사고하는 것을 확인할 수 있는 방법을 직업상담자에게 제공해 준다. 이는 Decision Making Confusion, Commitment Anxiety, External Conflict 등 세 개의 척도로 구성되어 있다. 검사를 실시하는 데 대개 7~15분 정도 소요된다.
Clifton StrengthsFinder	긍정심리학 관점에서 나온 검사로 34가지 강점을 177문항으로 제시하고 개인의 다섯 가지 강점, 즉 핵심주제를 찾는 것이다. 약 30분 정도 소요되며, 네 가지 행동 특성(Influencing, Responding, Pacing, Organizing)을 측정하는 INSIGHT 검사와 같이 사용되는 경우가 많다.

Occupational Aptitude Survey and Interest Schedule(OASIS)	OASIS는 진로를 계획하는 중·고등학교 학생들을 대상으로 하기 위해 개발된 것이다. 12개의 흥미척도(Artistic, Scientific, Nature, Protective, Mechanical, Industrial, Business Detail, Selling, Accommodating, Humanitarian, Leading-Influencing, Physical Performing)를 제시하며, 5개의 적성척도(General Ability, Perceptual Aptitudes, Spatial Aptitudes, Numerical Aptitudes, Verbal Aptitudes)를 제시해 준다.
McCarron Dial System(MDS)	MDS는 특별한 교육이나 재학습을 시키는 집단에게 사용하기 위해 개발된 것이다. 이는 Verbal-Spatial-Cognition, Sensory, Motor, Emotional, Integration-Coping 등 5개의 점수를 제시해 준다. MDS의 주된 목적은 참가자가 훈련 이후에 어떻게 기능하는지를 예측하고, 상담에 활용하기 위한 것이다.
PESCO 2001/Online	이는 온라인 화면으로 실시하는 검사이며, Reading, Math, Language-GED Levels, General Verbal, Numerical Spatial, Form Coordination, Clerical Finger, Eye-Hand-Foot, Color Discrimination, Motor Coordination, Vocational Interest, Learning Styles, Job Temperament, Work Ethic, Work Attitude 등 15개의 점수를 제시해 준다. 이들 중 시간제한이 있는 것도 있고 시간제한이 없는 것도 있다.

질적인 측정도구

진로 발달과 선택에 있어 두 가지 주된 철학적 입장이 있다. 하나는 포스트모더니즘(postmodernism)이고, 다른 하나는 논리실증주의(logical positivism)이다. 이 두 가지 철학적 입장에 기초한 이론들은 많은 부분에서 차이가 있다. Holland(1997)와 같은 논리실증주의자들은 전통적인 측정 방안인 흥미검사나 성격검사에 의존하는 반면, Young, Valach, Collons(1996)와 같이 포스트모더니즘 접근을 취하는 구성주의자들은 그러한 검사에 의존하지 않는다. 그들은 각 개인이 자신들만의 독특한 개성을 만들어 낸다고 가정하고 개인의 측면들을 유도해 내기 위해 고안된 측정도구들을 사용한다. 논리실증주의자들은 적합한 것(fit)을 추구하는 반면, 포스트모더니스트들은 의미(meaning)를 추구한다(Thorgren & Feit, 2001). 포스트모더니스트들이 흥미검사 같은 도구를 사용하는 것은, 내담자로 하여금 자신이 현재 어디로 가고 있는지, 미래에 어떻게 될 것인지 등 자신의 진로선택을 이해하도록 돕기 위한 것이다(Brott, 2001). 포스트모더니즘을 취하는 사람들이 측정에서 사용하는 몇몇 측정도구[예: 레퍼토리 격자기법(repertory grid technique)−주어진 주제에 대해서 생각하는 것과 같은 개인의 구성개념을 도출하기 위한 방법]는 아주 복잡하고 검사를 사용하기 전에 별도의 훈련을 받아야만 한다. 그러나 이 외의 도구들은 비교적 사용하기가 용이하다.

내담자에 대한 정보를 수집할 때 표준화되지 않고 주관적인 방법을 사용하는 것을 질적인 측정(qualitative assessments)이라고 한다. 양적인 측정은 진로행동의 패턴들을 객관적이고 타당하고 신뢰로운 측정치에서의 점수로 줄이는 것인 반면, 질적인 측정은 점수가 제시되지 않는 기법들을 사용하고 내담자와 상담자가 서로 정보를 얻기 위해 상호작용할 수 있는 재료나 실습을 통해 이루어진다. 진로발달 과정에 구성주의나 사회적 구성주의 개념이 나타나면서 질적인 측정 방안들의 사용이 증가하고 있다(McMahon, Patton, & Watson, 2003). 특히 질적인 측정은 삶을 디자인하기 위한 직업상담의 새로운 영역에서는 중요한 것으로 인식되고 있다(Hartung, 2010).

McMahon 등(2003)에 따르면 질적인 측정은 논리적-긍정주의적(logical-positivist) 견해에서 출발한 것이었다. 이는 구성주의에 그 기초를 둔 것이지만 약간은 다른 방향을 갖고 있다. 긍정주의자들이 미래진로계획이나 방향을 예측하는 흥미, 기술, 가치와 같은 측정할 수 있는 변인을 확인하는 데 관심을 둔 반면, 구성주의자들은 사람들이 특정한 진로행로(path)를 추구하는 데에서 발견하는 의미의 중요성에 더 관심을 둔다.

질적인 측정은 내담자가 작업이나 교육 경험 그리고 이러한 경험이 일어난 맥락에 두는 의미에 초점을 둔다(Whiston & Rahardja, 2005). 특질요인접근에 기초하여 전통적인 측정 방법들은 몇 가지 한계점을 갖고 있다(Healy, 1990). 검사나 측정은 상담가들에 의해 선정되기 때문에 내담자의 입장이 반영되지 않는다. 내담자로 하여금 자신의 강점과 약점을 찾아보도록 하지 않고 내담자가 가진 특성만을 측정한다. 또한 검사나 도구에 의존하면 환경의 영향이나 맥락적 변인(작업 상황, 상사의 특성 등)의 영향을 반영할 수가 없다. 따라서 내담자의 다양한 욕구와 진로개발을 이끌기 위해서는 상담가들이 효과적인 측정장치를 사용해야 한다(Prediger, 2001). 질적인 측정은 측정과 상담 사이의 차이를 줄여 줄 수 있다. 그것은 질적인 측정이 측정보다는 의미에 더 초점을 두기 때문이다.

진로측정에 있어서 질적인 접근의 한 예로 다음과 같은 질문을 들 수 있다. "만약 당신이 로또에 당첨된다면 하고 싶은 것이 무엇입니까?" 이러한 질문은 돈이나 점진적인 수입이 더 이상 문제가 되지 않는 삶의 변화를 탐색하기에 적합하다. 사람들은 이러한 질문에 개인마다 다른 반응을 하는데, 꿈이나 환상을 나타내기도 하지만 자신의 삶의 방향이나 목표를 나타내기도 한다.

삶의 다른 단계에서의 희망이나 진로포부에 관해 질문하는 것도 정보를 얻는 데 도움이 된다. 내담자에게 유치원이나 초등학교, 중학교, 고등학교 시절의 진로희망에 대해서 질문하는 것은 내담자의 상상이나 미래기대, 특권(sense of privilege), 진로목표에 관한 정보를 얻을 수 있다.

질적인 측정 접근은 개인과 직업 사이의 적합도를 예측하는 것이 아니라 내담자가 그들의 삶에 더 큰 의미를 만들어 내는 것을 볼 수 있도록 돕는 과정에 관심을 둔다. 질적인 측정을 사용하는 상담자는 측정과정뿐만 아니라 결과에도 초점을 둔다. 상담자들은 내담자들로 하여금 그들에 대해 얻은 자료와 그 자료의 해석으로부터 어떤 그림을 구성하도록 하는 능동적인 과정에 참여시킨다.

질적인 측정은 상담자와 내담자가 상담과정에서 서로 협력자의 역할을 하도록 만든다(Healy, 1990). 질적인 측정은 내담자가 그들 자신의 성장과 발달에서 가지고 있는 역할들을 증명할 수 있다. 상담자는 내담자가 그들의 삶에서 외적이고 통제할 수 없는 영향을 인식할 수 있도록 도와줄 수 있다. 과정이 유동적이기 때문에 질적인 측정은 대상자가 누구인가에 따라 조정될 수 있다(Goldman, 1990).

질적인 측정을 가장 공식적으로 받아들이는 데 공헌한 사람은 Goldman이었다. 질적인 측정이 내담자를 단순히 반응하는 수동적인 존재로 보기보다는 정보를 얻는 과정에서 능동적인 역할을 하는 것으로 보기 때문에 질적인 측정은 정확하다(precise)기보다는 전체적(holistic)이다. McMahon(2003)은 질적 측정을 할 때에 다음과 같은 기준을 적용해야 한다고 제시하였다.

- 측정과정을 이론과 연결시키는 것
- 측정을 사전 조사하는 것
- 과정이 적절한 시간 내에 마무리될 수 있다는 것을 확신하는 것
- 전체적인 것을 파악하려는 것
- 내담자가 쉽게 이해할 수 있게 지시사항을 준비하는 것
- 융통성을 유지하는 것
- 내담자와 상담자 간의 능동적인 관여를 유지하는 것
- 추후설명과정을 가지는 것

질적인 측정은 이론에 근거한 것이다. 예컨대 카드분류(Card Sorts; Arthur & Parker, 1997)는 Arthur, Claman, DeFillippi(1995)의 진로이론에서 나온 것이고, 가계도(Career Genogram; Bowen, 1978)는 애착과 가족체계이론에 근거한 것이다.

1) 카드분류

카드분류는 흥미나 가치, 직무기술, 생활양식과 같은 다양한 특징을 측정하기 위

해 사용된다. 각각의 카드에 개념들이 적혀 있고, 내담자에게 각 카드를 개인에게 적절한 것 혹은 중요한 것의 정도에 기초하여 목록으로 분류하도록 하는 것이다. 질적 측정을 평가하는 데 있어서 Goldman(1990)은 카드분류의 사용을 권장하였다. 카드분류의 특징은 공식적이고, 융통성이 있으며, 개방식의 답변(open ended), 비통계적인 다양한 특성을 가지고 있고, 상담자와 내담자에게 즉각적인 피드백을 제공해 준다는 것이다.

Williams(1978)는 카드분류가 내담자의 직업적 발달과 기술 수준을 탐색하는 데 있어서 표준화된 검사보다 더 효과적인 방안이라고 판단하였다. 카드분류의 사용은 상담자와 내담자 간의 상호작용과정을 만들어 내며 내담자가 탐색에 저항하지 않게 해 준다. Williams는 카드분류가 구조적이고 양적인 측정결과를 해석하기 전에 제공되어야 한다고 제시하였다. 다른 많은 질적 측정과 같이 카드분류는 내담자가 자극에 대해 투사를 해야만 하거나 자극에 대한 반응을 발달시켜야만 한다는 점에서 투사적 기법과 관련이 있는 것이다. 카드를 분류할 때 내담자는 제시된 자극으로부터 개인적인 의미를 구성한다.

카드분류를 상업적으로 사용 가능한 것이 많은데, 직업상담자들은 Holland의 분류체계와 적합한 자신만의 방법을 개발한다(Hartung, 1999). 카드분류 과정은 측정과 직업상담에 관해서 상담자와 내담자 간에 의미 있는 상호교환을 하게 만든다. 카드분류는 개인의 가치를 더 깊이 있게 탐색하게 해 주며, 개인이 특정한 유형의 작업에 대해 가지고 있는 열정과 진로관심을 탐색하게 해 준다. 카드분류의 가장 큰 이점은 상담자가 내담자의 의사결정 과정을 직접적으로 살펴볼 수 있다는 것이다.

카드분류는 개인적으로 할 수도 있고 집단적으로 할 수도 있다. 카드분류의 유형에 따라 약 50~100장의 카드가 있으며, 각 카드에 직업이나 기술, 가치 등이 적혀 있다. 카드에 단어가 의미하는 바가 무엇인지에 대한 정의나 설명이 적혀 있을 수도 있다. 대부분의 카드분류에서 자극카드는 다른 상자에 놓여 있다. 카드분류 방식은 '좋아함' '중립' '싫어함'과 같은 세 개의 더미로 시작하는 것(Missouri Occupational Card Sorts)도 있고, '생각할 것이다' '생각하지 않을 것이다' '의심스럽다' 등의 세 개의 더미로 시작하는 것(Vocational Card Sorts)도 있다. 상담자는 내담자의 결정과 선택을 관찰하면서, 내담자의 의사결정 유형이나 자기지식, 일하는 유형 등을 살펴볼 수 있게 된다.

Gysbers, Heppner, Johnston(2003)은 카드분류의 많은 이점에 대해 언급하였다. 카드분류는 내담자를 편안하게 해 주고 즐겁게 해 주는 기법이다. 또한 상담의 초기 단계에 구조를 제공해 주며, 내담자가 어떻게 과제를 지속하는지를 관찰하게 해 준다. 카드분류를 하는 동안 내담자는 자신의 선택에 대한 강점이나 열정을 보여 줄 수 있고, 상담자는 특정한 직업이나 기술, 가치를 멀리하는 내담자를 관찰할 수 있다. 이러한 관찰이 이루어지는 동안 즉각적인 피드백을 줄 수 있고, 카드분류로부터 얻은 정보는 양적 측정 결과와 비교되고 그 차이점에 대해 논의할 수 있다. 카드분류는 비교적인 규범이 없기 때문에 다문화나 다인종의 내담자들에게 특히 도움이 된다. 측정은 상호적이고 비표준적이며, 상담자는 직업이나 기술, 가치 중에서 특정한 가족이나 이웃, 문화를 가진 내담자에게 가장 중요한 것이 무엇인지를 배울 수 있다. 결과적으로 내담자를 위한 경험을 개인화할 수 있게 된다. 현재 활용되고 있는 카드분류 검사들은 다음과 같다.

- Missouri Occupational Card Sorts(Gysbers et al., 2003): 90개의 직업카드, 15개의 직업은 Holland의 유형에서 인용한 것임. 좋아하는 것, 중립적인 것, 싫어하는 것 등 3개의 범주로 분류함
- Vocational Card Sorts(Dewey, 1974): 76개의 직업카드, '생각할 것이다' 등 3개의 범주로 분류함
- Career Values Card Sort(Knowdell, 1995): 54개의 카드. 직업만족의 정도를 나타내게 함. 6개의 범주로 분류함
- Motivated Skills Card Sort(Knowdell, 1995): 51개의 기술카드. 기술을 사용하는 것에 대한 만족도로 5개의 범주로 분류함
- Skill Scan Card Sort(Beckhusen, 1993): 64개의 색칠된 기술카드. 유능한지 혹은 유능하지 않은지 2개의 범주로 분류함

2) 문장완성

문장완성(Sentence Completions)은 반구조화된 반투과성(quasi-projective) 기법에

해당하는 질적 측정도구이다(Whiston, 2009). 이는 내담자의 인지적 처리과정을 자극하는 데 초점이 있으며, 내담자의 태도에 대한 정보를 살펴볼 수 있게 해 준다. Holaday, Smith, Sherry(2000)에 따르면, 문장완성은 가장 일반적으로 많이 사용된 성격측정기법이며, 특히 일본에서 임상가들이 많이 사용하고 있다. Holaday 등은 15개의 다른 문장완성검사를 제시하였는데, 이들 대부분은 성격구조에 관한 것이었다. 문장완성이 성격을 측정하는 데 가장 많이 사용되고는 있지만 내담자와 쉽게 상호작용하기를 원하는 직업상담자들이 사용하기에도 적합하다. 대개 30분 이내에 완성할 수 있고 실시하기도 쉽게 되어 있다. 측정 초반에는 내담자들이 반응하기 쉽게 하기 위해 '나는 _____ 였다.' '나는 _____ 좋아한다.' '내가 가장 좋아하는 시간은 _____이다.' 등과 같은 것으로 시작한다.

가장 일반적으로 사용되는 문장완성검사는 Rotter의 문장완성검사(Rotter Incomplete Sentences Blank; Rotter & Rafferty, 1950)이다. 이는 사람들에게 문구를 제시하고 완성하게 하는 투사기법의 일종인데, 마지막 문장은 그들이 누구이며, 그들이 가진 태도나 신념은 무엇인지, 그들이 가장 동기화될 수 있는 곳이 어디인지를 알려 준다. Miner(1964)는 고용 상황에서 경영 스타일과 수행을 판단하기 위한 목적의 문장완성검사를 개발하여 사용하기도 하였다. 문장완성을 통해 나타난 자기보고는 소망이나 두려움, 태도를 반영하고 있으며, 정보를 수집하는 단순성 때문에 질적 측정도구로도 사용되고 있다. 많은 직업상담자는 내담자들의 삶과 작업의 주제를 탐색하기 위해 자신들만의 척도를 구성하여 사용하는 경우가 많다.

McIlveen, Ford, Dun(2005)은 진로측정을 위한 내러티브 문장완성과정을 개발하였다. 이는 구성주의와 내러티브, 시스템이론에 근거한 것이었다. 전체 102개의 문장으로 구성되어 있는데, 과거나 현재에 초점을 둔 것도 있고 미래에 초점을 둔 것도 있다. 어떤 것은 건강과 같은 특정한 변인이 개인의 진로발달에 어떻게 영향을 미쳤는지를 물어보는 것으로 평가적인 요소를 갖고 있다.

문장완성과정은 단어의 의미에 대한 지식을 필요로 한다. 단어유창성이 떨어지는 고령의 내담자들에게는 적합하지 않을 수 있으며, 특정한 언어습관을 가진 사람들에 대해서는 사용이 적절하지 않을 수가 있다. Holaday 등(2000)에 따르면 문구의 단어를 이해하지 못하는 사람들을 위해 상담자들이 제시된 문장어구를 내담자에게 읽어 주는 경우가 있다고 한다. 어떤 상담자들은 쓰기와 관련된 문제나 특정한 반응들을 얻기 위해 녹음장치를 사용하기도 한다.

3) 가계도

내담자를 이해하기 위해서는 그들의 사회적, 문화적, 심리학적, 경제적 맥락을 살펴보는 것이 중요하고 이러한 맥락을 제공하는 것이 가족이다(Dagley, 1984). 따라서 가족에 대한 분석을 통해 내담자를 이해하는 것이 효과적일 때가 있다. 가계도 혹은 진로가계도(Career Genogram)는 역동적인 가족체계의 상호작용을 표상으로 나타내어 가족이 진로의사결정에 미치는 영향에 대한 정보를 얻기 위한 질적 측정도구이다. 원래는 결혼이나 가족상담을 위해 사용된 것이었다. 그러나 가계도가 가족의 직업역사를 나타내 주기 때문에 직업상담을 위한 정보를 수집하는 데 질적인 방법으로 사용될 수 있는 것이다.

가계도는 내담자 자신과 할아버지, 할머니까지 3세대에 걸친 가족의 윤곽을 그리는 과정이 포함되기 때문에, 상담자들이 내담자의 진로를 결정하는 데 영향을 미친 가족역사나 환경을 살펴볼 수 있게 해 준다. 내담자는 가계도를 통해 자신의 가정 환경과 삶의 경험들을 자연스럽게 드러내며, 자신들의 경험을 어떻게 해석하고 있는지를 알려 준다. 가족 환경과 문화는 내담자가 세상을 바라보는 방식에 영향을 미치며, 진로결정 및 직업선택에도 영향을 미친다. 과거에는 가족들이 하는 사업이나 부모가 가진 직업을 따라서 하려는 사람들이 많았다(Chope, 2012). 이처럼 가족의 직업역사는 하나의 유산으로 내담자에게 전달되며, 내담자의 진로결정에 영향을 미친다.

가계도는 내담자가 혼자 집에서 할 수도 있고, 상담자의 도움을 받아 사무실에서 할 수도 있다. 상담자들이 진로의사결정에 가족의 영향이 어느 정도인지를 알아보기는 쉽지 않다. 정보를 수집하기 위한 모델이 부족하기 때문이다. 가계도는 이러한 문제를 쉽게 해결해 주는 것이다. 가계도에는 가족의 영향에 대한 기대나 가치, 신념이 반영될 수 있고, 일에 대한 가치, 얻게 되는 수입, 직업이나 회사, 직급에 대한 위신 등이 반영된다. 개인의 장점이나 신념, 동기들이 가계도를 만드는 데 반영되기도 한다. 가계도는 현재뿐만 아니라 역사적인 발달형태를 파악할 수 있게 해 준다. 가족 구성원 중 충족하지 못한 목표를 가진 가족 구성원의 행동이나 태도가 이 도구

어머니 쪽	조부	아버지 쪽
	삼촌, 고모, 이모	
	사촌	
	부모, 양부모	
	형제, 누이, 내담자	

[그림 2-1] **가계도 구성 시트**

에 반영되기도 한다. 모든 유형의 가족형태가 드러날 수 있고, 다른 가족표준의 압력이 다루어질 수 있다. 가계도는 가족의 역동성에 대한 질문을 자유롭게 하도록 해주기 때문에 직업상담자들이 내담자의 임상적 측면을 개발하는 데 도움을 준다.

가계도를 그리는 것은 내담자가 다른 가족 구성원, 즉 부모나 형제, 삼촌, 사촌 등으로부터 적절한 정보를 얻는 것을 요구한다. 가족 구성원들은 내담자의 특정한 강점과 약점에 대해 새로운 풍부함을 제공해 준다. 진로선택을 할 때 다른 가족 구성원이 제시한 개인적 발달을 이해하게 되면 진로의사결정의 유전적인 견해를 얻는 것과 마찬가지이다. 가계도는 내담자의 진로정체성의 발달을 탐색하게 해 주며, 내담자의 진로결정의 어떤 영향들을 구별하게 해 준다. 가족들이 가진 진로기대를 이해하게 해 주며, 진로선택에 대한 가족판단을 정의하는 데 도움을 준다. 내담자들이 그들의 계획을 상상해 보는 것을 도와주기도 하며, 가족의 삶의 선택과 자신의 선택을 구별하게 해 준다.

가계도를 그리는 방법은 먼저 내담자에게 가계도의 목적을 설명하고 개인의 역사적 정보를 수집하는 것으로 시작한다. [그림 2-1]에 제시된 도표를 참조하면 도움이 될 것이다. 친족들을 열거하고 그들의 교육정보와 직업경험들을 결정한다. 네명의 할아버지, 할머니들부터 시작하는 것이 좋다. 이후 그들의 자손들, 즉 내담자의 부모나 삼촌, 고모, 이모들을 추가한다. 그다음 내담자가 추가되고 사촌이나 조카들이 나열되면 된다.

이러한 정보들로 내담자는 가계도를 구성할 수 있다. 가계도에는 통일된 절차가 없으며, 가계도를 구성하는 데 다양한 방법이 있을 수 있다. 현재에는 가계도와 관련된 웹사이트가 무수히 많아 인터넷상에서 쉽게 찾을 수 있다. 가계도가 완성되면 더 이상의 정보를 얻기 위해 상담자가 여러 가지 질문을 할 수 있고, 이를 통해 가계도에서 빠진 부분들을 채워 넣을 수 있다. 상담자가 사용하는 질문들은 다음과 같다 (Chope, 2012; Gysbers et al., 2003).

- 어떤 가족 패턴이 존재하는가?
- 분명하게 직업정체감을 형성하고 있는 가족 구성원은 누구인가?
- 당신이 가장 존경하는 가족 구성원은 누구인가?
- 당신이 동일시하려고 한 사람은 누구인가?
- 당신과 포부가 가장 유사한 사람은 누구인가?
- 당신의 진로정체감을 형성하는 데 가장 영향력을 미친 사람은 누구인가?
- 가족 내에서 가장 우세한 가치는 무엇인가?
- 대대로 이어져 온 가족 미신이 있는가?
- 가족 내에서 비밀로 하는 것은?
- 가족 중 말을 많이 하는 사람은? 조용한 사람은?
- 성공의 의미가 무엇인가?
- 가족의 전통이 무엇인가?

4) 생명선

생명선(lifelines)은 사람들의 삶에서 일어났던 의미 있는 시간이나 사건들을 구별하는 데 유용한 방법이다. 일어났던 사건들을 나열하고 그러한 사건들이 사람들의 삶에 어떠한 영향을 미쳤는지를 살펴보는 데 도움이 된다. 생명선은 특정한 사건이 긍정적이었는지 혹은 부정적이었는지를 결정하는 데 도움을 주며, 그러한 사건들이 자신들의 삶이나 진로에 어떠한 영향을 미쳤는지를 살펴보는 데 도움이 된다.

Watson과 McMahon(2010)은 진로상담에서 생명선의 유용함을 주장하였다. 생명선은 자신의 삶을 되돌아보고, 자신의 삶에서 일어났던 주된 사건들을 다시 검토하게 해 주며, 더 의미 있는 미래를 구성할 수 있도록 해 주는 것이다. 이러한 점에서 생명선은 자서전과 같은 성격을 갖고 있다고 할 수 있으며(Fritz & Beekman,

2007), 직업상담의 이야기식 접근법과 유사하다고 할 수 있다(Brott, 2001, 2005).

Goldman(1990)은 생명선을 구성하는 방안을 다음과 제시하고 있다. 내담자에게 평균선을 나타내는 수평선을 하나 그리게 한다. 그다음 연대순으로 자신에게 있었던 사건들 혹은 경험들을 점을 찍어 나타내게 하는데 긍정적인 것은 수평선의 위에, 부정적인 것은 수평선의 아래에 표시하게 한다. 수평선에서 떨어진 거리가 멀면 더 극단적인 것이며, 위쪽으로 멀어질수록 긍정적인 것이며, 아래쪽으로 멀어질수록 더 부정적인 영향을 미쳤다는 것을 의미한다.

생명선은 자신을 되돌아볼 수 있는 기회로 볼 수 있다(Blocher et al., 2001). 내담자는 생명선의 높은 점과 낮은 점을 깊이 있게 탐색함으로써 그들이 잘하는 것이 무엇인지, 잘하지 못하는 것이 무엇인지, 그들이 꺼리는 활동이 무엇인지를 이해할 수 있다. 또한 그들이 하고 싶어 하는 것이 무엇이며, 그들이 경험하고자 하는 것이 무엇인지를 상상해 볼 수 있다. 그리고 생명선을 태어나서부터 죽을 때까지의 선으로 나타내게 할 수 있다. 현재 자신의 나이를 나타내는 X 표시를 생명선에 표시한 다음 그때부터 5년간의 간격으로 표시를 한다. 5년간의 간격 동안 내담자가 경험하기를 기대하는 것이 무엇인지를 나타내게 하면 그들이 꿈꾸고 있거나 회피하고 싶은 활동이 무엇인지를 알 수 있다.

Watson과 McMahon(2010)은 나이를 표시해 놓은 수직 생명선을 그리는 방안을 제시하였다. 생명선의 왼쪽에는 그들이 되기를 원하는 것, 그들이 즐겼던 것, 그들이 한 선택들을 나타내고, 오른쪽에는 그들이 각 단계에서 매력을 느꼈던 것들, 그와 관련된 애로사항들을 나열한다. 이를 통해 개인의 삶의 주제와 패턴들이 나타난다. 이 것에 기초한 상담을 진행하면서 상담자는 내담자와 상호작용을 하게 되고 이 과정에서 내면의 생애주제들이 나타날 수 있고, 내담자가 어려움을 겪었던 도전이나 그 시기에 어떻게 반응하였는지를 파악할 수 있게 된다. 또한 요구되는 경험을 통해 내담자가 어떻게 일해 왔고 이러한 경험동안 내담자의 삶에서 가장 중요한 것들을 논의할 수 있게 된다.

생명선을 그리는 방법을 다른 방식으로 응용할 수도 있다(Chan, 2008). 용지에 두 개의 생명선을 그리는 것이다. 하나는 개인의 삶에서 겪었던 것을 나타내는 것이고, 다른 하나는 직업이나 교육적인 측면에서 겪었던 것을 나타내는 것이다.

5) 커리어-오-그램

커리어-오-그램(Career-O-Grams)은 Thorgren과 Feit(2001)에 의해 개발되었는데, 상담자가 내담자에게 처음 가졌던 진로야망이나 그것을 추구하거나 포기하도록 만든 요인들이 무엇인지를 질문하면서 시작한다. 다음과 같은 질문들이 측정과정에서 주어질 수 있다.

- 당신의 첫 진로목표는 무엇이었습니까?
- 당신이 이러한 목표를 구체화한 것이 언제입니까?
- 당신이 목표에 대해 가장 매력을 느꼈던 부분이 무엇입니까?
- 당신이 이러한 진로를 택하기 위해 해야만 하는 것이 무엇이라고 생각하였습니까?
- 당신의 선택은 주변의 다른 사람들과 일치하는 것입니까?
- 진로선택이 자신의 성에 적절한 것인지에 대해 당신이 받은 정보는 무엇이었습니까?
- 초기의 진로선택이 변화하였다면 변화에 영향을 준 요인들은 무엇입니까?
- 당신의 삶에 가장 영향을 미치는 대인관계는 무엇입니까?
- 그러한 관계가 진로선택에 어느 정도 영향을 미쳤습니까?
- 진로선택을 하는 시기에 주변에서 일어났던 일들은 무엇이었습니까?
- 진로선택을 할 때 가족들은 어떤 영향을 주었습니까?

내담자에게서 목표가 확인되면 이를 상징적인 부호로 나타내는데, 처음 목표를 직사각형(□)으로 표시하고, 그다음 목표는 삼각형(▼)으로 표시한다. 각각의 선택은 그 선택에 영향을 미쳤던 다양한 맥락적 요인을 나타내는 상징적 부호들로 둘러싸여 있게 된다. 예컨대 경제적인 요인은 달러 표시($), 긍정적인 대인관계에 대해서는 위 화살표(↑), 부정적인 대인관계에 대해서는 아래 화살표(↓), 부모의 관여에 대해서는 하트 모양(♥)으로 표시한다. 이러한 과정을 거치게 되면 내담자의 인생에서 진로의사결정에 영향을 미쳤던 요인들을 일목요연하게 살펴볼 수 있게 된다. 자신의 삶에서 겪었던 주된 사건들(약물 복용이나 예상치 않은 임신, 질병, 이혼, 아이양육 등)도 커리어-오-그램에 묘사할 수 있다. 이를 통해 내담자의 진로의사결정과 정에 영향을 미쳤던 맥락적 요인들에 대한 이해를 높일 수 있다. 내담자들은 그들의 삶에서 일어났던 다양한 요인이 서로 어떤 관련이 있었는지에 대해 알아차리지 못했던 부분들을 알게 되는 효과가 있다(Brott, 2001).

6) 생애진로주제

생애진로주제(life career themes)는 내담자가 자신이나 타인, 그리고 세계에 대해 어떤 가치와 신념, 태도 등을 갖고 있는지를 살펴보기 위한 것이다. 내담자가 표현하는 진술을 통해 그들이 자신이나 타인, 세계에 대해 이해하고 있는 바를 알 수 있다. 내담자가 자신의 삶에서 나타내는 어려움과 문제는 무엇인지, 그들의 경력과 관련된 주제들에 대해 어떻게 대처하고 있는지, 그들이 문제를 해결하는 방식은 무엇인지 등을 간접적으로 알 수 있게 해 준다(Del Corso & Rehfuss, 2011).

생애진로주제는 세 가지 단계로 구성되어 있다. 첫째, 내담자 자신과 환경에 대해 정보를 수집하는 것이다. 행동관찰이나 검사 등 다양한 양적, 질적 절차를 사용하여 내담자에 대한 정보를 수집한다. 이 단계에서는 정보를 수집하기 위해 자기탐색검사(Self-Directed Search; Holland, 1994), INSIGHT 검사(INSIGHT Inventory; Handley, 2006), Clifton StrengthsFinder(Roth, 2007), 진로전환검사(Career Transition Inventory; Heppner, 1991) 등과 같은 검사를 사용할 수 있다. 둘째, 상담자가 수집된 정보에 기초한 내담자의 이미지를 언어로 기술하는 것이다. 상담자는 내담자와 협력하여 내담자가 자신을 표현하기 위해 나타내는 진술들을 특정한 용어로 정의하고 이를 해석한다. 셋째, 상담자가 내담자의 이미지에서 도출한 생애진로주제를 표제화한다. 상담자는 내담자의 생애진로주제를 실험적인 가설 형태로 제시할 수 있다.

생애진로주제의 분석은 내담자가 자기나 타인, 세계에 대해 진술하는 것에 기초를 한다. 내담자들이 사용하는 언어는 전문적이거나 진단적이지 않는 경우가 많다. 또한 자신의 진술을 정확하게 표현할 수 있는 용어에 대해서도 잘 모르고 있는 경우가 많다. 그래서 상담자는 내담자의 이미지를 표제화할 수 있도록 적절하게 기술해 줄 수 있는 자료를 제공해 준다. 그 자료 중 첫째는 Prediger 등(1995)이 제시한 작업자 역할 모형이다. 이 모형에는 네 가지 분류가 포함되어 있는데, 자료, 아이디어,

사물, 사람 등이다. 상담자는 네 가지 분류에 해당하는 언어를 사용하여 내담자와 생애진로주제를 분석한다. 생애진로주제 분석에서 많이 활용되고 있는 두 번째 자료는 Holland(1997)가 제시한 직업성격 및 직업환경 유형이다. 상담자는 여섯 가지 유형을 사용하여 내담자를 언어적으로 기술하고 생애진로주제를 분석한다. 세 번째 자료는 Bolles(2012)가 제시한 기술확인이다. Bolles는 전이 가능한 기술을 세 가지 영역, 즉 자료, 사람, 사물로 구분하여 제시하고 있다. 첫째, 자기관리 기술은 자신이 타인이나 사물 등과 어떠한 관련이 있는지를 나타내는 것이다. 둘째, 기능적, 전환적 기술은 개인이 자료, 사람, 사물에 대하여 어떻게 행동하는가를 나타내 주는 것이다. 셋째, 일의 내용 기술은 일과 관련된 것을 숙달하는 데 필요한 기술이다. 내담자가 지니고 있는 세 가지 기술을 확인하고 이러한 기술들이 어디에서 사용되는지를 분석한다.

생애진로주제를 분석하기 위해 사용하는 상담기법으로 해석이 있다. 해석은 상담자가 내담자의 행동과 정보에 의미를 부여하는 것이다. 해석을 통해 상담자는 내담자가 새로운 참조 틀을 가지게 해 준다. 내담자는 새로운 관점을 가지고 자신을 살펴볼 수 있게 되며, 새로운 가능성을 찾아보게 될 것이다. 또 다른 상담기법은 내담자의 행동과 정보의 의미에 대해 시험가설을 형성하는 것이다. 내담자가 겪는 문제를 가설로 형성하는 것은 내담자가 문제를 하나의 도전과제로 받아들이며, 상담과정에 더 몰입할 수 있도록 해 주는 것이다. 또한 시험가설의 형성은 내담자가 자신의 문제를 가설과 유사한 언어형식으로 받아들임으로써 문제해결에 도움을 준다.

7) 생애진로사정

직업상담의 초기에 상담자는 내담자의 생애진로주제에 대해 파악하는 것이 필요한 경우가 있다. 내담자 스스로도 자신이 어떤 생애진로주제를 갖고 있는지를 인식하게 되면 자신에 대한 이해를 향상시킬 수 있고 이후 직업상담 단계를 설정하는 것에도 도움이 된다. 생애진로사정(Life Career Assessment: LCA)은 상담자와 내담자가 정보를 수집하기 위해 고안된 구조화된 면접기법이며, 생애진로탐색을 위해 내담자에게 실생활과 관련된 구조를 제시해 주고 그 구조와 관련된 자신의 이야기를 하게 하는 것이다. LCA는 Adler의 개인심리학에 기초하여 만들어진 것이다. 개인심리학에서는 개인의 삶은 일과 사회, 우정 등의 세 가지 영역에서의 관계로 이루어져 있다고 주장한다. 이 세 가지 영역에서의 관계는 서로 밀접한 관련이 있으며, 분리될 수 없는 것이라고 한다. 따라서 개인을 이해하기 위해서는 이 세 가지 영역에서의 관계를 이해해야만 한다(Rule & Bishop, 2006).

생애진로사정에서 상담자는 일, 사회, 우정 등 세 가지 영역에서의 관계를 평가하여 내담자의 생애진로주제를 이해하려고 한다. 생애진로사정의 구조는 네 가지 부분으로 이루어져 있다. 네 가지 구조는 진로사정, 전형적인 하루, 강점 및 장애, 요약 등이다. 상담자는 LCA의 네 가지 구조에 따라서 내담자의 다양한 정보를 수집할 수 있다. LCA를 통해, 내담자의 직업경험과 교육성과에 대한 정보를 수집할 수 있으며, 내담자가 자신의 기술과 능력에 대해 내린 평가에 대한 정보를 수집할 수 있고, 내담자의 자기가치감과 자기인식에 대한 정보도 수집할 수 있다.

(1) 진로사정

진로사정은 직업경험, 교육과 훈련, 인간관계 등으로 구분하여 이루어진다. 직업경험은 내담자가 이전에 가졌던 직업이나 현재의 직업에 대한 것이다. 이전 혹은 새 직업에서 내담자가 수행한 일의 특징이나 근무형태(시간제 혹은 전일제), 일하면서 좋았던 것과 싫었던 것 등을 나타내게 한다. 교육과 훈련은 내담자가 받은 교육경험과 훈련경험에 대해 평가하도록 하는 것이다. 이러한 경험에서 내담자가 가장 좋았던 것과 싫었던 것을 나타내게 하고 교육환경과 훈련환경에 대해서도 정보를 수집한다. 인간관계는 내담자가 여가 시간을 어떻게 보내는지를 물어보고 인간관계와 우정을 살펴보는 것이다. 직업경험과 교육경험에서 나타난 주제들이 인간관계에서는 어떻게 반영되고 있는지를 살펴보는 것이 중요하다.

(2) 전형적인 하루

내담자가 하루를 어떻게 보내는지를 살펴보고, 이를 두 가지의 성격 차원을 사용하여 구분하는 것이다. 첫 번째는 독립적-의존적 차원이다. 내담자의 일상의 삶이 독립적인지 아니면 의존적인지를 살펴볼 수 있다. 두 번째는 임의적-체계적 차원이다. 내담자가 일상의 삶을 체계적으로 계획을 짜서 하는지 아니면 임의적으로 그때그때 상황에 따라 반응하는지를 살펴볼 수 있다. 내담자가 일상의 삶에서 하는 행동이 학교나 일, 훈련 등에서도 나타나며 영향을 미친다.

(3) 강점과 장애물

내담자가 스스로 생각하는 자신의 강점과 장애물이 무엇인지를 살펴보기 위한 것이다. 내담자에게는 강점과 장애물을 세 가지씩 말하게 한다. 내담자는 자신이 맡고 있는 다양한 역할에서 자신이 수행하였던 것을 회상하면서 강점과 장애물을 탐색한다. 내담자에 따라 자신의 강점과 장애물을 찾지 못하는 경우도 있고, 세 가지씩을 모두 말하지 못하는 경우도 있을 수 있다. 그러한 경우 상담자는 작은 단서로부터 정보를 얻을 수 있도록 세심하게 신경을 써야 한다.

(4) 요약

요약은 생애진로사정을 통해 얻은 정보를 정리하는 것이다. 생애진로주제와 강점과 장애물에 관한 정보가 우선적으로 다루어져야 하고, 이 외에 내담자가 진로사정을 통해 얻은 바가 무엇인지를 확인하는 것도 중요하다. 또한 내담자에게서 얻은 정보에 추가적으로 탐색해 볼 정보가 있다면 그러한 정보들을 정리하고 살펴보는 과정이 포함된다.

8) 진로시간전망

사람들이 자신의 목표를 설정하기 위해서는 진로를 인식하고 있어야 한다. 사람들에게는 두 가지의 진로, 즉 객관적 진로와 주관적 진로가 있다. 객관적 진로는 외적으로 관찰한 것으로 개인이 가진 지위나 직무들로 구성된 것이다. 주관적 진로는 개인이 직업의 과거, 현재, 미래를 생각하면서 스스로 생각하는 것으로 외적으로 관찰이 불가능하다. 주관적 진로는 과거를 회상하고 미래를 예측할 수 있어야 가질 수 있는 것으로 현재만을 생각하는 사람은 주관적 진로를 갖지 못한 사람이다. 내담자가 미래를 실제인 것처럼 느끼고 목표에 몰입할 수 있도록 하기 위해서는 과거와 현재, 미래를 전체적으로 조망하는 것이 필요하다.

직업상담과정에서 내담자가 미래에 대해 관심을 가지고, 현재의 행동을 미래의 목표와 연결시키는 것이 필요한 경우 활용할 수 있는 것은 진로시간전망이다

(Savickas, 2013). 진로시간전망은 과거, 현재, 미래의 정신적 상을 조망할 수 있게 해 주는 것이다. 진로시간전망을 사용하는 이유는 내담자에게서 미래에 대한 긍정적인 태도를 갖게 하기 위해서, 미래의 목표설정을 촉구하기 위해서, 현재의 행동을 미래의 결과와 연결시키기 위해서, 계획기술을 연습하게 하기 위해서 등이다.

진로시간전망의 검사 중 가장 많이 알려진 것은 Cottle의 원형검사(1967)이다. 그는 내담자에게 과거, 현재, 미래를 나타내는 세 가지의 원을 그리게 하여 원의 형태와 위치로 개인의 시간전망을 살펴보았다. 개인의 시간전망을 지배하는 것이 어떤 시간 차원인지, 개인은 시간 차원과 어떠한 관련성이 있는지를 살펴보았다. 개인이 그린 원의 크기는 해당되는 시간 차원에 대한 상대적 친밀감을 나타내고, 원끼리의 간격은 시간 차원들의 연관성을 나타내는 것이다. Cottle은 원형검사에 기초하여 시간전망 개입 방법을 제시하였다. 시간전망 개입에서는 시간 차원에 대한 개인의 심리적 평가를 이끌어 가기 위해 세 가지를 강조하면서 이루어지며, 그 세 가지는 방향성, 변별성, 통합성 등이다.

방향성은 미래에 대한 전망을 증가시키기 위한 개입으로, 개인이 미래에 대해 갖고 있는 불안을 감소시키고자 하는 것이다. 진로계획을 갖고 미래의 목표를 향하도록 하기 위해서는 과거나 현재에 대한 시간전망은 도움이 되지 않는다. 개인이 미래에 대해 긍정적인 태도를 갖고 미래가 중요하다고 인식할 수 있도록 개인의 방향성을 미래지향적으로 만드는 것이 중요하다. 변별성은 현재와 미래를 분명하게 구분시켜 미래를 현실처럼 의미 있게 만드는 것이다. 이를 위해 내담자에게는 미래에 일어날 것 같은 10가지의 사건을 작성하게 하고 그 사건들이 언제쯤 일어날 것 같은지를 물어봄으로써 할 수 있다. 이러한 과정을 통해 개인이 미래를 변별할 수 있고 미래를 설계할 수 있으면 다음 단계로 진행한다. 통합성은 현재 행동과 미래 결과를 연결시키기 위한 것이다. 시간 차원들을 연결시키고 통합하게 되면 개인은 자신의 목표를 달성하기 위한 계획을 세울 수 있고, 계획에 대해 자신감을 가질 수 있다. 이러한 과정을 통해 개인이 주관적 진로를 갖도록 해 줄 수 있다.

질적 측정도구를 적용할 수 있는 사례

A 씨는 42세이며 소매점의 중간관리자이다. 최근 소매점이 경영난으로 문을 닫게 되어 새로운 직업을 찾기 위해 방문하였다. A 씨 역시 자신의 진로를 다시 생각해 볼 때라고 생각하고 있다. 소매점은 경기 영향을 많이 받는 것이라 미래를 위해 좀 더 안정적인 직업을 찾기를 희망하고 있다. 그녀는 자신의 직업에 만족하지 못한 상태이고 때때로 약한 우울을 경험한 적도 있다. 그녀의 남편은 건물 내부 디자이너이며, 부정기적인 수입을 갖고 있다.

A 씨에게 적용하기에 가장 적절한 질적 측정도구는 무엇일까?

정신분석적 상담

Sigmund Freud는 19세기 유럽 빅토리아 문화를 산실로 하여 정신분석학을 창시하였다. 정신분석은 100여 년 동안 인간을 이해하는 중요한 철학적 접근으로서 그리고 인간의 심리적 문제를 이해하고 치료하는 핵심적인 상담의 이론으로서 확고한 위치를 유지해 왔다. 정신분석의 등장으로 인간의 마음의 병을 과학적으로 접근하는 것이 가능해지기 시작했으며, 정신분석이론은 그 이론 자체로도 심리학 전 분야뿐만 아니라 상담 및 심리치료 분야에 큰 공헌을 하였고, 무엇보다도 정신분석이론 이후에 출현한 다양한 상담 및 심리치료 이론들이 대부분 정신분석에 그 뿌리를 두는 것이 많다는 점이다.

정신분석적 상담 이론은 내담자가 겪는 심리적 문제의 의미와 원인을 보다 근본적이고도 심층적으로 이해하려는 시도를 한다는 것이 가장 두드러진 점이다. 따라서 상담 장면에서 상담자는 내담자의 심리적 문제를 이해하고 해결하는 데 있어서 개인의 초기 유아기적 경험을 중요시한다거나 개인의 무의식적인 동기와 갈등을 심층적으로 확인하려고 한다는 점에서 정신분석적 상담은 '뿌리치료'라 불리기도 한다. 즉, 외현적으로 드러나 눈에 보이거나 객관적으로 보이는 심리적 문제 측면보다는 이러한 어려움을 유발하도록 이끈 심리내적인 근본 원인을 찾아 내담자 스스로 자신의 문제의 심층적인 원인을 자각하게 도와주는 것, 바로 그것이 정신분석적 상담의 목표인 것이다.

1) 인간행동에 대한 기본 가정

정신분석이론은 개인에 대한 집중적인 심리치료 작업을 통해 나온 것으로서 인간의 행동 내에 작용하는 힘들 간의 상호작용에 초점을 두는데, 이들은 바로 동기, 추동 및 욕구들과 이들 간의 갈등을 의미한다. 동기와 추동 및 욕구는 행동에 유사한 영향을 주는 심리적인 요인으로서 각각 다른 의미를 포함하고 있다. 욕구(need)

란 뭔가 충족되지 못해 부족한 상태를 말하는 것으로서, 배고플 때는 배고픔 욕구를 느끼게 되고 외로울 때는 친애 욕구를 느끼게 된다. 즉, 심리적 혹은 생리적인 만족이 결핍된 상태를 의미한다. 이에 비해 추동은 이러한 욕구가 생길 때 이 욕구를 충족시키고자 내부로부터 생겨나는 에너지를 말한다. 보다 직접적인 행동으로 연결될 수 있는 에너지 혹은 원동력이 바로 추동인 것이다. 마지막으로 동기는 이러한 욕구와 추동보다는 좀 더 포괄적인 개념으로써 전반적으로 개인의 행동의 방향을 잡아 주고, 행동을 하게끔 원동력을 발휘하고, 지속적으로 행동을 해 나가게끔 하는 심리적 에너지를 말한다. 행동은 내적인 동기를 직접적으로 표현하기도 하고 혹은 숨긴 채 표현되기도 한다. 사람들은 동일한 행동을 통해서 서로 다른 동기를 충족시키기도 하며, 한 개인 내에는 다양한 동기가 존재한다(Pervin, 2001). 예를 들어, 먹는 행동은 배고픔 욕구를 충족시킬 수 있지만, 동시에 애정에 대한 욕구도 상징적으로 충족시켜 주기도 한다.

Freud가 말하는 인간 행동에 대한 기본적인 가정
- 심리적 결정론: 모든 행동에는 원인이 있다.
- 무의식적인 동기: 모든 행동은 본능적인 에너지에 의해 동기화된다.

Freud는 인간의 모든 행동에는 원인이 있다고 보았다. 즉, 사람들의 모든 행동, 감정 및 생각에는 원인이 있으며, 우연에 의한 경우는 없다는 것이다. 우리가 흔히, 우연히, 어쩌다가, 별생각 없이, 의미 없이 한 행동이라고 말하는 경우에도 이와 관련된 원인이 존재한다는 것이다. 단지 우리가 이런 원인을 쉽게 찾기 힘들어서 그리고 원인이 외현적으로 드러나지 않기 때문에 우리는 특별한 이유가 없다고 생각한다는 것이다.

심리적 결정론으로 보면, 개인의 성격 형성에는 초기 아동기 경험, 특히 유아기적 경험이 결정적인 역할을 한다는 점이다. 따라서 개인이 현재 보이는 여러 가지 행동 특성, 습관 및 특이한 심리적 특성의 기원을 그 개인의 유아기적 경험에서 찾아볼 수 있다고 보았다. 인간행동에 대한 두 번째 가정은 바로 무의식적 동기에 관한 것이다. 우리의 행동에 가장 지대한 영향을 주는 것은 무의식적인 힘이며, 이러한 힘이 우리를 특정 방향으로 나아가게 하고 특정한 강도의 행동과 감정표현을 하게 만든다. 무의식적인 동기는 인간이라면 누구나 가지고 태어나는 일종의 선천적인 본능적 동기이다.

Freud의 성격 이론은 본능이론이라고 불릴 정도로 본능은 인간행동의 원천이다. 본능(instinct)과 함께 항상 따라다니는 개념이 바로 추동(drive)이다. 본능이란 성격의 기본적 요소이며, 개인의 행동을 특정한 방향으로 나아가게 하고 추진하는 일종의 동기이다. 본능이나 추동은 둘 다 넓은 개념의 동기에 포함된다. 그러나 본능은 동기와 관련된 선천적인 에너지를 말하는 반면, 추동은 욕구(need)와 직접적으로 관련이 있다. 즉, 우리가 어떤 동기가 충족되지 못해 결핍된 상태가 되면 이를 충족시키기 위한 일종의 에너지가 내부에서 발생하게 되는데, 이것이 바로 추동이다. 따라서 추동이란 결핍 상태를 의미하는 욕구와 직접적인 관계가 존재한다.

Freud는 본능을 두 가지로 구분하였다. Freud는 인간의 가장 기본적인 무의식 동기로서 삶의 본능과 죽음의 본능으로 나누었다. 삶의 본능은 인간의 생존을 위해 필요한 다양한 욕구, 즉 식욕, 성욕 등과 같은 생물학적인 욕구를 충족시키는 데 기여한다. 삶의 본능에 의해 유발된 에너지를 리비도(libido)라고 한다. 이러한 리비도가 어떤 특정 대상이나 사람에게 집중되어 있는 현상을 카섹시스(cathexis)라고 부르는데, 이는 Freud의 심리성적 발달단계를 확립하는 데 기초가 되며, 개인의 특정한 성격 발달 과정을 이해하는 데 도움이 된다. 죽음 본능은 삶의 본능과 상반되는 개념으로서 인간의 죽음이나 파괴행동도 인간의 본질적인 동기임을 나타내 주는 개념이다. 죽음 본능과 관련된 가장 두드러진 행동 성향이 바로 공격성이다. 개인의 죽음 본능은 공격적인 행동으로 표출되어 자신뿐 아니라 타인을 해치고 심리적인 상처를 입히고자 하는 행동으로 나타난다.

2) 주요 개념

(1) 세 가지 의식 수준

Freud가 가정하는 인간의 세 가지 의식 수준은 바로 의식, 전의식, 무의식이다. 이 세 가지 의식 수준은 흔히 빙산에 비유된다. 의식은 우리가 지금 현재 의식적으로 자각하고 있는 현상을 말한다. 무의식은 이와 반대로 우리가 의식하지 못하는 부분으로서 우리 의식의 가장 밑바닥에 깔려 있는 경험이나 기억자료들이다. 무의식은 정신분석에서 가장 핵심적인 개념으로써 우리가 의식하지는 못하지만 우리의 행동, 생각 및 감정을 지배하는 중요한 힘이다. 전의식은 의식과 무의식의 중간 영역으로서, 지금 이 순간 의식하고 있지는 않지만 조금만 노력하면 의식으로 떠올릴 수 있는 기억자료들이 존재하는 곳이다.

(2) 성격의 기본적인 구조

Freud는 성격을 구성하는 주요 요소를 이드, 자아, 초자아로 나누었다. 이드는 성격의 가장 원시적인 부분으로서 모든 본능의 저장소이다. 이드는 기본적으로 본능에 의해 기능하며, 이와 관련된 욕구가 즉각적으로 충족되는 방향으로 행동하게 만든다. 따라서 성격의 생물학적인 구성요소라 할 수 있다. 이드는 일차 과정(primary principle)과 쾌락의 원리(pleasure principle)를 따른다. 자아는 성격의 집행자로서 성격의 심리적 구성요소라 할 수 있으며, 현실 원리(reality principle)에 기초하여 작동한다. 자아는 욕구 충족을 위해 적절한 대상과 환경조건이 마련될 때까지 현실 상황이나 여건을 검증하고 긴장 방출 (욕구 충족을 위한 에너지 발산)을 지연시키도록 한다. 자아는 보다 고차적이거나 인지적인 정신과정에 기초하여 현실적이고 논리적인 사고와 계획을 수반하는 이차 과정(secondary process)에 의해 작용한다. 따라서 현실의 여건을 고려한 판단이나 합리적인 의사결정을 원칙으로 한다. 초자아의 기능은 양심과 자아이상의 영역으로 나눌 수 있다. 양심은 쾌락을 추구하는 이드의 원욕 충동을 억제하게 하고, 또 한편으로는 자아가 보다 높은 가치체계인 초자아에 주의를 기울이게 함으로써 규제를 가하는 기능을 한다. 이런 면에서 초자아는 성격의 사회적 구성요소로서 일명 도덕적 가치관 혹은 양심이라고 한다. 즉, 옳고 그름과 같은 가치 판단이나 행동 규범들은 어릴 때부터 부모에 의해 아동이 내면화하는 일종의 가치체계이다. 아이가 착한 행동을 했을 때는 칭찬을 해 주고 잘못을 했을 때는 벌을 주는 과정을 통해 아이는 부모의 칭찬을 받을 수 있는 행동을 계속적으로 추구하는데, 이는 개인의 자아이상이라는 가치체계로 내면화가 된다. 이뿐만 아니라, 그릇된 행동을 하지 않으려고 하고 규범에서 벗어나지 않으려는 노력은 양심이라는 가치체계를 항상 의식한다는 것을 말한다. 따라서 초자아는 양심과 개인이 추구하는 자아이상(ego-ideal)에 따라 작동된다. 자아이상은 이상적이고 완벽한 목표를 추구한다(Edwards, 1987). 초자아는 항상 이상적이고 완벽한 것을 추구하므로 때로는 현실적인 여건이 따라 주지 않음에도 불구하고 초자아가 강하게 작동되는 바람에 어떤 경우에는 지나칠 정도로 성인군자처럼 행동하거나 자신의 행동에 대해 죄책감을 심하게 느끼고 심한 좌절감에 시달릴 수 있다.

중요한 것은 이 세 가지 구성요소의 결합과정이다. 이 결합과정은 매우 역동적이며, 이런 역동적인 변화에 따라 개인의 행동 양상이 달라질 수 있다. 역동성(dynamics)이란 긴장을 해소하려는 이드의 충동과 이 충동을 억제하거나 저지시키려는 세력들 간의 계속적인 상호작용과 충동을 말한다(Mischel, 1999). 예를 들어, 때로는 이드가 강하게, 때로는 자아가 강력한 중재 기능을 하거나 혹은 초자아가 거의 지배적인 경우도 있다. 상황에 따라 혹은 개인의 심리적 에너지의 변화에 따라 이러한 변화가 나타날 것이다. 이 외에도 개인에게 있어서 특정한 결합 형태가 오래 지속되어 고정된 패턴으로 자리 잡게 되는 경우도 있는데, 이는 개인의 성격을 가장 잘 드러내 주는 면이 될 것이다.

(3) 이드, 자아 및 초자아 간의 상호관계

Freud에 의하면, 이드는 선천적으로 타고나는 에너지 혹은 동기인 반면, 자아는 나이가 들면서 개인이 현실적 요구에 부응하면서 점진적으로 발달하며, 또한 초자아는 개인이 속한 사회적인 가치체계를 내면화하는 과정에서 생겨나는 것이다. 이 세 가지 성격구조가 일단 발달이 되면, 정신적인 에너지는 이드뿐만 아니라 세 가지 구성 요소들 사이를 왔다 갔다 하게 된다. 즉, 이 과정에서 자아의 기능이 매우 중요한데, 자아의 기능은 바로 이드의 욕구, 현실의 욕구, 초자아가 강요하는 제약 간의 중재 역할을 하는 것이다.

내적 갈등(intrapsychic conflict)은 성격의 한 측면의 목표가 다른 측면의 목표와 충돌할 때 발생한다. 대부분의 내적 갈등은 이드가 즉각적인 만족에 대한 압력을 가하기 때문에 일어나지만 다양한 형태의 갈등이 존재한다(Rangell, 1988).

표 3-1 성격 측면 간의 갈등

갈등	예시
이드 대 자아	작지만 즉각적인 보상, 크지만 지연된 보상인 경우(만족 지연)
이드 대 초자아	돈을 많이 받았거나 적게 받았을 경우, 차액에 대한 결정
자아 대 초자아	현실적인 행동(새빨간 거짓말하기)과 현실적 대가를 치러야 하는 비현실적 기준(항상 사실만 말하기)
이드와 자아 대 초자아	약한 상대의 공격에 대항을 할 것인지 혹은 다른 쪽 뺨을 내밀 것인지
이드와 초자아 대 자아	외도와 도덕적 신념 간의 갈등에 대해 현실적인 행동 결정(피임법 사용에 대한 독실한 가톨릭 신자의 갈등)
자아와 초자아 대 이드	갖고 싶지만 돈이 없어 훔치려고 하는 충동과 그럴 수 없다는 생각 간의 갈등(벌받을 가능성, 발각될 가능성이 높을수록 갈등은 증가될 것임)

출처: Liebert (1998).

이와 같이 다양한 갈등은 어떻게 해결이 가능할까? 내적 갈등의 해결 방법은 크게 세 가지로 나뉜다(Liebert, 1988). 첫째, 충동을 제거하기, 둘째, 욕구를 직접적으로 표현하기, 셋째, 욕구의 방향을 바꾸기이다. 이 중 첫째와 둘째의 가능성은 거의 희박하다. 오히려 이와 같이 욕구가 직접적으로 표현될 가능성이 높아지면, 자아는 이에 대해 압력을 느끼고 심리적 불안을 경험하게 만들 것이다. 따라서 방향을 바꾸거나 우회적으로 혹은 왜곡하여 표현하는 것처럼 보다 안전한 방법을 택하는데, 이는 자아가 경험하는 불안을 줄이기 위한 방법이라고 할 수 있다.

(4) 불안과 방어

불안은 우리 누구나가 경험할 수 있는 일상적인 경험의 일부이다. 불안의 원천은 외부에서 올 수도 있고, 내부적인 요인에 의해 불안이 유발될 수 있다. 불안의 원천에 따라 세 가지 유형, 즉 현실적 불안, 신경증적 불안, 도덕적 불안으로 나뉠 수 있다.

현실적 불안이란 객관적·현실적으로 불안을 야기할 만한 상황이나 요소가 존재하는 경우에 경험하는 불안이다. 신경증적 불안은 이드와 자아 간의 갈등으로 발생하는 것으로서, 이드는 충동을 표출하려고 하고 자아는 이에 대해 현실적인 제약을 가하고자 한다. 이때 자아의 제약에도 불구하고 이드의 충동이 의식화되는 것에 대한 위협을 느낄 때, 우리는 불안을 경험한다. 아버지에 대한 적대적인 감정 표현을 하고 싶은 욕구가 순간순간 느껴질 때, 혹은 머릿속에 수시로 떠오르는 말로 꺼내 놓기 힘들 정도의 성적인 공상과 이와 관련된 행동의 충동이 느껴질 때, '이러다가 나도 모르게, 정말로 그러는 것은 아닐까? 내가 스스로 자제를 못하면 어쩌나?' 하는 생각은 사람들로 하여금 불안을 느끼게 한다. 마지막으로 도덕적 불안은 초자아로 부터의 처벌받을까 봐 위협을 받는 경우, 심한 죄책감과 수치심을 느끼는 경우를 말한다.

우리가 일반적으로 일상생활에서 경험하는 두려움과 정신분석에서 말하는 불안과의 차이점은 두려움은 현실에 대한 객관적인 두려움이라는 것이다. 반면, 불안은 현실적인 원인이나 대상이 없음에도 불구하고 혹은 있다고 하더라도 그 정도의 불안을 야기하지는 않을 정도의 자극에 대해 심한 심리적 반응을 보이는 경우는 심리적 요인이 개입된 불안 경험이라고 할 수 있다.

(5) 자아의 방어기제

자아의 주요 기능이 바로 이드와 초자아 간의 갈등을 중간에서 중재해 주는 역할이다. 이 주된 역할과 관련된 자아의 기능 방식이 바로 방어기제(defense mechanism)이다. 사람들은 성격의 기본적인 구조들 간에 생겨나는 역동적인 현상, 즉 갈등 상황에서 유발되는 불안을 경험하는데, 이 불안으로부터 스스로를 보호하고 불안을 완화시키기 위해서 방어기제를 작동시킨다.

방어기제가 작동하는 기본 원칙은 두 가지이다. 첫째는 방어기제는 무의식적으로 작동된다는 점이고, 둘째는 현실이나 자신의 욕구를 부정하거나 이를 왜곡시켜 표현하는 방법을 쓴다는 것이다. 방어기제가 현실 상황에서 개인이 경험하게 되는 불안이나 스트레스를 약화시켜 주는 기능을 한다는 면에서 개인의 적응에 도움이 되는 긍정적인 면이 존재한다. 반면, 이를 과도하게 사용하거나 상황에 부적절한 방어기제를 무리하게 작동시키고 이를 지속시켜 나가는 경우에는 부적응적인 양상을 유발하게 된다.

- **억압**: 원치 않는 것들을 의식하지 않으려고 하거나 기억하지 않으려 하는 것
  - 자신을 학대하는 부모에 대한 강한 적대감을 자각하지 못하는 경우
  - 죄의식을 유발하는 성적 욕구를 의식하지 못하는 경우
- **부인**: 명백한 증거에도 불구하고 사실이 아니라고 인정을 거부하는 것
  - 부모보다 먼저 사고로 세상을 떠난 자식의 죽음을 인정하지 않으려는 것
  - 담임 선생님이 교무실로 오라고 하셨다는 친구의 이야기를 여러 차례 듣고도 이를 듣지 못했다고 하는 것
- **승화**: 예술 등 창작활동이나 스포츠 등으로 충동이나 욕구를 해결하는 것
  - 타인에 대한 공격적 욕구가 격투기 운동선수의 우수한 시합으로 표현되는 경우
  - 전위 예술가의 활발한 창작 활동에 숨겨진 성적 공격적 욕망
- **전위**: 대상을 바꾸어서 욕구와 충동을 표현하는 것
  - 회사에서 상사에게 꾸중을 들은 가장이 집에 와서 애꿎은 식구에게 화풀이하는 경우
  - 한강에서 뺨 맞고 종로에서 화풀이하기
- **합리화**: 수용하기 어려운 자신의 감정이나 사고 및 행동을 정당화하는 것
  - 죽어라 공부한 시험 성적이 형편없을 때, 출제방식을 운운하며 핑계 대는 것
  - 여자친구에게 차인 남자가 자신의 이상형이 아니어서 오히려 잘됐다고 하는 경우
- **투사**: 상대방에 대한 자신의 감정이나 욕구를 상대방의 자신에 대한 것으로 바꾸는 것
  - 자신의 드러내기 힘든 성적 충동을 상사의 유혹행동에 대해 비난하는 것으로 표현하는 경우
  - 자신이 라이벌로 느끼는 친구에게 자신의 불편한 맘을 "너 나 신경 쓰이지?"라는 말로 표현하는 경우
- **반동형성**: 자신의 욕구나 감정과 반대되는 행동이나 표현을 하는 것
  - 자신이 관심 있어 하는 이성에게 괜스레 트집 잡고 흉을 볼 때
  - 미운 애 떡 하나 더 주기
  - 자신이 불편해하는 사람의 부탁은 절대 거절하지 못하는 경우
- **주지화**: 자신의 경험을 감정을 배제한 채 이성적으로 이해하고 행동하려 하는 것
  - 자신의 고통을 마치 다른 사람의 문제인 것처럼 객관화시켜 말하거나, 거창한 철학적 궤변을 늘어놓으며 자신의 고통스러운 감정을 감추려는 경우

3) 정신분석적 상담과정 및 기법

심리적 증상은 무의식의 활동 결과이며 정신분석은 무의식에 대한 개인의 자각을 중요시한다. 정신분석적 상담의 목표는 자아의 기능을 강화하여 심리적 증상과 관련된 정신적 갈등을 해소하는 데 있다. 즉, 강화된 자아의 힘으로 증상과 관련된 정신적인 원인을 해결함으로써 심리적 문제를 해소하는 것이다. 겉으로 드러난 문제만 해결하는 것이 아니라, 원인으로 작용하는 무의식적 갈등에 대한 해결을 시도한다. 다르게 표현하면, 정신분석적 상담의 목표는 간단히 말해서 무의식의 의식화 작업이라고도 한다. 자신도 모르는 채로 자신의 감정이나 행동, 생각 등에 영향을 미치는 무의식적 요소들을 의식으로 끌어올림으로써 더 이상 무의식이 왜곡된 방식으로 현실에 영향을 미치지 못하게 하는 것이다. 정신분석의 목표는 원인이 되는 무의식적 갈등을 해소함으로써 심리적 증상을 치유하는 데 그치지 않는다. 더 나아가 자아의 기능을 강화하고 자신으로 하여금 불안을 불러일으킬 수 있고 다양한 심리적 증상 형성에 기여하는 무의식적인 욕구나 충동과 같은 측면을 끊임없이 자각하려는 노력을 하게 하여 자신의 모습에 대한 진정한 이해를 할 수 있게 도와주는 것이다.

정신분석적 상담에서 상담자는 내담자로 하여금 과거의 경험과 그때 당시의 감정들을 거리낌 없이 자유롭게 털어놓도록 격려한다. 아무리 사소한 것이라도, 앞뒤가 논리적으로 맞지 않는 말이라도 의식적으로 가리거나 제지하지 않은 상태에서 내담자의 마음에 떠오르는 것은 무엇이든지 말하도록 하는 것이 중요하다. 이것이 바로 정신분석의 주요한 상담기법인 자유연상 기법이다. 이 과정에서 상담자는 내담자의 증상과 관련된다고 여겨지는 무의식적 자료들을 하나씩 이끌어 내게 되고 의식으로 떠올라 있는 중요한 무의식적 자료에 대해 관심을 가지고 내담자 스스로가 탐색하게끔 도움을 주며 때로는 현재 내담자의 심리적 증상과 관련된 원인과 결과들에 대한 의미를 해석해 주기도 한다. 이러한 해석을 통해 내담자는 이제까지는 몰랐던 무의식의 내용들을 이해해 나가게 되며, 이렇게 얻은 통찰은 증상을 극복하는 주요한 원동력이 된다.

정신분석적 상담과정에서 내담자와 상담자 간의 관계에서 특징적으로 나타나는 현상이 바로 전이(transfer) 현상이다. 이는 상담자와 내담자와의 관계를 기초로 이루어진다. 전이란 내담자가 과거의 중요한 인물들에게 느꼈던 감정이나 생각을 상담자에게 투사하는 현상이다. 즉, 내담자는 상담자를 마치 이전에 자신이 중요하게 느꼈던 관계 속의 인물 혹은 상대인 것처럼 인식하고 이전에 그 사람과의 관계에서 겪었던 경험이나 해결하지 못한 갈등 그리고 욕구불만들을 표현하는 것이다.

전이 현상은 긍정적인 전이 현상과 부정적인 전이 현상으로 구분되는데, 상담자에 대한 긍정적인 감정이나 표현을 드러내든, 반대로 부정적인 반응을 보이든 간에 이는 둘 다 상담에 중요한 자료, 즉 분석 작업에 사용되는 무의식적인 자료가 된다. 반면, 내담자가 상담자를 대상으로 표현하는 전이 경험이나 표현과는 상반되는 개념이 바로 역전이 현상(counter-transference)이다. 이는 상담자가 자신이 이전에 해결하지 못한 욕구나 갈등을 내담자와의 관계에서 표출하는 것을 말한다. 상담은 내담자의 문제해결을 위해 이루어지는 과정이므로 상담자의 이러한 역전이 경험이나 역전이 관계 형성은 상담과정을 방해하는 요인이 된다. 일단 이러한 상황이 벌어지면, 상담자 스스로가 개인적인 슈퍼비전을 받거나 다른 상담자에게 내담자를 의뢰하는 것도 한 가지 방법이다.

- 전이의 해석: 내담자는 상담자와의 관계에서 무의식 속에 묻어 두었던 생각이나 감정들을 전이라는 치료적 관계를 통해 무의식적으로 드러낸다. 따라서 상담자는 내담자가 상담자에게 보이는 태도나 행동을 간과하면 중요한 정보를 놓치게 된다. 내담자가 상담자를 어떻게 대하는지, 상담자에 관해 어떠한 생각과 감정을 가지고 있는지를 주의 깊게 관찰하여 그것이 내담자의 문제를 이해하는 데 어떤 중요한 의미를 지니는지를 분석해 나가야 한다.
- 저항의 해석: 저항이란 내담자가 상담에 협조하지 않는 모든 행위를 말한다. 상담 시간에 연락도 없이 상담을 하러 오지 않거나 상담과정에서 아무런 의미도 없는 말만 되풀이하거나, 중요한 내용은 빠뜨리고 사소한 이야기만 하거나 등이 그 예이다. 정신분석 상담에서는 이러한 저항행동이 내담자의 심리적 측면을 이해하는 데 큰 의미를 지닌다고 본다. 저항을 한다는 그 자체가 뭔가 드러내고 싶지 않은 혹은 불편한 마음이 있다는 것인데, 이를 직접적으로 표현하지 않고 이와 같이 저항행동과 같은 간접적인 행동을 취한다는 것은, 한편으로는 내담자 스스로도 이러한 불편감이나 문제의식을 하지 못한다는 것을 의미하고, 또 한편으로는 어느 정도 자각을

하고 있지만, 이를 직접적으로 표현하는 데에는 심리적으로 주저하게 만드는 불안 요소가 있다는 것을 의미한다. 내담자가 자신의 무의식적 갈등을 통찰하고 이러한 갈등이 자신의 삶을 지배하지 않도록 적응적인 행동을 실천하는 것이 필요한데, 이를 방해하는 저항을 반복적으로 탐색하며 통찰을 행동으로 표출하는 과정을 훈습(working through)이라고 한다.

4) 현대 정신분석이론: 대상관계이론

현대 정신분석이론은 대상관계(object relation)이론이라고도 불린다. 이를 기본적으로 정신분석적인 주류에 포함시키는 이유는 기본적인 개념과 가정이 정신분석적인 뿌리에 근거하고 있기 때문이다. 즉, 초기 유아기 동안의 경험이 이후 성격 발달이나 특히 대인관계와 관련된 다양한 심리적 특성을 결정하는 데 중요한 역할을 한다고 가정하기 때문이다. 대상관계란 자신과 자신에게 중요한 인물인 대상과 관계 형성을 이루어 이를 지속시켜 나가는 과정에서 경험하는 심리적 현상들을 다 포함한다. 특히 유아가 출생하여 처음으로 특정 대상과 일관적으로 지속적인 관계를 형성하는 것은 주로 자신을 돌보아 주는 엄마와의 관계이다. 대상관계이론에서는 유아기의 엄마와의 애착관계의 질이 성인기 대인관계 성향을 결정하는 것뿐만 아니라 다양한 심리적 증상의 원천이 되기도 한다고 주장한다.

유아의 애착관계 형성은 그 시기의 아동의 심리적 안정감을 제공해 주는 데 도움을 주어 그 시기의 중요한 발달 경험이나 과제를 적절하게 수행해 나갈 수 있도록 도움을 준다. 그리고 유아는 돌보아 주는 중요한 사람(대표적으로 어머니)과 애착관계를 통해 자신과 타인에 대한 개념을 형성하게 된다. 이 개념은 일종의 특정 대상에 대한 심리적 표상으로서 꽤 일관성 있게 지속되는 것이 특징이며, 이것이 이후의 여러 가지 심리적인 갈등이나 문제의 원천으로 작용을 할 가능성이 있다.

애착유형을 살펴보면, 첫째, 안정형은 가장 심리적으로 이상적인 유형으로, 특히 이 유형은 유아기 때 부모와 안정적이고 질적으로 좋은 애착관계를 경험한 것을 토대로 자신과 타인에 대한 긍정적인 개념을 형성한 예이다. 이 유형은 자신에 대한

표 3-2 애착관계의 질에 따라 구분된 애착유형

	자신	타인	대인관계 유형 (애착유형)
안정된 애착관계	긍정적	긍정적	안정형
불안정한 애착관계	긍정적	부정적	무시형
	부정적	긍정적	몰입형
	부정적	부정적	두려움-회피형

가치감, 존중감, 유능감을 강하게 느끼는 동시에 타인에 대한 관심과 배려 그리고 타인에 대해 편하게 의지하고 도움을 요청할 수 있는 대인관계에서 기본적인 신뢰감 형성에 문제가 없는 사람들이다.

둘째, 무시형은 일명 '독불장군형'이라고 명명할 수 있다. 이 유형은 자신에 대한 긍정적인 태도가 타인에 대한 부정적인 태도로 인해 과도하게 갖춰진 유형이라 할 수 있다. 즉, 타인을 믿지 못하며, 남에게 의지하고 도움을 요청하는 것을 과도할 정도로 꺼려 하는 사람들이다. 오로지 자신의 능력을 키우는 데 에너지를 쏟으며 최소한의 필요한 인간관계로 제한을 하고 관계를 맺는 것이 특징이다. 이들에게는 인간관계의 본질에 대해 실제적인 체험을 통해 깨달을 수 있는 기회가 제공되는 것이 필요하다. 인간관계에서 도움을 주고받는다는 것이 어떤 의미이고, 도움을 줌으로써 자신에 대한 존중감과 가치감에 대한 태도의 변화를 경험해 보는 것도 필요하다.

셋째, 몰입형은 지나칠 정도로 대인관계에 몰두하는 것이 특징이다. 이 유형은 주위의 모든 사람과 항상 좋은 관계를 유지하려고 에너지를 집중시킨다. 그 이유는 이들에게 있어서 대인관계나 혹은 자신에게 관심을 가져 주는 인물들은 실질적으로 자기 스스로보다 더 중요한 요소이기 때문이다. 이들은 자신에 대한 가치를 스스로의 기준에 근거하여 평가하는 것이 아니라 자신이 중요하게 여기는 혹은 자신이 관계 맺고 있는 상대방의 반응이나 인정에 의해 이루어지므로 이들과의 관계를 긍정적인 방향으로 이끌어 가는 노력이 어떤 경우보다 중요하다. 이들에게는 자신에 대한 긍정적인 태도와 가치를 수용할 수 있도록 도움을 주고 자신의 욕구와 감정에 대한 가치를 중요하게 여기도록 하는 것이 필요하다. 지나칠 정도로 상대방에 대한 배려에 신경을 쓰고 상대방의 욕구에 우선적이고 자신의 욕구를 억누르는 성향은 장기적으로 욕구불만이 쌓이게 만들고, 이는 부적절한 대상에게 부적절한 상황에서 충동적으로 표출될 가능성이 있다.

마지막 유형은 두려움-회피형인데, 일명 안전거리 확보형이다. 이 유형은 자신이 홀로 설 수 없을 정도로 자신감이 부족하고 유능감이 부족하기 때문에 주위에 누군가 의지할 사람이 항상 필요하다. 그러나 문제는 그런 욕구가 있음에도 불구하고 자신의 부정적인 자아개념과 가치감으로 인해 상대방이 자신을 싫어할까 봐, 자신을 떠날까 봐 항상 두려움에 시달리는 유형이다. 이런 두려움은 상대방과 친밀한 관계 형성을 의식적으로 피하게 만들고 항상 일정한 심리적 거리를 유지하면서 다가갈까 말까를 망설이는 행동을 보인다. 더 가까이 다가갔다가는 거부에 대한 불안감이 증가되므로, 어려워 주저하게 되고 또 상대방이 다가오더라도 안전거리가 확보되지 않아 오히려 뒤로 물러서 안전거리를 스스로 마련하는 행동을 취하게 된다. 이들은 상처받는 것을 두려워하는 사람이지만, 아이러니컬하게도 상처를 실제로 겪어 보지도 못한 사람들이 많다. 그 이유는 거절을 당하기도 전에 그런 상황이 벌어지기도 전에 지레 겁을 먹고 불안해하면서 그런 상황을 회피하기 때문이다. 따라서 이들에게는 그런 상황을 피하지만 말고 어느 정도의 적절한 현실적인 경험을 통해서 대인관계에서 겪을 수 있는 심리적 상처를 이겨 낼 수 있는 심리적 면역성을 키워 주는 것이 필요할 것이다.

아들러 상담이론

Alfred Adler는 의사로서 우연한 기회에 Freud를 만나게 되고 정신분석학회에서 활동하다가 Freud와 계속적인 마찰로 학회를 탈퇴하게 되었고, 그와 함께 학회에서 이탈한 사람들이 주축이 되어 개인 심리학회를 만들었다. 인간의 일차적인 추동으로 리비도라는 성을 강조한 정신분석학적 입장에 반대하며 우월성 추구와 열등감이라는 개념을 도입하여 정신건강에 적용하였다.

Adler의 상담 접근을 개인심리학(individual psychology)이라고 한다. 이때 개인은 나눌 수 없다(indivisible)는 의미이며, 인간의 통합성과 분리불가역성을 나타내고 있는 것이라고 볼 수 있다. 인간의 모든 구성요소는 상호 관련되어 있으며, 삶의 목표를 지향하는 개인의 활동에 모든 구성요소가 어떻게 통합되는지를 알아야 인간을 이해할 수 있다고 주장한다. 이러한 총체론적 시각은 인간이 부분적으로 이해될 수 없으며 인간을 둘러싸고 있는 가족, 문화, 직장이라는 사회적 맥락 속에서 이해되어야 한다는 것을 의미한다(Carlson & Johnson, 2016).

Adler는 인간을 전체적, 현상학적, 사회적, 목적론적 존재로 가정하였다. 인간은 전체로서 사회 속에서 의미를 부여하며 살아가는 존재이며, 자신이 경험하고 있는 현재의 상태에서 순간순간 주관적으로 선택하는 현상학적 존재이다. 인간은 사회적 관심을 받기 위해 노력하며, 현재를 바탕으로 미래지향적인 삶의 목적을 향해 노력하는 목적론적 존재이다.

Adler는 인간의 모든 행동이 목적을 갖고 있다고 생각하였다. 사람은 스스로 목표를 정하며, 목표에 대하여 생각하고 느끼고 행동할 수 있다는 가정을 한다. 이러한 목적론적 시각은 인간을 이해하기 위해서는 인간이 자신들의 목표를 알고 있다는 것을 고려해야 한다는 것을 강조한다. Adler는 과거의 영향을 배제하지는 않지만, 인간의 행동은 그 사람의 경험, 현재의 상황, 그가 지향하고자 하는 방향 등에 의해 결정된다고 가정한다.

아들러 상담에서 가장 특징적인 것은 사회적 관심(social interest)에 관한 것이다.

아들러 상담에서는 인간은 다른 사람들과 공존하고 상호작용하는 능력을 소유하고 있다고 가정한다. Adler는 사회적 관심이 생득적인 것이라고 주장하기도 하였지만 사회화 과정을 통해 형성되는 것이며 성장하면서 발달시킬 수 있는 것이라고 하였다. 사회적 관심은 다른 사람들과의 일체감이나 공감 같은 것이며, 사회 속에서 개인이 자신의 역할을 찾고 소속감을 얻는 것이다. 사회적 관심으로 인해 인간은 현재와 접촉하며, 타인들과 서로 상호작용하며, 타인들의 안녕을 위해 기여하기 위한 능력을 발달시키게 된다. 사회적 관심은 개인주의 상담에서 강조하는 공동체 의식과 유사한 것이며 개인의 성공과 행복은 사회적 유대와 관련이 있다고 한다. 따라서 인간은 사회적 맥락을 고려하지 않고는 이해될 수 없는 존재이며, 공동체 의식은 현재, 과거, 미래, 전 인류와 연결되어 있다는 느낌을 나타내 주는 것이다.

Adler는 개인의 가족구도에 특히 관심을 가졌다. 가족구도는 성장기 아동의 일차적인 사회적 환경이기 때문에 사회화과정에서 개인이 받는 경험에 큰 영향을 줄 것이라고 생각하였다. 가족 내의 출생순위에 따라 각 개인의 위치가 결정되고, 아동은 자신만의 심리적 환경을 경험하게 된다. 이 과정에서 아동은 가족이라는 사회체계 내에서 경쟁사회의 가치를 경험하게 되고, 자신과 타인들에 대해 주관적인 평가를 하게 된다. 잠재적인 평가를 통해 자신에 대해 긍정적인 평가를 하는 경우도 있고 낙담하는 경우도 있다. 낙담한 아동들은 왜곡된 행동을 통해 자신이 원하는 것을 잡으려고 할 것이다. 이처럼 동일한 가족 환경에서 성장한 아이들도 출생순위에 따라 심리적 환경이 달라지기 때문에 성장한 다음 다른 사람들과 관계를 맺는 데 영향을 받을 수밖에 없다.

능력이 완전하지 않은 개인이 세상에 나가면서 연약한 자신의 안전을 위해 생활양식을 만든다. 생활양식은 '나는 _____이다. 내 친구들은 _____하다. 그러므로 나는 _____이다.'로 표현되는 것을 의미한다. 생활양식의 신념은 네 가지로 분류할 수 있다. 첫째, 자기개념에 관한 것이다. 내가 누구인가에 대한 확신을 의미한다. 둘째, 자기이상에 대한 것이다. 자신이 어떤 사람이어야 한다는 것이다. 셋째, 세계관에 대한 것이다. 자신이 아닌 외부 세계가 자신에게 요구하는 것에 대한 확신을 의미한다. 넷째, 윤리적인 규범에 대한 것이다. 개인적으로 옳고 그른 것의 규범을 말한다.

네 가지 생활양식 간의 불일치는 열등감을 불러일으킨다. '나는 매력적이지 않다.'와 '나는 매력적이어야 한다.'와 같이 자기와 자기이상 간에 불일치가 있을 때 열등감이 생긴다. 또한 '나는 약하다.'와 '세상은 위험한 곳이다.'와 같이 자기개념에 대한 확신과 세계관에 대한 확신 간의 일치감의 부족도 열등감을 일으킨다. 열등감은 비정상이 아니다. 열등감은 보편적이며 정상적인 것이다.

  Adler는 인간은 불완전한 존재로서 누구나 어떤 측면에서 열등감을 느끼고 있다고 가정하였다. 인간의 열등감은 유약한 영아 때의 경험을 통해 시작되며, 사회적 존재로서의 인간은 다른 사람들과의 비교를 통해 자신이 떨어지거나 부족하다고 느낄 때 열등감을 경험한다. 이러한 열등감은 개인에게 극복해야 할 동기로서 작용하며, 인간이 자기완성을 이루기 위해서는 자신이 느끼는 열등감을 극복하는 것이 중요하다는 것을 강조하였다. 열등감은 모든 사람이 갖고 있는 것이고, 자기완성을 위해 필요한 것으로서 개인은 부족한 점을 받아들이고 그것을 극복하려는 의지를 갖는 것이 중요하다고 하였다. 만약 개인이 자신의 열등감에 사로잡혀 열등감의 지배를 받는다면 그것은 열등감 콤플렉스 상황이 된다.

  Adler는 무의식을 강조한 Freud와는 다르게 의식의 힘을 강조하였다. 인간은 스스로가 자신을 개발하고 운명을 형성하며, 사회적 맥락에서 끊임없이 변화하고 발전하는 존재이다. 인간은 각기 독특한 인지적 구조를 갖고 스스로를 창조해 가며 자신이 갖는 열등감을 극복하여 자기완성을 추구하는 존재이다. 인간은 자신의 운명을 위해 선택하는 존재이며, 그러한 선택에 책임을 져야 한다.

  아들러 상담의 기본 가정은 다음과 같다.

- 모든 행동은 사회적 맥락에서 발생한다.
- 아들러 상담은 총체주의(holism)를 지지하며 환원주의를 거부한다.
- 의식과 무의식은 둘 다 개인적 목표를 위해 사용되어진다.
- 개인을 이해하기 위해서는 각 개인의 생활양식을 이해해야 한다.
- 행동은 상황의 요구와 생활양식에 의한 목표에 따라 일생 동안 변화할 수 있다.
- 인간은 원인에 압박받지 않으며, 유전과 환경에 의해 결정되지 않는다.
- 인간이 추구하는 것은 완성, 우월, 자기인식, 자기실현 등 다양하다.
- 개인의 삶을 통해 여러 대안을 직면하게 된다.
- 사람들은 사회적 관심을 갖고 있다.

1) 아들러 상담의 주요 개념

(1) 생활양식

생활양식은 개인이 삶을 영위하면서 생각하고, 느끼고 행동하는 것, 이 모든 것의 근간이 되는 기본 전제와 가정을 포함하고 있다. 인간은 어릴 때부터 열등감을 경험하고 이를 어떤 방법으로든 보상하려고 한다. 열등감을 극복하기 위한 개인의 독특한 노력들이 생활양식을 나타낸다. 개인의 생활양식은 그가 생각하고 느끼고 행하는 모든 것의 기반이 되므로 생활양식이 형성되면 개인의 외부 세계에 대한 전반적인 태도가 결정되며 일생을 통하여 유지되게 된다.

Adler는 생활양식을 사회적 관심과 활동 수준을 두 축으로 네 가지 유형으로 범주화하였다. 사회적 관심은 개인이 자신의 이익보다는 사회발전을 위해 다른 사람과 협력하는 정도를 의미하며, 활동 수준은 인생과제를 다루는 데 있어 개인이 보여주는 에너지의 양을 의미한다. 활동 수준이 약하여 무기력하고 우유부단한 사람이 있는가 하면 지속적으로 왕성하게 활동하는 사람도 있다. 사회적 관심과 활동 수준에 따른 생활양식의 네 가지 유형은 지배형(ruling type), 기생형(getting type), 회피형(avoiding type), 사회적 유용형(socially useful type) 등이다. 사회적 유용형은 바람직한 유형이고, 이 외에 세 가지 유형은 바람직하지 않은 유형이다.

- **지배형**: 부모가 힘을 통해 자녀를 지배하고 통제할 때 나타나는 생활양식이다. 가부장적 가족문화나 유교문화에서 아버지가 독재적으로 가정에서 힘을 휘두르는 경우에 많다.
- **기생형**: 부모가 자녀를 지나치게 과잉보호할 때 나타나는 생활양식이다. 부모가 자녀의 독립심을 길러 주지 못하였기 때문에 스스로 자신의 문제를 해결하려는 의지가 없이 부모만을 바라보며 살아가는 것이다.
- **회피형**: 부모가 자녀를 키울 때 그들의 기를 꺾어 버리게 되면 모든 일에 자신감이 없이 적극적으로 직면하는 것을 피한다. 이러한 사람들은 어떠한 시도도 하지 않고 불평만 하게 되고 사회적 관심이 떨어져 혼자 남게 된다.

> • 사회적 유용형: 높은 사회적 관심과 높은 수준의 활동을 보이는 사람이다. 심리적으로 성숙되어 있고 건강한 사람이며, 자신과 타인의 욕구를 동시에 충족시키면서 인생과제를 완수하기 위해 다른 사람들과 협동한다.

(2) 허구적 최종목적론

Adler는 Freud의 결정론적인 설명을 대신하기 위해 허구적 최종목적론을 제시하였다. 인간은 현재를 바탕으로 미래지향적인 삶의 목적을 향해 노력하는 존재이며 인간의 행동은 최종 목표에 대한 개인의 관점으로 이해될 수 있다고 보았다. 인간의 행동은 과거 경험에 의해 좌우되는 것은 아니며, 허구적 목적에 따라 만들어진 미래에 대한 기대에 의해서 좌우된다는 것이다. 개인의 허구적 목적을 이해한다면 그가 무엇을 진실로 수용하게 될 것인지, 어떻게 행동할 것인지, 어떠한 해석을 내릴 것인지 등을 설명할 수 있게 될 것이다.

(3) 열등감

인간은 태어날 때 완전히 기능하는 능력을 갖고 있지 않기 때문에 모든 사람이 특정한 열등감을 느끼며 살아간다. 특히 인간은 사회적 존재로서 다른 사람들과 비교를 하게 되는데, 이 과정에서도 지속적으로 열등감을 느끼게 되고 자기완성을 이루기 위해서는 열등감을 극복해야 한다는 것을 깨닫는다. 개인이 자신의 부족한 점을 인정하고 이러한 열등감을 우월성 추구를 위해 사용하면 바람직한 생활양식을 가지게 되어 심리적 건강을 가질 수 있으나 열등감에 사로잡혀 우월성 추구에만 집착하게 된다면 열등감 콤플렉스에 빠지게 된다. 열등감 콤플렉스에 빠진 사람은 주어진 문제를 사회적으로 유용한 방식으로 해결하기에 충분한 능력을 갖고 있지 않은 사람들이다. Adler는 열등감 콤플렉스의 원인을 기관열등감, 과잉보호, 양육태만의 세 가지로 제시하였다.

- 기관열등감: 개인이 부모에게서 물려받은 자신의 신체에 대하여 어떻게 생각하는가와 관련된 것이다.
- 과잉보호: 부모가 자녀를 얼마나 독립적으로 키우느냐 혹은 의존적으로 키우느냐에 관한 것이다.
- 양육태만: 부모가 자녀들에 대해 얼마만큼의 사랑과 관심을 주었는가와 관련된 것이다.

(4) 우월성 추구

인간이 열등감을 극복하고 미래지향적인 삶의 목적을 향해 노력하도록 만드는 것에 대해 Adler는 우월성 추구라는 선천적인 경향성을 가정하였다. 우월성의 추구는 개인이 문제에 직면하였을 때 부족한 것은 보충하고, 낮은 것은 높이고, 무능한 것은 유능한 것으로 만드는 경향성이다. 이는 개인이 환경을 적절히 다스리고 모든 행동을 안내하는 동기의 역할을 한다. 모든 개인은 자신의 성취나 성숙을 추구하는 일정한 노력을 하게 되는데, 이것은 우월성의 추구라는 선천적인 경향성이 있기 때문이다. Adler가 제안한 건강한 삶이란 사회적 관심을 가진 바람직한 생활양식을 바탕으로 한 우월성 추구라고 하였다.

2) 상담과정과 기법

Adler는 상담을 하기 위해 오는 내담자의 주요한 문제들은 세 가지 측면에서의 결여, 즉 사회적 관심의 결여, 상식의 결여, 용기의 결여라고 하였다. 내담자들은 사회적 관심과 상식, 용기가 부족하여 문제를 안고 있기 때문에, 상담의 목표는 내담자에게 이 세 가지를 불어넣어 바람직한 삶을 영위하도록 해 주는 것이다. 상담자들은 상담을 통해 내담자의 생활양식을 파악하고 생활양식을 바람직한 방향으로 바꾸도록 해 주어야 한다. 아들러 상담에서는 용기를 잃고 낙담한 내담자에게 용기를 불어넣어 주는 격려치료가 가장 핵심이다. 내담자들이 어떤 어려움에도 좌절하지 않고 포기하지 않도록 격려하고 또 격려하는 것이 매우 중요하다. 아들러 상담에서 사용하는 상담기법은 다음과 같다.

- **격려**: 내담자의 기를 살려 주는 중재기법 중 하나이다.
- **마치 ~처럼 행동하기**: 내담자에게 '마치 ~인 것처럼' 행동하도록 하게 하여 내담자가 행동이 실패할 거라고 믿는 것 때문에 두려워하는 행동을 하도록 도와준다.
- **자기 모습의 파악**: 내담자가 자신의 목표를 이해하고 변화하려고 노력함에 따라 자신들이 열망하는 변화된 행동을 하기 위해서 자기 모습을 있는 그대로 파악해 보는 것이다.
- **단추 누르기 기법**: 내담자가 유쾌한 경험과 유쾌하지 않은 경험을 번갈아 가면서 생각하도록 하고 각 경험과 관련된 감정에 관심을 가지도록 하는 것이다.
- **수프에 침 뱉기**: 상담자가 내담자의 어떤 행동의 목적과 기대를 인식하게 되면 그 행동이 손해되는 행동이라는 것을 내담자에게 보여 주어 더 이상 그 행동을 하지 않도록 하는 것이다.

3 행동주의적 상담이론

행동주의적 상담 접근은 행동수정 혹은 행동치료라고 주로 표현된다. 행동수정은 과학적이고 실험적인 연구에서 밝혀진 학습원리를 상담에 적용한 것이다. 행동수정은 객관적으로 관찰할 수 있고 측정이 가능한 행동을 주된 치료대상으로 삼기 때문에 상담의 효과성과 효율성을 검증하고 상담과정을 평가하는 기법이 아주 많이 개발되어 있으며 객관적인 평가가 용이하다.

인간행동에 대한 행동주의적 접근을 취하는 이론가들은 인간의 행동은 일정한 법칙에 의해 결정되며, 이러한 법칙이나 원리는 과학적인 연구에 의해 파악이 가능하다고 보았다. 전통적인 행동주의 이론가로는 Skinner를 대표적으로 들 수 있다. Skinner는 행동의 학습원리로서 조건형성의 원리를 확립한 이론가인데, 인간행동에 대한 엄격한 결정론적 입장에서 개인의 행동을 이해하고 행동수정 원리의 기반을 마련하였다. 전통적인 이론가들은 인간행동의 학습 모형을 자극－반응 연합의 원리에 기초하였다. 이 모형들은 단순하고 명확한 원리로 그 상대적인 장점을 인정받기는 하였지만, 인간행동에 대한 기계론적이고 결정론적인 모형이라는 점에서 비판을 받기 시작했다. 지나칠 정도로 환경에 의해 지배를 받는 인간의 모습을 강조하였기 때문에 인간의 환경에 대한 능동적인 대처능력을 고려하지 못했다는 점에서 비판을 주로 받았다.

행동수정가들은 대부분의 인간의 행동은 학습된 것으로서 긍정적인 행동이나 부정적인 행동이나 모두 동일한 학습원리에 의해 획득되며 또한 반대로 이러한 학습된 행동을 제거하거나 수정하는 원리도 학습의 원리에 기초한다는 주장을 한다. 이러한 인간행동에 대한 관점이 다른 상담이론들에 비해 상대적으로 단순하고 명확하기 때문에 행동수정의 원리와 치료 기법을 이해하기가 쉽다. 또한 행동의 학습 원리와 수정 원리가 동일하므로 기본적인 원리를 이해하면 다양한 형태로 기법들을 활용하기가 쉽다.

초기의 행동주의 이론가들에 비해 이후 이론가들은 학습 과정에서 인간의 고

차원적인 사고 과정과 기대 요인 등 인지적인 요인의 중요성을 강조하고 학습과
정에 이러한 요인들을 포함시키기 시작하였다. 대표적인 이론가로는 Bandura와
Meichenbaum 등을 들 수 있다. Bandura의 대표적인 학습원리는 관찰학습 모형으
로서 이는 전통적인 Skinner가 주장하는 행동이 학습되는 과정에서 필수적인 직접
적 강화요인이 없이도 학습이 이루어진다는 것이다. 외부적으로 주어지는 직접적
인 보상이나 대가가 없어도 특정 행동에 대한 학습 정보는 간접적인 체험이나 관찰
을 통해서 학습이 가능하다는 것이다. 이들은 새로운 행동을 학습하는 과정에서, 개
인의 변화에 대한 동기나 머릿속에 들어 있는 학습과정에 필요한 정보에 기초하여
행동으로 수행하는 데 필수적인 유인가 요인들을 강조하였다. 또한 Meichenbaum
은 자신이 기대하는 방향으로 스스로 자신의 행동을 변화시키고 이끌어 갈 수 있는
인간의 정신 능력을 강조하면서, 자기조절과정 및 자기관리과정을 적절하게 훈련
시킴으로써 부적응적인 행동변화가 가능하다고 주장하였다.

1) 행동치료의 기본 원리 및 과정

행동주의 입장에서는 인간의 심리내적인 과정보다는 객관적으로 관찰이 가능하
고 과학적인 검증이 가능한 외현적인 행동을 중요시한다. 인간의 내성적인 보고는
주관적이어서 비과학적이며, 과학적인 실험을 통해 인간행동의 학습원리를 밝히고
이에 기초하여 부적응적인 행동을 수정하는 데 적용을 한다. 행동주의 이론가들은
인간행동의 학습원리를 다양한 조건형성 실험을 통해 밝히고 기본적으로 인간의
행동은 주어진 환경 자극에 대한 반응으로 정의하고 개인의 행동을 통제하는 객관
적이고 과학적인 접근이 가능한 요소들을 연구하였다.

인간의 행동은 환경적인 자극에 의해 유발되며, 따라서 환경자극을 통제함으로
써 행동을 통제할 수 있다는 가정을 기초로 한다. 서로 다른 환경적 조건하에서 개
인이 어떻게 반응하는지 그 기본 원리를 밝히고 개인의 구체적인 행동에 영향을 주
는 환경적인 자극을 통제함으로써 결과적으로 행동반응을 통제하고자 한다. 행동
주의적 입장에서는 적응적인 행동과 마찬가지로 부적응적인 행동도 모두 동일한
학습원리에 의해 학습된다고 본다.

행동수정에서 말하는 상담목표는 어떤 상담 접근에서 보다 중요한 의미를 지니

고 실질적인 효용성을 지니는 개념이다. 행동수정의 상담목표에는 구체적인 행동에 초점을 두고 구체적인 행동의 변화 과정에 대한 상세한 내용(예: 빈도와 강도)이 포함된다. 따라서 행동수정의 상담목표는 명료하고, 구체적이며, 객관적으로 측정 가능하고, 평가가 가능한 방식으로 표현되어야 한다. 예를 들어, 특정 행동으로 인해 고통받고 있는 내담자의 경우, 현재 문제가 되는 행동에 대한 객관적인 평가가 선행되고 이 행동의 현재 빈도와 강도들을 평가하여 바람직한 수준의 변화를 확신할 수 있는 변화된 행동의 빈도나 강도가 적절한 상담목표가 된다.

행동수정의 목표에 대한 잘못된 관점들이 있다. 그중의 하나는 행동수정의 주된 목표가 단지 증상행동의 제거라는 점과 관련된 것이다. 이러한 구체적인 행동 제거에 초점을 두고 목표를 설정하는 경우, 행동수정을 통해 증상행동의 빈도가 줄어들거나 제거된다고 하더라도 근본적인 증상행동의 원인이 변화되지 않았기 때문에 새로운 증상이 생길 가능성이 있다. 이는 증상 대치(symptom substitution)라는 개념으로 표현된다. 즉, 단지 형태만 다를 뿐이지 동일한 원인에 의한 새로운 형태의 증상들이 다시 생겨난다는 것이다. 행동수정의 목표를 구체적이고 관찰할 수 있는 행동에 두는 이유는 그럼으로써 보다 분명한 결과를 산출하고 그 변화 과정을 명확하게 평가하여 상담의 효과를 신뢰롭게 검증할 수 있기 때문이다. 이뿐만 아니라 행동수정의 기본적인 과정은 단지 부적응적인 증상행동의 제거에만 초점을 두는 것이 아니라 나아가 적응적인 행동을 새롭게 학습시켜 주는 과정까지 포함되므로 전반적인 상담의 목표는 긍정적인 방향으로의 행동변화를 추구하는 것이라고 볼 수 있다.

잘못된 생각 중 다른 하나는 행동수정에서 상담목표를 설정하고 구체적인 상담계획을 세우는 과정이 주로 상담자에 의해 일방적으로 결정된다는 생각이다. 어떤 상담기법보다도 행동수정에서 상담목표는 명료하고 구체적이며 이해하기 쉽고 또 내담자와 상담자에 의해 서로 합의된 것이어야 한다. 상담목표를 결정하는 과정은 상담자와 내담자 간의 상호 협의 과정에 의해 이루어지는 것이 일반적이다. 일단 상담목표가 정해지고 이에 동의하는 과정이 상담자와 내담자 간에 이루어지게 되면 구체적으로 상담목표를 정의하는 작업을 하게 된다. 이는 상담자와 내담자가 상담목표에 부합되는 행동을 논의하고 변화를 위한 환경, 행동변화의 수정 그리고 하위 목표의 특성 그리고 이런 구체적인 목표를 이루기 위한 작업계획을 의논하게 된다.

행동수정에서 상담자는 다른 상담이론 접근에 비해서 보다 능동적이고 지시적인 역할을 담당한다. 행동치료자들은 전형적으로 부적응적인 행동을 진단하고 바람직한 방향으로 인도하는 치료적인 절차를 소개하고 이를 수행하고 이끄는 교사, 및 전문가의 역할을 동시에 수행해야 한다.

행동수정과정에서 가장 선행되는 행동에 대한 평가 작업은 바로 문제행동과 관련된 선행요인과 결과에 대한 상세한 정보를 체계적으로 수립하여 이들 관계를 명확하게 분석하는 작업이다. 예를 들어, 집 밖에 나가는 것을 지나칠 정도로 공포스러워하는 광장 공포증 환자를 치료하고 평가하기 위해서는 다음과 같은 정보가 체계적으로 수집되어야 한다.

'언제부터 그런 증상이 시작되었는가?' '어떤 상황에서 공포 증상이 일어났는가?' '이런 상황에서 어떻게 행동했는가?' '그 상황에서 생각이나 느낌은 어떠했는가?' '현재 이러한 공포 증상으로 인해 생활에 어떤 영향을 받는가?' '공포 상황에서 나타나는 특징적인 행동에는 어떤 것이 있는가?' 등의 일련의 평가과정을 마친 후에 특정한 행동목표가 설정되고 구체적인 치료 전략이 수립된다.

행동수정에서 상담자의 기능은 내담자를 위한 역할 모델을 제공해 주는 것이다. 특히 부적응적인 행동이 제거되고 난 뒤 특정한 행동을 새롭게 학습시키는 과정에서 상담자는 내담자에게 이상적인 모델 역할을 할 수 있다. 예를 들어, 자기주장 훈련과정이나 자기표현 훈련과정의 경우 내담자는 적절한 표현 방법이나 의사소통 방법 그리고 비언어적 행동을 학습하는 과정에서 중요한 정보를 상담자를 통해 얻게 된다.

2) 행동수정 기법

행동치료의 기본 모형은 ABC 모형이라고 한다. A(antecedent)는 선행사건을 의미하며, 특정 행동을 유발하는 조건을 말한다. B(behavior)는 행동이고 선행사건에 의해 영향을 받기도 하고 결과에 따라서도 영향을 받는다. C(consequence)는 후속 결과로 행동을 유지시키는 결과물을 의미한다. ABC 모형에 따르면, 행동치료는 행동을 직접적으로 변화시키기보다는 그 행동을 선행하는 조건 또는 후속되는 조건을 변화시킴으로써 행동의 맥락을 변화시키고자 하는 것이다(Cormier, Nurius, &

Osborn, 2013). 이러한 모형에 기초하여 행동치료 접근은 두 가지 범주로 구분할 수 있는데, 이는 행동의 결과를 통제함으로써 부적응 행동을 수정하는 방법과 행동의 선행조건을 통제하여 행동을 수정하는 방법으로 나뉜다.

(1) 행동의 결과를 통제하는 행동수정 원리

행동의 결과를 조절하고 통제하여 행동을 변화시키는 과정은 다음과 같다.

- 행동의 빈도를 줄이거나 제거하고자 하는 부적응 행동에 대해 객관적이고 구체적인 정의를 내리고, 구체적인 행동으로 세분화하여 정의함으로써 관찰 가능하고 측정 가능한 행동으로 정의한다.
- 행동에 대한 기저선을 측정한다. 이는 행동의 빈도를 측정하고 행동의 지속 정도를 평가하여 행동수정에 들어가기 전에 기존의 부적응 행동에 대해 평가를 하는 것이다.
- 행동을 강화 혹은 약화시키기 위한 행동수정 기법들을 적용한다.
- 행동수정의 효과를 검증하기 위해서 행동수정의 목표계획에 기초하여 변화된 행동을 평가하고 변화된 행동의 지속성을 확인한다.
- 수정된 행동이나 새롭게 획득된 행동이 생활 상황에 일반화되어 확대 적용이 가능한지를 확인한다.

행동이 학습되기 위해서 가장 기본적인 요소는 강화와 처벌이다. 강화는 정적 강화와 부적 강화로 나뉘며, 정적 강화는 특정한 행동에 대해 긍정적인 보상이나 칭찬이 제공됨으로써 이후 특정한 행동의 빈도가 증가하게끔 하는 역할을 한다. 예를 들어, 예의 바른 행동을 했을 때 부모가 제공하는 칭찬은 아동으로 하여금 그런 행동을 계속 그리고 더 자주 하게끔 만든다. 또한 성적인 자극에 노출되고 호기심을 보이는 행동을 할 때, 동시에 경험하게 되는 성적인 흥분이나 쾌감이 개인으로 하여금 그런 행동을 반복적으로 하게 만든다. 부적 강화란 불쾌하고 불편한 상황에 처해 있을 때 특정한 행동을 함으로써 불편한 요소가 제거되는 것을 의미하며, 이러한 경우 특정한 행동은 부적으로 강화되었다고 볼 수 있다. 예를 들어, 심한 불안감이나 스트레스 상황하에서 자위행위를 반복적으로 하게 되는 경우, 심리적으로 안정감을 느끼고 불안으로부터 벗어날 수 있었던 경험을 하게 되면, 이후로는 이러한 불안에서 벗어나고자 반복적으로 자위행위를 할 수 있다. 이 외에도 다양한 형태의 회피 행동들이 부적 강화에 의해 학습된다. 예를 들어, 남들 앞에 나서기를 두려워하는 대인 공포 증상, 발표 공포 증상들은 자신이 두려워하는 이런 상황을 견디기보다는 반복적으로 회피함으로써 이러한 불안감이 증가되는 것을 통제하려고 한다. 이와 같이 부적강화에 의해 학습된 행동들은 다른 경우에 비해 상대적으로 변화하기가 어려운데, 그 이유는 반복적인 회피 행동으로 인해 특정한 상황이 현실적으로 견디기 어렵거나 극복이 불가능하지 않다는 현실검증의 기회를 갖지 못하기 때문이다. 처벌은 특정한 행동 뒤에 혐오적이거나 부정적인 결과를 경험함으로써 더 이상 그 행동을 하지 못하게 만든다. 예를 들어, 공격적이고 폭력적인 행동에 대해 내려지는 처벌은 그런 행동의 빈도를 줄여 줄 수 있으며, 부적응적인 성적 행동을 한 뒤에 느끼는 심한 죄책감과 혐오감 혹은 외부적인 처벌은 그런 행동의 빈도를 줄이게 만들 수 있다. 반면, 때로는 처벌을 하기 위한 행동이 행동의 당사자에게는 주의나 관심으로 지각이 되어 정적인 강화 효과를 유발하는 경우가 있다. 한 예로, 부적응적인 성행동 중 성도착증 환자들이 보이는 부적절한 행동들은 주위의 반응이 오히려 그 사람에게는 성적인 자극으로 지각되어 흥분을 증가시키는 데 기여하게 되는 경우가 있다.

강화 및 처벌은 특정한 행동을 강화 혹은 약화시키는 역할을 하는데, 강화에 기초하여 행동수정을 계획할 때는 다음과 같은 원칙을 중요시해야 한다. 구체적으로 보자면, 강화의 경험성(특정 개인에게 실제적인 영향을 줄 수 있는 강화이어야 한다.), 강화의 즉각성(행동 뒤에 즉각적으로 제공되어야 한다.), 강화의 적합성(바람직한 목표행동에 직접 관련하여 제공되어야 한다.), 강화의 일관성(강화는 일관성 있게 주어져야 한다.), 강화의 충분성(행동변화를 위해 필요한 만큼 충분히 제공되어야 한다.), 강화의 점진성(변화하고자 하는 행동을 계획된 단계에 따라 점진적으로 강화해 주어야 한다.) 등이다.

이러한 강화의 특성은 다양한 양식으로 적용이 가능하다. 예를 들어, 여러 행동 항목 중 특정 행동 한 가지만 선택적으로 강화를 하는 것을 차별적인 강화라고 한다. 즉, 올바른 행동을 할 때는 관심을 갖고 칭찬을 해 주지만, 부적절한 행동을 할 때는 무시해 버리거나 주의를 기울이지 않는 것이다. 부적절한 자극에 대해 부적절한 성적 행동이나 반응을 보일 때는 처벌을 제공해 주고 반대로 적절한 상황에서 적절한 성적 행동을 보일 때는 격려를 보이는 것이다. 반면에, 한 번도 해 보지 못한 새로운 행동을 학습시켜야 하는 경우에는 행동조성(shaping) 방법이 가능하다. 이는 어떤 최종 목표행동을 설정하고 현재 이 목표와 얼마나 유사한 행동을 할 수 있는지부터 평가한 다음, 최종 목표에 점진적으로 접근할 수 있도록 관련되는 행동 항목을 보일 때마다 정적인 강화물을 제공해 주는 것이다. 이성에게 접근하여 말을 걸거나 이성관계를 맺는 데 어려움이 있는 사람들인 경우, 목표행동을 설정하고 점진적으로 목표행동에 근접한 행동을 할 때마다 정적인 강화를 해 주는 것이다. 이 외에도 특정한 행동에 대한 결과를 통제하는 방법으로는 토큰기법 및 타임아웃 방법 등이 효과적으로 적용되고 있다.

문제행동이나 부적절한 행동을 약화시키기 위한 방법으로는 문제행동과는 상반되는 행동을 찾아 적절하게 강화를 해 주는 방법이 있다. 예를 들어, 학교에서 교사의 허락 없이 자리를 자주 뜨는 학생이 있다면, 그 문제행동을 없애기보다는 자리에 일정 시간 동안 얌전히 앉아 있을 때 적절한 강화를 주는 것이다. 또 다른 예로는, 학교에 적응을 하지 못하는 학생이 있다면, 무단결석에 대해 처벌하기보다는 흥미를 유발시킬 수 있는 학교생활 환경이나 활동을 찾을 수 있도록 도와주는 것이 있다. 바람직하지 못한 행동의 발생률을 감소시키기 위해 사용될 수 있는 또 다른 방법은 그런 행동이 더 이상 강화를 받지 못하도록 이전에 제공되었던 강화물을 중단하는 것이다. 학습된 행동이 더 이상 강화를 받지 못해 행동 빈도가 떨어지는 현상을 학습된 행동의 소거라고 한다. 자신의 부적절한 성적 행동에 상대방이 보이는 반응을 성적인 자극으로 여기는 사람들의 경우는 이런 행동에 대해 주변 사람들이 더 이상 반응을 보이지 않고 무시하게 되면, 이제까지 그런 부적절한 행동에 대한 강화요인이 제거됨으로써 더 이상 그런 행동을 보이지 않게 될 수 있다. 학습 과정에서 나타나는 소거 현상은 특히 적절한 행동을 새롭게 학습시키는 과정에서 중요하다. 그 이유는 더 이상 강화가 주어지지 않으면 나타나는 현상이 소거 현상인데, 특정한 학습된 행동이 쉽게 소거되지 않기 위해서는 행동수정과정에서 목표행동을 보일 때마다 매번 강화를 주는 경우보다는 간헐적으로 강화를 제공해 주는 것이 소거에 저항적으로 만들어 더 오랫동안 행동을 유지시킬 수 있기 때문이다.

(2) 행동의 선행조건을 통제하는 행동수정 원리

부적응 행동은 그 행동의 특정 결과에 따라 증가 혹은 약화되기도 하지만, 어떤 행동들은 불수의적 혹은 반사적인 행동특성이 있어 근본적으로 그런 반응을 유발시킬 가능성이 있는 자극 상황을 통제하는 방법으로 행동을 수정해야 할 필요가 있다.

흡연이나 음주 그리고 폭식 행동과 같은 부적절한 건강행동 습관들은 변화시키기가 매우 힘들며 고질적인 면이 있다. 이러한 행동을 수정하기 위해 많이 사용되는 행동 기법으로는 자극 통제 기법이 있다. 이는 사람들마다 이러한 부적응적인 행동을 유발하는 개인 특유의 상황들이 있다. 예를 들어, 스트레스가 쌓일 때마다 자동적으로 담배를 입에 무는 사람, 기분이 우울할 때마다 폭식을 하는 사람 등이다. 이 경우에는 이런 부적절한 행동의 즉각적이면서 가장 강한 유발요인인 특정 자극 상황을 없애거나 줄이는 방법을 사용하면 효과적이다. 이를 위해서는 개인마다 특정한 행동을 유발시키는 상황 혹은 과대하게 보이게 만드는 자극 상황이 다르므로 자기감찰과정 및 객관적인 관찰과정을 통한 행동에 대한 기능적 분석을 한 다음 구체적인 자극 상황을 확인하는 것이 필요하다.

이 외에도 특정한 자극-반응 간의 연합에 기초한 행동수정 기법들이 있다. Pavlov의 유명한 개 실험은 고전적인 조건형성 원리에 의한 행동의 학습과정을 밝혀 주었다. 고기에 대해 침을 흘리는 반응은 개의 종 특유의 반응이지만, 불빛은 침을 흘리는 반응을 유발시키는 자극이 아니었다. 하지만 개와 불빛을 동시에 반복적으로 제시해 준 다음에는 불빛만 주어도 개는 침을 흘리는 반응을 보였다. 즉, 결과적으로 개는 불빛과 고기를 연합시킴으로써 불빛에 대해 침을 흘리는 반응을 보이게 된 것이다. 학습에 대한 고전적 조건형성의 원리는 부적응 행동, 특히 불안과 관련된 부적응 행동 및 공포 증상 등에 적절하게 적용되어 이러한 행동이 학습되는 원리를 이해하게 해 주었으며, 이러한 행동을 수정하는 데 동일한 원리를 적용할 수 있게 해 주었다.

고전적 조건형성의 원리에 기초한 대표적인 행동수정 기법은 체계적 둔감화(systematic desensitization) 기법이다. Wolpe에 의해 체계화된 이 기법은 세 가지 주요 단계로 진행된다. 이완훈련, 자극위계 목록 작성, 체계적인 둔감화 실시 등으로 구성이 되는데, 주로 불안과 관련된 부적응 행동에 적용되어 그 효과를 보여 주고 있다. 이 기법의 기본적인 가정은 특정 자극에 대해 과도한 불안이나 공포 증상을 보이는 경우는 자극에 대해 부적절한 반응이 연합이 된 것으로 본다는 것이다. 따라서 특정 자극에 대해 새로운, 즉 적응적인 행동을 연합시킴으로써 적응적 행동으로의 변화를 꾀하는 것이다. 첫 번째 단계인 이완훈련은 점진적으로 근육이완법을 훈련하는 것이다. 특정한 장소에 앉아 평화로운 장면을 상상하면서 근육을 이완시킨다. 이후 표적증상을 유발하는 조건들을 분석하여 위계목록을 작성한다. 상담자는 내담자가 경험하는 불안이나 회피 수준에 기초하여 유발조건들에 순위를 매겨 목록으로 작성한다. 위계목록이 작성되면 내담자를 가장 낮은 수준의 유발조건부터 노출시켜 이완훈련을 실시한다. 내담자가 특정 조건에 대해 불안하다고 느끼면 둔감화를 중단하고, 다시 위계목록의 순서에 따라 둔감화를 진행하며, 가장 높은 수준의 유발 조건에서도 내담자가 불안을 느끼지 않는다면 둔감화 과정을 끝낸다.

내담자를 부적 정서를 유발하는 상황에 직접 노출시켜 부적 정서 반응을 다루도록 고안된 노출치료(exposure therapy)가 있다. 특정한 상황이 내담자에게 주는 불안이 너무 높은 경우에는 상상을 활용한 노출이 도움이 되지만 내담자로 하여금 두려운 상황을 직접 대면하게 하는 것이 효과적일 때가 있다(Hazlett-Stevens & Craske, 2008). 위계목록상에서 가장 낮은 단계에 있는 수준부터 내담자를 반복적이고 체계적으로 노출시켜 내담자가 특정상황을 회피하지 않고 직면할 수 있도록 해 주는 것이다.

노출치료의 다른 형태로 홍수법(flooding)이 있다. 이는 불안을 유발하는 자극상황에 내담자를 오랫동안 노출시키는 것이다. 내담자로 하여금 상상을 통해서나 실제 상황에서 불안을 유발하는 자극에 노출되게 하고 이후 불안이 감소할 때까지 내담자를 그 상황에 그대로 두는 것이다. 내담자들이 불안상황에 노출되면 습관적으로 하는 부적응적 행동들이 있는데, 이러한 행동을 하지 않게 해야 한다. 홍수법은 불안 관련 장애에 특히 효과적이며, 다양한 유형의 공포증이나 외상 후 스트레스 장애 등과 관련된 행동치료에 활용되고 있다.

3) 수용전념치료

행동치료의 역사를 보면, 1950년대에 자극과 반응 간의 조건형성을 통해서 행동을 수정하기 위한 행동치료는 제1세대라 할 수 있으며, 1970년대에 자동적 사고와 역기능적인 인지적 오류를 확인하고 수정하기 위한 인지행동치료를 제2세대로 볼 수 있다. 1990년대에 들어와서는 명상기법을 반영한 제3세대 행동치료 접근이 제시되었다. 제3세대 행동치료 접근에서는 이전과는 달리 마음챙김, 수용, 영성, 명상, 정서표현, 지금 여기에 존재하기 등을 강조하고 있다. 제3세대 행동치료가 다루고 있는 핵심주제들은 심리적 건강에 대한 관점, 상담의 수용 가능한 효과에 대한 관점, 수용, 마음챙김, 일상 삶의 가치에 대한 인식 등이다(Spiegler, 2016).

행동치료의 제3세대 접근에 대표적인 것으로 수용전념치료(Acceptance Commitment Therapy: ACT)를 들 수 있다. ACT는 관계틀 이론(Relational Frame Theory: RFT; Hayes, Bames-Holmes, & Roche, 2001)에 기반을 둔 것으로 인지행동치료의 새로운 심리치료 모델이다. 관계틀 이론에서는 사람들이 어릴 적부터 사회관습에 따라 사건을 서로 관련짓는 것을 배운다고 가정한다. 이러한 상호관계의 망으로 구성된 관계틀이 인간의 행동을 지배한다. 관계틀은 인간언어와 인지의 핵심을 이루고 있어 인간은 관계틀을 통해 직접 경험하지 않은 것에 대해서도 무엇인가를 배울 수가 있다. 어떤 것이 날카롭다는 것을 직접 만져 보지 않아도 인간은 그것을 이해한다. 이러한 방식으로 인간은 환경 내에 있는 대상이나 생각, 감정, 행동을 환경 내에 있는 다른 대상이나 생각, 감정과 다양한 방식으로 관련지을 수 있게 된다. ACT는 인간의 마음이 관계틀의 이론처럼 기능한다고 가정한다.

ACT에서는 사람들이 삶에서 다양한 문제를 항상 안고 살아갈 수밖에 없다고 가정한다. 사람들이 심리적 문제에 대해 괴로움을 호소하며 이를 극복하기 위해 다양한 방법을 사용해 왔는데, 이러한 방법들이 오히려 문제를 악화시킬 수 있다고 주장한다. 관계틀로 인해 사람들은 자신의 문제와 관련되어 있는 많은 것을 만들어 낼 수 있다. 그래서 ACT에서는 사람들의 괴로움은 심리적인 늪과 같아서 빠져나오려고 할수록 더 깊이 빠져든다고 한다. 사람들이 괴로움을 겪고 있다면, 즉 심리적인 늪에 빠졌다면 늪에서 탈출하기보다는 늪과 같이 지낼 수 있도록 도와주는 것이 중요하다.

ACT에서는 사람들의 삶의 진행방향을 변화시키기 위해 마음챙김, 수용, 가치에 초점을 둔다. 마음챙김(mindfulness)이란 경험을 관찰하는 한 가지 방법으로, 목표에 주의를 기울이며 비판단적으로 지금 이 순간의 경험을 자각하는 것이다(Kabat-Zinn, 2003). 이는 기존에 만들어진 관계틀 내에서 자신이 어떤 생각을 하고 있는지를 관찰함으로써 새로운 방식으로 자신의 생각을 보는 법을 배우는 것이다. 수용(acceptance)은 내적 경험에 반응하는 방식으로 문제로 인한 고통을 비판단적으로 마주하며 받아들이는 것이다. 고통은 제거하려고 하면 더 증폭되고 소용돌이에 휘말려 빠져나올 수 없게 될 수도 있다. 고통을 겪는 사람들의 입장에서는 이를 회피하고 싶겠지만 내면의 고통은 피한다고 피할 수 있는 것이 아니다. 고통을 회피하는 것보다 고통을 받아들이는 것, 즉 수용하는 것이 더 적응적일 수 있다. 가치(value)는 어떤 것에 순응하지 않고 융합되지 않으며 스스로 하는 선택을 의미한다. 사람들 자신이 스스로 선택한 삶, 즉 의미 있고 가치 있는 삶을 사는 것이 중요하다. 고통을 받고 있는 사람들은 고통이 줄어들 때까지 혹은 고통이 제거될 때까지 삶을 유보하는 경우가 있다. 자신이 영위하고 싶은 삶에 접촉하는 것은 지금 이 순간부터 시작할 수 있는 것이다. 인간의 마음이 의미 있는 삶을 방해한다고 하여도 마음을 관리하는 것보다는 가치 있는 삶에 기꺼이 참여하는 것이 더 바람직한 것이다.

수용전념치료는 사람들이 심리적 유연성을 갖도록 하는 것을 목표로 한다. 심리적 유연성(psychological flexibility)이란 현재 주어진 상황에서 가치 있는 목표를 추구하기 위한 행동의 변화를 추구하거나 지속하는 능력을 말한다(Hayes & Strosahl, 2005). 심리적 유연성은 여섯 가지 수용전념치료 과정을 통해 얻어질 수 있다.

- 수용: 경험을 회피하지 않고 있는 그대로 받아들이는 것을 말한다. 불안을 경험하는 사람들은 불안을 느끼고 고통을 경험하는 사람들은 고통과 싸우려고 하지 말고 놓아 버리는 것이다.
- 인지적 탈융합: 특정한 생각은 주어진 맥락 내에서만 특정한 사고나 행동과 연관되어 있다. 맥락을 바꾸면 사고의 형태를 변화시키지 않아도 생각을 바꿀 수 있다. '나는 우울하다.'라고 생각하는 것과 '나는 우울하다.'라는 생각을 하고 있는 자신을 보는 것은 다른 맥락을 제공한다.
- 현재에 존재하기: 현재 순간의 알아차림이 중요하다. 이는 더 직접적이고 반응적이며 덜 개념적이면서 덜 융합되어 있는 것이다. 현재 순간이 아니면 행동은 개념적이고 융합된 틀에 갇혀 새로운 가능성을 차단하게 만든다. 열린 자세로 마음챙김을 통해 현재 순간을 자각하는 것이 중요하다.

- **맥락적 자기**: ACT에서는 자기를 개념화된 자기, 지속적인 자각과정으로서의 자기, 관찰하는 자기 등 세 가지로 구분하고 있다. 개념화된 자기(conceptualized self)는 언어적 범주화와 평가의 대상으로서의 자기를 말한다. '나는 ~이다'와 같은 언어적인 자기이다. 개념화된 자기는 사람들을 괴로움의 늪에 빠뜨리는 가장 위험한 자기이다. 지속적인 자각(ongoing self awareness)은 자신의 경험을 현재 순간에 지속적으로 알아차리는 것이다. 개념적 자기와 유사하지만 평가적인 범주 대신에 기술적이고 비평가적이며 유연한 범주를 사용한다는 차이가 있다. 관찰하는 자기(observing self)는 맥락적 자기, 초월적인 자기, 영적인 자기 등 다양하게 불리는 것인데, 언어적인 관계의 대상이 아니며 내용에 기초한 자기인식이 아니기 때문에 직접적으로 기술하기가 어렵다. 관찰하는 자기는 자신이 어디에 있든지 따라다니는 것이며, 수용, 인지적 탈융합, 현재에 존재하기를 가능하게 해 주는 것이다.
- **가치 있는 방향 정의하기**: 이는 나침반을 제공하는 것처럼 사람들이 의미 있고 가치 있는 삶을 살도록 방향을 정하는 것이다. 가치는 이성적인 판단과는 다르다. 사람들은 자신들이 가진 문제에 대해 스스로 정의하고 해석하는 경우가 있다. 그 생각이 합리적인지 혹은 비합리적인지, 옳은 생각인지 혹은 틀린 생각인지 그것 자체는 중요한 것이 아니다. 무엇 때문에 그러한 생각을 하는지, 자신이 가고자 하는 삶의 방향에 어떤 의미가 있는 것인지를 생각해 보는 것이 중요하다. 가치 있는 방향으로 나아간다는 것은 좋은 삶을 살고 있다고 느끼는 것이 아니라 좋은 삶을 사는 것이다.
- **전념행동**: 전념행동은 한 사람이 완전하고 통합된 삶을 만들어 나가는 단계적인 행동과정이다. 전념의 의미는 한 사람이 가치에 따른 삶을 살아가기 위해 요구되는 행동에 지속적으로 몰입하겠다는 것이다. 또한 전념은 효과 없는 행동에 집착하지 않고 유연함을 지닌다는 것을 포함하고 있고, 행동에 대해 책임을 지겠다는 것을 내포하고 있다. 사람들 자신이 원하는 방향으로 나아가는 과정은 네 가지 부분으로 이루어진다. 가치에 접촉하기, 가치의 방향으로 나아가기 위한 목표를 개발하기, 목표를 달성하기 위해 구체적 행동 취하기, 행동의 내적 장애물과 접촉하여 함께 진행하기 등이다. 전념행동 패턴 만들기는 직면이나 기술 습득, 행동조성 등과 같은 행동변화 기법을 통해 선택된 가치와 관련이 있는 효과적인 행동패턴을 개발하는 것이다.

4   인지적 상담이론

　한 개인의 심리적 측면은 크게 사고, 행동, 감정의 영역으로 구분된다. 이 세 가지
는 인간의 심리적 특성과 상태를 확인하는 데 중요한 부분으로서 심리학자들이 오
랜 세월에 걸쳐 끊임없이 관심을 두는 주제이다. 개인의 사고, 행동 및 감정은 각각
독립적으로 기능하는 것이 아니라 상호 영향을 주고받으면서 역동적인 관계를 맺
고 있다. 특히 인지치료에서는 이들 간의 관계에 관심을 둔다. 즉, 개인의 부정적인
사고방식이나 왜곡된 사고는 개인의 심리적 특성인 행동과 감정에 영향을 준다고
주장한다. 인지치료에서는 이 세 가지 요소 중에 사고에 가장 초점을 두고 개인의
사고에 의해 감정과 행동이 결정된다는 인지적 결정론에 토대를 두고 있다.

　인지적 결정론이란 개인의 심리 상태나 심리적 증상의 원인으로써 개인의 사고방
식이나 신념체계를 주된 것으로 본다는 것이다. 이와 같이 우리의 감정이나 행동에
우리의 사고가 중요한 역할을 한다는 점은 우리 일상생활에서의 경험에서도 자주
드러난다. 예를 들어, '발상을 바꾸면 세상이 달라진다.'라든지, '생각을 바꾸면 인
생이 달라진다.' '모든 것은 생각하기 나름이다.'라는 상징적인 문구에서도 알 수 있
다. 이 외에도 사람들은 동일한 상황에 처하거나 동일한 생활사건을 경험했다고 하
더라도 이들의 주관적인 경험이나 상황에 대한 평가가 판이하게 다르게 나타나는
경우를 우리는 많이 보게 된다. IMF 시기에 갑작스러운 실직을 경험한 두 사람의 예
를 들어 보자. 한 사람은 실직을 당한 이후 심한 좌절감과 자괴감에 전혀 새로운 취
업의 시도를 하지 않고 모든 것이 끝나 버렸다는 절망감에 휩싸여 있다. 반면, 다른
한 사람은 실직을 당한 직후에는 심리적 충격으로 어느 정도 우울감에 빠져 있었으
나, 이후 곧바로 다른 직장을 찾아보려는 시도를 열심히 하고, 동시에 재충전의 기
회로 삼고자 야간 대학원에 진학을 하기도 했다. 실직이라는 동일한 스트레스에 대
해 이 두 사람의 대처행동은 두드러진 차이를 보이며 그 이후의 적응 양상은 극단적
인 차이를 보인다. 동일한 실직 경험을 당한 경우에라도 전자의 경우에는 부정적인
생활사건이 그 사람의 맘속에 잠재 되어 있는 부정적인 사고체계를 자극했고, 이러

한 부정적인 사고체계는 평소보다 더 활발하게 기능을 하여 실직이라는 경험에 대한 부정적인 해석과 평가에 영향을 주고 더 나아가 이 개인의 주위를 바라보는 시각이나 자신에 대한 평가 그리고 미래에 대한 평가에도 심각하게 영향을 주게 되었다. 당시 자신이 이런 사회적 상황에서 예기치 못한 실직을 당했다고 객관적인 현실을 있는 그대로 지각하기보다는 실직을 당하는 것을 보니 분명 능력에 문제가 있다는 것 등과 같이 이제 끝장이라는 부정적인 방향으로 생각을 극단적으로 발전시키는 것이 바로 문제이다. 즉, 부정적인 경험 자체보다도 이를 해석하고 평가하는 틀에 문제가 있거나 이러한 틀이 왜곡되어 있으면 부정적인 경험뿐만 아니라 긍정적인 경험까지도 다른 사람들이 지각하는 것처럼 지각하지 못하게 만든다. 후자의 경우에는 실직이라는 부정적인 경험에 대해서 오히려 긍정적인 평가를 했을 가능성이 높다. 예를 들어, 새로운 기회라는 생각, 재충전의 기회라는 생각 혹은 자신의 새로운 잠재능력을 확인할 수 있는 기회로 생각하는 것은 개인으로 하여금 보다 나은 방향으로의 변화를 꾀하려는 동기를 증진시키게끔 도움을 주었다.

인지치료에서 강조하는 바가 바로 이것이다. 개인이 경험하는 부정적인 사건이나 스트레스 자체가 개인으로 하여금 심리적 증상을 유발시키게 하고 심리적 고통을 지속적으로 겪게 만드는 것이 아니라, 개인이 경험한 상황을 해석하는 틀이 개인의 감정과 이후 행동을 결정하는 데 중요하다고 강조한다.

인지적 접근에서는 사람들의 감정과 행동은 모두 인지에서부터 나온다는 입장을 취한다. 즉, 사람들이 특정한 생각(예를 들어, 나는 무가치하다는 생각)을 하기 때문에 특정한 감정(예를 들어, 우울감)과 행동(예를 들어, 자포자기 행동)이 나온다는 것이다. 이에 따라 심리적 부적응을 겪는 사람들을 변화시키기 위한 가장 효율적인 방법은 그 사람의 생각을 변화시키는 것이 된다. 근본적인 원인으로서 개인의 잘못된 사고를 변화시키면 잘못된 행동과 감정은 따라 변화될 것이라고 가정한다.

인지치료는 인간과 심리치료에 대한 몇 가지 기본 가정과 철학적 입장에 근거하고 있다. 일반적으로 다른 상담 접근과는 달리, 인치지료는 단순한 치료 기법으로 이해되기보다는 인지치료가 근거로 삼고 있는 기본 가정과 철학적 입장을 이해하는 것이 실제 상담 장면에서 내담자를 이해하고 구체적인 치료 기법을 적용하는 데 도움이 될 것이다.

Beck은 인지치료의 철학적 근원을 그리스 시대의 스토아 철학에 두고 있다. 스토아 철학에서는 인간의 삶에 있어서 개인의 주관적인 인지적 경험의 중요성을 강조하는데, 이러한 의식적인 주관적 경험을 중시하는 현상학에 기초를 둔 철학적 견해는 현대에 이르기까지 이어지고 있으며, 특히 Adler, Horney, Sullivan 등의 정신분석적 심리치료자들에 의해서도 강조되었다.

주관적 경험을 중시하는 인지치료의 핵심은 내담자의 눈을 통해 비친 세상을 상담자가 이해하는 것이다. 인간 중심적 상담에서 내담자의 개인적인 경험을 중요시하고 이에 주위를 기울이는 것처럼, 인지치료에서도 내담자의 자기보고와 같은 주관적 경험에 대한 정보에 가치를 둔다. 인지치료에서 상담자의 역할은 내담자가 어떻게 세상을 인지적으로 받아들이고 있는지를 이해하고 이러한 개인의 인지가 어떻게 감정과 행동에 영향을 주는지를 살펴보고 궁극적으로 심리적 증상을 유발하는 데 기여하는 것으로 확인된 부적응적인 인지를 변화시키는 것이다.

1) 인지치료의 특징

인지적 상담이론은 1960년대 초에 등장한 상담 접근으로서 전통적인 여러 상담이론에 비해 두드러진 특징을 보여 준다. 구체적으로 전통적인 각 상담 접근들과 비교해 볼 때 정신분석적 상담이 주로 장기적인 회기로 이루어지는 반면에, 인지적 상담은 상대적으로 단기 혹은 중기 상담으로 대표된다. 또한 인간 중심적 상담이론이 구체적인 문제해결에 초점을 두지 못한다는 단점이 지적되고 있는 것에 비해, 인지치료 혹은 인지행동치료는 상담목표가 보다 구체적이고 명확하다는 상대적인 장점을 갖고 있다. 아울러 행동치료와 비교해 볼 때, 인지치료에서는 외현적으로 표현된 행동에만 초점을 두고 상담목표를 설정하기보다는 심리적 증상의 보다 근본적인 원인으로 평가되는 개인의 심층적인 사고방식이나 신념체계를 다루므로 다양한 형태의 증상 표현을 포괄하여 변화시킬 수 있으며 그 효과가 보다 지속적일 가능성이 높다.

정신분석이론은 인간 심리에 대한 심층적인 이해와 분석을 가능케 해 준다는 장점에도 불구하고 분석과정에서 사용되는 주된 개념들이 추상적이고 모호하며, 과학적인 검증이 제한되어 있다는 점, 치료 효과에 대한 경험적인 검증이 어렵다는 점, 그리고 앞서 언급한 치료기간이 길다는 단점들이 지적되고 있다. 이에 반해서 행동치료는 구체적이고 체계적인 치료 기법의 개발에도 불구하고 치료 기법의 적용 범위가 제한되어 있고 다양한 심리적 장애의 원인에 대한 설명력이 부족하다는 점이 주된 비판내용이다. 아울러 인간 중심적 상담은 상담에서 중요한 기초 작업으로서 촉진적인 관계 형성에 필수적인 상담기법들을 확립한 공헌에도 불구하고 적극적인 문제해결 과정이 부족하다는 점이 제한점으로 평가되고 있다.

2) Beck의 인지치료

1960년대 우울증에 대한 인지치료이론을 체계적으로 확립한 A. Beck은 원래 정신분석적 훈련을 받은 정신과 의사로서 임상 장면에서 우울증 환자들의 사고와 꿈을 조사하면서, 정신분석에서 말하는 부정적인 감정의 내사 현상으로 우울증을 설명하기보다는 실패나 상실과 관련된 생각들이 뿌리 깊이 박혀 있다는 점을 임상적 관찰과 실험적 검증을 통해 확인하게 되었다. 우울증 환자들이 비현실적이고 왜곡된 부정적 사고들을 두드러지게 많이 가지고 있으며, 이러한 부정적인 사고들이 우울 증상을 유발하고 이를 지속시키는 데 중요한 기여를 한다고 주장하였다. 우울증에 대한 인지적 이론이 체계화됨에 따라 그 이후에 인지치료는 우울증뿐만 아니라 공포증, 공황장애, 범불안장애, 강박증, 건강염려증, 섭식장애, 약물장애 등 폭넓은 심리적 장애를 이해하는 데 아주 유용한 이론적 체계로 발전되었다. 또한 최근에는 성격장애 및 정신분열증의 치료와 부부상담에 이르기까지 그 적용 범위가 확대되어 가고 있다.

Beck에 의하면 인지치료는 다음과 같은 기본적인 가정에 기초하고 있다(Beck, Rush, Shaw, & Emery, 1979).

- 인간의 감정과 행동은 객관적인 현실보다는 주관적 현실에 의해 결정된다.
- 이러한 주관적 현실은 객관적 현실에 의해 수동적으로 주어지는 것이라기보다는 객관적 현실에 대한 인간의 능동적인 구조화 과정에 의해 이루어진다.
- 인간의 주관적 현실은 사고와 심상 등 인지적 내용에 반영된다.

- 인지 내용은 자기 자신, 자신의 과거와 미래 그리고 주변세계에 대한 현상학적 장을 구성한다.
- 인간의 심리적 고통과 정신병리는 이러한 현상학적인 장, 즉 인지내용이 현실을 부정적으로 왜곡하는 데에 기인한다.
- 부정적으로 왜곡된 인지내용은 심리치료를 통해 내담자가 의식할 수 있다.
- 인지적 내용의 변화를 통해서 감정 및 행동이 변화될 수 있다. 즉, 왜곡된 역기능적 인지의 교정을 통해서 심리적 증상이 호전될 수 있다.
- 효과적인 치료를 위해서 치료는 내담자와 협조적인 동반자적 관계를 형성하는 것이 바람직하다.
- 효과적인 치료는 심리적 증상의 완화 및 제거뿐만 아니라 내담자로 하여금 스스로 심리적 문제를 해결할 수 있는 능력을 길러 주는 것이다.

앞서 제시된 바와 같이, 인지치료에서는 효과적인 치료를 위해 상담자와 내담자의 관계 형성에 있어서 협동적인 경험주의(collaborative empiricalism)를 강조한다. 이는 내담자 자신의 주관적 경험이 내담자를 이해하는 데 핵심적인 부분이므로 내담자의 적극적인 상담과정에의 참여와 개입이 없이는 성공적인 치료 효과를 기대하기 어렵기 때문이다. 내담자와 치료자는 공동의 목표를 향해 함께 노력하는 동반자적 관계라고 이해된다. 이러한 동반자적 협동관계 속에서 내담자가 지니고 있는 자신과 세상 그리고 미래에 대한 생각들이 얼마나 현실성이 있는지, 얼마나 객관적인지, 얼마나 논리적인지를 실증적으로 검증하고 확인해 나가는 작업이 이루어진다.

아울러 인지치료는 자가치료의 철학을 강조한다. 인지치료에서 상담자는 내담자의 당면 문제를 해결하는 데 도움을 줄 뿐만 아니라 더 나아가 보다 근원적으로 내담자 스스로 자신이 겪고 있는 문제를 이해하고 해결해 나갈 수 있는 방법을 제공해 주고 이끌어 간다. 이러한 과정을 통해서 내담자는 자기치유능력이 증가되기도 하고 재발의 가능성을 줄이고 상담의 치료 효과를 보다 오랫동안 지속시키게 된다. 따라서 인지치료는 때로 심리교육적인 모델에 근거한 심리치료라고 불린다.

인지치료의 보다 구체적인 특성과 상대적인 강점을 요약하면 다음과 같다.

- 인지치료는 적극적이고 시간제한적이며 구조화된 치료 기법이다.
- 인지치료는 상담자와 내담자 간의 동반자적이고 협력적인 치료관계 속에서 이루어진다. 치료자는 인지치료의 원리를 내담자에게 교육시키고 치료를 구조화하여 이끄는 적극적인 역할을 수행한다.
- 심리교육적인 모델에 근거하며 인지치료의 기본 이론과 원리를 내담자에게 설명하고 이해를 돕는다.
- 자가치료를 지향하여 개인의 현재 문제해결뿐 아니라 미래에 부딪힐 수 있는 문제에 대한 인지적 적응능력을 배양함으로써 심리적 증상의 재발을 막아 준다.
- 과거보다는 현재의 생활에 초점을 맞춘다.
- 과제나 숙제들을 활용함으로써 치료 장면 밖에서도 내담자 스스로 치료적 노력을 기울일 수 있도록 한다.

이러한 특징에 기초하여 인지치료는 다음과 같은 장점이 있다. 인지치료는 시간제한적인 단기치료로서 경제적이며, 개인의 성격 및 심리적 증상 그리고 이러한 측면에서의 변화에 대해 체계적이고 구체적인 이론에 기초를 두고 있다는 강점이 있다. 또한 다른 상담 접근에 비해 다양한 심리적 증상의 치료 효과에 있어서 효과가 지속적이라는 장점이 있다. 다른 상담에 비해 구조화되어 있고 구체적인 치료 기법을 포함하고 있다. 또한 다양한 객관적인 평가 도구와 효과검증을 위한 연구 방법들이 체계적으로 확립되어 있다는 점도 장점으로 꼽는다.

Beck의 인지치료이론에서 가장 핵심이 되는 개념은 자동적 사고, 역기능적 인지 도식, 인지적 오류이다. 이 세 가지 개념은 Beck의 심리적 증상에 대한 모델에서 기초가 되는 개념이다. 자동적 사고는 부정적인 생활사건으로부터 심리적 증상이 유발되게끔 하는 직접적인 매개 역할을 하는 것으로써 기본적으로 보다 근본적인 역기능적인 신념에 기초한 생각들이다. 역기능적 신념 혹은 비합리적 신념들에 비해 보다 의식 위로 떠올라 있는 생각들로써 현재의 감정 상태와 행동과 일치되는 내용들이며 자동적으로 의식에 반복적으로 떠오르는 생각들이다. 사람들이 경험하는 심리적 문제는 스트레스 사건을 경험했을 때 자동적으로 떠오르는 부정적인 내용의 생각들로 인해 직접적으로 발생하는 것이다.

전형적으로 우울 증상을 경험하는 사람들의 자동적 사고는 크게 세 가지 내용으로 구성되어 있는데, 이를 인지 삼제(cognitive triad)라 한다. 첫째는 자기에 대한 비관적 생각(예를 들어, '나는 무가치한 사람이다.')이고, 둘째는 앞날에 대한 염세주의적 생각(예를 들어, '나의 앞날은 희망이 없다.')이며, 셋째는 세상에 대한 부정적 생각(예를 들어, '세상은 살기가 매우 힘든 곳이다.')이다. 이러한 생각들을 자동적이라고 표현하는 이유는 자신도 모르게 떠올려지기 때문이다. 자신의 의지와는 상관없이 부지불식간에 생각들이 떠오르게 된다는 것이다.

자동적 사고는 어떻게 생겨나는 것인가? 사람들은 살아가면서 자기 나름대로 자기와 세상을 이해하는 틀을 갖게 된다. 이는 인지도식이라고 표현하는 일종의 사고의 틀로 어린 시절부터 축적되어 온 개인적인 경험에 기초해서 형성된다. 만약 개인의 인지도식의 내용이 부정적인 경우에는 동일한 사물을 보거나 동일한 사건을 경험하고도 다른 사람들에 비해 상대적으로 더 부정적인 경험을 많이 하게 될 가능성이 높다. 이처럼 개인의 적응에 방해가 되고 부적응적인 양상을 유발시킬 가능성이 있으므로 이를 역기능적 인지도식이라 부르는데, 이는 심리적 문제를 초래하는 근원적 역할을 한다. 개인이 특정적으로 갖고 있는 역기능적 인지도식인 역기능적 신념 체계는 개인으로 하여금 특정 생활사건에 취약하게 만들어, 개인이 이러한 상황에 직면했을 때 이전까지 잠재되어 있었던 역기능적 신념들이 활성화되어 개인의 판단과정 및 정보처리과정에 영향을 주게 된다.

역기능적 신념이란 Ellis의 비합리적 신념과 유사한 것으로서 부정적인 생활사건에 대한 해석적인 내용인 자동적 사고와는 달리 삶에 대한 일반적인 신념이나 원칙 혹은 태도이다. 또한 이것은 Ellis의 비합리적 신념과 마찬가지로 절대주의적, 당위적, 이상주의적, 완벽주의적이고 융통성이 없는 내용들이다.

특히 Beck은 우울증과 관련성이 높은 두 가지 유형의 역기능적 신념을 확인하였는데, 사회적 의존성(sociotropy)과 자주성(autonomy)이다. 사회적 의존성이 높은 사람들은 특히 대인관계에서의 상처나 거부 경험에 의해 우울증이 유발될 수 있을 정도로 이런 유형의 생활사건에 취약하다. 그 이유는 '다른 사람의 사랑 없이 나는 행복해질 수 없다.'는 것과 같은 대인관계에 지나치게 의존적인 내용의 역기능적 신념을 갖고 있기 때문이다. 또한 자주성이 강한 사람들은 개인적인 성취가 좌절되었을 때 가장 영향을 많이 받는 사람들로서 '인정을 받으려면 항상 일을 잘해야만 한다.' 등의 완벽주의적 혹은 성취지향적인 내용의 역기능적 신념을 강하게 갖고 있다.

역기능적 인지도식은 자동적 사고를 발생시키는 역할만 하지는 않는다. 그것은 인지적 오류를 발생시키기도 한다. 여기에서 인지적 오류(cognitive errors)란 현실을 제대로 지각하지 못하거나 사실 또는 그 의미를 왜곡하여 받아들이는 것을 뜻하는 용어이다. 인지적 오류란 정보처리과정에서 범하는 오류로서 우리가 들어 온 정보를 논리적으로 처리하는 데 문제가 발생한 것이다.

Beck의 인지치료이론에서는 개인의 임의적인 추측을 사실 또는 현실과 혼동하는 것은 일종의 오류 또는 잘못이며, 사람들이 이러한 오류를 많이 범할수록 심리적 문제를 겪게 될 가능성이 더 커진다고 본다. 인지적 오류에는 여러 가지 종류가 있다.

- **과잉 일반화:** 한 가지 경험이나 예에 근거하여 모든 판단을 내려 버리는 것이다. 특히 우울한 사람들은 한 가지 나쁜 점을 보고 전체를 나쁘게 생각하거나 현재 나쁜 점이 앞으로 계속 연장되리라고 생각하는 경향이 많다. 예를 들어, 한 번 실수를 한 것을 가지고 '내가 하는 일은 뭐든지 안 돼.'라는 결론을 내리는 경우이다.
- **선택적 주의:** 모든 일의 특정한 면, 특히 경험의 부정적인 측면에만 주의를 기울이는 것이다. 모든 일에는 부정적인 면과 긍정적인 면이 함께 있기 마련인데, 우울한 사람의 경우는 나쁜 면에만 주의를 기울이고 신경을 쓰는 경향이 있다.
- **이분법적 추론:** 극단적으로 생각하는 것이다. 일종의 흑백논리에 근거하여 생각하는 것으로 모든 일을 '흑 아니면 백' 혹은 '유 아니면 무'라는 두 가지 극단으로 나누어 판단하는 것이다.
- **개인화:** 주변의 모든 일이 자신의 탓이라고 생각하는 것이다. 자신과 거의 관계가 없는 일에도 책임을 느끼고, 특히 일이 잘못되었을 때는 아무도 탓하는 사람이 없어도 자신 때문에 일이 잘못되었을 거라는 생각을 한다.

4. 인지적 상담이론 161

3) Ellis의 합리적 정서행동치료

합리적 정서행동치료(Rational Emotive Behavior Therapy: REBT)는 인지와 정서, 행동이 서로 영향을 미치며 상호작용한다는 인지행동 접근에 기초한 것이며(Ellis, 2014), 인지행동적 상담이론들 중 가장 먼저 출현한 것인 동시에 가장 널리 알려져 있기도 하다. Ellis에 의하면, 사람들이 정서적 문제를 겪는 이유는 구체적인 사건들 때문이 아니라 그 사건을 지각하고 받아들이는 방식이 잘못되었기 때문이다. 즉, 어떤 사건을 자신이 이미 가지고 있는 기존의 생각들에 비추어 비합리적으로 해석하기 때문에 그 결과로 정서적 문제를 경험하게 된다는 것이다. 이러한 왜곡되고 잘못된 생각의 뿌리에는 비합리적인 신념들이 깔려 있다고 본다. 어떤 사건을 해석하는 방식이 비합리적일 경우 정서적 문제는 불가피해지며, 사람들이 겪는 심리적 문제의 기저에는 합리적이지 못한 생각들이 깔려 있다는 것이다.

REBT에서 중요하게 다루는 것은 개인이 지닌 비합리적인 신념인데, 어떤 생각이 합리적인지, 아니면 비합리적인지의 여부를 판가름하는 데에는 두 가지 기준이 적용된다. 첫 번째 기준은 융통성이다. '모든' '항상' '반드시' '꼭' '결코' '당연히' '~이어야만' 등과 같은 표현이 들어가는 생각들은 융통성이 없어서 비합리적이라 할 수 있다. 예를 들어, '나는 모든 사람으로부터 반드시 인정을 받아야만 한다.'라는 생각은 비합리적이다. 그 이유는 이러한 생각이 어떠한 예외도 인정하지 않고 융통성이 결여된 것이기 때문이다. 두 번째 기준은 현실성이다. 사람들이 가진 어떤 생각들은 현실적으로 실현하는 것이 불가능하다. 사람들은 흔히 '인간적으로 가치 있는 사람이 되려면 매사에 유능하고 완벽해야 한다.'라는 생각을 한다. 그런데 문제는 그것이 현실적으로 불가능하다는 데 있다. 사람들 개개인의 인간적인 가치는 현실 속에서 달성 가능한 목표를 향해 꾸준하고 성실한 노력을 기울이는 데서 찾을 수 있는 것이지 완전과 완벽에서 찾아지는 것이 아니다. 따라서 현실적이지 못한 생각들은 개인으로 하여금 긍정적인 동기 부여를 해 주기보다는 오히려 심리적 좌절과 고통만 초래할 뿐이다.

Ellis(2011)는 자신을 비난하게끔 만드는 세 가지 비합리적 신념을 제시하였다. 첫째, 자신에 대한 당위성으로 '나는 언제나 잘해야 하고 타인들로부터 사랑과 인정을 받아야 한다.'는 것이다. 둘째는 타인에 대한 당위성으로 '다른 사람들은 언제나 나를 공정하고 친절하게 잘 대해야 한다.'는 것이다. 셋째는 세상에 대한 당위성으로 '세상은 언제나 내가 원하는 방식대로 편안하고 만족스럽게 유지되어야 한다.'는 것이다. 사람들이 삶의 과정에서 어려움을 겪는 이유는 이러한 비합리적 신념으로 인해 정서적인 혼란을 경험하기 때문이다. 정서적 문제로부터 벗어날 수 있기 위해서는 어떻게 해야 하는가? 이에 대한 엘리스의 답은 비합리적 신념들을 합리적인 신념들로 대체해야 한다는 것이다. 사람들을 심리적으로 괴롭게 만드는 것은 사건 자체가 아니라 그들이 가진 생각이다. 정서적 문제에 깔려 있는 비합리적 생각들을 확인하고, 그것들을 보다 합리적인 생각들로 대체해 나가는 과정이 바로 합리적 정서 행동치료의 핵심이 된다.

합리적 정서행동치료의 이론은 간략하게 A-B-C 모델이라고도 불린다. 심리적 증상에 대한 이해를 도와주는 이 기본적인 모델에 치료 과정에 대한 부분까지 포함시킨 것이 바로 'ABCDE 모형'이다. 여기에서 A는 내담자가 경험한 문제 상황이나 선행 사건(Antecedents), B는 문제 상황과 관련된 내담자의 신념(Beliefs), C는 선행 사건에 뒤따라 나타나는 것으로 내담자가 보고하는 정서적 또는 행동적 결과(Consequences), D는 비합리적 신념에 대한 상담자의 적극적인 논박(Disputes), 그리고 E는 비합리적 신념을 논박 또는 직면한 결과(Effects)이다.

이 모형에서 핵심이 되는 것은 두 가지이다. 하나는 A-B-C 간의 관계인데, 내담자가 겪는 심리적 문제(C)는 선행 사건(A) 때문이 아니라, 그 사건에 대해 내담자가 가지는 신념체계(B) 때문이라는 것이다. 두 번째는 D-E 간의 관계이다. 상담의 과정에서 상담자는 내담자의 비합리적 신념(irrational Beliefs)의 부당성을 적극적으로 논박(D)하여 그것을 합리적인 신념(rational Beliefs)으로 변환시킴으로써 정서적 건강을 되찾게 하는 효과(E)를 얻는다는 것이다. ABCDE 모형에 근거하여 실제로 상담을 진행하는 절차를 요목식으로 정리하여 제시하면 다음과 같다.

① 합리적 정서 치료의 기본 철학 및 논리를 내담자가 믿도록 설명하고 설득하기
② 상담 면접 과정에서 내담자의 자기 보고 및 상담자의 관찰을 통해 비합리적 신념을 발견하고 규명하기
③ 내담자의 비합리적 신념에 대한 상담자의 직접적인 논박 및 합리적 신념의 예시 또는 시범 보이기

④ 비합리적 신념을 합리적 신념으로 대치시키기 위한 인지적 연습 반복하기

⑤ 합리적 행동 반응을 개발·촉진시키기 위한 행동 연습하기

비합리적 신념을 논박하는 구체적인 방법에는 여러 가지가 있다. 지적이나 설득, 비현실적 생각에 대한 논박, 독서치료, 내담자의 언어표현 대체하기 등의 인지적 기법들과 문제 장면에서의 역할 연습, 합리적 정서 상상, 수치심 수용 훈련 등과 같은 정서적 기법, 실생활 관련 과제물 주기, 체계적 둔감화, 모델링 등과 같이 행동변화를 강조하는 행동적 기법들이 있다.

4) 강점기반 인지행동치료

강점기반 인지행동치료(Strengths-Based CBT: SB-CBT)는 Beck의 인지치료를 기반으로 Padesky와 Mooney(2012) 등이 제안한 인지행동치료이다. 이는 내담자의 강점을 부각시키는 것이 상담효과를 높이는 데 도움이 될 것이라고 생각하고, 내담자의 고통이나 어려움을 감소시키는 데 초점을 두지 않고 행복이나 탄력성, 이타성, 마음챙김 등과 같은 내담자의 긍정적 특성을 개발하는 데 주안점을 둔다. 내담자들은 자신들이 고민하고 있는 문제를 다룰 때 보다 흥미를 느끼고 관심을 갖는 영역에서의 문제들에 대해 더 적극적으로 잘 대처하는 경향이 있다. 따라서 내담자들로 하여금 긍정적인 경험들에 대한 대처 전략을 확인하고 이를 문제 영역으로 가져와 활용하게 하는 것이 상담의 효과를 높일 수 있다는 것이다.

SB-CBT는 내담자의 탄력성 개발을 위한 네 가지 단계를 제시하였다(Padesky & Mooney, 2012). 첫 번째는 탐색의 단계로 내담자의 강점을 탐색하는 것이다. 내담자들로 하여금 일상활동에서 자신의 강점을 찾도록 하는 것이다. 두 번째는 구성 단계로, 일상생활에서 접했던 장애물을 회상해 보고 이에 대해 어떻게 대처하였는지를 작성하게 하는 것이다. 내담자들이 문제를 해결하기 위해 했던 대처 전략들로 탄력성의 개인적 모형(Personal Model of Resilience)을 만든다. 세 번째는 적용 단계로서, 탄력성의 개인적 모형을 다른 어려운 것에 적용해 보는 것이다. 내담자들은 이전과 다른 방식으로 문제에 대처하는 방법을 배울 수 있다. 네 번째는 실천 단계로서, 개인적 모형을 다양한 유형의 문제해결에 적용해 보고 자신의 탄력성을 유지하도록

훈련하는 것이다. 이러한 단계들은 내담자의 긍정적 특성을 개발하는 데 폭넓게 적용될 수 있다.

5) Meichenbaum의 인지행동수정

인지행동수정(Cognitive Behavior Modification: CBM)은 내담자의 자기말(self-talk)을 변화시키는 데 초점을 둔 것이다(Meichenbaum, 2007). 이는 부정적 정서가 부적응적인 사고에서 나온 것이라는 인지치료의 가정에 기초하여, 내담자가 자기지시 훈련을 통해 자기말을 이해하는 것이 치료에 도움이 될 것이라고 가정한다. Meichenbaum은 내담자의 사고보다는 행동을 변화시키는 것이 더 쉽고 용이하다고 주장하며, 문제를 효과적으로 해결하기 위해 자기말을 교육하고 훈련시키는 것에 초점을 둔다. 내담자들이 문제에 대한 자기진술을 이해하고 자기진술을 수정하면 문제대처능력이 향상될 것이라는 것이다.

CBM에서는 3단계 행동변화 과정을 제시하고 있다(Meichenbaum, 1977). 첫 번째는 내담자들이 자신을 문제를 어떻게 진술하는지를 스스로 관찰하는 것이다. 내담자들이 자신의 진술과 행동을 살펴볼 수 있는 능력을 갖도록 민감성을 향상시켜 주는 것이 필요하다. 두 번째는 내담자들이 문제에 대한 다른 대안을 발견하고 이를 말로 표현하도록 하는 것이다. 내담자 자신이 겪는 고통이 무엇 때문인지를 인식하고, 자기말을 변화시켜 스스로에게 새롭게 행동하도록 말하는 것이다. 세 번째는 내담자에게 새로운 행동과 그 결과를 스스로 진술하게 하여, 자신이 배운 대처기술을 삶의 다른 영역에도 적용할 수 있도록 해 주는 것이다.

인지행동수정을 적용한 대표적인 것이 스트레스 면역 훈련(Stress Inoculation Training: SIT)이다. 이는 내담자가 스트레스를 받는 상황에 대한 자기말을 수정하여 스트레스에 대한 대처능력을 향상시키고자 하는 것이다. 내담자에게 스트레스를 유발한 상황을 상상하게 하고, 불안을 유발하게 만드는 생각을 확인한 다음, 이에 대한 자기진술을 변화시켜 불안을 감소시키는 것이다. 스트레스 면역 훈련에는 소크라테스 문답법이나 인지 재구조화 기법, 이완훈련, 행동시연, 자기 감시 및 강화 기법, 환경 상황의 수정 등과 같은 다양한 기법이 포함된다(Meichenbaum, 2008).

5 인간 중심 상담이론

　인간 중심 상담이론은 1940년대에 Carl Rogers에 의해 창시된 상담이론이다. 이 이론의 원래 명칭은 비지시적 상담이었는데, 이론이 발전해 나가는 과정에서 1970년대까지는 내담자 중심 상담으로 불렸고, 그 이후로는 인간 중심 상담으로 명칭이 바뀌었다. 인간 중심 상담이론은 문제해결을 위한 구체적인 상담기법보다는 내담자에 대한 상담자의 태도를 더 중요시한다. 그 이유는 인간 중심 상담이론이 나름대로 독특한 인간관에 기초하고 있기 때문이다.

　인간 중심 상담이론에서 그려지고 있는 인간은 정신분석 이론에서처럼 자신도 모르게 무의식에 의해 지배받는 것, 즉 심리적 결정론에 입각한 인간행동에 대한 이해와는 차이가 많다. 이 견해에 의하면 인간은 자기를 실현할 수 있는 기본적 동기와 능력을 선천적으로 가지고 태어난다고 가정한다. 단지 살아가는 과정에서 그러한 능력이 발휘되는데, 장애요인이 생기거나 이를 충분히 발휘하지 못하게 만드는 개인적인 요인 때문에 그것이 실현되지 못할 뿐이라는 것이다. 또한 이 이론에 따르면, 인간은 과거에 얽매인 존재가 아니라 미래를 추구한다. 즉, 과거의 경험을 통해 이미 형성되었다기보다는 자신의 가능성과 잠재력을 발견하고 실현할 수 있는, 따라서 그 무엇이든 될 수 있는 형성과정 중에 있는 존재라는 것이다.

　인간에 대한 이러한 관점은 단지 인간 중심적인 상담의 근간을 이루는 것뿐만 아니라 기본적으로 다양한 상담 접근에서 모든 상담자가 지녀야 할 기본적인 자질과 자세로 이해되고 있다. 따라서 이 이론은 모든 상담에서 상담자가 지녀야 할 기본적인 태도의 중요성을 강조하고 구체적으로 이러한 태도와 자질을 갖추기 위한 상담자의 노력과 시도에 대한 상세한 정보를 제공해 준다. 이런 의미에서 인간 중심적 상담이론에 대한 이해와 기법의 훈련은 상담에 관심을 가지고 이를 훈련받고자 하는 사람들에게는 상담 기법의 입문에 해당되는 과정이라고 할 수 있을 정도로 중요한 부분이다.

1) 기본 가정과 주요 개념

Carl Rogers의 인간에 대한 기본적인 관점은 인본주의적이다. 구체적으로 인간은 본질적으로 선하며 개인의 잠재능력을 실현하고자 하는 경향성을 선천적으로 타고났다는 가정이다. 따라서 개인을 이해하는 과정에서 병리적이고 부적응적인 측면보다는 잠재능력을 개발하고 실현하는 과정에 대한 관심이 필요하다고 강조하였다. 즉, 모든 사람은 이미 태어나는 순간부터 자신이 되고자 하는 그 무엇도 될 수 있는 가능성과 잠재력을 가지고 있다는 것이다. 어떤 사람이 현재 시점에서 좌절을 겪고 있다 하더라도, 그것은 가능성이나 잠재력이 부족해서가 아니라 자신의 가능성이나 잠재능력을 발견하지 못하고, 또한 여러 가지 장애요인에 의해 실현하지 못했기 때문이라고 본다.

실현 경향성을 심리적 문제를 이해하고 치료하는 데 적용시켜 보면, 인간은 본래부터 부적응상태를 극복하고 정신적 건강 상태를 되찾을 수 있는 잠재능력을 갖고 있다는 것으로 이해할 수 있다. 따라서 인간 중심적 상담에서 상담자는 전문적인 기법을 동원해서 내담자의 문제를 해결해 주는 것이 아니라, 내담자 스스로가 자신의 문제를 해결해 나가도록 촉진해 주는 역할을 한다. 왜냐하면 문제해결능력은 이미 내담자의 잠재능력에 포함되어 있기 때문이다.

Rogers는 현상학적 관점에 기초하여 상담과정에서 개인 중심적인 접근을 취한다. 현상학의 기본 가정은 우리가 사상을 어떻게 지각하고 이해하는가에 따라 우리의 행동이 결정된다는 것이다. 따라서 개인의 성격 및 행동에 대한 이해는 개인의 주관적인 경험을 확인함으로써만 가능해지며, 다르게 표현하면 개인의 현상학적인 장 혹은 현상학적인 자아를 이해해야만 가능해진다고 주장한다. 여기서 현상학적인 장(phenominological field)이란 과거가 아닌 현재 지금 이 순간(here and now)에 개인이 주관적으로 경험하는 세계를 말하며, 현상학적인 자아(phenominological self)란 개인이 '나'라고 부르는 현상학적인 장의 부분이다. 개인은 현재 자신의 현상학적인 장 속에서 자신에 대한 의미와 가치를 발견하는 것이 중요하며 과거 경험에 얽매여 힘들어하거나 그것의 영향을 과도하게 인식하는 것은 오히려 앞으로의 자기성장에 저해가 될 뿐이다. 특히 여기와 지금에서 사람들이 발견하는 의미가 그 개인이 원래부터 가지고 태어난 실현 경향성과 부합하는 것일 때 발전과 성장이 가능하다. 반대로 여기와 지금에서 발견하는 의미가 실현 경향성과 일치하지 않게 되면 심리적 문제가 발생하게 된다.

(1) 긍정적 자아개념의 확립

Rogers는 심리적으로 혹은 정신적으로 건강함의 척도로 긍정적인 자아개념의 획득을 중요하게 꼽고 있다. 개인이 성장하면서 지속적으로 체험하고 획득하는 주관적인 경험들은 이러한 개인의 자아개념의 확립에 중요한 역할을 한다. 건강함의 척도인 긍정적인 자아개념의 형성을 위해서는 개인의 성장 과정에서 경험하는 관계 형성을 통한 특정한 경험이 필수적이라고 강조하였다.

인간은 누구나가 긍정적인 자아개념을 갖고자 하는 욕구를 지니고 있다. 자아개념은 단기간의 경험을 통해 확립되는 것이 아니라 오랜 기간 동안의 세상 경험을 통해 이루어지며, 일단 개념이 확립이 되면 꽤 오랫동안 유지되는 성향이 있다. 자아개념의 형성에 영향을 주는 요인으로는 개인적인 성취 경험, 유능감, 자신감들이며, 타인들의 자신에 대한 평가나 태도에 의해서도 중요하게 영향을 받는다. 주위 사람들로부터 긍정적인 평가를 받을 수 있는 가능성은 자신을 둘러싼 주위 사람들에 대한 존중과 배려가 있을 때 증가될 수 있다.

또한 개인의 자아개념이 개인의 행동이나 적응과정에 중요한 의미를 지니는 이유는 일반적으로 사람들은 자신이 갖고 있는 자신의 자아개념에 따라 행동하는 성향이 있으며, 때로는 자신의 자아개념을 충족시키는 방향으로 행동을 하기 때문이다. 따라서 개인이 긍정적인 자아개념을 갖게 되면, 끊임없이 자기 성장 욕구를 충족시키고 자아실현을 향해서 동기부여를 할 수 있지만, 부정적인 자아개념을 갖고 있는 경우는 이러한 성장을 위한 노력이 어려워지게 된다. 쉽게 좌절하고 자신의 부정적인 평가에 그대로 적응해 버리고 변화에 대한 동기를 증가시킬 수가 없다.

인간 중심적 상담에서는 기본적으로 누구나가 성장을 향한 잠재능력을 타고났지만, 단지 이를 방해하는 개인적인 요인이나 외부적인 요인들 때문에 실현되지 못하고 있다고 주장한다. 따라서 개인이 심리적 문제나 증상으로 부적응적인 면을 보일 때, 개인이 가지고 있는 잠재능력 발휘를 막고 있는 요인으로 부정적인 자아개념이 존재한다는 것을 확인하게 되면, 구체적인 문제해결을 위한 작업보다는 근본적으로 부정적인 자아개념을 긍정적인 방향으로 회복하고 변화시키는 쪽으로 상담적인 노력을 집중시킨다. 특히 이러한 노력은 주로 내담자와 상담자 간의 관계 형성의 경험을 통해 이루어진다.

(2) 가치의 조건

가치의 조건(conditions of worth)이란 가치가 있고 없음을 규정짓는 외적인 조건들을 말한다. 외적으로 규정된 조건들에 들어맞을 때 가치가 있는 것이며, 반대로 그러한 조건들에 부합되지 않으면 가치가 없다는 말이다. 아이들이 자신에 대한 가치감 혹은 자아개념을 발달시켜 나가는 과정에서 결정적으로 중요한 것은 바로 어른들에 의해 부여된 가치의 조건들이다. 아이들은 자신도 의식하지 못한 사이에 이러한 가치 조건들에 길들여진다. 사회적으로 이미 정해진 행동 규범이나 가치관에 근거하여 판단하고 반응을 하는 것은 아이들을 바르게 교육시키고 사회 구성원으로서 사회의 가치관을 내면화시킨다는 점에서 중요하다.

한편, 아직 아이가 정규교육을 받기 전이라 사회적 가치관이나 행동 규범에 익숙지 않은 상황에서는 대부분의 아이들은 자신의 욕구에 따라 주로 행동하게 된다. 유아의 이런 행동에 대해 일반적으로 부모들은 자신이 성인으로서 내면화된 가치 기준이나 판단의 잣대로 아이의 행동을 판단하고 이에 반응을 한다. 문제는 아이는 아직 이것이 왜 나쁜 것인지 이해를 할 수 있거나 이를 학습하지 않은 상황에서 이런 경험을 하게 된다는 점에 있다. 또한 다른 한편으로는 유아나 아이들은 부모로부터 혹은 자신이 중요하게 여기는 사람들로부터 인정을 받고자 하는 욕구는 두드러지게 강한 상태이므로 이러한 가치관이 내면화되기도 전에 부모의 판단에 근거한 평가에 따르고 이에 적응해 나간다. 어떻게 보면 쉽게 가치관이 확립되는 것처럼 보일지는 모르지만, 이런 경우에는 어른에 의해 주입된 가치체계를 내면화시키는 결과를 초래하게 된다. 다르게 표현하면, 아이들은 자신의 욕구의 가치나 중요성을 인식하고 존중하기 이전에 부모가 기대하는 행동이나 가치관들을 먼저 수용하게 된다. 또한 부모 입장에서는 부모의 가치 기준에 맞는 아이의 행동은 수용하고 이를 벗어나는 행동에 대해서는 무시하거나 벌을 주게 된다. 이런 과정은 자칫 아이로 하여금 자신의 욕구가 중요하다는 인식보다는 벌 받지 않기 위해 외부적으로 주어진 가치의 조건에 자신을 맞춰 나가려는 노력부터 하게 된다. 자기 존재에 대한 가치감과 자신의 욕구를 스스로 존중하는 것은 인본주의적 관점에서 매우 중요한 부분이며,

긍정적인 자아개념을 형성하는 데 기초가 된다.

(3) 자기와 경험의 불일치

Rogers에 의하면 심리적 적응의 핵심은 개인이 자아와 체험 간의 일치를 이루는 것이라고 한다. Rogers는 심리적으로 완전하게 기능하는 사람들로서 자신의 체험과 자아를 적절하게 일치시키는 사람 그리고 자신의 체험에 개방적이고 순간순간에 충실한 사람들을 꼽았다.

앞서 사람들은 성장 과정에서 어른들의 가치 조건에 부합하는 방향으로 자기를 형성해 나간다고 하였다. 여기에서 중요한 것은 그러한 가치 조건들이 사람들이 원래 가지고 태어난 가능성과 잠재력을 실현하는 데 어떤 방식으로 작용하는가이다. 가치 조건과 개인의 실현 경향성이 일치되어 잘 조화를 이룬다면, 아이들에게 있어서 이보다 더 좋은 성장 토양은 없을 것이다. 아이들은 이런 성장을 촉진하는 분위기 속에서는 마음껏 자신의 가능성과 잠재력을 발견하고 실현해 나갈 수 있게 된다. 어떤 외적으로 주어진 가치 조건에 따라 욕구의 표현이 가능하거나 불가능한 것이 아니라, 기본적으로 자신이 되고자 하는 목표에 따라 자기를 표현하고 만들어 나가면 되는 것이다. 이런 과정에서 어른들의 역할은 이런 노력이나 시도가 좌절되지 않게끔 지지해 주고 동기를 부여해 주는 것이고, 스스로의 가치에 대해 중요한 인식을 잃지 않도록 도와주는 것이 중요하다. 이와 같이 개인의 성장 동기 및 욕구를 존중해 주는 것, 수용해 주는 것 그리고 나아가 지지하고 격려해 주는 것이 아이들의 잠재력을 실현하는 데 중요한 밑거름이 된다. 이와는 반대로 아이들에게 자신이 진정하고 싶은 것과 일치하지 않는 방향으로 외적인 가치 조건들이 강하게 작용하게 된다면 상황은 달라질 것이다.

예를 들어, 부모가 못 이룬 꿈을 자식이 이루어 주기를 바라면서 아들이 의사가 되기를 원하는 부모는 어릴 때부터 끊임없이 의사가 되기를 원하는 바람과 기대, 즉 아버지의 가치 조건을 아들에게 부여하게 된다. 아들은 자신의 장래희망이 의사라는 말을 너무나 자연스럽게, 마치 스스로도 원하는 것인 양 이야기하곤 한다. 그래야 부모의 기뻐하는 반응을 기대할 수 있기 때문이다. 자신이 커 가면서 스스로 흥미를 느끼고 가치를 느끼게 된 것은 컴퓨터 게임을 만드는 일임에도 불구하고 부모가 그런 일을 하는 것을 좋아하지 않는다는 것을 명확하게 알고 있었던 아들은 결국은 자신의 유일한 즐거움의 원천을 포기하고 의사가 된다. 그러나 그 이후의 생활이 만족스러울 리가 없다. 중요한 것은 자아와 자신이 실제로 체험하는 경험이 일치하지 않기 때문에 나타나는 부정적인 경험이다.

대부분의 경우 사람들의 자기개념은 부모들이 부여한 가치 조건에 의해 크게 영향을 받는다. 즉, 자라나는 아이들에게 부모의 가치 조건들을 부여하게 되면 아이는 그러한 가치 조건에 맞는 자기개념을 발달시킨다는 것이다. 그러나 외적으로 부여된 가치 조건에 따라 살아가게 되면 자기개념과 경험 간에 불일치가 생기기 쉽다. '여기와 지금'에서 경험되는 것들(예를 들어, 게임을 제작하는 것에 대한 주관적인 체험, 만족감과 흥미)과 자기개념(예를 들어, 의사가 되어 부모의 기대를 충족시키고자 하는 것)이 불일치되는 경험을 하게 된다. 이러한 불일치 경험이 많아질수록 '여기와 지금'에서 개인이 실제적으로 경험하는 것들은 중요하지 않은 것으로 무시되거나 잃게 되며, 이러한 과정이 반복될수록 자신의 경험을 개방적으로 받아들이고 충분히 체험할 수 없게 되고, 결과적으로 자아실현의 가능성이 줄어들고 심리적 문제와 부적응 현상이 두드러지게 된다.

2) 상담 진행 과정 및 상담기법

인간 중심적 상담의 목표는 내담자가 자기를 실현하도록 돕는 것이다. 대부분의 상담이론들이 내담자가 호소하는 심리적 문제를 해결하는 데 초점을 맞추는 것과는 달리, 인간 중심적 상담은 인간, 즉 내담자 자체에 초점을 맞춘다. 내담자가 현재 당면한 문제를 해결하는 것에 초점을 맞추거나 문제해결로 그치는 것이 아니라 현재 문제들과 앞으로의 문제들을 스스로 극복할 수 있도록 내담자들의 성장 과정을 촉진시켜 주는 것이 주된 상담목표이다. 이러한 목표를 수행하기 위해 가장 중점적으로 진행되는 상담과정은 바로 성장을 촉진시키는 데 도움이 되는 적절한 양육 환경을 만들어 주는 것이다. 이러한 환경이 제공되기만 하면 내담자들은 스스로 문제를 해결할 수 있는 능력을 발휘할 수 있다는 내담자에 대한 신뢰와 믿음이 기저에 있다.

내담자들이 자신의 경험을 부정하거나 왜곡하지 않고 있는 그대로 수용할 수 있게 되면 심리적 문제는 자연스럽게 해결될 수 있다는 것이다. 일반적으로 심리적 증상을 가진 사람들은 자신의 성취기준에 자신의 현재 수행이 미치지 못해 심리적으로 좌절되어 있고 자신에 대한 강한 부정적 자아개념에 빠져 있다. 이들은 성장 과정에서 가치 조건에 물들여져 위축되고 왜곡된 자기개념을 보다 현실적인 자신의 주관적인 경험에 맞춰 확장시키고 융통성 있게 변화시켜야 할 필요가 있다. 이런 변화 과정에서 내담자는 현실의 장에서 체험하게 되는 모든 경험을 위협이나 불안감 없이 자신의 것으로 받아들일 수 있다. 바로 여기와 지금에서 진행되는 모든 내적인 경험들을 왜곡 없이 수용할 수 있을 때, 비로소 내담자는 이제까지는 보지 못했던 자신의 순수하고 진실된 모습을 발견할 수 있게 된다. 자신의 진실한 모습을 발견하고 거기에서 중요한 가치를 발견하기 위해서는 자신에게 부여된 가치 조건들로부터 벗어나야 한다. 이 과정에서 주된 역할을 하는 사람은 바로 상담자로서 상담자는 내담자의 변화를 위한 촉진적인 노력을 이끌어 내야 한다. 구체적으로 상담자는 아무런 가치 조건도 부여하지 않고 내담자를 있는 그대로 존중하고 수용함으로써 내담자에게 부여된 가치 조건들을 없애 나간다.

상담자는 이러한 촉진적인 분위기를 형성하기 위해서 특정적인 관계 형성에 주력을 한다. 개인의 성장에 영향을 주는 관계의 특성으로는, ① 무조건적인 긍정적인 존중(평가 혹은 판단 없이 개인을 전적으로 수용하는 것), ② 공감적인 이해(개인의 사적인 경험세계를 이해하고 의사소통하는 것), ③ 진솔성(한 개인의 유기체 경험을 정확하게 의사소통하는 것 그리고 관계에서 성실하고 정직한 것) 등이다. 이는 인간 중심적 상담기법의 핵심이며, 뿐만 아니라 기본적인 상담관계 형성에 필요한 필수적인 상담기법으로 알려져 있다.

인간 중심적 상담은 기본적으로 내담자의 문제를 이해하기 위해서 내담자 개인의 주관적 체험과 경험에 주의를 기울인다. 내담자가 과거에 어떤 경험을 했고 최근에 어떤 부정적인 생활사건을 겪었는지 객관적으로 조사하는 것은 내담자의 문제를 이해하는 데 별로 도움이 되지 않는다. 동일한 상황을 경험했다고 하더라도 두 사람의 주관적인 체험은 극단적으로 다를 수 있다. 개인적으로 경험하는 주관적인 체험은 개인이 지니고 있는 자아개념이나 자아가 추구하는 목표와 비교되고, 이러한 비교과정에서 개인이 특이하게 경험하는 갈등이나 어려움들을 이해하기 위해 상담자는 노력한다.

이뿐만 아니라 상담자는 상담과정에서 내담자가 순간순간 어떤 경험을 하는지에 주의를 기울이고 이러한 개인적인 경험이나 표현에 대한 이해를 바탕으로 내담자의 현상학적인 세계를 이해하고자 한다. 내담자가 어떤 경험을 드러내고 어떤 감정을 표현하더라도 그 경험과 감정은 소중하고 가치로운 것이며, 존중받고 수용되는 분위기를 조성하게 되면, 내담자의 이러한 자기 노출과정은 점차적으로 활발해지고 깊이를 더해 간다.

상담자는 내담자가 자신의 내면에서 진행되는 경험과 접촉할 수 있도록 돕는 데 상담의 초점을 맞추어야 한다. 이를 위해 상담자는 내담자의 현재의 의식 내면에서 진행되고 있는 감정을 반영해 주는 것이 중요하다. 여기에서 반영이란 내담자의 마음에서 일어나는 갖가지 감정들을—내담자는 이를 명확히 자각하지 못하는 경우가 대부분이다—거울로 비추듯이 내담자에게 보여 주는 것이다.

이러한 과정에서 내담자는 자신의 감정과 생각 그리고 경험들로 이루어진 자신의 현상학적인 장을 보다 확장시켜 나가고 중요성을 인식하게 된다. 이전에 자신의 경험을 가치의 조건에 따라 그리고 외부적으로 주입된 자아의 모습에 따라 왜곡시키고 부인했던 모습을 자각하게 되면, 더 이상 자신의 진실한 모습에 대해 외면하지 않고 이를 직시하고 긍정적으로 받아들이려는 노력을 스스로 하게 된다. 따라서 내담자가 호소하는 혹은 직면한 문제는 이런 스스로의 변화 노력에 의해 자발적으로 문제해결 방법들이 모색되며, 현실적인 방안들이 선택되므로 해결 가능성이 실질적으로 높아진다. 이러한 변화는 단지 문제해결의 차원이 아니라 인간의 근본적인 성장 과정인 자아실현과 잠재력 개발의 동기를 촉진시켜 주는 과정으로써 상담의 장기적인 변화를 일으킬 가능성이 높다.

상담자가 내담자의 성장을 촉진시키는 것이 인간 중심적 상담의 핵심이라 할 수 있으며, 그것은 내담자를 대하는 상담자의 태도, 즉 상담관계를 통해 발현된다. 상담자가 어떠한 태도로 내담자와 관계를 맺어 나가느냐 하는 것이 내담자가 문제를 해결하고 심리적 성장을 이루는 데 핵심적 관건이 된다는 것이다. Rogers는 긍정적 성격 변화를 이루는 필요충분조건으로 다음과 같은 세 가지의 상담자 태도를 강조했다. 진실성, 무조건적 긍정적 존중, 공감적 이해가 바로 그것이다. 여기에서 필요충분조건이란 어떤 결과가 일어나기 위해서는 어떤 조건들이 반드시 필요하며, 그러한 조건들이 충족된다면 기대하는 결과는 충분히 일어난다는 것을 의미한다. 따라서 Rogers는 내담자의 심리적 문제의 해결과 인간적 성장을 위해서는 상담자의 이러한 세 가지 태도가 필요하며, 상담자가 내담자와의 관계에서 이러한 세 가지 태도

를 일관적으로 유지해 나갈 때 내담자의 긍정적인 성격 변화는 충분히 일어난다고
본 것이다.

(1) 공감적 이해

인간 중심적 상담자는 진실성과 무조건적 긍정적 존중의 태도를 유지하되, 보다
적극적으로 내담자에게 귀 기울이고 내담자의 반응을 되돌려 주는 것이 필요한데,
이것이 바로 공감적 이해를 통해 내담자와 소통하는 것이다. 이런 의미에서 공감적
이해는 인간 중심적 상담의 핵심적인 기법이다. 공감적 이해는 여기와 지금에서 나
타나는 내담자의 감정과 경험을 상담자가 민감하고 정확하게 이해하는 것을 뜻한
다. 즉, 내담자의 현재의 내면적 감정을 그것이 마치 상담자 자신의 감정인 것처럼
느끼는 것이다. 공감적 이해를 잘하기 위해서는 상담자가 내담자의 입장에 서 보는
것이 중요하다. 상담자의 가치관이나 사고방식에 근거하여 반응하게 되면 내담자
의 주관적인 경험을 이해하기가 어렵다. 또한 공감적인 이해는 내담자에 대한 일종
의 깊은 관심의 표현이다. 내담자가 꺼내 놓기 어려워하는 문제들이나 감정들에 대
해 귀 기울여 들어 주고 궁금한 점을 질문하고 확인해 나가는 과정에서 내담자는 상
담자의 진실한 관심을 느낄 수 있고 자신이 깊이 있게 이해받고 있다는 느낌을 경험
하게 된다.

(2) 무조건적 긍정적 존중

인간 중심적 상담이론에서 강조하는 무조건적 긍정적 존중이란 내담자라는 인간에
대한 끊임없는 관심, 조건을 달지 않는 긍정적 수용을 뜻한다. 사람들은 대개 다른
사람으로부터 인정이나 수용을 받기 위해 자신을 숨기거나 왜곡한다. 상담자는 내
담자가 심리적 생존을 위해 어쩔 수 없이 지니고 있었지만 실질적으로 자신을 성장
시키는 데 걸림돌로 작용했었던 가치 조건들로부터 벗어날 수 있도록 도와야 한다.
가치 조건의 해제에 있어서 핵심적인 것은 무조건적 긍정적 존중이다. 인간이라는
것만으로도 내담자들은 어떤 수치스러운 문제나 사회적으로 수용받기 힘든 상황에
빠진 경우라도 내담자의 감정과 경험을 있는 그대로 존중되고 수용되어야 하는 것
이다. 무조건적이라는 말은 내담자를 긍정적인 존재로 존중을 하되, 조건부적인 것
이 아니라는 것이다.

(3) 진실성

진실성이란 상담자가 내담자를 대함에 있어서 인간적으로 진실하게 솔직한 태도를 보인다는 것이다. 진실성에는 다음의 두 가지 측면이 있다. 첫째는 내담자를 대하면서 상담자가 무엇을 경험하는가이다. 이는 긍정적이기도 하고 부정적이기도 한 다양한 것일 수 있다. 그 내용이 어떤 것이든 간에 상담자는 내담자를 대하면서 드는 생각이나 느낌에 대해 솔직하고 충실해야 한다. 그것을 더하거나 빼지 않고 있는 그대로 느끼고 경험하는 것이 중요하다. 둘째는 내담자에게 무엇을 표현하는가이다. 이는 내담자와의 관계에서 느낀 것을 상담자가 표현하는 문제로서, 이때 진실성은 내담자에 대해 진솔하게 느껴진 것을 관계에서 있는 그대로 표현하는 것을 말한다. 진실성의 중요성은 자기와 경험 간의 불일치를 줄여 나가는 데 밑거름이 된다는 점에 있다. 상담자가 내담자를 진실하고 솔직하게 대하는 태도를 일관되게 유지하면, 내담자 또한 그것을 거울 삼아 자신의 경험에 대해서도 진솔한 반응을 보일 것이다. 따라서 상담자의 진실성은 내담자의 진실성을 촉진시키기 위한 모델이 되고 자극 요인이 되어 내담자 자신의 경험에의 개방과 접촉을 촉진하는 것으로 작용한다는 것이다. 내담자에 대한 상담자의 부정적 감정의 표현은 내담자의 성장에 긍정적인 기여를 할 수 있다는 확신이 필요하기도 하다. 상담자 자신의 경험이 왜곡되어 있거나 자신의 심리적 문제가 미해결된 상태에서 부정적인 감정들을 충동적으로 표현하는 것은 상담에 부정적인 영향을 당연히 초래하게 된다. 따라서 기본적으로 상담자의 진실성은 어느 정도 상담자의 인격적 성숙을 전제로 한다.

3) 동기강화상담

동기강화상담(Motivational Interviewing: MI)은 William Miller와 Stephen Rollnick이 1980년대 초에 개발한 내담자 중심 상담 접근이다. 내담자를 변화시키기 위해서는 내담자의 동기를 탐색하고 강화시키는 작업이 필요하다는 관점에서 시작된 것이다. 내담자들은 양가감정을 가지고 있는 경우가 많다. 무엇인가를 가지고 싶어 하지만 거부당할까 봐 쉽게 다가가지는 못한다. 내담자가 가진 양가감정을 해결하지 않으면 변화하기가 어렵다. 또한 내담자들이 변화하기 위해서는 자신들이 가진 문제를 다루기보다는 특정한 방향으로 인도하기 위한 동기부여가 필요하다. 따라서 동기강화상담은 내담자가 가진 양가감정을 해결하고 내면의 변화하려는 동기를 강화시키고자 하는 상담 접근 방식이다. 기본적으로는 인간 중심 상담의 접근과 유사하나 비지시적인 상담이 아닌 지시적인 상담 접근이다. 내담자를 특정한 방향으로 유도하기 위해 지시적인 방법을 사용한다. 이러한 동기강화상담은 처음 음주문제에 대한 개입으로 시작되었지만 이후 약물중독, 도박, 불안장애, 우울, 자살, 만성질병 관리 등 다양한 심리적 문제에까지 적용되고 있다(Arkowitz & Westra, 2009).

　　동기강화상담에서는 상담자와 내담자 간의 협동관계를 중요시한다. 상담자는 내담자와 동등한 관계로 함께한다는 생각을 하고, 내담자 스스로 자신의 이면에 깔려 있는 잠재능력을 끌어낼 수 있도록 효과적으로 의사소통해야 한다. 동기강화상담의 5가지 일반 원리는 다음과 같다(Miller, 1983; Miller & Rollnick, 2013).

- **공감 표현하기**: 상담자는 상담과정에서 반영적 경청을 하면서 내담자를 판단, 비판, 비난하지 않고 그들의 관점을 이해하려고 노력한다. 상담자가 내담자의 관점을 이해하기 위해 그들의 말을 존중하는 태도로 수용해 주는 것이 내담자의 변화에 중요하다.
- **불일치감 만들기**: 내담자가 스스로 자신의 현재 행동을 관찰하고 자신이 가진 가치와의 불일치를 느끼게 한 다음 이를 부각시키는 것이다. 내담자 자신이 일어났으면 하고 바라는 것과 현재 일어나고 있는 것이 차이가 있으면 이러한 불일치를 해소하기 위해 행동을 변화시킬 가능성이 높다는 것이다.
- **저항과 함께 구르기**: 내담자들은 변화를 원하지만 그에 대한 걱정과 두려움도 갖고 있다. 내담자를 설득하려고 논쟁하는 것은 내담자를 더 방어적으로 만들어 변화를 어렵게 만든다. 따라서 내담자를 변화시키기 위해 저항에 부딪히지 않고 함께 흘러가면서 내담자로 하여금 저항을 다르게 해석하는 것을 받아들이도록 하는 것이다. 이는 내담자의 방어를 약화시켜 행동변화를 하게 만들어 준다(Corbett, 2016).
- **자기효능감 지지해 주기**: 자기효능감은 무엇인가를 성취할 수 있다는 자신의 능력에 대한 신념이다. 내담자가 변화 가능성을 믿고 자신이 변화를 추구할 수 있다는 자신감을 갖게 해 주는 것이 중요하다. 상담자는 내담자가 자기효능감을 갖고 목표를 이룰 수 있도록 격려해 주는 것이 중요하다.

- **변화계획 지지하기**: 내담자가 변화하려는 준비가 되었다면 내담자는 결심을 강화하고 변화계획을 지속적으로 추구하는 것이 필요하다. 상담자는 변화가 이루어지면 삶이 어떻게 달라질 것인가에 대해 내담자와 미래를 같이 그려 보면서 변화에 대한 내담자의 의지를 격려한다.

(1) 상담의 과정과 기법

동기강화상담에서는 상담 초기에 내담자가 자신의 양가감정을 탐색하고 변화하고자 하는 동기를 갖도록 도와주기 위해 네 가지 방법을 사용한다. 이를 OARS (Open question, Affirming, Reflecting, Summarizing)라고 한다.

- **열린 질문하기(Open question)**: 상담 초기에는 신뢰와 수용의 분위기를 만드는 것이 중요하며, 이를 위해 내담자가 말을 많이 하도록 하는 것이 바람직하다. 열린 질문은 닫힌 질문에 비해 내담자가 길게 답하도록 해 주며, 이 과정으로 내담자는 자신의 경험을 개방하게 된다.
- **인정하기(Affirming)**: 상담자는 상담을 진행하면서 내담자를 말로 인정해 주고 지지해 주는 것이 필요하다. 이는 상담자와 내담자 간의 라포를 형성하는 데 도움을 주며, 내담자가 자신의 문제를 드러내고 탐색해 보려는 마음을 갖도록 도와준다.
- **반영하기(Reflecting)**: 상담자는 내담자에 대해 반영적 경청을 해 주는 것이 중요하다. 반영적 경청은 말하는 사람의 말 속에 담겨 있는 의미를 생각해 보고 가장 가능성이 높은 의미를 추론해 내는 것이다. 반영적인 경청은 내담자로 하여금 자신의 이야기를 계속하게 하면서 자신을 탐색할 기회를 가지게 해 준다.
- **요약하기(Summarizing)**: 상담과정에서 상담자는 내담자의 말을 요약하여 정리해 주는 것이 필요하다. 이러한 요약하기는 상담자가 내담자의 말을 주의 깊게 경청하고 있다는 것을 내담자가 알게끔 해 준다. 요약하기의 종류는 세 가지이다. 첫째는 수집요약으로, 내담자와의 상담 중 변화와 관련된 주제가 나올 때 하는 것이다. 둘째는 연결요약으로, 내담자가 말한 대화내용 중 변화와 관련된 것을 정리하여 요약해 주는 것이다. 셋째는 전환요약으로, 한 대화 주제에서 다른 주제로 넘어갈 때 사용하는 요약이다.

동기강화상담의 초기에 OARS의 네 가지 단계를 사용하여 상담을 진행한 다음 내담자의 양가감정을 해결하기 위한 과정이 필요하다. 이는 내담자를 의식적으로 어떤 방향을 향하도록 만들기 위해 필요한 것이다. 상담자가 변화를 강요해서는 안 되며 내담자가 변화대화(변화를 향하는 말)를 주도하도록 해 주는 것이 상담자의 역할이다. 동기강화상담은 상담자와 내담자가 함께 탐색하고 협력하여 변화에 대해 의사결정을 함께 하는 과정이다. 그러나 변화대화만으로는 변화 동기를 자극하기에 충분하지 않다. 내담자를 특정 방향으로 이끌어 가기 위해서는 상담자가 내담자의 변화대화에 적극적으로 반응해 주어야 하며 반영적 경청을 해 주어야 한다. 내담자가 특정 방향으로 지향하지 않을 때는 내담자의 양가감정을 명료화하고 양가감정을 깊이 있게 탐색해 보도록 하는 것이 필요하다. 양가감정이 명료해지면 내담자가 가진 가치관과 관련지어 양가감정에서 빠져나오도록 이끌어 준다.

동기강화상담은 전체적으로 두 단계로 구분할 수 있다 단계 1은 내담자의 변화동기를 구축하는 단계이다. 단계 2는 내담자의 변화 실행과 관련된 마음을 다지는 단계이다. 단계 2에 들어서면 내담자가 변화에 대한 준비를 갖추었다는 것이고, 내담자의 변화 준비를 알려 주는 신호들이 나타난다. 단계 1에 비해 단계 2는 비교적 쉬운 과정이며, 내담자가 진행하는 것에 대해 몇 가지 주의만 하면 된다. 내담자의 양가감정을 과소평가하지 말고 조심해서 다루어야 하며, 내담자가 받아들이기 어려운 계획을 처방하지 않도록 해야 하며, 반영적 경청에만 머물러 있지 말고 지시적이고 적극적으로 내담자를 도와주어야 한다.

(2) 변화에 대한 초이론적 모델

동기강화상담에서는 초이론적 모델에서 제시한 변화단계 모델을 도입하여 사용하는 경우가 많다. 초이론적 모델(The Transtheoretical Model: TTM)은 자의적인 인간 행동의 변화 과정을 이해하기 위한 모델로, 어떤 행동이 자의적으로 시작되고, 도중에 수정되고 혹은 중단되는 과정을 거치며 행동변화가 일어난다는 가정을 하고 있다. TTM에서는 사람들이 자신의 행동을 변화하는 과정에서 경험하게 되는 단계들을 변화의 단계(the stages of change)로 제시하고 있다. 변화의 단계는 다섯 가지 단계로 구성되어 있으며, 사람들이 변화에 대한 의지를 전혀 보이지 않고 있는 전 숙고 단계(precontemplation stage), 변화에 대해서는 의식하지만 변화가 필요한지 아닌지에 대해 고민하는 숙고 단계(contemplation stage), 변화를 계획하고 의지를 다지는 준비 단계(preparation stage), 실제적인 변화를 행동하기 위해 실천하는 실행 단계(action stage), 행동변화를 지속시키기 위한 유지 단계(maintenance stage) 등이다.

TTM의 변화의 단계들은 동기강화상담에서 상담모델로 많이 활용되고 있다. 내담자들이 변화에 대해 의지를 보이지 않다가 변화를 하려고 하면 동기가 필요하며, 변화를 계획하고 실행하는 과정에서도 동기부여는 있어야 한다. 행동변화를 숙고하고, 준비하고 실행하는 과정에 동기화는 중요한 요인이다. 또한 행동변화를 유지하는 데 있어서도 동기부여는 자기효능감을 향상시키고 성공적인 과제수행을 강화해 주기 때문에 도움을 준다.

- 전숙고 단계: 이는 변화의 첫 단계이다. 이 단계에 있는 사람들은 아직 자신의 행동이 문제라는 것을 이해하지 못하고 있고, 행동을 변화시킬 의도도 없으며, 행동변화의 필요성도 느끼지 못하고 있다. 상담자들은 이 단계의 사람들이 저항을 하고 있다고 주장한다. 이 단계의 사람들은 주저(reluctance), 반항(rebellion), 포기(resignation), 합리화(rationalization)와 같은 저항을 나타내며, 이러한 저항들로 인해 변화를 준비하지 못하고 있는 사람들이다. 이 단계에 있는 사람들은 다양한 유형을 나타낸다. 타성에 젖어 변화를 고려하지 않는 사람들이 있고, 문제행동에 대해 잘 알고 있다고 생각하여 외부의 개입으로 인한 변화를 거부하는 사람도 있으며, 변화에 대해 무기력한 상태로 문제 자체에 압도되어 변화 가능성을 포기하고 있는 사람도 있다. 이러한 사람들에게 변화로 인해 좋아지는 것과 변하지 않았을 때의 좋지 않은 것을 결정저울에 놓고 각각의 결정이 어떤 의미가 있는지를 생각해 보게 하는 것이 이 단계에서 필요하다.
- 숙고 단계: 이 단계에 있는 사람들은 자신에게 문제가 있음을 인정하고, 문제의 원인을 찾아 가능한 해결책을 모색하려고 한다. 숙고 단계의 사람들은 변화에 대한 의지를 보이기는 하지만 아직은 양가감정을 가지고 있어 평형상태를 무너뜨리는 과정이 필요하다. 평형상태를 무너뜨리는 효과적인 방법은 긍정적인 것을 강조하는 것이다. 행동변화를 하였을 때 좋은 것을 부각시켜 결정저울의 추가 한쪽으로 기울도록 만드는 것이다. 숙고 단계에서는 OARS 단계의 기법들이 효과적인 방안이 될 것이다.

• **준비 단계**: 사람들이 문제행동을 중단하고 행동변화를 하기 위해 준비하는 단계이다. 이 단계의 사람에게는 변화를 위한 결정이 얼마나 확고한지 평가해 보는 것이 필요하다. 자신들이 겪었던 경험을 돌아보고 행동변화를 하게 되었을 때 겪는 어려움이 있는지, 자신들이 선택할 수 있는 대안들은 무엇인지를 탐색하며 변화를 위한 전략을 수립해야 한다.

• **실행 단계**: 사람들이 행동을 변화시키기 위해 계획한 것을 실행하는 단계이다. 실행을 하고 있는 사람들이 아직 갈등을 겪고 있는지를 살피고 새로운 행동이 올바르다는 것을 확신시켜 주는 것이 필요하다. 또한 새로운 행동변화 중 수정해야 할 부분이 있다면 이를 수정하도록 도와준다. 동기강화상담에서는 이 단계에 있는 사람들에게 행동이 변화하였다는 것을 인정해 주고 사람들의 노력을 강화해 주면서 자기효능감을 높여 주려고 한다.

• **유지 단계**: 행동변화는 일시적인 것이 아니고 지속적으로 이루어져야 하는 것이다. 사람들이 이루어 낸 행동변화를 유지하면서 이전 행동이 재발하지 않도록 하는 것이 필요하다. 재발위기에 빠진 사람들에게는 자기효능감을 회복시켜 주고 이전의 행동습관에 대해 의식하지 않도록 도와주어야 한다.

6 실존주의 상담

실존주의(existentialism)는 모든 것이 완전한 형태가 있다는 본질(essences)에 관한 것을 배제하고, 진리는 인간 내부에 있다는 생각을 한다. 실존상담은 심리상담의 한 기법으로 만들어진 것은 아니며, 내담자가 자신의 존재와 관련하여 의미, 자유, 책임, 불안, 고립 등과 같은 주제를 탐색해 보는 것을 도와주는 것이다. 실존상담은 우리는 자유롭고 그렇기 때문에 선택과 행동에 책임이 있다는 가정을 둔다. 현재의 모습은 스스로 만든 것이고, 자신의 삶을 형성하는 데 역할을 했던 가치와 신념들을 탐색해 보고, 삶의 목표를 진지하게 평가함으로써 나 자신의 길을 만들어 가도록 하는 것이다. 사람들이 삶을 어렵게 만드는 데 자신이 어떤 역할을 하였는지를 이해하게 되면, 자신의 상황을 바꿀 수 있는 힘을 느낄 것이라는 것이다(Yalom, 2014).

사람들은 때로 자신이 가진 문제와 고통이 상황 때문 아니면 어떤 특정한 사람 때문이라고 생각한다. 자신은 문제에 대해 책임이 없으며 상황의 피해자라고 생각한다. 실존상담에서는 사람들의 현재 모습은 스스로 선택한 것이라는 것을 전제로 한다. 내담자 스스로 자신이 처한 상황을 돌아보고 자신이 얼마나 수동적이었는지를 인식하게 되면 진정한 자신의 삶을 형성하기 위한 길로 나설 수 있다. 따라서 실존상담은 내담자가 자신의 삶을 돌아보고 존재를 인식하게 되면 자신들의 가치와 신념에 맞는 삶을 형성할 것이라 가정한다.

실존주의에서는 자기인식 능력을 중요시한다. 자기인식의 토대를 구성하고 있는 것은 자유, 선택, 책임 등이다. 사람들은 자신이 행동을 취할 것인지 혹은 행동하지 않을 것인지 스스로 결정할 수 있다(자유). 어떤 행동을 할 것인지를 선택하는 것은 개인의 권리이며(선택), 선택한 것에 대해서는 책임을 질 수 있어야 한다(책임). 이러한 자기인식 능력을 확장시키는 것은 인간 성장의 기초가 된다. 그러나 자기인식을 확장시키기 위해서는 대가를 치러야 한다. 자신이 과거에 내렸던 좋지 않은 결정들, 자신을 괴롭혔던 특정한 사건들에 대한 자신의 해석과 의미, 존재의 의미와 관련 없는 것에 집착했던 자신 등을 돌아보며 이를 극복할 수 있는 능력을 키워야 한다. 자신의 과거 상태를 무시하고 의식하지 않으면 잠시 동안의 여유를 즐길 수는 있다. 그러나 내면의 세계로 들어가면 혼란과 갈등은 있겠지만 더 의미 있는 삶이 기다리고 있을 것이다.

내담자들 중에는 자신이 삶에 대한 통제권을 잃었다고 느끼고 어떻게 행동해야 할지를 몰라서 혼란에 빠지는 경우가 있다. 이러한 사람들은 누군가 자신을 인도하여 이끌어 주기를 바란다. 내담자들에게는 혼란에 빠졌다고 말한 상황을 누가 만들었는지, 자신이 중요하다고 생각하는 가치와는 맞는 것인지 등을 살펴보게끔 하는 것이 필요하다. 내담자 자신이 이제까지 해 왔던 생활방식이 문제가 되었다면 새로운 생활방식을 찾아보고, 자신의 근본적인 가치가 무엇인지를 탐색해 보도록 하는 것은 내담자가 상황을 변화시키겠다는 의지를 가지게 해 줄 수 있다. 실존주의 상담에서는 내담자가 할 수 있는 것을 탐색하고 상황적 요인의 어려움이 있더라도 스스로 원하는 방향으로 나아갈 수 있도록 돕는 것이다.

또한 실존주의는 사람에 대한 존중, 행동의 다른 측면에 대한 탐색, 사람을 이해하는 방법을 중시하며, 고립, 소외, 무의미와 같은 삶의 딜레마에 빠진 사람들을 도와주기 위한 것이기도 하다. 우리의 존재는 한 번에 형성되는 것은 아니며, 지속적으로 스스로에게 묻고 답하면서 만들어 가는 것이다. 사람들은 긴장과 갈등 상황에 빠져 혼란을 겪으면서도 변화와 성장을 통해 무엇인가를 향해 나아간다. 내가 무엇인지, 내가 무엇을 할 수 있는지, 나는 어디로 가고 있는지 등과 같은 질문을 스스로에게 끊임없이 던지면서 무엇인가를 향해 나아간다.

실존주의는 역동적 심리상담의 한 형태이다. 그러나 내적 갈등의 영역에 대하여 다른 견해를 갖고 있다. 기존의 프로이트 학파들이 제기한 어린 시절의 갈등이나 무의식적 갈등이 아니다. 사람들은 세상 속에서 홀로 있는 경험을 통해 인간 존재에 피할 수 없는 것들을 마주치게 되는데, 그러한 '존재에 주어진 것'을 인식하면서 갈등을 경험한다. Yalom(1981)은 실존주의 상담에서 중요하게 다루는 존재의 주어진 것을 네 가지로 구분하여 제시하였다.

- 죽음: 모든 사람에게 죽음은 피할 수 없는 것이다. 죽음의 현실과 생존에 대한 소망 사이에 갈등이 발생한다. 죽음을 받아들이고 현재의 순간을 감사해할 수도 있고, 죽음에 대한 두려움으로 움츠러들 수도 있다. 죽음은 내적 경험에서 중요한 역할을 한다. 죽음을 인식하면서 자신에게 무한정 시간이 주어지지 않는 것을 깨닫고 삶을 더 열정적으로 살아갈 수도 있다. 죽음을 받아들이지 못하면 본래성 없이 삶을 살아가게 만든다.

- 자유: 실존상담에서는 세 가지의 가치를 강조한다. ① 스스로가 만든 한계들 속에서 무엇인가 될 수 있는 자유, ② 선택의 의미를 반추할 수 있는 능력, ③ 선택한 것에 따라 행동을 할 수 있는 능력 등이다(Schneider & Wagemann, 2010). 인간은 자신의 선택과 행동에 책임이 있다. 자유는 개인으로 하여금 자신의 운명을 스스로 만들어 갈 수 있게 해 준다. 자유와 책임은 밀접한 관련이 있다. 책임을 받아들이지 않으려고 선택을 회피하고 자유로부터 도피하기도 한다. 자신의 결정에 참여하지 않고 선택하지 않으려고 하는 것은 죄책감을 가져다준다. 이러한 죄책감은 스스로 변화하고 진정한 삶을 살겠다는 의지를 갖게 만들기도 하지만 비본래적 방식으로 존재를 이어 가기도 한다.

- 고립: 사람은 혼자라는 경험을 해 본 적이 있다. 그러한 경험을 통해, 외부 세계와 자기를 분리하여 자기인식을 할 수 있어야 한다. 사람들은 홀로 삶의 의미를 부여하고, 어떻게 살아야 할지를 결정할 수 있어야 한다. 자신이 원하는 사람이 되지 않고, 다른 사람이 원하는 무엇이 되려고 하면서 독특성과 중심성을 잃어버리고 고립을 느낀다. 다른 사람이 없으면 자신의 존재를 인식하지 못할 때 자기로부터 고립되어 있는 것이다. 사람들은 다른 사람과 관계를 갖고 어울리기를 바란다. 다른 사람과 관계를 맺음으로서 타인으로부터 보호를 받고 그들 전체에 융화되기를 소망한다. 자신으로부터 고립되지 않고, 자기인식이 이루어진 다음 다른 사람들과의 관계가 이루어져야 한다.

- 무의미성: 사람들은 자신이 왜 사는지, 어떻게 살아야 하는지 등 의미를 찾으려고 한다. 무의미함은 스트레스와 불안의 원천이다. '인간은 결국 죽는데 지금 이것이 무슨 의미가 있는가?'라고 느낄 수 있다. 삶 속에서 새로운 의미를 찾고, 자신의 문제를 효율적으로 다룰 수 있어야 한다. 의미가 존재하지 않는 세상에서 끊임없이 의미를 만들어 내야 한다.

1) 기본 목표와 주요 개념

죽음에 대한 인식은 개인에게 중요한 역할을 한다. 자신이 언젠가는 죽는다는 것을 인식하게 되면 한계상황에 부딪히게 되고, 인생을 보는 관점이 급격하게 바뀌게 된다. 사람들은 실존이 이어질 수 없다는 것을 배우고, 어느 시점 이후로는 삶을 유지할 수 없음을 자각한다. 자신이 살아가는 방식에 변화가 일어나고 진실한 삶을 살아갈 수 있는 것을 현재라고 생각한다. 자신이 애타게 기다렸던 것에 대한 생각, 일상의 사소한 염려들, 두려워하고 멀리하려 했던 것들이 의미가 없어진다.

사람들이 자신들의 죽음을 자각하게 되면 시간이 무한정 남아 있는 것은 아니라고 생각하기에 현재가 중요하다고 생각한다. 죽음은 부정적인 것이고 나쁜 것이니 떠올리지 않아야 한다고 말하고 싶겠지만, 죽음에 대한 생각은 사람들에게 더 많은 것을 가져다준다. 내담자들에게 자신의 죽음을 자각하도록 증가시키는 것은 상담과정에서 좋은 변화를 가져다준다. 실존주의 상담자들은 내담자들에게 죽음을 상기시키는 데 주저하지 않는다. 내담자는 늘 죽음을 마음 한쪽에 두고 죽음이 주는 두려움을 긍정적인 힘으로 바꾸려고 할 것이다. 어떤 상담자들은 개인에게 자신의 묘비명이나 사망기사를 쓰도록 함으로써 죽음과 장례식을 상상하도록 유도하여 죽음을 자각하도록 하기도 한다.

실존주의 상담의 목표는 내담자가 자신의 불안을 인식하고, 존재의 의미를 찾기 위한 행동을 취하도록 돕는 것이다. 개인이 행동하지 않고, 참여하지 않고, 선택하지 않고 살아가기는 어렵다. 행동하고 선택을 한다면 책임을 져야 하는 위치에 있는 것이다. 자유를 포기하고 책임을 지지 않으려고 하는 것은 자신의 본래성을 버리는 것이다. 본래성을 버리는 것은 자신의 삶의 주권을 포기하는 것이다. 따라서 실존주의 상담에서는 내담자가 본래성을 갖기 위해 노력하도록 도와주는 것을 목표로 한다.

때로는 내담자 스스로 존재의 의미를 찾지 못하고 내면에 얽매여 있는 내담자들에게 실존주의 상담을 통해 삶의 의미를 인식할 수 있도록 도와준다. Schneider (2010)는 실존주의 상담의 기본적인 목표를 네 가지로 제시하였다.

- 내담자가 자신과 다른 사람에게 존재가 인식되도록 돕는 것
- 내담자가 자신의 존재를 인식하지 못하도록 방해하는 것을 깨닫도록 도와주는 것
- 내담자 스스로 현재의 삶을 설계하고 그것에 대해 책임을 지도록 만들어 주는 것
- 내담자가 일상에서 열린 마음으로 존재하는 것을 선택하도록 권유하는 것

(1) 존재의 경험

사람들은 자신이 '나는 ~이다(I Am)'라는 것을 통해 존재를 인식한다. 대부분 자신의 경제 상태나 삶의 외형에 국한하여 자신의 존재를 인식한다. 존재의 의미를 억압하고 욕구를 무시하는 것은 정신병리의 원인이 될 수 있다. 존재 경험은 비존재(not being) 혹은 공허(nothingness)의 경험을 동반한다. 비존재는 죽음의 위협이나 파괴적인 적대감, 심각한 불안, 치명적인 질병 등을 의미한다. 비존재의 위협은 정도에 차이는 있지만 항상 있는 것이다. 실존주의에서는 삶의 의미를 발견하는 것이 인간에게 중요한 관심사라고 한다. 실존주의 상담에서는 삶에 대한 무의미의 경험이 실존적 신경증을 가져온다고 본다. 자신이 살고 있는 세계가 무의미한 것처럼 보이고, 자신의 삶이 의미가 없는 것으로 인식될 때 사람들은 허무와 공허함을 느낀다. 공허함에 사로잡혀 있는 사람들은 의미 있는 삶을 만들기 위해 노력하려고 하지 않는다. 실존주의 상담에서는 무의미를 경험하는 것과 삶에 대한 가치를 정립하는 것을 중요한 과제로 간주한다.

(2) 불안

실존상담자들은 불안에 대해 더 넓은 범위의 정의를 한다. 불안은 자신이 살아 있고, 자신의 존재를 받아들이고, 자신의 존재를 알리려는 개인의 욕구에서 나온다. 불안은 두려움보다 더 기본적인 것이며, 정상적 불안은 세 가지 특징이 있다. ① 직면하고 있는 상황과 맞는 것이다. ② 억압을 필요로 하지 않는다. ③ 창의적으로 사용되어질 수 있다. 실존주의 상담에서 제시한 실존적 불안은 인간이 죽음, 자유, 선택, 고립, 무의미 등과 같이 존재가 가져다주는 것을 직면할 때 나타나는 결과이다

(Yalom & Josselson, 2014). 사람들이 자신의 존재가 가져다준 것들을 받아들이거나 거절하였을 때의 결과를 알게 되면, 사람들은 더 높은 수준의 불안을 경험하게 된다. 불안은 때로 개인적인 변화의 신호일 수도 있고, 성장을 위한 자극제가 될 수도 있다. 불안을 없애는 것이 상담의 목적은 아니며, 실존적 불안은 잘 통제하며 살아가야 하는 것이다. 불안을 헤치고 나아가는 것에 실패하게 되면 나타나는 것이 신경증적 불안이다. 이는 의식 밖에 있는 것이고, 사람을 움직이지 못하게 하는 경향이 있기 때문에 적게 느끼며 살아가야 하는 것이다.

(3) 죄의식

사람들은 스스로 선택하며 자유롭게 살 수 있다. 선택을 하지 않기로 한 것, 선택의 자유를 회피하려고 하는 것 등은 존재 망각의 죄에 해당한다. 사람들은 자신이 다른 존재로 존재했을 수도 있었다는 인식, 불안에 대해 도전하지 못하였고 가능한 것을 하려고 시도하지 않았다는 것에 대해 죄의식을 느낀다. 사람들은 자신의 내부에 있는 잠재력을 가둬 두고 꺼내려고 하지 않았기 때문에 자신의 실존에 대해 죄의식을 가진다. 이러한 실존적 죄의식은 자신을 변화시키겠다는, 진정한 삶을 살겠다는 동기의 근원이 될 수 있다.

(4) 세계의 형태

실존주의 상담에서는 세 가지 양식의 세계가 있다고 한다. 첫째는 주변세계로, 객관적인 세계인 자연계, 즉 환경을 의미한다. 모든 유기체는 주변세계를 갖는데, 인간에게 주변세계는 생물학적 욕구, 충동, 본능 등을 의미한다. 자연법칙과 자연주기의 세계이기도 하다. 둘째는 공존세계로, 동료 인간의 세계이다. 셋째는 고유세계로, 개인의 자기에 대한 관계이다. 이는 자각과 자기관계성에 의해 만들어지는 것으로, 인간에게만 존재하는 것이다.

2) 상담자의 역할과 기능

실존주의 상담자들은 내담자의 주관적인 세계를 이해하는 데 초점을 둔다. 그들은 내담자가 책임을 회피하려는 부분에 관심을 가지며 내담자가 책임을 받아들일 수 있도록 조언을 한다. 내담자가 그들이 처한 곤경을 털어놓으며 변명하고 핑계를 댄다면, 내담자 자신이 그 상황이 발생한 것에 대해 어떤 역할을 하였는지를 물으면서 자신을 인식하게 한다. 내담자들은 대개 제한된 관점을 갖고 있고, 자신의 상황을 다룰 수 있는 대안적 방법이 부족한 사람들이다. 따라서 내담자들이 자신을 돌아보면서 스스로 자신의 관점을 제한하는 방식과 그로 인한 결과를 바라보게 하는 것이 중요하다. 자신이 처한 상황을 인식한 내담자들은 변화를 하기 위해 적극적으로 나설 수 있다.

실존주의 상담에서 가장 핵심적인 부분은 내담자에게 죽음을 인식시키는 것이다. 따라서 상담자들은 내담자들에게 죽음에 직면하도록 하는 구조화된 연습을 사용하기도 하고, 자신의 죽음을 상상하도록 하는 공상의 방법을 사용하기도 한다. 그러나 대부분의 상담자들은 인위적으로 죽음을 직면하도록 노력하지는 않는다. 그들은 사람들의 삶에 죽음이 가까이 있기 때문에 그것을 인식하도록 힌트만 주면 된다고 생각한다. 내담자들 중에는 가까운 사람의 죽음으로 인한 상실 때문에 괴로워하는 사람이 있다. 내담자 자신의 가족이나 부모님의 경우 죽음으로 인한 상실은 아주 큰 충격을 준다. 한집에 같이 거주하는 사람, 즉 배우자의 죽음은 실제적 고립에 대한 두려움도 가져다준다.

상담자들은 내담자가 자신의 실존적 사실에 초점을 맞추도록 삶의 이정표를 사용하기도 한다. 생일이나 기념일 같은 것도 되고, 질병이나 은퇴, 관계의 단절 등 자신의 삶에서 발생했던 중요한 사건들을 회상하면서 죽음불안에 대한 자각을 증가시키려고 한다. 이러한 경험이 고통스럽다 하더라도, 상담자는 고통을 경감시키는 데 초점을 두지 않으며, 없애려고도 하지 않는다. 죽음에 대한 두려움은 불안을 유발하지만, 상담자는 불안을 인내할 수 있는 수준까지 감소시켜 그 불안을 건설적으로 사용하도록 유도한다.

실존주의 상담자들이 제한된 실존(restricted existence) 상태에 있는 사람들을 상담하는 경우가 있다. 이러한 내담자들은 스스로에 대해 제한된 인식을 가지고 있고, 자신들이 가진 문제의 근본을 이해하지 못하고 있다. 이들은 자신들의 문제를 어떻게 다루어야 할지를 몰라 당황해하며, 스스로를 닫아 버리거나 무기력한 모습을 내보인다. 상담자들은 이러한 내담자들이 자신들의 인식을 제약시키는 것이 무엇이며, 어떻게 제약을 가하는지, 이런 제약이 가져오는 손실은 무엇인지를 돌아보도록 해 주어야 한다. 변화를 하기 위해서는 자신들의 상황을 제대로 인식하고 얼마나 잘못되었는지를 인식하여야 한다. 내담자들은 이러한 자기직면을 통해 자신들이 어떤 모습이었는지, 앞으로 어떻게 자신을 변화시켜 가야 할지에 대해 폭넓게 생각해 볼 수 있을 것이다.

내담자들 중에는 혼자 시간을 보내는 데 어려움을 호소하는 경우가 있다. 이러한 경우 내담자가 실존적 고립을 직접 겪도록 도와주는 것이 필요하다. 어릴 때 지지적인 가정에서 사랑과 보호를 받으며 자란 사람들은 쉽게 가족을 떠날 수 있고 격리와 고립을 잘 참아 낸다. 그러나 부적응적이고 갈등이 많은 가정에서 어린 시절을 보낸 사람은 가족을 떠나는 것이 어렵다. 이들은 격리에 대해 준비가 되어 있지 않으며, 고립과 불안을 느끼면 가족에게 더 매달린다. 고립과 불안을 느끼는 사람에게 대인관계가 도움은 될 수 있지만 그것을 완전히 없애 주지는 못한다. 상담자는 내담자가 홀로 있는 시간을 가짐으로써 고립에 직면해 보도록 유도한다. 고립을 통해 친밀한 관계가 주는 보상을 인식하게 할 뿐만 아니라 그 한계에 대해서도 배우게 해 준다.

내담자의 무의미성을 다루기 위해서, 상담자는 내담자의 인생에 전반적인 초점과 방향을 맞추어 개인의 인생에서 의미의 중요성을 자각하게 해 준다. 행복은 찾아가는 것이 아니라 스스로 가지는 것이다. 사람들이 의도적으로 자기만족을 추구할수록 만족을 얻기는 더 어려워질 것이며, 자기초월적인 의미를 추구할수록 더 큰 만족이 다가올 것이다. 무의미성의 문제에 대한 주된 해결 방안은 참여이다. 내담자가 자신이 소망하는 인생의 다양한 경로를 따라가면서 그 삶에 적극적으로 참여하게 하고, 그로 인해 내적으로 풍부해질 수 있도록 상담자는 그 인생경로에 있는 장애들을 없애 주어야 한다.

실존주의 상담자들이 즐겨 사용하는 기법은 없다. 상담과정은 불확실하고 내담자에 따라 상황이 달라지기 때문에 어떤 특정한 기법에 집착하지 않는다. 상담자들은 내담자의 상황에 맞는 방식을 스스로 찾아서 적용해야 한다. 실존주의 상담자들은 상담실 내에서뿐만 아니라 밖에서의 일상생활도 중요하게 다룬다. 상담자들은 내담자들이 상담에서 배운 것을 일상의 삶에 적용해 보도록 권한다.

3) 실존상담의 단계

실존주의 상담은 상실의 경험과 같은 삶에 관한 문제를 다루려고 하는 내담자, 사회의 기대로부터 소외되었다고 느끼는 내담자, 삶의 의미를 찾는 내담자들에게 유용한 것이다. 특히 삶의 갈림길에 서 있는 사람들, 예컨대 결혼과 직장에서의 실패로 인해 고민하는 사람들, 나이가 들어 가면서 늘어나는 신체적인 한계에 직면하는 사람들, 중년기에 좌절과 실망을 경험한 사람들, 자신의 정체성에 대해 투쟁하는 사람들 등에게 적절한 것이다.

실존상담의 초기 단계에서 상담자는 내담자가 세상에 대해 가지고 있는 가정들을 확인하고 이를 명확하게 할 수 있도록 해 준다. 내담자들에게 자신들의 존재를 인지하고 이해하는 방식을 자각하게 해 주고, 자신의 문제를 다른 시각으로 살펴보게 한다. 내담자들은 자신의 문제 원인이 외부적이라고 보는 경우가 많기 때문에, 내담자 자신이 그 문제에 어떤 역할을 하였는지, 그 문제가 자신의 존재에 어떤 의미인지를 탐색해 보게 한다.

실존상담의 중간 단계에서 내담자들의 가치체계가 어디에서 온 것인지, 어떤 의미가 있는 것인지를 탐색하게 한다. 상담자는 내담자가 자기탐색 과정을 통해 자신의 가치와 태도를 다른 관점에서 조망해 보고, 새로운 시각을 가지어 재구조화를 해 보도록 도와준다. 내담자들은 자신들의 삶에서 어떤 삶이 더 가치 있는지를 검토해 보고, 이에 대처하기 위한 방안에 대해 조언을 받는다.

실존상담의 마지막 종결 단계에서는 내담자가 스스로 자각하고 인식한 것을 받아들이고 이를 행동으로 실행하는 것에 초점을 둔다. 삶의 다양한 변화는 상담시기에만 이루어져서는 안 되며, 상담실에서나 일상생활 속에서 꾸준히 이루어질 수 있어야 한다는 것을 상기시켜 준다. 상담자와 내담자 간의 실존상담은 연습일 뿐이며, 실제의 삶에서 이를 실천하는 것이 중요하다. 상담자는 내담자가 상담 기간 동안 재구조화한 가치를 구체적으로 실행할 수 있는 방안에 대해 조언해 준다.

7 게슈탈트 심리상담

　게슈탈트 상담은 Fritz Perls(1893~1970)와 그의 동료인 Laura Perls, Paul Goodman에 의해 만들어졌다. 이 상담은 그 당시의 두 가지 이론, 즉 정신분석과 행동주의와는 다른 이론적 대안을 제공하기 위한 것이었다. 프로이트 정신분석에서는 인간의 삶이 생물학적으로 결정되고, 갈등을 통해 형성되며, 속박을 필요로 한다는 본질적 진리를 강조한다. 그러나 실존주의자들은 본질을 넘어선 실존의 중요성을 강조하며, 사람들이 생물학적으로 결정된 것이 아니라 스스로 삶의 방향을 선택한다는 신념을 갖고 있다. 사람들은 각자 창조적인 힘과 독특성을 갖고 있으며, 개인마다 다른 행동방식과 사고양식을 갖고 있다는 것이다. 그래서 과거에 지닌 것이 무엇이든 중요한 것은 지금 여기에서 사람들이 나타내는 행동과 사고라고 주장한다. 인간을 이해하기 위해서는 지금 하고 있는 행동의 원인보다는 지금 하고 있는 행동의 방식에 초점을 두어야 한다.

　Perls는 실존주의에 게슈탈트 심리학을 적용시켰다. 게슈탈트는 전체에 대한 지각이 조각들을 지각한 것이 합쳐서 조직된 것이 아니라 형태를 갖춘 전체로서 이루어진 것이라 구성 요소들을 파악한다고 해서 전체를 파악할 수는 없다는 것이다. 또한 Perls는 '나와 너'를 제시한 Martin Buber와 같은 대화적 실존주의 사상가들의 영향을 받아 '나'라는 존재는 나와 너 관계 내에서만 있는 것으로 보았다. 따라서 Perls는 상담자와 내담자의 관계를 강조하면서 상담자와 내담자가 직접적인 접촉을 통해 서로가 협력하고 각자 경험하는 방식에 주의를 기울이며, 현재 일어나고 있는 것을 자각하는 것이 심리상담에 중요하다고 강조하였다.

　게슈탈트 상담에서는 현상학적으로 경험을 중요시하며 상담자와 내담자 간의 관계를 강조한다. 게슈탈트 상담에서 상담자와 내담자 간의 대화적 관계는 다음과 같은 특징들을 갖고 있다. 첫째, 대화적 상담관계에서 상담자는 내담자의 경험을 같이 나누고, 타인의 존재를 상상하고, 마치 어떤 것이 자신의 신체 내부에 있는 감각인 것처럼 공감적 연대를 가진다. 상담자는 내담자의 경험을 같이 상상해 봄으로써 내담자의 실존과 잠재적인 측면을 확인할 수 있다. 둘째, 대화적 관계에서 상담자는 자신이 믿을 수 있고 투명하다는 것을 내담자에게 알려 줄 수 있다. 셋째, 대화적 관계에서는 서로 대화에 전념하고 상담자가 어떤 결과를 만들기 위해 통제하지는 않는다. 상담자와 내담자가 서로 협력하여 결과를 만들어 내고 함께 변하게 된다.

게슈탈트 상담은 정신분석에 대한 개정으로 시작하였는데, 상담자의 무의식에 대한 해석에 의존하는 것을 지양하고, 개인이 현재의 순간에 경험하고 있는 것에 대한 알아차림(awareness)을 중요시한다. 또한 상담자가 중립적 역할을 하며 전이를 증진시키려는 정신분석에 반해, 게슈탈트 상담자는 내담자와 친밀하게 관계를 맺는다. 이러한 관계는 상호적인 것으로서 상담자가 주도권을 지니는 것이 아니고 상담 기간 동안 내담자에게 자신의 경험을 털어놓기도 한다. 상담자는 내담자와 협력적으로 작업하고, 내담자의 현재 경험을 존중해 주는 사람이다. 게슈탈트 상담에서는 내담자의 알아차림을 발달시키기 위해 적극적인 방법을 사용한다. 행동주의에서는 내담자를 정해진 목표로 이끌어 가기 위한 것이 목적이지만, 게슈탈트 상담에서는 내담자의 알아차림과 자기지향을 증가시키기 위해 여러 가지 방법들이 사용된다. 게슈탈트 상담에서, 개인은 현재의 환경과의 관계적 맥락 내에서 이해되어야 한다는 것을 기본 전제로 한다.

1) 기본 목표와 주요 개념

인간은 성장과 변화를 지향한다. 성장 과정에서 지각적인 발달이나 인지적, 정서적인 발달은 자기조절의 원리에 따라 진행된다. 사람은 선천적으로 주어진 자원과 환경을 적절하게 사용하여 나름대로의 방식으로 문제를 해결하도록 동기화되어 있다. 사람은 현재 주어진 환경 조건에 맞추어 적응하려고 하지만 때로는 환경을 변화시키려고도 한다. 환경을 변화시키려는 것과 현재 환경조건에 적응하는 것 사이에는 균형을 이루어야만 한다. 이는 환경의 요구에 적응하기도 해야 하지만 자신의 욕구들을 위해 환경을 조절할 수도 있어야 한다는 것을 의미한다. 단순히 적응만 하는 것은 정체이고 성장이 아니다.

사람들은 다른 사람과 관계를 가지며 살아간다. 사람들은 하나의 장(field)을 이루고, 장과 분리된 개인은 있을 수 없다. 하나의 장 안에 있는 사람들 간의 접촉이 성격의 형성과 기능에 영향을 미친다. 사람들은 다양한 사람과의 접촉 경험을 통해 환경에 적응하는 방식을 학습한다. 사람은 다른 사람과의 관계에서 자신을 어떻게 경험하느냐에 따라 스스로를 정의한다. 그러한 정의에 따라 관계가 조절된다. 자신이 존중받고 있다고 느끼는 상대방에게는 호의를 갖고 대한다.

사람들 간에는 서로 접촉을 통해 연결이 유지되어야 하지만 경계도 필요하다. 다른 사람과의 정서적 유대는 사람들의 사회적, 심리적 욕구를 충족시켜 주는 반면 개인이 분리된 자율성을 가지는 데 방해가 된다. 다른 사람들과의 접촉과 분리를 통해 욕구가 충족되고 사람들은 성장한다.

다른 사람들과의 접촉은 개인에게 새로운 경험을 하게 만든다. 그것이 개인에게 이득이 될 수도 있고 해가 될 수도 있다. 사람들은 자신에게 득이 되는 것은 동일시하고 해가 되는 것은 거부한다. 개인이 다른 사람이 가진 각자의 신념, 관습, 욕구, 느낌 등을 인식하고 존중하면서 서로 상대방의 경험을 인정하는 것은 심리적 성장을 위해 중요한 것이다. 심리적 성장을 위해서는 먼저 자신이 가진 관점과 다른 새로운 관점을 받아들이는 것이 필요하다. 그래서 자신에게 중요한 사람을 다른 관점으로도 볼 수 있어야 한다.

게슈탈트 상담에서는 지금 여기를 중요시하며 현재의 직접적인 경험에 초점을 둔다. 주의를 자신에게 돌려 현재 무엇이 진행되고 있는지 그리고 그것이 어떻게 일어나게 되었는지를 알아차려야 자기조절이 가능하다. 아동기의 경험이나 과거의 경험이 아닌 지금 경험하고 있는 것을 인식하는 것이 중요하다. 과거에 묶여 움직이지 않거나 미래에 발생할 수 있는 것을 현재인 것처럼 살아가는 것은 성장에 도움이 되지 않는다고 본다. 지금 자신에게 일어나고 있는 것을 알아차리는 것이 중요하다. 이는 자신의 경험에 대해 스스로가 주인공이라는 의식을 갖게 만들어 주며, 자신이 행하는 것에 대한 책임을 수용하도록 해 준다.

이전에 경험해 보지 못한 환경이나 상황을 접하게 되면 사람은 개인마다 독특하게 자신만의 적응 방식을 개발하여 적용시켜야 한다. 이전에 사용했던 방식을 반복적으로 사용하면서 의존하면 현재 장에서 자신에 대한 인식을 올바르게 하지 못하고 자기조절에 실패하게 된다. 새로운 관점으로 보기 시작하였다면 이것에 맞게 새로운 행동을 실험해 보고 세상에 대한 자신의 인식을 넓혀야 한다. 개인이 스스로 경험한 것에 대해 통합적인 탐색을 하도록 해 주는 것을 게슈탈트 상담에서는 실험이라고 한다(Brownell, 2016). 실험은 행동을 통해 사람들이 체계적인 학습을 하도록 해 주는 것이다. 상담자와 내담자는 서로 협력적인 관계로 새로운 경험에 참여해 보고, 내담자는 이러한 과정에서 자기인식을 통해 자신에게 맞는 것이 무엇이고, 맞지 않는 것은 무엇인지를 검증한다. 때로는 내담자가 가진 내적 갈등을 밖으로 드러나게 하기 위해 실험을 사용하기도 한다(Polster, 1987). 내담자에게 문제가 되었던 상황이나 관계를 부담이 적은 상담 상황에서 재연해 봄으로써 새로운 행동을 학습하기가 더 용이해질 수 있다. 이는 내담자가 갈등을 현재 직접 경험함으로써 갈등과 관련된 감정이나 생각에 대한 자기인식을 향상시키게 해 줄 수 있다.

(1) 장이론

게슈탈트에서는 모든 자연은 통합된 전체로 여겨지며, 전체는 부분의 합과 다르다고 한다. 게슈탈트 이론은 다른 인본주의적 상담이론과 유사하게 총체론적이다. 총체주의(holism)는 인간은 본질적으로 자기조절을 할 수 있고, 성장을 지향하며, 개인과 그의 증상은 환경과 분리해서 이해될 수 없다는 것이다. 따라서 개인의 특정한 증상에만 초점을 두지 않는다.

게슈탈트 상담에서는 장이론(field theory)과 총체주의가 상호 관련되어 있다. 장이론은 개인의 행동과 경험을 이해하기 위해서는 그 개인이 처한 환경 혹은 맥락을 이해할 수 있어야 한다는 것이다. 장은 지금 여기 일어나고 있는 것, 즉 현실을 중요시하며, 서로 상호의존적인 요소로 구성되어 있다. 과거에 일어났던 어떤 사건이 한 개인에게 미친 영향을 주장하는 사람도 있지만, 게슈탈트 상담자는 과거의 사건이 현재의 장을 구성하고 있지 않기 때문에 영향을 미칠 수 없다고 주장한다.

(2) 유기체적 자기조절

자연주의 인간관에서는 인간을 자연의 일부로 간주하며 기계로 본다. 반면, 유기체적이란 인간을 하나의 생명체로 간주하며, 자연을 구성하는 한 요소인 인간은 자신의 존재성과 상대적인 자율성을 갖고 통일된 전체를 이루고 있다는 것이다. 자연주의는 자연과 인간이 어떤 하나의 보편적인 원리나 완벽한 형태를 추구한다고 가정하지만, 유기체적은 자연과 인간이 각자 다양성과 상이함을 추구한다는 것이다.

사람은 자신의 문제를 해결하기 위해 자기를 조절하려는 경향성을 선천적으로 갖고 있다. 자신이 느끼고, 관찰하고, 믿는 것과 하나가 되기를 원한다. 자신이 느끼고 원하는 것을 신뢰하고, 실제로 진행되고 있는 것과 접촉하고, 자신의 능력으로 하고자 하는 것에 정직해지기를 바란다. 과거에 살고 미래를 걱정하며, 될 수 있었다고 생각하는 것에 매달리는 것은 유기체의 삶에 바람직한 것이 못된다. 게슈탈트 상담의 관점에서 개인은 자기인식, 수용, 성장을 목표로 한다. 현재에 일어나고 있는 것에 몰두하고 접촉해 보며, 실제로 그 순간에 일어나고 있는 것을 실험하는 것을 통하려 성장은 이루어진다.

(3) 접촉, 의식적 자각, 실험

게슈탈트 상담에서는 접촉, 의식적 자각, 실험 등의 개념을 중요시한다. 접촉은 지금 여기에서 그리고 매 순간 일어나고 있는 것을 보고, 듣고, 만지고 움직이는 것을 의미한다. 접촉이 있어야 변화와 성장이 일어날 수 있다. 접촉을 올바르게 하기 위해서는 명확한 알아차림, 충분한 에너지, 자신을 표현하는 능력이다. 개인이 자신이 속한 환경에서 끊임없이 새롭고 창의적으로 적응하기 위해서 접촉은 필요하다. 의식적 자각은 개인이 접촉하고 있는 것에 주의의 초점을 맞추는 것이다. 세련된 접촉기술을 요구하는 상황이나 갈등적인 상황, 무감각해지는 상황 등에서는 초점이 맞추어진 주의가 필요하다. 실험은 이해를 증가시키기 위해 새로운 무엇인가를 시도해 보는 행동이다. 실험은 일종의 모험이며, 내담자 스스로 행동을 표현할 수 있는 방법이다. 이러한 실험을 통해 내담자는 이전에 자각하지 못했던 새로운 것을 깨달을 수 있다. 새로운 것을 시도해 보고 깨닫는 것은 유기체의 성장을 위해 필요한 것이다.

게슈탈트 상담자들은 접촉을 방해하거나 중단시키는 것에도 주의를 기울인다. 삶의 과정에서 대처수단으로 개발했던 저항이 접촉을 방해하거나 혼란을 가져온다. 게슈탈트 상담에서는 이러한 현상을 경계장애 혹은 접촉경계현상(contact boundary phenomena)이라고 한다. 게슈탈트 상담에서 제시한 접촉경계현상은 내사, 투사, 반전, 편향, 융합 등 다섯 가지이다(Polster & Polster, 1973).

- **내사**: 다른 사람과 동일시하기 위해 그들을 완전히 이해하지 않고 무비판적으로 그들의 신념과 기준을 수용하는 경향성이다. 개인이 자각하지 않고 무엇인가를 받아들일 때 생긴다.
- **투사**: 다양한 문제가 자신으로 인한 것임을 부정하고 이를 다른 사람의 탓으로 돌리는 것이다. 자각을 회피하기 위해 자기 안에서 발생하는 것을 다른 사람의 탓으로 귀인할 때 나타난다.
- **반전**: 다른 사람에게 해 주려고 한 것을 자신에게 하는 것. 누군가 자신에게 해 주었으면 하고 바라는 것을 자신에게 하는 것이다. 다른 사람이 위로해 주기 원할 때 스스로 어루만져 주는 것이다.
- **편향**: 접촉을 분산시키거나 완화하기 위해 집중을 방해하거나 방향을 갑작스럽게 틀어 버리는 것이다.
- **융합**: 내적 경험과 외부 현실 간의 구분이 분명하지 않고, 자기와 환경 간의 구분이 모호해지게 만드는 것이다. 이는 분리된 정체성의 경험을 상실하는 것이다.

게슈탈트 상담에서는 상담자와 내담자 간의 접촉을 시작으로 내담자가 지금 여기에서 경험하고 있는 것을 경험하게 함으로써 시작한다. 내담자는 접촉하고 있는 것에 주의의 초점을 맞추고 이를 명료화하여 자각함으로써 자신에 대한 탐색을 깊이 있게 할 수 있다.

2) 상담자의 기능과 역할

게슈탈트 상담에서는 상담자와 내담자 사이의 접촉과 함께 시작한다. 상담자는 내담자의 욕망과 욕구에 대해 물어보고, 상담을 어떻게 진행할 것인가를 설명한다. 상담을 시작할 때부터 지금 무엇이 일어나고 있는지와 지금 무엇이 필요한지에 대해 주의를 갖도록 한다. 내담자가 지금 현재의 자신과 환경에 대해 분명하게 자각할 수 있도록 도와주면서 상담이 진행된다. 게슈탈트 상담에서는 내담자가 무엇을 필요로 하는지, 상담자가 도움을 주는 데 적합한 사람인지를 분명히 하기 위해 함께 협의한다. 상담자와 내담자가 서로 필요하다고 인정되면 친분을 갖게 되고, 서로를 이해하기 시작하고, 자각을 더 깊게 하기 위한 과정을 진행한다.

게슈탈트 상담에서는 내담자들이 자신의 고유한 경험에 대해서는 전문가라고 간주하고 상담자는 내담자가 현재의 순간에 주의하고 자각할 수 있도록 도와주면 된다. 내담자들은 자기발견을 할 수 있고 자신의 자각을 방해하거나 가로막는 것을 스스로 알아차릴 수 있다고 가정한다(Watson, Goldman, & Greenberg, 2011). 게슈탈트 상담에서 상담의 기본 작업은 내담자에 의해 이루어지며, 상담자는 내담자가 새로운 존재방식과 행동방식을 실험해 볼 수 있는 환경을 만들어 가는 안내자와 촉진자의 역할을 한다. 게슈탈트 상담자들은 내담자들이 변화하도록 강요하지는 않으며, 내담자와 '나와 너'의 대화적 협력관계에서 작업을 한다.

게슈탈트 상담자들은 내담자들의 신체 언어에 특히 주의를 기울인다. 비언어적인 단서들은 내담자 스스로 알아차리지 못하는 것에 대한 감정을 나타내 주는 것이기 때문에 중요한 정보가 된다. 상담자는 내담자가 말로 표현하는 것과 신체언어로 표현되는 것 사이의 차이나 모순에 주의를 기울여야 한다. 말로는 괴롭다고 하면서 웃는 경우가 있으면 웃음 뒤에 감쳐진 것이 무엇인지 내담자가 그 의미를 발견할 수 있도록 도와주어야 한다. 내담자의 신체언어에 주의를 기울이는 것과 함께 내담자의 언어패턴을 이해하는 것도 중요하다. 상담자는 내담자가 스스로 경험한 것을 언어로 잘 표현하는지, 자신의 감정을 잘 나타내고 있는지를 살펴본 다음 내담자가 자신에 대한 자각을 향상시킬 수 있도록 해 주어야 한다. 이러한 과정에 게슈탈트 상담자들이 사용하는 기법들은 다음과 같다.

- **'나'의 사용 강조하기**: 내담자들이 '그것'이나 '당신'이라고 표현하는 것을 '나'로 대체하여 사용하게 한다. '나'의 사용은 자신을 숨기려고 하는 것을 방지하고, 내담자에게 책임감을 갖게 해 준다.
- **질문을 진술로 대체하기**: 자신을 숨기고 보호하기 위해 질문을 사용하는 경우 질문을 진술로 바꾸도록 유도한다. 내담자가 질문하는 방식으로 자신이 표현하지 않고 숨기려고 하게 한 것이 무엇인지 인식하는 데 도움이 된다.

- 수식어나 부인하는 언어사용을 제한하기: 내담자들이 수식어를 사용하여 자신의 진술을 모호하게 하는 경우 진술들을 더 명확하게 표현하도록 하기 위해 수식어를 사용하지 않도록 해 보는 것이다. 또한 자신을 부정하는 진술을 하는 경우 이를 긍정적으로 대체하여 내담자가 자신의 결정에 대해 책임감을 갖고 자신의 능력을 수용할 수 있도록 해 준다.
- 비유의 의미 찾기: 내담자들이 자신의 진술을 비유적으로 표현하는 경우, 비유 내면에는 중요한 미해결과제나 현재의 상담 상황에 대한 느낌이나 감정 등이 깔려 있다. 상담자는 내담자가 그러한 비유에 대해 부연설명하게 함으로써 그 의미를 해석해 보게 하는 것도 상담에 도움이 된다.
- 핵심 언어 구체화하기: 내담자가 은연중에 나타내는 용어 중 내담자의 삶이나 경험을 나타내 주며 중요한 의미를 함축하고 있는 것이 있다. 상담자는 이러한 사소한 부분들에 주의를 두고, 내담자에게 이를 더 구체적으로 이야기하도록 유도함으로써 내담자가 자신을 더 잘 이해하도록 해 준다.

게슈탈트 상담자들은 상담과정에서 내담자가 있는 그대로 자신을 드러내도록 해 주고, 그 과정에서 상담자와 내담자가 서로의 경험과 인식을 적극적으로 공유할 수 있도록 해야 한다(Brown, 2007). 상담자와 내담자가 서로의 경험의 인식을 공유하는 동맹관계를 형성하는 것은 상담의 선행조건이 아니라 게슈탈트 상담에서 가장 중요하게 다루는 것이다. 그래서 게슈탈트 상담에서는 상담자와 내담자 간의 관계가 상담의 핵심이며, 상담자의 진실한 대화, 직접적인 자기표현, 정형화된 상담기법 사용의 자제, 자상한 태도 등이 상담에 중요한 영향을 미친다고 주장한다.

3) 게슈탈트 상담기법

게슈탈트 상담에서는 개인의 행동을 직접적으로 변화시키기보다는 탐색하는 것에 초점을 둔다. 따라서 개인이 성장하기 위해서는 자기인식을 향상시키는 것이 필요하며 그렇게 하는 방법은 직접적인 참여이다. 상담자는 내담자와의 적극적인 관계를 가지며 지지를 제공하고, 다양한 실연기법과 상상기법을 통해 내담자가 주도적으로 자기문제를 인식해 보고 알아차리도록 해 준다. 때로는 이야기를 할 때는 명료화할 수 없는 느낌을 가지도록 하기 위해 일지쓰기나 시, 예술과 같은 창의적인 표현 방식을 사용하기도 한다. 게슈탈트 상담에서 상담자와 내담자는 함께 협력하여 일하며, 각각의 상담기법은 각 개인의 특정한 욕구에 맞게 조절되어야 한다.

(1) 내적대화기법

이는 개인이 거부하고 외면해 왔던 자신의 성격들을 통합하고 수용하는 것이다. 성격은 기능적으로 두 가지로 구분할 수 있다. 하나는 권위주의적이고 지배적인 측면이고, 다른 하나는 수동적이고 무기력하며 방어적인 측면이다. 성격의 두 가지 측면은 서로 통제하기 위해 투쟁하며, 존재를 알리기 위해 싸우는 것을 멈추지 않는다.

(2) 빈 의자 기법

이는 Moreno에 의해 고안된 것으로 역할 바꾸기 기법인데, 다른 사람이 생각하거나 느끼는 것이라고 상상한 것을 스스로 연기해 보는 것이다. 개인이 관계하고 있는 다른 사람이 느낄 수 있는 것을 탐색해 보고, 그 사람의 어려움을 이해하는 데 도움이 된다. 두 개의 의자를 사용하여 한 의자는 지배자의 역할을 하고, 다른 의자는 피지배자의 역할을 하는 것이라고 가정하고 내담자에게 차례로 각 의자에 앉아 연기를 하도록 함으로써 두 가지의 역할에 대한 이해를 향상시키기 위한 것이다.

(3) 미래 투사기법

단순하게 언어화하기에는 적합하지 않은 감정을 탐색하고 표현하기 위하여 상상을 사용할 수 있다. 미래 투사기법은 미래에 예상되는 사건을 현재 순간으로 가져와서 시연해 보는 것이다. 자신이 미래에 바라는 것을 시연할 수도 있고, 자신이 두려워하는 예상된 결과를 시연해 볼 수도 있다. 미래가 실현 가능하도록 하기 위해 어떤 조치가 필요한지를 파악하는 데 도움이 된다.

(4) 반동기법

경직되어 있는 사람의 경우 부인이나 억압과 같은 심리적인 요인으로 인해 대안적 가능성을 고려해 보지 못할 수 있다. 이러한 사람에게는 그가 실제로 믿고 있는 것과 반대되는 것을 상상하고 실험해 보는 이완기법이 경직성을 깨는 데 도움이 될 수 있다. 반동기법은 소심하고 수동적인 사람에게 적극적이고 지배적인 역할을 해 보게 하는 것이다. 하나의 역할에 얽매여 다른 역할을 하는 데 어려움을 느끼는 사람에게 도움이 된다. 이는 내담자가 스스로 숨기고 외면했던 자신의 일부를 접촉하게 만들어 이를 수용하고 받아들일 수 있도록 도와준다.

(5) 과장기법

내담자는 자신에 대한 인식을 향상시키기 위해 신체언어가 보내는 신호와 단서를 이용한다. 과장기법은 자신의 행동이나 몸짓을 반복적으로 과장하게 하여 행동에 깔려 있는 의미를 더 잘 인식하게 해 주는 것이다. 그 예로 다리를 떠는 것이나 주먹을 꽉 쥐는 것, 얼굴 표정을 찌푸리는 것 등을 들 수 있다.

(6) 감정에 머무르기

이는 내담자들이 피하고 싶고 두려워하는 상황에서 불쾌한 감정을 나타내는 순간 그 시점에 머물면서 자신의 감정을 직면하고 경험하게 하는 것이다. 성장을 위해서 새로운 단계로 나아가야 하고 그에 수반되는 고통을 인내할 수 있어야 한다. 내담자는 자신의 감정을 더 깊이 경험하고 훈습하는 능력을 키울 수 있다. 상담자와 내담자 간의 지지관계가 내담자에게 신뢰감을 제공해 주며 불쾌한 감정을 인내할 수 있는 용기를 갖게 해 준다.

4) 게슈탈트 상담의 적용

게슈탈트 상담은 집단상담으로 활용하기에 적절한 것이다. 게슈탈트 상담에서 강조하는 알아차림, 접촉, 실험 등은 집단 상황에서 실현하기가 좋다(Yontef & Jacobs, 2014). 게슈탈트 집단상담에서는 집단 구성원 간에 대화만 나누는 것이 아니라 상호작용을 통해 직접 경험하고 행동해 보기에 용이하기 때문에 알아차림과 자기조절을 증진시킬 수 있다(Conyne, 2015). 집단 구성원 중 한 사람이 특정한 문제에 대해 갈등을 하는 것이 있다면 그것을 현재로 가져와 실연해 볼 수 있다. 현재 지금

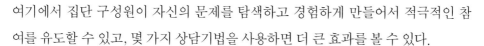

여기에서 집단 구성원이 자신의 문제를 탐색하고 경험하게 만들어서 적극적인 참여를 유도할 수 있고, 몇 가지 상담기법을 사용하면 더 큰 효과를 볼 수 있다.

집단 구성원 중 한 사람이 상담의 중심이 되면 다른 집단 구성원이 문제를 탐색하는 데 힘을 보탤 수 있다. 사람들과의 관계와 관련된 문제의 경우 집단 내에서 치유의 힘이 극대화될 수 있다. 게슈탈트 집단상담자는 구성원들이 적극적으로 개입하여 구성원 간의 관계를 증진하고 집단 내의 상호작용이 활발하게 이루어지도록 유도한다. 집단 구성원 간의 신뢰형성은 구성원이 알지 못하는 세계를 접촉해 보도록 도전하게 만들며 새로운 것을 시도해 보게 만든다.

집단이라는 상황은 사람들이 이전과는 다른 행동방식을 시험해 보기에 적합한 환경이다. 집단상황은 실험을 설계하기에도 상당히 융통성이 많아 창의적으로 무엇인가를 해 볼 수 있는 맥락을 제공한다. 게슈탈트 상담에서 주로 사용하는 기법, 즉 빈 의자 기법과 같이 역할을 실연해 보거나 무엇인가를 상상하는 것, 특정한 무엇을 시연해 보는 것 등은 집단 상황에서 사용하기에 더 적합한 것들이다.

문화적으로 다양한 배경을 가진 사람들에게 게슈탈트 상담이 적용될 수 있다. Frew(2013)는 게슈탈트 상담이 내담자의 상황적 맥락을 고려하기 때문에 다양한 배경을 가진 내담자들에게 특히 유용할 것이라고 주장하였다. 일반적인 상담에서는 상담자가 어떤 가치체계나 기준을 갖고 내담자에게 접근하지만, 게슈탈트 상담에서는 상담자가 개방적인 자세로 상담에 임하기 때문에 내담자를 어떠한 선입견이나 편견 없이 있는 그대로 수용하기가 용이하다.

특히 게슈탈트 상담은 내담자 내부의 양극성을 통합하도록 도와줄 때 효과적이다. 두 개의 문화권에서 자란 내담자들은 두 문화 간의 차이로 인해 많은 갈등을 경험한다. 세계화로 인해 각기 다른 문화적 배경을 가진 사람들이 한 조직에서 일하면서 문화적 차이로 인한 갈등을 내면에 억압하는 경우가 있다. 게슈탈트 집단상담은 내담자가 실험에 직접 참여함으로써 묵혀 두었던 미해결과제들을 해결하는 데 효과적일 수 있다.

현실치료

현실치료(reality therapy)에서는 내담자들이 가진 대부분의 문제가 근원이 유사하며, 현재의 인간관계에 대한 불만이나 만족스러운 관계를 갖지 못하는 것에 대한 어려움을 느끼면서 야기된다고 주장한다. 사람들이 자신이 직장을 가질 수 없는 것, 일을 잘 못하는 것, 의미 있는 관계를 갖지 못하는 것 등에 대해 고민을 털어놓을 수 있다. 사람들은 다른 사람들이 자신에게 어떻게 고통을 안겨 주었는지를 불평하면서도 그 상황에서 자신의 선택이 얼마나 효과적이었는지는 생각하지 않는다. 사람들은 자신의 행동을 선택할 수 있고 자신을 통제할 수 있는 위치에 있다. 그러나 이것을 잘 깨닫지 못하는 사람이 있다.

현실치료를 제안한 Glasser(1925~2013)는 내담자가 가진 문제를 해결하기 위해서는 내담자 스스로 자신의 행동에 대한 책임을 받아들이는 것이 중요하다고 주장한다. 그는 자신의 현실치료 원리를 설명하기 위해 선택이론을 제시하였다. 선택이론(choice theory)은 개인이 선택한 행동에 대한 책임은 전적으로 그 개인에게 있으며, 개인은 현재의 필요와 욕구에 의해 내적으로 동기화되고 자신의 현재 행동 선택을 통제한다는 것이다.

선택이론에서 보면, 사람은 유전적인 다섯 가지 욕구, 즉 생존, 사랑과 소속, 힘, 자유, 즐거움의 욕구를 갖고 태어난다. 사람들은 이러한 욕구들을 모두 갖고 있지만 각 개인마다 욕구의 강도가 다르다. 힘을 갖고자 하는 욕구는 모두 갖고 있지만 어떤 사람은 더 많은 힘을 갖기를 원한다. Glasser(2005)는 유전적인 다섯 가지 욕구 중 사랑과 소속의 욕구를 기본욕구라고 가정하였는데, 다른 욕구들을 충족시키기 위해서는 사람들을 필요로 하기 때문이다.

선택이론은 사람들이 기본적인 욕구를 직접 충족하지는 않는다고 가정한다. 사람들마다 살고 싶어 하는 가상의 세계(quality world)를 만들고, 그 세계 내에 욕구를 충족시켜 줄 사람들, 사건, 신념, 소유물, 상황 등을 마치 앨범처럼 저장해 둔다. 자신과 가장 가깝고 함께 있으면 즐거운 사람들은 가상의 세계에서 가장 중요한 것이다. 이러한 사람이 그 세계에 없거나 있더라도 만족스러운 관계를 갖지 못한다면 욕구는 좌절되고 문제가 발생한다.

선택이론에서는 사람들이 하는 것은 모두 행동이며, 이는 스스로 선택해서 만들어 내는 것이고, 이 모든 행동들은 자신이 원하는 것을 얻기 위한 것이라고 가정한다. 그래서 '우울하다' '불안해지다'라는 표현보다 '우울한 행동하기' '분노행동하기'라는 표현이 더 정확하다고 주장한다. 전체 행동은 네 개의 구성요소(활동하기, 생각하기, 느끼기, 생리적 반응)로 구별해 볼 수 있는데, 이것들은 행위, 사고, 감정을 동반한다. 선택이론에서는 활동하기와 생각하기를 강조하며, 내담자가 한 행동이 무엇인지 그 행위의 요소가 전체행동의 다른 요소에 어떻게 영향을 미쳤는지에 초점을 둔다.

1) 현실치료의 목표와 과정

현실치료에서는 내담자들이 자신의 삶에서 필요하다고 선택한 사람과 관계를 맺거나 관계를 복원할 수 있도록 도와주는 것을 목표로 한다. 사람들과의 의미 있는 관계가 정신건강에서 중요한 역할을 한다고 가정한다. 다른 사람들과의 관계에서 통제할 수 없는 것에 대해 말하는 것은 아무런 의미가 없다고 간주하며 내담자가 관계 안에서 조절할 수 있는 것이 무엇인지에 초점을 둔다.

현실치료 상담자들은 먼저 자신에 대해 진정한 모습이 되도록 해야 한다. 그렇게 함으로써 상담자들은 내담자들이 타인과 어떻게 관계하는지를 가르칠 수가 있다. 상담자가 자기 자신 이외의 누구라고 생각하는 것은 바람직하지 않다. 현실치료 상담에서는 내담자들이 자신의 선택에 책임이 있다는 것을 직면하도록 해 준다. 상담자가 내담자를 대할 때도 스스로 선택권이 있는 사람을 대하듯이 한다. 상담을 진행할 때는 내담자가 선택할 수 있는 것에 초점을 둔다. 사람들이 과거를 이해하고 재경험하는 것은 현재에 제 기능을 발휘하는 데 도움이 될 수 있다. 그러나 Glasser(2001)는 이에 반대하며 과거에 행한 어떠한 것도 현재와 관련이 없다고 주장한다. 과거가 현재의 문제에 영향을 미칠 수는 있지만 과거가 문제가 되는 것은 아니라는 것이다. 과거는 이미 지나간 것이고 바꿀 수 없으므로 현재에 어떠한 선택을 하는가에 따라 개인의 욕구가 충족될 수 있다고 본다.

현실치료의 기본 목표는 유전적인 다섯 가지 욕구를 모두 충족시키기 위해 내담자가 더 효율적인 방식을 배우도록 도와주는 것이다. 따라서 현실치료 상담자들은 내담자를 평가하려고 하지 않고, 내담자가 자신의 행동을 검토해 보도록 격려해 준다. 내담자는 자신의 행동방향, 구체적인 활동, 새로운 방향 가능성 등에 대해 평가를 하고 그중 변화시킬 것을 결정한 다음 변화를 촉진하기 위한 계획을 수립한다. 변화를 하기 위한 목적은 더 나은 인간관계, 행복의 증진, 자기 삶에 대한 내적 통제감의 증진 등이어야 한다(Wubbolding, 2011).

현실치료 상담자는 사람들이 현재 행동으로는 자신이 원하는 것을 얻지 못할 것이라고 믿을 때, 자신이 원하는 것을 가질 수 있게 만드는 다른 행동을 스스로 선택할 수 있다고 믿을 때 변화에 대한 동기부여가 될 것이라고 가정한다. 상담자는 상담 초기에 내담자가 원하는 것이 무엇인지 관계에서 하고 있는 선택은 무엇인지를 탐색한다. 그런 다음 내담자가 스스로 통제할 수 있는 것에 집중하도록 유도한다. 내담자가 자신의 행동을 통제할 수 있다는 것을 깨닫게 되면 더 나은 선택을 하기 위해 어떻게 해야 하는지에 초점을 맞춘다. 상담자는 내담자가 자신의 기본 욕구를 확인하고 변화하기 위해 자신이 더 나은 선택을 하도록 도와주면 된다.

2) WDEP 체계

Wubbolding(2015)은 현실치료의 실제 절차를 설명하기 위해 WDEP 체계를 제시하였다. WDEP 체계는 내담자가 원하는 것(희망; Want: W), 자신이 할 수 있는 것(행위; Doing: D), 자기평가의 기회를 탐색하는 것(평가; Evaluation: E), 변화를 위한 계획을 세우는 것(계획; Plan: P) 등이다. WDEP 체계는 선택이론에 근거한 것으로 내담자의 욕구를 충족시키는 데 도움이 된다.

- W(Want: 희망): 상담자는 내담자가 자신이 원하는 것, 즉 희망을 발견하도록 격려한다. 모든 희망은 기본적인 욕구와 관련이 있으며, 상담자는 질문을 통해 내담자 스스로 자신이 원하는 것을 발견하도록 유도한다. 상담자는 내담자가 스스로 자신의 희망, 욕구 등을 탐색할 수 있도록 다양한 질문을 효율적으로 할 수 있어야 한다.

- D(Doing: 행위): 상담자는 내담자가 현재 무엇을 하고 있는지, 어디로 가고 있는지 등 자신의 행동을 자각하게 해 주고 이를 변화시키도록 해 주어야 한다. 상담자는 주로 지금 무엇을 하고 있는지, 내담자가 한 일은 무엇인지, 새롭게 하고 싶은 일은 무엇인지 등을 질문하면서 내담자가 자신의 행동을 자각하도록 돕는다.
- E(Evaluation: 평가): 평가는 내담자가 행동 방향, 구체적인 행동, 희망, 새로운 방향과 계획을 검증하는 것에 관한 것이다. 내담자들이 불만을 갖는 데 원인이 되는 의미 있는 관계와 관련하여 행동을 평가하도록 한다. 현재의 행동이 자신에게 중요한 그 사람과 가까워지게 하는지 혹은 멀어지게 하는지 등에 관한 것이다. 변화가 자신에게 이롭다는 것을 알아야 변화를 하려고 할 것이기 때문에 내담자가 스스로 해 보는 평가는 중요한 과정이다.
- P(Plan: 계획): 상담자는 내담자가 자신의 희망과 욕구를 충족시키는 구체적인 방법을 찾도록 도와주어야 한다. 자기평가를 한 다음 내담자가 무엇을 변화시키고 싶은지 결정하면 가능한 다른 행동을 탐색하고 활동계획을 수립할 준비가 되었다는 것이다. 계획은 내담자가 효과적으로 통제할 수 있는 것이어야 한다.

포스트모던 상담 접근

　이전의 상담이론들은 주로 모더니스트의 관점에서 나온 것들이었다. 모더니스트들은 객관적이고 변하지 않는 실제가 존재하며 그것은 과학적 방법을 통해 관찰하여 체계적으로 이해할 수 있는 대상이라고 가정한다. 실제는 존재하는 것이며, 객관적 기준에서 벗어나게 되면 사람들은 자신이 비정상이라고 생각한다는 것이다. 반면에 포스트모더니스트들은 실제가 언어체계와 독립해서 존재하는 것이 아니라고 가정한다. 포스트모더니즘 세계관을 내포하고 있는 사회구성주의(social constructionism)에서는 언어 사용을 이해해야 실제에 대해 파악할 수 있으며, 실제는 사람들이 살고 있는 상황의 영향을 받는다고 가정한다. 언어의 형식과 사용법이 의미를 창조해 내기 때문에 동일한 말이어도 사람마다 그 의미가 다를 수 있다.

　포스트모던 관점 중 상담과 관련하여 알려진 것으로는 협력적 언어체계 접근 (Anderson & Goolishian, 1992), 해결중심 단기치료(de Shazer, 1994), 해결지향치료(Bertolino & O'Hanlon, 2002), 이야기치료(White & Epston, 1990), 여성주의 치료 (Brown, 2010) 등이 있다.

1) 해결중심 단기치료

　해결중심 단기치료(Solution-Focused Brief Therapy: SFBT)는 1980년대 밀워키에서 Insoo Kim Berg(1935~2007)에 의해 시작된 미래 중심적, 목표지향적인 치료 접근이다. 해결중심에서는 사람들이 과거나 현재의 문제에 집중하면 미해결된 과제에서 벗어나지 못한다고 가정한다. 해결중심 단기치료는 과거는 고려하지 않고 현재와 미래를 중시한다는 점에서 다른 상담 접근과는 구별이 되는 것이다. 상담자는 문제가 어떻게 시작되었는지, 어디에서 시작되었는지에 대해서는 관심을 두지 않고 현재 무엇이 가능한지에 초점을 둔다. 이는 문제의 원인과 해결 간에는 관계가 없으며, 문제해결을 위해 원인을 알아야 할 필요는 없다는 가정에 기초한 것이다. 변화를 위해 문제에 대한 평가를 해야 한다는 것도 거부한다. 문제를 알거나 이해하는 것은 중요하지 않으며, 현재 하고 싶은 것, 성취하고 싶은 것이 무엇인가에 초점을 둔다.

해결중심 단기치료에서는 사람들이 자신의 삶을 변화시킬 수 있는 능력을 가지고 있다는 낙관적인 가정을 한다. 이 치료는 사람들이 자신들의 문제들을 해결할 능력을 갖고 있는데 자신의 능력을 망각하고 방향감각을 잃어버려 방황하고 있다는 것을 기본 전제로 한다. 상담자는 내담자가 자신의 능력을 알아차리고 문제해결을 해 나가도록 도와주면 된다. 상담자는 내담자로 하여금 변화가 가능하다는 낙관적인 기대를 가지게 하여 희망을 갖도록 해 주어야 한다.

내담자들이 상담을 받으러 올 때는 대개 문제 중심 상태로 오는 경우가 많다. 내담자들은 과거에 일어난 일 때문에 미래가 영향을 받을 것이라는 결정주의 관점을 갖고 있는 경우가 있다. 해결중심 상담자는 성취 가능하고 성취하고자 하는 목표를 중심으로 낙관적인 대화를 이끌어 가면서 내담자가 문제를 벗어나 새로운 세계로 나아가도록 격려한다. 때로는 내담자가 그들의 삶에서 힘들지 않았다고 생각하는 시기나 문제가 되지 않았던 예외 상황을 발견하게 하여 희망을 갖도록 만든다. 해결중심 단기치료는 무엇인가 효과적인 것이 있다면 그것을 계속해서 하면 되고, 만약 어떤 것이 효과적이지 않았다면 다른 것을 시도하면 된다는 것을 전제로 한다.

Walter와 Peller(2000)에 따르면, 해결중심 단기치료는 문제의 원인을 설명하는 이론적 모델이 아니라, 사람들이 변화하고 목표를 성취해 가는 과정을 설명하는 모델이라고 하였다. 해결중심 단기치료의 기본 가정은 다음과 같다.

- 내담자는 문제를 해결할 능력을 갖고 있다.
- 해결과 미래에 초점을 둔다.
- 모든 문제에는 문제가 없었던 때, 즉 예외 상황이 있다.
- 내담자는 자신의 한쪽 측면만 제시하는 경향이 있다.
- 영원히 지속되는 것은 없으며, 변화는 일어날 수밖에 없다.
- 내담자는 변화를 하기 위해 최선을 다할 것이다.
- 내담자가 문제를 해결하겠다는 의지를 지니고 있다고 믿어야 한다.

(1) 해결중심 단기치료의 목표

해결중심 단기치료는 변화, 상호작용, 목표 달성에 대한 기본 가정을 갖고 있다. 상담자는 내담자가 의미 있는 개인적 목표를 설정할 수 있는 능력과 자신의 문제를 해결할 자원을 지니고 있다고 믿는다. 해결중심 단기치료에서 상담의 목표는 내담자가 구성한다. 각 개인마다 원하는 목표가 다르고 바라는 바가 다르기 때문이다. 따라서 상담 초기에 내담자가 상담에서 원하는 것이 무엇인지, 무엇을 탐색해 보고 싶은지를 분명하게 드러낼 수 있는 기회를 가져야 한다. 내담자의 목표와 바라는 결과가 확인되면 상담자는 변화를 촉진하고 내담자가 다양한 가능성을 생각할 수 있도록 도와주어야 한다.

해결중심 단기치료에서는 내담자가 잘 규정된 목표를 세우는 것이 중요하다. 목표는 긍정적으로 기술할 수 있어야 하고, 행동중심이어야 하며, 지금 여기에 초점을 두고, 도달할 수 있고 구체적이어서 측정할 수 있는 것이어야 한다. 내담자가 자신이 원하는 목표를 정하기 전에 상담자가 목표설정에 대한 부담을 주어서는 안 되며, 상담자가 내담자의 관심사를 충분히 이해하였다고 내담자가 느낄 수 있도록 해야 한다(Murphy, 2015).

상담자는 내담자가 낙관적인 시각으로 변화 가능성에 대해 자신감을 갖도록 해 주어야 하며, 문제와 관련된 대화보다는 변화와 관련된 대화, 해결과 관련된 대화를 하도록 유도해야 한다. 해결중심 단기치료에서 사용하는 세 가지 형식의 목표는 관점이나 참조체계 변화시키기, 문제상황 행동 변화시키기, 강점과 자원 활용하기 등이다(O'Hanlon & Weiner-Davis, 2003).

(2) 해결중심 단기치료의 상담기법

① 첫 회기 과제

이는 상담자가 첫 회기와 둘째 회기 사이에 내담자에게 수행해 보도록 부여하는 과제이다. 상담자는 첫 회기에 내담자에게 자신의 주변에서 계속 일어나기를 원하는 일이 일어나는지를 관찰해 보게 한다. 두 번째 회기에 내담자가 관찰한 바를 물어보고 앞으로 어떤 일이 일어나기를 원하는지를 질문한다. 이러한 질문은 내담자로 하여금 변화는 불가피한 것이며 현재와 미래에 대해 낙관성을 갖게 해 준다.

② 예외질문

내담자가 문제라고 여기는 것이 예전에 문제가 되지 않았던 적이 있을 수 있다. 내담자에게 문제가 되지 않았거나 심각하지 않았던 시기로 돌아가서 이를 검토해 보게 하면 문제해결을 위해 더 적극적으로 나설 가능성이 높다. 예외질문(exception question)은 문제가 될 수 있었지만 문제가 발생하지 않았던 것에 대한 질문을 의미한다. 내담자는 이러한 질문을 통해 문제가 변하지 않는 것은 아니며 영원히 존재하는 것도 아니라는 것을 배운다. 이는 내담자가 자원을 활성화시켜 가능한 해결책을 모색해 보도록 하는 데 도움이 된다.

③ 기적질문

기적질문(miracle question)은 de Shazer(1988)가 제안한 것으로 내담자에게 달라질 것을 실행해 보도록 하기 위한 것이다. 예컨대 '갑자기 기적이 일어나 문제가 해결된다면 달라지는 것이 무엇일까요?'와 같은 질문이다. 이러한 질문은 내담자로 하여금 문제가 된 행동에 대한 관점을 변화시키면서 문제가 변화할 수 있다는 것을 느끼게 해 준다. 내담자는 자신이 가진 문제에서 벗어난 미래의 삶을 생각해 봄으로써 현재가 아닌 미래에 초점을 둘 수 있다.

④ 척도질문

상담자는 내담자에게서 변화가 쉽게 관찰되지 않은 경우 내담자가 실패한 것은 아니라는 것을 알도록 해 주기 위해 척도질문(scaling question)을 사용한다. 예컨대 문제의 처음 상황을 0으로 하고 기적이 일어나 문제가 사라졌을 때를 10으로 한다면 지금 문제는 어느 정도 해결이 되었다고 느끼는지를 묻는 것이다. 이러한 질문은 내담자로 하여금 자신이 하는 일의 진척 정도를 파악하게 해 주고, 자신이 원하는 변화로 가기 위한 것들을 적극적으로 찾아보게 만든다.

2) 이야기치료

이야기치료는 사회구성주의자인 White(1992)와 Epston(1990)이 창안한 것으로 내담자 자신이 스스로 원하는 삶을 살 수 있는 존재로 인식하도록 도와주기 위한 강점

기반 접근이다. 이야기치료 상담에서는 내담자를 진단하거나 분류하지 않으며, 내담자로 하여금 문제가 내담자의 삶에 미친 영향을 그려 보고, 자신을 문제와 분리시켜 대안적인 삶의 이야기를 만들어 보도록 하는 것이다.

이야기치료에서는 내담자가 가진 문제가 사회적, 문화적, 정치적 맥락에서 만들어진다는 가정을 기초로 한다. 사람들은 보고, 느끼고 행동하는 것을 이야기로 구성한다. 사람들이 스스로에 대해서 구성한 이야기와 다른 사람들이 자신에 대해 구성한 이야기에 따라 살아간다. 따라서 이야기를 구성하는 언어가 중요한 역할을 한다.

이야기치료는 사람들로 하여금 새로운 언어로 자신의 경험을 말하도록 하는 것이다. 내담자는 새로운 언어의 사용으로 무엇이 가능한지에 대해 색다른 전망을 갖게 될 것이다. 새로운 언어는 내담자가 가진 문제적 생각이나 감정, 행동들을 대체할 다른 의미를 가져다줄 수 있다. 이야기치료에서는 총체화하는 언어(totalizing language)를 사용하지 않도록 주의해야 한다. 총체화하는 언어는 하나의 표현으로 개인을 특정 짓는 경우가 있어 개인의 복합적인 측면을 무시할 수 있다. 상담자는 내담자의 이야기를 들으면서 마음속으로는 내담자를 문제로부터 분리시키는 이중 경청(double listening)을 할 수 있어야 한다.

(1) 상담의 목표와 과정

이야기치료는 내담자에게 선호하는 이야기를 구성하게 함으로써 시작된다. 상담자는 제시된 문제와 관련해서 호기심 어린 자세로 내담자를 탐색하며 문제의 영향력에 대해 생각한다. 내담자들은 대개 자신이 문제를 만들었다고 생각하고 문제와 자신이 동일체인 것처럼 이야기한다. 상담자는 내담자와 문제가 동일한 것으로 구성된 이야기를 해체하여 문제가 내담자의 외부에 있는 것으로 객관화시킨다.

상담자는 내담자를 문제로부터 분리시키기 위해 질문을 사용한다. 내담자 자신이 삶에서 무엇을 원하는지를 잘 알고 있는 전문가라고 간주하기 때문에 상담자가 진단이나 평가를 의미하는 대화는 하지 않는다. 이야기치료에서는 내담자가 자신이 살아온 경험을 이해하는 것에 초점을 두며, 이를 해석하고 병리적으로 진단하는 것을 하지 않는다.

개인은 고유한 특성이 있기 때문에 내담자마다 이야기의 내용이 다를 수 있고 그에 따라 상담의 과정도 변화하여야 한다. 이야기치료의 상담에 일정한 공식이 있고 과정이 있으면 내담자는 자신에게 무엇인가 행해질 것이라고 생각하고 상담에 깊이 있게 참여하지 않을 수 있다. 이야기치료 상담자는 자신이 내담자의 삶에 대해 내담자보다 더 많이 알고 있다고 생각하지 않는다. 내담자가 자신의 경험에 대해 잘 알고 있고 창의적인 생각을 할 수 있는 능력이 있다고 가정한다.

이야기치료 상담자는 적극적인 촉진자의 역할을 한다. 상담자가 가진 기본적인 가치와 윤리적 태도가 상담에 영향을 미칠 수 있다. 상담자는 내담자의 지식을 가치 있게 여기고, 존중하며, 낙관적인 자세를 갖추고 있어야 한다. 특히 이야기치료 상담에서 중요한 것은 상담자와 내담자가 권력을 공유한다는 것이다. 상담관계에서 상담자를 전문가로 여기는 문제기반 접근과는 달리 이야기치료는 내담자를 전문가로 보는 강점기반 접근이다. 따라서 내담자가 이야기를 주도해 나가면서 권한을 갖고 있고, 상담 도중에 내담자가 도움이 되지 않는 문제 중심 이야기에 고착되는 경우 상담자가 권한을 발휘하여 다른 강점 중심의 이야기를 하도록 이끌어 간다. 때로는 내담자가 문제사고에 빠져 자신의 능력에 대해 부정적인 생각을 하는 경우 내담자의 인식을 변화시키기 위해 상담자가 개입하기도 한다.

(2) 상담기법

이야기치료 상담에는 일정한 절차나 공식이 없다(Drewery & Winslade, 1997). 상담자의 태도나 관점이 중요한 영향을 미치는 상담이다. 상담자는 문제와 내담자를 분리시키기 위해 질문을 사용하지만 강제적 개입의 성격을 지닌 것은 아니다. 상담자는 내담자가 자신의 이야기를 다른 관점에서 볼 수 있도록 만들어 주면 된다. 이야기치료 상담에서는 기법보다는 상담자의 태도나 자세가 더 중요하다.

① 질문

이야기치료 상담자는 정보를 수집하기 위해서가 아니라 경험을 만들어 내기 위해 질문을 사용한다. 질문은 내담자가 스스로 선호하는 방향을 발견해 나갈 수 있도록 개방적이고, 존중하는 자세로 주어져야 한다. 상담자는 자신이 몰라서 알고 싶다는 자세로 질문하여야 하며, 이미 답을 알고 있다고 생각하는 질문은 하지 않아야 한다.

② 외재화

외재화(externalizing)는 사람을 문제로부터 분리시키는 것을 의미한다. 문제와 사람을 분리시켜 문제가 자신의 외부에 있다고 가정하면 문제와 관계를 맺는 것이 더 수월하다. 예컨대 '자신이 언제 문제가 일으켰나요?'라는 질문과 '문제가 언제 당신의 삶에 나타났나요?'라는 질문은 의미가 다른 것이다. 이야기치료 상담에서는 문제를 내담자 자신과 분리시키는 것이 중요한 과제이다. 자신이 문제를 갖고 있는 것으로 동일시해 버리면 삶에 대한 대안적인 가능성을 찾기 어려워진다. 문제와 자신을 분리함으로써 희망을 갖게 되고 자기 비난에도 맞설 수 있는 힘을 갖게 된다. 외재화를 하기 위해서는 문제가 개인의 삶에 미친 영향을 탐색하고, 개인이 다시 문제에 미친 영향을 탐색해 보는 과정을 거친다.

③ 예외적 성과탐색

이야기치료 상담에서는 외재화에 관한 질문 다음으로 예외적인 성과를 탐색하는 질문을 한다. 이는 내담자에게 문제를 성공적으로 다루었던 순간을 말하게 하거나, 미래에 문제를 어떻게 다루는 것이 좋겠는지를 질문함으로써 변화가 가능하다는 것을 알게 해 준다. 이러한 예외적 성과를 탐색하면 대안적인 이야기를 만들 수 있고 삶의 이야기를 다시 만들 수 있다.

④ 대안적 이야기 저술

내담자의 문제 중심 이야기를 해체하게 되면 대안적 이야기를 만들어 간다. 사람들은 자신의 삶을 다시 저술할 수 있는 능력이 있기 때문에 내담자로 하여금 자신의 대안적 이야기를 저술할 수 있도록 해 준다. 상담자는 내담자의 초점을 미래로 돌려, 이전의 문제 중심 이야기처럼 살 것인지 아니면 대안적 이야기처럼 살 것인지를 선택하게 한다. 내담자는 대안적 이야기를 저술하면서 자신의 삶을 어디로 이끌어 가야 할지를 생각하게 된다.

⑤ 문서화

내담자가 새로운 대안적 이야기처럼 자신의 삶을 살아가기로 하였다면 이를 지속적으로 유지하기 위해서는 증인이나 지지해 줄 무엇인가가 필요하다. 이야기치료 상담자는 내담자에게 편지 쓰기를 통해 내담자의 변화를 지지해 준다. 상담자가 작성한 편지에는 내담자가 그동안 문제를 다루어 온 변화 과정과 노력, 성과가 나타나 있으며, 상담 중에 발견한 내담자의 강점에 대한 설명도 포함되어 있다. 이러한 편지는 내담자에게 변화의 의미를 분명하게 인식시켜 줄 수 있다.

3) 여성주의 상담

여성주의 상담(feminist counseling)은 문화적 성과 권력에 관한 상담이며, 한 개인을 이해하기 위해서는 개인이 속한 사회적, 문화적, 정치적 맥락을 고려하여야 한다는 것을 전제로 한다. 여성주의 상담은 여러 학자(Jean Miller, Carolyn Enns, Oliva Espin, Laura Brown)의 협동으로 만들어진 것이며, 처음 만들어질 때는 여성을 위한 정신건강 상담을 개발하겠다는 것이었다(Evans & Miller, 2016). 여성주의 상담에서 초점을 두는 것은 심리적 억압을 이해하고 인정하는 것이 중요하다는 것이다. 사회적으로 소외된 사람들, 특히 여성은 사회정치적 지위의 격하로 인해 제한점이 있다. 여성은 사회화 과정에서 정체성 발달과 자기개념, 야망과 포부 등이 영향을 받을 수밖에 없고 여성의 사회화된 역할에 대한 이해가 상담에 반영되어야 한다.

초기 여성주의 상담은 여성에 대한 사회의 인식을 이해하고, 가부장제도 내에서 여성이 겪는 문제를 이해하는 데 초점을 두었다. 그러나 최근의 여성주의 상담은 다루는 주제의 폭을 넓혀 다양한 접근을 시도한다. 여성주의자들은 문화적 성이 종족, 민족, 사회경제적 지위 등 다른 정체성과 분리된 것으로 보지 않는다(Enns & Byars-Winston, 2010). 현대 여성주의는 소외된 사람들이 받는 억압뿐만 아니라 권력, 특권, 다문화 특성, 사회정의 등에 대해서도 이해하여야 내담자를 이해할 수 있다고 주장한다.

Kaschak(1992)은 성이 사람들이 살아가는 방식을 결정짓는 데 영향을 미친다고 주장한다. 사람들은 자신의 성에 따라 태어날 때부터 성역할 기대로 인해 정체성에 영향을 받으며, 성격 발달에도 영향을 받는다. 여성의 자기정체감과 도덕성 발달은 그 여성이 속한 문화적 맥락에서 정의하고 있는 기준의 영향을 받는다. 특정한 상황에서 어떤 행동을 해야 하는지, 다른 사람을 돌보는 역할은 어떻게 해야 하는지 등이 성역할로 주어진다. 남성이 지배계층인 사회에서 여성은 종속적인 위치에 있게 되고 우월한 집단의 요구에 맞춰 행동할 수밖에 없다. 사회에서 소외계층은 지배계층을 의식할 수밖에 없는데, 여성도 이와 유사하다. 여성은 자신의 성역할을 발달시키면서 자신과 같은 성인 여성의 문화도 살펴야 하고 남성의 문화도 고려해야 한다. 성차별적인 문화에서 자란 여성은 억압을 내면화할 수밖에 없다. 여성주의는 여성의 내면화된 억압을 찾아내고 이해하는 것에 초점을 둔다.

인간의 발달 과정에 관한 이론들에서는 독립성과 자율성의 형성 과정에 관해 초점을 두는 경우가 많다. 그러나 여성의 경우 자율성뿐만 아니라 다른 사람과의 유대감도 중요한 역할을 한다. Jordan(2010)은 관계문화이론(Relational Cultural Theory: RCT)을 제안하면서, 여성의 정체감과 자기개념은 관계 맥락에서 발달한다고 주장하였다. 여성들은 일생동안 관계의 결합, 단절, 회복 등과 같은 관계 변화 과정을 거치는데, 관계의 단절과 고립을 통해 고통을 받는다. 상담과정에서 이러한 여성의 고통을 이해하고 공감하는 것이 여성을 이해하는 데 매우 중요한 역할을 한다. 상담자와 내담자 간의 상호 공감은 여성의 관계 회복력을 향상시키며, 단절이 자신에게 미친 영향을 이해하고 치유할 수 있도록 해 준다.

여성주의 상담은 다문화상담이나 사회정의 상담과 유사한 점이 많다(Crethar, Rivera, & Nash, 2008). 이 상담들은 사회적, 정치적, 환경적 변화가 필요하다는 것에 초점을 둔다. 내담자들의 문제가 심리내적인 것이 아니라 불공정한 사회 때문이라고 가정하며, 상담자와 내담자가 협력하여 문제를 문화적 맥락 내에서 재구성하려고 한다. 여성주의 상담자들은 여성들을 억압하고 소외시키는 문화적 압력에 도전하며, 사회변화에 참여하는 운동가가 되려고 노력한다.

(1) 상담의 목표와 과정

여성주의 상담에서는 여성이 행동의 주체로서 자신의 힘을 인식하고 요구하며 받아들이도록 하는 데 초점을 둔다. 그렇게 하기 위해서 개인은 혼자서 힘을 키우는 데 한계가 있기 때문에 자신의 역량을 강화시키기 위해 집단으로 모여야 한다. 여성주의 상담자들은 내담자들이 사회적 성역할 제약에서 벗어나 제도적 억압에 도전할 수 있도록 돕는다. 상담자들은 여성을 포함한 모든 사람이 동등한 힘을 가져 평등한 세상을 만들려고 노력한다. 소외 계층의 내담자들이 성차별이나 다른 형태와 차별과 같이 내면화된 억압을 드러내어 인식하게 하고, 사회정의를 실천할 수 있게 힘을 갖도록 도와주는 것이 여성주의 상담의 목표이다.

여성주의 상담은 여러 학자가 협력하여 만든 것이다. 따라서 상담과정에서 내담자를 개념화하고 어떤 기법을 사용하는가는 상담자에 따라 다를 수 있다. 여성주의 상담자들은 상담에 대한 기본적인 가정은 공유하지만 각 상담자들의 배경과 인생 경험이 다양하여 내담자에 대한 접근을 달리한다. 상담자들이 지닌 신념과 관점이 상담에 반영될 수밖에 없다.

일반적으로 여성주의 상담에서는 여성주의, 다문화주의, 사회정의 관점을 반영하고 있다. 여성주의 상담자들은 자신이 여성으로서 경험한 편견과 왜곡이 어떤 사회문화적 특성과 관련이 있는지에 주목한다. 사람들의 심리적 안녕을 위협하는 성차별, 인종차별, 동성애차별과 같은 차별이 여성에게 미치는 영향을 이해하고 내면의 억압을 끌어내기 위해 노력한다. 상담자들은 소외와 억압의 원천이 성 정체성임을 인식하고 내담자로 하여금 세상을 보는 관점이나 자신을 지각하는 방식, 대인관계의 방식 등을 변화시킬 수 있도록 도와준다.

여성주의 상담자들은 아들러 상담자와 유사하게 사회적 평등과 사회적 관심을 강조한다. 또한 실존주의 상담과도 유사한 측면이 있는데, 내담자가 긍정적인 방향으로 나아갈 수 있는 능력을 가지고 있다고 가정한다(Bitter, Robertson, Healey, & Cole, 2009). 여성주의 상담자들은 상담이 상담자와 내담자가 동등한 위치에서 함께 하는 동반관계이며, 내담자가 스스로 정한 가치 기준에 따라 삶을 살고, 외부의 통제에도 영향을 받지 않는 힘을 갖도록 해 주기 위해 노력한다. 상담자들은 진솔한 자세로 내담자를 대하며 그들과 상호 공감을 가지려고 한다. 이러한 특성은 인간 중심 상담자들과 유사하다. 여성주의 상담자들은 상담과정에서 상담자가 힘을 가져서는 안 되며, 내담자가 상담자에게 의존하게 해서도 안 된다고 생각한다. 상담자와 내담자가 동등한 관계로 목표를 함께 결정하고 같이 성장하기 위해 노력한다.

여성주의 상담자들은 DSM 분류 체계를 인정하지 않는다. DSM에 기반한 진단은 주류 문화의 관점에서 만들어진 것으로 문화적 특성이 반영되지 않았다는 것이다. 진단명은 개인의 증상을 나타내 주지만 역기능적인 행동의 원인이 될 수 있는 사회적 요인을 반영하지 않으며, 주류문화의 기준에서 만들어져 억압의 도구가 될 수 있고, 내담자가 장애를 가진 사람으로 비인간화할 수 있는 가능성이 있기 때문에 사용하기에 적절하지 않다고 본다. 사람들이 가진 문제를 해결하기 위해서는 사회가 변화해야 하는 측면도 있지만, 이러한 진단체계는 개인이 문제해결을 해야 한다는 것을 강조하고 있다.

사람들이 가진 문제를 이해하기 위해서는 내적인 역동도 중요하지만 외부요인과 맥락요인의 영향도 간과해서는 안 된다(Evans & Miller, 2016). 여성주의 상담자들은 여성이 가진 대부분의 문제들은 삶에 대처하기 위한 생존 전략이며, 문제의 원인이 내담자에게 있지 않고 외부에 있다는 것을 강조한다. 이는 내담자가 스스로를 자책하지 않고 평등한 관계로 상담에 참여하도록 해 주며, 문제해결에 적극적으로 나설 수 있도록 해 준다.

(2) 상담기법과 절차
여성주의 상담에서는 특정한 기법을 강조하지 않으며, 내담자의 강점에 맞추어 내담자가 여성주의 정신을 갖고 자신의 역량을 강화시키도록 해 주는 데 초점을 둔다.

① 서면동의
여성주의 상담에서는 내담자의 역량강화가 중요한 과제이다. 이를 위해 우선적으로 내담자에게 서면동의 받는 절차를 사용한다. 서면동의는 내담자의 기대, 상담방향, 상담진행과정 등에 관한 것에 대해 이루어진다. 서면동의를 통해 상담자와 내담자가 평등하고 협력적인 관계로 상담을 시작할 수 있게 된다. 내담자들은 대개 상담자를 전문가로 보고 자신들이 원하는 답을 갖고 있을 것으로 기대하고 있기 때문에 서면동의는 내담자를 상담의 동등한 참여자가 되게 해 준다.

② 자기개방
상담자는 내담자의 문제와 관련된 자신의 경험을 개방할 수 있다. 내담자에게 도움이 될 것이라고 판단되면 상담자 자신이 겪은 경험을 개방한다. 상담자가 사회적 압력이나 문화적 압력을 어떻게 경험하였는지 내담자에게 말해 주면서 그러한 압력에 대처해 온 방식을 모델링할 수 있는 기회를 제공해 준다. 상담자의 자기개방은 진솔성이 동반되어야 하고 내담자가 효과적이라고 판단하고 받아들일 수 있는 것이어야 한다.

③ 성역할 분석

성역할 분석(gender-role analysis)은 성역할 사회화가 가치, 사고, 행동에 미친 영향을 살펴보는 것이다. 성역할 분석은 여성과 남성이 어떻게 행동해야 하는지에 대한 사회적 압력이 내담자의 정체성과 상호작용하는 방식에 대해 살펴보게 해 준다(Remer, 2013). 상담자는 내담자로 하여금 사회, 대중매체, 성, 문화, 외모 등과 관련된 사회적 압력에 대해 살펴보도록 한다. 내담자가 속한 문화에서 이러한 것들에 대해 어떤 메시지를 주고 있는지, 다른 문화에서는 어떠한지 등을 살펴보면서 내담자가 스스로 억압한 내면을 인식하는 것이 중요하다. 내담자가 자신이 원하는 것은 무엇인지를 확인하고 스스로 이전의 모습으로 돌아가려고 할 때 이를 유지하도록 해 주어야 한다.

④ 성역할 개입

사회적 문제가 내담자의 문제에 미친 영향을 이해시키기 위해 상담자는 성역할 개입(gender-role intervention)을 이용하기도 한다. 우리 사회가 성역할과 관련하여 어떠한 사회적 기대를 하고 있는지를 말해 주면서 이러한 기대가 사람들에게 미친 심리적 영향에 대해 이해하게 해 주는 것이다. 성역할 개입을 통해 내담자는 주변 사람이나 대중매체 등을 통해 받은 역할과 이미지가 자신의 자기존중감에 미친 영향을 인식하고, 어떤 존재가 되어야 하는지를 생각할 수 있다. 상담자는 내담자가 변화를 하기 위해 다른 여성들과의 대화를 원하는 경우 이를 격려하고, 자신이 인식한 것을 실천할 수 있도록 도와준다.

⑤ 권력분석

권력분석(power analysis)은 권력과 자원의 불평등한 분배가 사람들에게 미친 영향을 내담자가 이해할 수 있게 해 주는 방법이다. 상담자와 내담자는 권력을 가진 사람들이 사회정의와 복지를 어떻게 한정짓는지를 분석한다. 사회에서 남성과 여성의 권력차이를 살펴보고, 사람들의 성적취향이 권력에 따라 어떠한 차이가 있는지를 분석해 본다. 권력분석을 통해 내담자는 권력의 대안적 유형을 확인하고 자신의 삶을 변화시키기 위한 노력을 할 수 있다.

⑥ 독서치료

여성들의 삶과 관련된 문제에 대해서 전문적인 지식을 갖도록 해 주기 위해 다양한 유형의 자료를 이용할 수 있다. 내담자의 문제와 관련된 읽을거리를 줌으로써 내담자는 상담자와 더 평등한 관계로 상담을 진행할 수 있다. 독서는 상담을 통해 배운 것을 보충해 줄 수 있고 자신의 생각을 돌아볼 수 있는 기회를 제공해 준다. 내담자와 유사한 정체성을 가진 사람이 쓴 책이나 글이 특히 효과적이다.

⑦ 주장훈련

내담자가 여성으로서 자신의 권리를 인식하고 고정관념적 편견을 넘어설 수 있도록 주장행동을 하게 하는 것이다. 이는 여성의 수동성이 어떻게 형성된 것인지를 인식시켜 줄 수 있으며, 내담자가 일상생활에서 변화하도록 해 준다. 여성들이 주장을 하게 되면 이를 공격적으로 해석할 수도 있다. 여성의 주장행동이 비난을 받을 수도 있고, 원하는 것을 얻게 만들어 주기도 한다. 내담자가 처한 상황에서 어느 정도로 어떻게 주장할 것인지를 조절하여야 한다.

⑧ 사회활동

내담자가 여성주의를 이해하기 위해서는 다양한 교육기회가 있어야 한다. 내담자는 여성 문제와 관련된 자원봉사활동이나 특정 단체의 활동 등을 통해 내담자 자신의 역량을 강화하고 자신이 속한 사회적, 정치적 맥락을 이해하는 것이 필요하다. 이러한 사회활동은 내담자에게 자신이 권한을 갖고 있다는 생각을 하게 해 주고 자기존중감을 향상시켜 줄 수 있다.

4) 다중양식치료

다중양식치료(multimodal therapy)는 Arnold Lazarus가 개발한 포괄적인 심리치료 접근이다. 내담자들은 한 가지가 아닌 여러 가지 문제로 고통받고 있는 경우가 있기 때문에 내담자가 가진 문제를 효과적으로 다루기 위해서는 특별한 치료접근이 필요하다는 것을 전제로 한다. 다중양식치료는 개인별로 개인화된 치료 방식을 택한다. 개인은 고유함과 예외성을 가지고 있기 때문에 어떤 치료개입을 하는 것이 적절한지는 개인마다 다르다. 치료자는 내담자에 따라 융통적이고 가변적인 절충방식을 채택하여 접근을 시도하며, 내담자의 고통을 치료하는 데 효과적이라고 판단되는 전략을 사용한다. 상담기법은 절충적인 방식은 택하지만 다중양식치료는 사회학습이론(Bandura, 1986)을 이론적 기초로 삼고, 일반체계이론(Bertalanffy, 1974)과 집단 및 의사소통 이론(Watzlawick, Weakland, & Fisch, 1974)을 근거로 하고 있다.

사람들의 경험은 대부분 움직이는 것(Behavior), 느끼는 것(Affect), 지각하는 것(Sensations), 상상하는 것(Image), 생각하는 것(Cognitions), 관계하는 것(Interpersonal relations) 등으로 이루어져 있다. 사람은 생화학적이고 신경생리학적인 존재이다. 사람들의 행동과 삶은 이러한 기능들의 산물이다. 다중양식치료에서는 이를 BASIC I. D로 표현하며, 이러한 각각의 양식들을 결합한 것을 의미한다.

BASIC I. D는 인간이 나타내는 정서부터 다양한 행위에 이르기까지 모든 것을 포함하고 있으며, BASIC I. D 내의 요소들과 그것들의 상호작용을 조사하면 개인의 기질과 성격을 설명할 수 있다고 주장한다. BASIC I. D 밖의 외부요인, 즉 사회문화적, 정치적, 환경적 요인들이 개인에게 미치는 영향을 부정하지는 않지만, BASIC I. D 내의 요인만으로도 기질과 성격을 충분히 설명할 수 있다고 가정한다.

다중양식치료에서는 상담자와 내담자가 일곱 개의 성격차원(BASIC I. D)에 얼마나 노력을 기울이느냐에 따라 변화의 정도가 달라진다고 가정한다. 내담자가 각 차원에 대처를 잘하면 문제가 호전될 것이고, 변화가 지속되려면 여러 가지 기법이나 전략, 양식들이 조합이 잘되어야 한다. 어떤 특정한 기법이 효과적일 것이라고 하기는 어렵다. 다중양식치료는 다양한 사람이 가진 서로 다른 문제에 맞추어 치료절차를 택한다.

다중양식치료의 다른 가정은 새로운 경험 없이는 어떠한 변화도 없다는 것이다. 그래서 다중양식치료에서는 내담자에게 다른 일을 하도록 하거나 동일한 일을 다르게 해 보도록 유도한다. 일반적으로 인지적이거나 언어적인 방식들은 효과가 덜하고, 수행을 동반한 방법들이 치료의 효과가 좋고 변화도 가져온다. 그러나 내담자의 대인관계 영역, 감각 반응, 인지적 과정 내에 자리 잡고 있는 장애물을 제거하지 않으면 효과적인 행동을 할 수 없다. 내담자가 효과적인 행동을 하려면 BASIC I. D 내에서 내용 영역과 상호작용관계를 인식하고 이해함으로써 어떻게 행동해야 하는지에 대한 통찰을 얻을 수 있어야 한다.

다중양식치료는 BASIC I. D에서 과잉과 결핍이 많이 나타날수록 내담자는 더 혼란에 빠질 것이라고 가정한다. 내담자는 자신이 원하지 않는 반응이나 과잉반응을 없애고 만족스러운 반응이 나타나서 지속되도록 행동을 변화시킬 수 있다. 또한 불쾌한 정서의 제거나 긍정적 감정의 향상 같은 것도 행동변화를 지속시키는 데 영향을 미칠 것이다.

(1) 치료의 목표와 과정

다중양식치료는 모든 내담자를 동일한 치료 방식에 맞추려고 하기보다는 각 내담자별로 가장 최상의 방법을 찾아내려고 하는 것이다. 동일한 증상을 가진 내담자들이라 하더라도 치료자에 따라 전혀 다른 치료를 받을 수 있다. 치료의 목표는 내담자가 가능한 한 빨리 변화를 일으키도록 하는 것이다.

기존의 심리치료 접근은 단일 양식에 관한 것이 많았다. 다중양식치료에서처럼 BASIC I. D의 여러 가지 양식을 모두 고려하기보다는 이들 중 일부의 양식에 집중하는 경향이 있었다. 예컨대 인지행동 상담은 감각양식과 심상양식에 대해 별 관심을 두지 않는다. 행동치료자들은 정서 양식에 대해 민감하게 반응하지 않는다. 게슈탈트 상담에서는 직관적 반응(gut reaction)을 선호하지만 인지적 양식을 소홀히 한다. 다중양식치료의 입장에서 보면 내담자들은 서로 매우 다른 틀에서 나온 다양한 욕구와 기대를 가지고 있으며, 치료자의 다양한 전술과 전략을 요구한다고 가정한다. 단순히 인간 중심 상담처럼 공감, 진솔성 같은 상담자가 갖추어야 할 기본 자세만 갖추어서는 효과적인 상담을 하기 어렵다고 한다.

사람들은 BASIC I. D의 특정 양식을 다른 양식보다 더 선호하는 경향이 있다. 사람들은 시간이 흐름에 따라 특정한 반응패턴이 더 가치 있다고 생각할 수 있다. 이러한 사람들은 이후에도 유사한 반응패턴을 따를 것이고 유사한 양식순서를 나타낼 것이다. 사람들의 양식에 대한 선호도는 구조적 프로파일 질문지(Structural Profile Inventory: SPI)를 통해 살펴볼 수 있다. SPI는 35개의 항목으로 구성되어 있고 7점 척도상에서 표시하게 되어 있다. 치료자와 내담자가 유사한 SPI 점수를 나타낸다면 서로 다른 SPI 점수를 보인 경우 보다 치료 효과가 더 향상되는 것으로 나타났다(Herman, 1998).

다중양식치료에서 치료자와 내담자간의 초기 상담에서는 내담자가 호소하는 문제가 무엇이며, 그것의 주요 촉진인자가 무엇인지에 초점을 둔다. 치료자는 내담자의 부적응 행동을 유지시키는 것으로 보이는 요인으로 선행 사건들에 대해 분석을 한다. 다중양식치료에서는 초기 면담 동안 특수한 개입이 이루어지는 경우가 흔히 발생한다. 치료자가 내담자에 대해 완전한 평가가 이루어지기 전이라도 필요한 어떤 개입이 있어야 한다면 즉각적으로 이를 수행한다. 고통을 줄이는 것이 필요하거나 오해를 교정할 필요가 있는 경우 이를 다루는 것으로 치료를 시작할 수도 있다. 첫 회기가 끝날 때 내담자에게 다중양식 생활사 질문지를 작성해 오게 한다. 다중양식 생활사 질문지는 진행 중인 문제, 선행사건, 지속되는 요인 등에 관한 질문으로 구성되어 있다. 면담과 생활사 질문지를 통해 충분한 정보가 수집되었다면 양식 프로파일을 작성한다. 양식 프로파일은 내담자의 BASIC I. D 각 영역에 대한 문제들을 목록으로 기록해 놓은 것이다. 양식 프로파일에 기초하여 내담자에 대한 치료가 이루어진다. 다중양식치료의 과정을 요약하면 다음과 같다.

1. 초기면담과 생활력 질문지에서 나온 정보로 양식 프로파일을 만든다.
2. 치료자는 내담자와 협력하여 각 문제영역을 치료하기 위한 구체적인 전략을 세운다. 치료가 효과적으로 진행되지 않으면 이차 BASIC I. D.가 진행된다.
3. 양식의 점화순서를 분리시켜 적절한 기법으로 각 요소들을 차례차례 다루어 나간다.

다중양식치료는 단기간에 할 수도 있는 것이다. 일반적으로는 치료 전체 과정을 약 50시간 정도로 잡지만 10~12회기로도 이루어질 수 있다. 이 치료는 위기개입에 적절한 것으로 보이며, 내담자들이 BASIC I. D.의 각 영역을 점검하고 자신을 이해하게 되면 자기관리가 증진되는 것으로 나타났다.

다중양식치료에서는 BASIC I. D.에 관한 양식 프로파일에 기반하여 치료가 이루어진다. 그러나 때로는 심리검사를 사용하는 것이 도움이 될 때가 있다. 내담자의 인지적 능력이나 결함을 평가하기 위해서는 지능검사의 사용이 적절할 수 있다. 기질성 문제를 나타내는 내담자에게는 신경생리학적 평가를 하기도 한다. 적성과 특수 능력에 관한 검사가 필요하다고 생각하는 경우 무인도 환상기법(deserted island fantasy technique)을 사용하기도 한다. 무인도 환상기법은 구조화되고 상호작용적이며 투사적인 절차이다. 내담자에게 무인도에서 잘 모르는 사람과 6개월 동안 함께 있어야 하는 경우 어떤 일이 일어날 것인지를 상상하여 기술하게 하는 것이다. 이를 통해 치료자는 내담자의 여러 가지 중요한 특성을 파악할 수 있게 되고, 치료적 관계와 과정을 어떻게 구성하여야 할지에 대해 판단을 할 수 있다.

(2) 치료의 기본 개념

① 다리놓기
다리놓기(bridging)란 내담자가 선호하는 양식에 파장을 맞추어, 시작하면서 다른 양식으로 넘어가는 것을 의미한다. 치료자는 정서적 영역을 다루고 싶은데 내담자는 인지적 요소를 생각해 보려고 한다면, 치료자는 내담자를 따라가야 한다. 내담자가 선호하는 양식을 마치면 치료자가 제시하는 양식으로 올 수 있다. 다중양식치료자들은 내담자가 현재 있는 곳에서 시작하고 그런 다음 더 생산적인 이야기의 영역으로 다리놓기를 해야 한다.

② 추적하기
추적하기(tracking)란 다른 양식들의 점화순서를 조사하는 것이다. 내담자에 따라 드러내는 양식의 순서가 다르다. 감각을 인식하여 부정적 정서를 느끼고(S), 그에 대해 부정적 인지를 부여하며(C), 그에 따른 혐오적인 상상을 하고(I), 부적응적인 행동(B)을 나타내는 내담자가 있지만(SCIB), 이와는 다르게 CISB의 순서를 나타내는 내담자도 있을 수 있다. 점화순서는 고정된 것은 아니다. 하지만 촉발자극이라는 것이 있어 특정한 양식 뒤에는 흔히 뒤따르는 양식이 있다. 치료자는 이러한 순서를 추적하여 내담자가 선행사건을 통찰할 수 있도록 해 주어야 한다. 내담자가 나타내는 순서를 기준으로 치료가 이루어지면 다른 순서로 하는 것보다 더 큰 효과를 볼 수 있다.

10 집단상담

집단상담은 집단적 접근의 상담이다. 즉, 내담자 한 명과 상담자 한 명으로 이루어지는 전형적인 개인상담과는 달리 다수의 내담자와 한 명 혹은 두 명 정도의 상담자가 참여하는 집단적인 상담 접근이다.

집단상담은 크게 구조화된 프로그램과 비구조화된 프로그램으로 나뉘는데, 구조화된 프로그램의 대표적인 예는 학교나 기관에서 이루어지는 집단 프로그램들로서 진로 탐색 프로그램, 대인관계 기술 훈련 프로그램, 자기 성장 프로그램들처럼 프로그램의 명칭을 통해 상담의 목표가 명확하게 확인이 가능한 것이다. 이런 프로그램들은 상담목표가 뚜렷할 뿐만 아니라 상담과정 및 프로그램의 내용이 미리 짜여 있다는 면에서 구조화된 프로그램으로 분류한다. 상담의 각 회기마다 정해진 활동이 있으며, 집단을 이끄는 지도자는 기본적으로 미리 계획된 프로그램 내용을 충실하게 이행하면서 집단 상황에서 벌어지는 다양한 역동적인 관계 형성 경험들을 정리하고 이끌어 나가게 된다.

한편, 비구조화된 프로그램은 구조화된 프로그램처럼 구체적인 명확한 상담목표가 정해져 있기보다는 포괄적인 명칭으로 프로그램들이 소개된다. 비구조화된 프로그램의 특징은 무엇보다도 집단 상황에서 벌어지는 생생하고 역동적인 관계 경험이다. 이러한 역동성은 집단의 진행 과정에서 일정한 틀을 약화시키는 정도에 따라 증가하게 된다. 이러한 프로그램에 참여하는 사람들은 일반적으로 심리적 문제를 해결하기 위한 치료적 동기와 요구가 있는 경우가 많으며, 각자 개인의 문제를 집단이라는 상황적 특성을 활용하여 치유해 나간다. 집단에 참여한 구성원들은 자신의 문제를 보다 다양한 시각으로 바라볼 수 있으며, 자신과 유사한 심리적 어려움을 겪고 있는 사람들과 동일한 집단의 구성원으로 참여하게 됨으로써 서로에 대한 이해와 수용 가능성을 증가시키며, 이러한 안전하고 수용적인 분위기에서 구성원들은 자신에 대한 자발적이고 자연스러운 노출을 하게 되고, 이는 본격적인 심리적 문제의 변화가 일어나게 해 준다.

집단상담에서는 문제를 해결하고자 호소하는 사람들을 구성원이라고 부르며, 상담자는 지도자 혹은 이끄는 이라고 불린다. 이러한 명칭이 의미하는 바가 바로 집단상담의 특성이다. 예를 들어, 집단상담에서 구성원들은 내담자로서의 역할뿐만 아니라 상담자의 역할을 수행하기도 하며, 개인상담과는 달리 집단상담 장면에서 상담자는 전체적인 집단의 흐름을 인도해 주는 역할을 주로 하여 상담에 참여한 각 구성원들의 개별적인 문제에 초점을 둔 치료 기법을 사용하지 않는 것이 특징이다.

집단상담의 목표는 자기이해와 자기수용, 자기관리능력의 향상을 통해 인간적인 성장을 꾀하고, 개인적 관심사와 생활사의 문제에 대해 객관적인 검토와 이를 해결하기 위한 실천적 행동을 훈련하고 대인관계 적응 능력과 기술들을 익힐 수 있게 도와주는 것이다.

집단상담은 정상적 사람들을 대상으로 문제가 생기기 전에, 그리고 현재의 문제가 더 심각해지기 전에 발견하여 해결할 수 있도록 도와주는 상담의 접근이라 할 수 있다. 따라서 상담의 3대 역할(예방, 교정, 발달 촉진) 중 특히 예방적인 역할이 강조된다고 할 수 있다.

집단상담의 특징에 기초하여 개인상담과 비교를 해 보면 여러 가지 측면에서 공통점과 차이점을 발견할 수 있다. 이를 표로 나타내면 〈표 3-3〉과 같다. 공통적인 부분은 개인상담이나 집단상담이나 모두 관계 형성을 기초로 변화를 꾀한다는 점이지만, 개인상담에 비해 집단상담은 상담과정에서 보다 다양하고 생생한 인간관계를 경험할 수 있다는 점이 다르며, 개인상담에 비해 집단상담은 개인적으로 대인관계와 관련된 심리적 문제를 해결하는 데 상대적인 강점을 보인다.

표 3-3　집단상담과 개인상담의 비교

	공통점	차이점
상담자와 내담자와의 관계	치료적 동맹관계 형성	구성원들 간의 관계
상담 기법/ 상담자의 역할	전이, 해석 등	지금-여기에 초점을 둔 과정조명 기법/전이의 해결
상담적 분위기	수용적 분위기	역동적인 대인관계/상호도움 제공, 다양한 피드백 주고받음
상담 목표	자기이해/성장 및 문제해결	대인관계 문제해결 및 기술 증진

1) 집단상담의 특징

집단상담의 장점은, 첫째, 개인상담과 달리 하나의 관계 형성이 아닌 상담자와 구성원들 간의 일대일 관계를 포함하여 구성원들끼리의 관계 그리고 상담자 한 명과 집단 간의 관계 등 다양한 대인관계 맥락에서 치료적 경험을 할 수 있다는 점이다. 둘째, 구성원들 간에는 동병상련의 의식이 생겨나 이를 기초로 구성원들은 동질감과 소속감이 보다 쉽게 형성될 가능성이 있다. 셋째, 집단상담의 장면은 하나의 미시사회로 작용하므로 개인이 실제 생활에서 경험하는 다양한 어려움이 집단상담 장면에 그대로 재현될 가능성이 있으므로 개인은 자신의 문제를 보다 생생하게 다룰 수 있다는 장점이다. 넷째, 다양한 구성원을 통해 각 구성원들은 다양한 경험을 간접적으로 할 수 있고, 자신에 대한 솔직한 표현과 이에 대한 구성원들의 객관적인 평가를 통해 자신에 대한 이해를 증진시키고 변화에 대한 동기를 얻을 수 있다. 다섯째, 각 구성원들은 다른 구성원들의 행동변화를 도와주는 상담자의 역할도 해 볼 수 있다. 상담에 참여한 구성원들은 도움을 받는 역할을 하는 것으로 자신을 인식했으나, 자신도 타인에게 영향력을 행사할 수 있고, 더욱이 긍정적인 도움을 줄 수 있다는 것을 확인하고는 자신에 대한 가치감 및 자아개념이 변화될 가능성이 있다. 마지막으로 수용적이고 허용적인 분위기 속에서 새로운 행동에 대한 시도를 연습해 볼 수 있고, 이에 대한 즉각적인 피드백을 얻을 수 있다.

이에 반해 집단상담은 개인상담에 비해 개인의 문제에 초점을 두기가 어려우며, 강한 집단의 압력으로 인한 구성원들의 준비되지 않은 혹은 의도하지 않은 자기노출은 신뢰로운 관계형성을 흔들어 놓을 가능성이 높다. 또한 강한 감정을 구성원들끼리 주고받고 즉각적인 평가나 피드백이 제공되는 상황에서 이를 견뎌 낼 만큼 자아가 강하지 않으면 집단상담으로 인한 심리적 피해를 입게 될 수도 있다.

2) 주요 개념

(1) 집단의 응집력

집단상담에서 집단의 응집력이란 마치 개인상담에서 촉진적인 관계 형성 과정과 흡사하다. 개인상담에서 상담자와 내담자의 촉진적인 관계 형성이 질적으로 제대로 이루어졌는지의 여부는 상담의 성공을 결정하는 요인으로도 알려져 있다. 집단 상담에서 관계 형성의 종류가 다양하고 복잡하다. 집단상담에서는 관계 형성의 유형이 다양하므로 집단의 응집력의 종류도 여러 가지이다. 구체적으로 구성원 개인이 상담자에 대해 가진 신뢰감, 구성원들 간의 동료의식 및 동등의식도 집단의 응집력이라 할 수 있다. 한 개인이 전체 집단에 대해 존중하고 신뢰하며, 집단의 공동 의견에 대한 각 구성원들의 존중감도 응집력을 구성하는 요인이 될 수 있다.

구체적으로 집단의 응집력이란 집단 구성원들의 집단에 대한 매력이며, 집단에 계속 남아 있고자 하는 행동으로 나타난다. 집단의 응집력이 집단상담에서 중요한 이유는 효과적인 상담을 위한 필수적인 선행 요건이기 때문이다. 집단응집력의 증가에 영향을 주는 요인들로는 집단에 대한 애착, 상호 구성원들 간의 애정, 상호 존중, 상호 조력행동, 안전한 분위기, 진실성, 자기개방, 공감적 이해, 집단참여도 등이 있다. 또한 집단응집력이 치료 효과를 가져 오는 과정 및 기제를 살펴보면 높은 집단 응집력은 높은 출석률과 높은 참여율을 야기시키고, 집단은 더 많은 사회적 정서적 경험을 제공하게 된다. 집단의 응집력은 개개인의 구성원으로 하여금 안정성을 증가시켜 방어를 서서히 해제하도록 도움을 주고 자신의 개인적인 갈등을 표출하는 등 자기탐색행동을 증가시키게 된다. 아울러 집단의 응집력은 구성원들의 피드백 수용력을 증가시키고 모험행동이 증가되고 나아가 심리적 갈등이 증가되고 오히려 갈등극복이 용이해진다. 마지막으로 집단의 응집력은 자기지식 및 자기자각의 향상, 자기 확장, 자신감의 상승, 행동변화 유지력 증가에 중요하게 공헌하게 된다.

(2) 집단에서 대인관계의 의미

① 미시사회의 의미와 이와 관련된 집단 경험

미시사회(microcosm)란 축소된 사회적 상황이라는 의미로서 집단치료의 장면은 마치 일반 사회적 장면을 그대로 축소해 놓은 것과 같다. 즉, 일상적인 사회적 상황에서 다른 사람들과 상호작용하는 개인의 행동방식이 집단치료 장면에서 그대로 재현되기 때문이다. 이렇게 재현되는 특성으로 인해, 구성원들은 보다 생생하게 자신의 문제행동을 경험할 수 있고 이에 대한 피드백을 받아 수정하고 새로운 행동을 연습하고 평가할 수 있는 기회를 얻게 된다. 또한 지금-여기에 초점을 두고 개인의 갈등 표출이나 문제행동을 생생하게 다루기 때문에, 행동에 대한 자각과 변화의 가능성을 높일 수 있다.

② 치료적 요인으로서 대인관계 학습의 기제

집단치료는 대인관계를 학습할 수 있는 장이라 할 수 있다. 미시사회로서의 집단치료 장면은 자신이 평소에 대인관계 상황에서 보이는 행동에 대해 이해를 하고 행동에 대한 타인의 평가와 타인의 행동들을 관찰함으로써 적절한 행동을 학습하고 자신의 행동에 대한 피드백을 통해 기초 행동변화를 일으킬 기회를 갖게 된다. 그리고 사회적 기술을 관찰하고 학습할 수 있는 기회를 갖게 된다.

3) 집단의 구성

(1) 구성원의 선정

구성원을 선정하는 데 있어서는 성별, 연령, 과거의 배경, 성격 차이 등을 고려하여야 한다. 흔히 관심과 문제가 비슷한 사람들로 구성할 것으로 생각하나 반드시 그렇다고 할 수는 없다. 때로는 문제의 다양성이 집단의 경험을 풍부하게 할 수도 있는 것이다. 연령과 사회적 성숙도에 있어서는 동질적인 편이 좋으나, 성(性)에 있어서는 발달 수준에 따라 고려하는 것이 좋다. 아동의 경우는 남녀를 따로 모집하는 것이 좋으며, 청소년기 이상에서는 남녀가 섞인 집단이 더 바람직하다고 할 수 있다. 학생들의 경우에는 같은 또래끼리 만나는 것을 더 편하게 생각하지만, 성인들의 경우에는 다양한 연령층이 모임으로써 서로의 경험을 교환할 수 있는 이점이 있다.

집단상담에서 효과(유익한 경험)를 얻을 수 있는 사람들의 기본적 조건이 있다. 즉, ① 내담자는 반드시 도움을 받기를 원해야 하고, ② 자기의 관심사나 문제를 기꺼이 말해야 하며, ③ 집단 분위기에 잘 적응하는 정도에 따라 집단상담 효과는 증가된다는 것이다. 상담자는 집단상담이 시작되기 전에 미리 집단원이 되고자 하는 내담자들을 차례로 면담하여, 집단의 목표에 내담자가 잘 적응할 수 있는지 또는 내담자들에게 가장 적합하도록 집단을 어떻게 구성할지를 결정해야 한다. 그리고 예정된 상담집단의 기능이 무엇이며, 구성원들에게 무엇을 기대하고 있는지를 알려 준다. 그런 다음 집단상담의 구성원이 될 것인지의 여부는 내담자 스스로 결정하게 한다. 이 밖에도 구성원을 선정할 때에는 개인의 생활 배경과 성격 특성에 주의를 기울여야 한다. 지나치게 공격적이거나 수줍어하는 사람이 집단원이 될 경우 집단 상담과정이 원활하게 이루어지지 못하는 상황이 발생될 수 있다. 또한 정직하게 자기 노출을 하게 하려면, 친한 친구나 친척들을 같은 집단에 넣지 않는 것이 좋다. 요컨대 집단상담의 목적과 기능에 따라 집단 참여자들의 구성 범위와 내용이 달라질 것이다.

따라서 구성원의 선발 기준으로, ① 개인적인 동기 및 기대의 적절성 확인, ② 대인관계와 관련된 어려움의 확인, ③ 적절한 자아강도, 적절한 지적 수준, 적절한 동기 수준, ④ 자기성찰능력, ⑤ 타인에 대한 흥미와 관심의 수준 등을 들 수 있다. 심각한 정신병리적 증상이 있거나 자살위험이 있는 심한 우울증, 의존성 욕구가 강한 우울증 그리고 그 외 알코올 중독 및 약물중독자, 반사회적 문제, 조기 탈락의 위험이 높은 환자들(심각한 정신병리, 높은 신체화장애 환자), 공감능력의 부족, 사회적 무능력, 낮은 지적 수준 및 거부적인 태도가 두드러지는 경우는 제외대상으로 고려해 보아야 할 것이다.

일반적으로 집단에서 조기 탈락으로 이끄는 요인들로는 외부적 요인 및 스트레스(정규적인 출석 불가능한 요인이나 가정 내의 불화 및 위기적인 스트레스) 이외에도 지금-여기 상호작용을 회피하는 행동이나 즉각적인 문제해결을 요구하는 행동들이다. 또한 강한 거부행동이나 자기성찰능력 및 심리적인 심성이 부족하거나 낮은 지적 수준 및 사회경제적인 수준 등은 조기탈락을 예측해 주는 요인들이다. 또한 친밀성 형성 및 유지의 어려움을 심하게 보이고(자폐적인 증상, 철회적인 행동) 자기개방에 대한 두려움과 과도한 자기개방 등 부적응적인 자기개방 양상을 보인다든지, 너무 지나치게 즉각적으로 친해지려는 비현실적인 요구 등도 이에 포함된다. 그리고 기본적으로 치료에 대한 부적절한 기대 및 잘못된 오리엔테이션을 갖고 있다거나 정서적 감염에 대한 과도한 두려움을 보이고 다른 구성원들의 강한 정서적 노출에 대한 두려움을 호소하는 경우(경계성 인격장애, 히스테리 환자들)에는 집단에 계속 남아 있기가 어렵다. 직면에 대한 두려움, 변화에 대한 두려움, 이별에 대한 공포가 심하다든지, 현재 집단치료와 개인치료를 동시에 받고 있는데 이들 간의 갈등이 있는 경우, 집단의 과도한 공격적인 분위기가 두드러지는 경우 집단 구성원들은 집단의 응집력을 형성하지 못하고 개인적인 이탈이 생기면서 집단이 해체의 위기를 맞게 된다.

따라서 집단상담의 구성원들을 선발할 때는 구체적으로 다음과 같은 사항에 대한 체계적인 평가가 선행된다. 주요 평가 내용으로는 치료에 대한 동기, 자아강도, 적응수준, 환경적인 스트레스, 과거력 등으로서 이들에 대한 평가자료는 개인이 집단에서 어떻게 행동할 것인지에 대한 예상이 가능하게 해 준다.

(2) 집단의 크기

상담집단의 크기를 결정함에 있어서는 집단의 목표와 내담자들에게 기대하는 몰입 정도를 고려해야 한다. 적절한 집단의 크기에 대해서는 학자에 따라 주장이 다르나, 일반적으로 6~7명에서 10~12명 수준이 보통이다. 일반적으로 5~8명의 구성원이 바람직하다고 말할 수도 있다. 집단의 크기가 너무 작으면 내담자들의 상호관계 및 행동의 범위가 좁아지고 각자가 받는 압력이 너무 커지므로 오히려 비효율적이다. 이와 반대로 집단의 크기가 너무 커지면 내담자들의 일부는 집단상담에 실질적으로 참여할 수 없게 되고, 상담자가 각 개인에게 공평한 주의를 기울이지 못하게 된다. 때로는 10명을 훨씬 능가하는 큰 집단의 구성이 불가피할 경우도 있을 것이다. 학교나 교정기관, 교회 등에서의 집단 지도(프로그램)에는 흔히 20명 이상이 한 집단에 속하게 된다. 이러한 집단에서는 구성원들이 '상담 경험'보다는 오히려 '교육적 경험'을 하게 된다. 이런 지도집단의 구성원들은 상담자(지도자)에게 많이 의존하게 되고, 상담자가 구성원을 개별적으로 다루기보다는 집단 전체에 관심을 더 기울이게 된다. 그러나 이런 집단에서도 타인에 대한 이해와 개인적 성찰 면에서 유익한 성과를 거둘 수 있다.

(3) 모임의 시간

집단상담의 적절한 시간양은 구성원의 연령이나, 집단 모임의 성격과 모임의 빈도에 따라 달라질 수 있다. 1주일에 한 번 만나는 집단은 한 시간에서 한 시간 반 정도로 지속되는 것이 필요하며, 2주일에 한 번 만나는 집단이라면 한 번에 두 시간 정도가 바람직하다. 청소년의 경우라면 한 시간 내지 한 시간 반 정도가 좋으나 아동의 경우는 20~40분 정도가 적당하다. 학교 장면에서는 대체로 학교의 수업 시간의 길이와 일치하게 하는 것이 보통이다. 집단상담의 일반적인 시간보다 더 오랫동안 한 모임을 계속하는 것을 '연속(마라톤) 집단'이라고 한다. 연속 집단에서는 한 번에 15~20시간 혹은 그 이상을 계속한다. 이렇게 장시간 지속되는 집단 과정에서는 구성원 각자가 다른 사람의 생각과 감정을 탐색하고, 서로의 관계를 이해하고, 모험적인 대인관계에 대한 반응 양식을 효과적으로 익힐 수 있는 기회를 접하게 된다. 상담 시간에 대하여 반드시 한정된 원칙이 있는 것은 아니지만, 일단 정해진 시간은 반드시 지킬 필요가 있다. 일반적으로 시간의 통제가 없다면 내담자들이 정해진 시간을 넘기는 경향이 있으므로 상담자는 이러한 가능성에 대하여 주의해야 한다. 상담집단이 습관적으로 시간을 넘기는 것은 바람직하지 않기 때문이다.

(4) 물리적 시설

집단상담을 하는 방은 너무 크지 않으며 외부로부터 방해를 받지 않아야 한다. 효과적인 참여를 위해서는 모든 집단원이 서로를 잘 볼 수 있고 잘 들을 수 있는 공간이어야 한다. 원형으로 앉는 것이 일렬로 앉거나 장방형으로 앉는 것보다 효과적임은 물론이다. 의자는 가능하면 등받이가 있는 것으로 하며, 각 내담자가 자기의 의자를 골라 앉도록 하는 것이 중요하다. 책상을 사용하는 것은 장·단점이 있는데, 둥근 책상에 둘러앉으면 보다 안정감을 느끼게 되지만, 자유스러운 상호작용을 하는 데 방해가 될 수도 있다. 별도의 상담실을 가지고 있는 학교에서는 녹음 시설을 해 놓는 것이 좋다. 특히 초심 상담자로서는 집단상담의 녹음 자료를 들으면서 자신의 접근 방법을 향상시키는 노력을 하는 것이 중요하다.

(5) 폐쇄/개방 집단

집단상담을 시작할 때는 내담자(집단 참여자)들을 적극적으로 참여시키는 노력이 대단히 중요하다. 가능하다면 사전 개별 면담을 통해 비현실적인 기대와 불안을 줄이고, 적극적인 자세로 참여하도록 준비시키는 것이 좋다. 사전 면담은 상담자에게 집단원들을 미리 알고 집단 구성의 균형을 맞출 수 있는 기회가 되는 것이다. 집단상담에 참여하는 내담자가 자발적으로 오는가 혹은 비자발적으로 오는가에 따라서, 참여에 대한 준비도가 다를 것이다. 경우에 따라서는 학교 및 교정기관에서 교사 또는 지도 책임자가 '문제아'들을 지명하여 집단상담에 참여하도록 권하는 경향이 있다. 이때에는 왜 집단상담에 오게 되었는가를 분명히 알려 주는 것이 좋다. 그 외의 경우에는, 대부분이 자발적으로 상담에 응하게 되며 집단에 참여할지의 여부는 개인 스스로 결정하게 된다. 물론, 자기 스스로 결정해서 집단에 참여할 때에 더 참여의식과 책임감을 느끼게 될 것이다. 집단상담을 운영하기 위해서는 집단의 목표에 따라 집단의 운영을 폐쇄형으로 할 것인가 혹은 개방형으로 할 것인가를 미리 정해야 한다. 폐쇄집단은 집단이 시작될 때 참여했던 사람들로만 끝까지 밀고 나가는 것이다. 도중에 탈락자가 생겨도 새로운 구성원을 채워 넣지 않는데 대개 학교에서의 집단상담은 이 형태를 취하고 있다. 이러한 집단은 여러 가지 장점을 갖고 있으나, 가령 두 명 이상의 집단원이 도중에 탈락할 경우 집단의 분위기가 크게 위축될 염려가 있다. 개방집단은 집단이 허용하는 한도 내에서 새로운 사람을 받아들이는 것이다. 이때에는 집단원 간에 의사소통이나 수용 · 지지 등이 부족해지거나 갈등이 일어날 수 있다. 새로운 구성원을 받아들일 때에는 반드시 집단 모임에서 구성원의 변동 문제를 충분히 논의함으로써 집단의 기본적인 특성을 분명히 유지할 필요가 있다. 새로운 집단원은 간혹 집단의 흐름을 방해하는 경우도 있으나 오히려 집단과정에 활기와 도움을 줄 수도 있다.

(6) 집단상담을 위한 준비

집단의 지도자는 구성원들을 선발하고 구체적인 상담 일정을 계획한 후, 첫 회 상담이나 상담 전에 다음과 같은 사항에 대해 구성원들을 준비시키는 작업을 해야 한다. 마치 개인상담에서 상담에 대한 구조화 작업을 하는 것처럼 집단상담과정에 구성원이 적절하게 적응을 할 수 있도록 준비를 도와주는 것이다. 구체적으로 집단의 구체적인 목적에 대한 준비교육, 집단상담에 대한 오해의 확인 및 수정작업이 이루어지며, 비현실적인 공포 및 대인관계 두려움에 대한 준비교육이 필요하며, 집단규범과 개인목표 간의 불일치현상이 일어나지 않도록 도움을 받기만 하고 참여는 하지 않겠다는 자세나 태도의 문제점을 인식시킨다. 또한 즉각적 만족에 대한 기대를 수정하고 적극성, 솔직성, 수용적, 무비판적인 태도, 자기개방의 중요성 등 참여 태도에 대한 학습이 필요하다. 그리고 대인관계의 중요성 및 개인문제와 대인관계 문제 간 관련성 인식을 시킴으로써 구성원들이 집단 상황에서 벌어지는 대인관계 역동을 주의 깊게 관찰하고 자신의 문제해결에 이러한 대인관계 경험을 가능한 한 적극적으로 활용할 수 있도록 동기를 부여해 주는 것이 필요하다. 예를 들어, 집단상 담의 효율성을 증대시키는 방법으로 구성원들은 순간순간 느끼는 감정을 솔직하게 표현하고 자신의 심리적 어려움에 직면하려는 용기가 필요하며 좌절과 고통을 감내해야 할 필요성에 대해서도 설명하는 과정이 포함된다.

4) 집단상담의 과정

(1) 참여 단계

상담자는 상담집단의 분위기를 형성하고 유지시키는 책임이 있다. 즉, 각 구성원들에게 왜 이 집단에 들어오게 되었는가를 분명히 이해시켜 주고 서로 친숙하게 해 주며, 수용과 신뢰의 분위기를 형성하여 집단상담에서 새롭고 의미 있는 경험을 가지도록 이끌어 주어야 한다. 상담자의 이러한 지도적 행동은 집단 구성원들에게 자유로이 각자의 의견과 느낌을 나눌 수 있도록 하는 보이지 않는 힘이 된다. 이 시기에는 상담자의 적극적인 참여가 필요하지만, 교사와 같이 가르치는 역할을 하는 것이 아니다. 상담자의 역할은 내담자들로 하여금 스스로 집단의 '규범'을 준수하고 상호 협력적인 자세를 갖추도록 함으로써 효율적인 집단 분위기를 만들고 유지하는 데 도움이 되는 것이어야 한다. 그렇게 하기 위해서는 상담자가 상담을 시작하기 전에 각 구성원들이 남의 말을 깊이 듣고, 다른 사람이 말할 수 있도록 도우며, 자기 문제에 관련된 감정을 공개하며, 바람직한 행동을 탐색 · 실천하는 데 시간을 보내도록 권유할 필요가 있다. 또한 상담자 자신은 인간 행동에 대한 자기의 신념과 태도를 분명히 알고 있을 필요가 있다. 집단 지도자 자신이 스스로 이러한 신념과 태도를 행동으로 나타낼 때 내담자들도 다른 사람의 다양한 신념을 받아들이게 되고, 신념과 견해의 차이를 존중하게 됨으로써 개인의 존엄성도 수용하게 될 것이다. 상담자는 이 참여 과정을 촉진시키기 위해서 다양한 경험과 접근 방법을 활용할 수 있다. 집단을 시작하는 방법이나 구성원들이 서로 경험을 나누도록 하는 '최선의 방법'이란 없다. 앞에서 이야기되었던 집단 구성원의 선정 지침도 중요하지만, 사람들에게 도움을 주는 방법과 과정에 대한 상담자의 이해와 경험이 더 중요하다고 볼 수 있다.

상담자로서 기본적으로 알아야 할 원리가 있다. 그것은 ① 각자가 자신의 감정을 가지고 있으며, ② 자기 스스로 무엇을 할 것인지를 결정해야 하고, ③ 상황 자체보다는 상황에 대해 어떻게 생각하고 행동하느냐를 탐색하는 것이 중요하다는 것 등이다. 상담자가 집단의 목표를 분명히 하고 친숙하도록 하기 위해 기울여야 하는 노력의 정도는 구성원들의 성숙도 및 저항의 정도에 따라 다르다고 할 수 있다. 집단의 구성 단계에서 목표를 충분히 설명할 수 없었거나 상담자에 대해 긴장감이나 적대감이 있을 때에는 집단의 목표를 분명히 밝히고 이해시키는 노력부터 다시 해야하는 시간이 필요하다. 그러나 구성원들이 집단상담에 참여하기를 자발적으로 원했던 경우에는 이 참여 단계가 한두 시간에 끝날 수도 있다.

(2) 과도적 단계

참여 단계는 한 번의 모임으로 완료되는 경우도 있고, 보다 어려운 집단에서는 5~6회가 소요되기도 한다. 과도적 단계는 참여 단계와 엄격하게 구분되지는 않는다. 즉, 과도적 단계는 참여 단계에서 생산적인 작업 단계로 넘어가도록 하는 '과도적' 과정이라고 볼 수 있다. 그리고 이 단계의 성공 여부는 주로 상담자의 태도와 기술에 달려 있다고 말할 수 있다. 과도적 단계의 주요 과제는 집단원들로 하여금 집단에 참여하는 과정에서 일어나는 망설임 · 저항 · 방어 등을 자각하고 정리하도록 도와주는 것이다. 자신의 행동 결과에 대한 예측은 쉬운 일이 아니기 때문에, 집단상담에서 무엇을 얻을 수 있을지 잘 모르는 집단원들은 불안해하거나 다른 사람 앞에서 자기를 드러내기를 두려워하게 된다. 이 단계에서 다른 사람을 관찰은 하지만 스스로의 진정한 참여가 없는 구성원은 집단과정에서의 '방해적 존재'가 된다. 예컨대, 집단 내에서 거의 발언을 하지 않으면서 다른 구성원과 다르게 보이는 '방관자'가 있다. 상담자는 이런 사람이 고립되거나 완전히 집단에서 떠나는 것을 방지하기 위해 집단원들로 하여금 그를 이해하고 받아들이도록 노력을 해야 할 것이다. 또 다른 유형의 인물은 쉽게 거부당하는 사람이다. 이런 사람은 집단의 초기 과정에서 유별난 행동으로 주목을 끌거나 다른 사람에게 충격을 주려고 하기 때문에, 집단 구성원들은 대개 그런 행동을 액면 그대로 받아들이면서 쉽게 그를 거부한다. 그러나 상담자가 그런 언행의 내면적 의미를 파악하고, 다른 집단원으로 하여금 그 내담자가 기대하는 것이 무엇인지를 물어보도록 함으로써 직선적으로 적대적인 집단원의 경우 집단 과정의 진실한 가치를 여러모로 경험할 수 있을 것이다. 즉, 지도자(상담자)

를 공격하거나 집단의 전체적 여론에 도전하는 행위가 사실은 집단 내 상호작용과 역학관계를 명료히 하는 촉진제가 된다고 할 수 있다. 다시 말해서, 숙련된 지도자는 이런 공격과 도전을 집단의 상호작용 과정을 정착시키는 데 활용한다. 상담자는 과도적 단계에서 구성원들 간의 진정한 느낌이 교환되도록 격려하는 데 노력을 집중해야 하고 개인적 느낌의 토의가 위험하지 않다는 것을 보여 주어야 한다. 집단원들은 과도적 과정에서 느낌과 지각 내용의 상호교류가 얼마나 이로운가를 배우게 된다. 진정한 느낌과 생각을 점진적으로 나누게 되면, 다른 사람이 자기를 알아내도록 허용함으로써 비생산적인 방어를 줄일 수 있을 것이다.

초기의 불안이 어느 정도 감소되고 나면, 각 집단원은 집단 속에서의 자기의 위치와 얼마나 집단을 잘 이용할 수 있을지에 대해서 긴장하게 되는 단계에 들어간다. 이 시점에서 상담자는 집단원들의 수용도 및 준비도에 따라 자신의 지도력을 '적절히 그리고 제때에' 발휘하여야 한다. 상담자는 스스로 개방적이 되고, 경우에 따라 자기의 감정을 다른 사람들과 나누고 자기의 행동 의미를 탐색함으로써 집단에서 서로 믿을 수 있다는 것을 설명할 뿐만 아니라 직접 시범으로 보여야 한다. 집단상담자는 집단의 발달(진행 과정)에 대한 자신의 판단과 느낌이 있어도, 먼저 집단 구성원들로부터의 귀환 반응(feedback)을 듣는 것이 바람직하다. 즉, 상담자로서는 집단원들 쪽에서 각자의 행동을 어떻게 서로 지각하는가를 먼저 표현하도록 권장할 필요가 있다. 또한 과도적 단계에서는 각 집단원 자신이 '효율적인 지도자(또는 조교)'의 역할을 배우도록 상담자가 돕기도 한다. 작업 단계로 넘어가는 신호의 하나는 집단원들이 이런 지도력을 보일 때이다. 작업 단계에 들어서면 지도자의 기능 부담은 어느 정도 완화된다. 다시 말해서, 작업 단계에서는 지도자가 주로 '촉진자나 요약자'로서의 역할만 하면 된다고 볼 수 있다.

(3) 작업 단계

작업 단계는 상담집단의 가장 핵심적인 부분이다. 앞 단계들이 잘 조정되면 작업 단계는 매우 순조롭게 진행되고, 지도자는 한 발 물러나서 집단원들에게 대부분의 작업을 맡길 수도 있다. 집단이 작업 단계로 들어가면 대부분의 집단원들이 자기의 구체적인 문제를 집단 내에서 활발히 논의하며 바람직한 관점과 행동 방안을 모색하는 분위기가 된다. 집단원들이 자기 자신을 위해 어떻게 집단을 이용하며, 다른 사람들을 돕기 위해 어떻게 자기의 생각과 기술을 활용할 것인가에 대해 분명히 알게 되었을 때, 상담집단은 작업 단계에 들어섰다고 볼 수 있다. 상담자는 구성원들이 대인관계를 분석하고 문제를 다루어 나가는 데 자신감을 얻도록 도와주는 존재라고도 말할 수 있다. 우유부단한 구성원이 자기에 대한 결정을 집단이 내려 주기를 바라는 경우가 있어도 스스로 자기의 행동을 먼저 선택하도록 권장하는 것이 바람직하다. 상담자는 다른 집단원에 의해서 내담자 스스로의 생각이나 선택이 좌우되는 것을 막아야 할 것이다. 집단원이 어떤 결정을 하거나 자기의 생각을 행동으로 옮기려고 할 때 집단원들이 뒷받침해 주어야 하지만, 그렇다고 대신 결정을 해 주어서는 안 된다. 행동 계획이 실패하거나 부분적으로만 성공하더라도, 집단으로서는 관련 상황을 같이 생각하고 이해했다는 경험적 이점이 있는 것이다.

작업 단계에서는 높은 사기와 분명한 소속감을 갖는 것이 특정이다. 집단원들은 이것이 '우리 집단'이라는 느낌을 갖는다. 집단의 모임과 흐름에서 소외되지 않으려 하고, 집단 내에서 문제해결을 매듭짓기 위해 스스로의 결정을 보류하기도 한다. 이 시점에서는, 집단원들이 전반적인 집단 규칙을 숙지하게 되고, 집단 내에서의 언행에 대해서는 스스로 책임을 져야 한다는 것을 알게 되며, 집단의 각 구성원들끼리 서로 열심히 도우려 하는 분위기가 성립된다. 상담자는 이 단계에서 서로 경쟁적으로 도우려 하거나, '명석한 통찰과 처방'만을 제공하는 분위기로 빠지지 않도록 주의해야 한다.

작업 단계에서는 이해와 통찰만을 모색하기보다는 행동의 실천이 필요하다. 그러기 위해서는 집단원들로 하여금 실천의 용기를 북돋아 주고, 특히 어려운 새 행동을 실행하려는 구성원에게 강력한 지지를 보내도록 한다. 집단상담이 개인상담보다 유리할 때가 바로 이런 경우라고 할 수 있다. 즉, 한 개인이 직면한 문제를 다른 동료가 이해하고 공감해 주며, 각자의 비슷한 경험에 비추어 문제를 같이 해결하려는 노력이 이루어지기 때문이다. 그러나 집단원이 된다는 것만으로는 개인에게 행동변화를 보장해 주는 것은 아니다. 어떤 사람들은 쉽사리 집단상담에서 처신하는 '요령'을 배우지만, 문제해결이나 자기 발전에는 아무런 혜택을 받지 못한다. 그리고 어떤 내담자들은 흔히 집단상담자가 결정적으로 변화를 가져다줄 것으로 기대하고 자기 자신은 따르기만 하면 되는 것으로 오해하는 경우도 있다.

(4) 종결 단계

집단상담의 종결 단계는 어떤 면에서는 하나의 '출발'이라고도 볼 수 있다. 즉, 상담자와 집단원들은 집단 과정에서 배운 것을 미래의 생활에 어떻게 적용할 것인가를 생각하게 된다. 종결해야 할 시간이 가까워지면, 집단 관계의 종말이 가까워 오는 데 대한 느낌을 토의하는 것이 필요하다. 종결의 시기를 미리 결정하지 않은 집단에서는 언제 집단을 끝낼 것인가를 결정해야 한다. 미리 정해진 한계가 없을 때에는 얼마나 오랫동안 만나야 할지를 결정하기가 어렵다. 어떤 시점에서든 상담자가 집단을 종결할 필요가 있다고 느껴지면 이를 공개적으로 정직하게 집단원들과 토론하여야 한다. 어떤 경우에는 점진적인 종결이 제안되기도 한다. 즉, 매주 만나던 집단이 2주일에 한 번이나 한 달에 한 번씩으로 만나는 횟수를 늦추어 가다가 끝내는 방법이다.

상담자의 시간은 제한되어 있는 경우가 많으므로, 집단원들은 정규적인 상담이 끝난 후 자기들끼리만 모이기를 원할 수도 있다. 이때에는 반드시 집단에 대한 각자의 책임을 미리 재교육해 두는 것이 중요하다. 청소년들로 이루어진 집단에서는, 집단이 끝날 때쯤에는 정도의 차이는 있지만 거의 예외 없이 거부당했다는 느낌을 받는 경우가 생긴다. 상담자가 아무리 노력을 하더라도 젊은이들이 경험하는 이 부정적인 느낌을 막을 수는 없다. 그러나 적어도 그들에게 관심이 있다는 것을 보여 주고, 서로 돌보아 주도록 해 줄 수는 있다. 그래서 집단이 더 이상 모이지 않을 때도 집단원 간의 유대관계가 지속되도록 노력하는 것이 필요하다. 집단원 간의 의미 있는 관계가 형성되었을 경우에는, 종결을 섭섭하게 여기는 현상이 오히려 필연적이라고도 할 수 있다.

종결 단계에서는 대부분의 참여자들이 집단의 구성원이 되었던 것을 만족해 하며 집단에서 자유스럽게 자기의 두려움ㆍ불안ㆍ좌절ㆍ적대감과 여러 가지 생각을 무엇이든 표현할 수 있었던 것에 만족한다. 실제로 집단상담의 주요 목표의 하나는 친밀하게 돌보아 주는 인간관계가 가능하다는 것을 체험하는 것이다. 상담자는 집단상담 과정의 모든 단계에서 각자의 행동에 대한 자기통찰과 생산적인 행동을 확대하도록 격려한다. 그러나 특히 종결 단계에서는 앞으로의 행동 방향에 대해 주의를 기울이도록 상기시킨다. 이 단계에서 적용되는 기본적 원리는 집단에서 경험하고 배운 것을 일상생활에서 적용할 수 있다는 것과, 자신을 보다 깊이 알고 자신과 타인을 수용하면서 살아갈 수 있다는 것이다.

5) 집단상담자의 역할과 기법

(1) 상담자의 역할

집단상담에서는 개인상담과 달리 내담자의 변화가 상담자에 의해서가 아니라 주로 다른 내담자들과의 '상호작용'에 의해서 초래된다. 상담자의 역할은 마치 바둑을 두는 사람이 처음에 포석을 잘하고 나중에 끝내기를 잘하면 다른 것에는 비교적 신경을 덜 쓰고도 승부를 겨룰 수 있는 것에 비유될 수 있다. 즉, 집단상담에서의 상담자는 처음부터 내담자 개개인의 문제를 다루려 하지 않고 '바람직한 집단 풍토'가 조성되도록 하면, 그러한 풍토나 분위기가 집단상담의 목표 달성을 촉진시켜 주는 것이라고 말할 수 있다. 요컨대 초기의 집단상담에서는 앞에서 말한 바람직한 집단 기준이 형성되도록 상담자가 노력하는 것이 중요하다. 이를 위해서, 상담자는 일종의 '수위 역할'을 통해 심리적 탈락자와 지각자 등을 막으면서 집단상담의 목표와 일치하는 집단 분위기를 형성하는 '산파 역할'을 하는 것이다. 다음에는 참여자들 간의 대화가 충분히 그리고 골고루 나누어지도록 일종의 '교통순경 역할'을 하면서, 참여자-상담자 및 참여자-참여자 간의 바람직한 상호작용이 일어나도록 집단 내 대화에 생산적으로 참여하는 '시범자 역할'을 한다.

(2) 상담자의 기법

집단 내 의사소통 및 감정 교류의 시범자 역할을 하면서, 상담자는 적절한 수준의 분석적 해석 등을 기법으로 활용한다. 상담자가 할 수 있는 '해석'의 대상은 대체로 집단 내 대인관계와 전체 집단의 흐름 등의 두 가지로 나누어 생각할 수 있다. 대인관계 해석의 주 대상은 전치(가에 대한 분노를 나에 표시), 투사(자기 자신의 속성을 타인에게서 발견한 양 반응하는 것), 병렬적 왜곡(가를 예전에 잘 알던 나인 것처럼 반응하는 것) 및 습관성 부적응적 언행 등이다. 요컨대 대인관계 해석에서는 집단 내 의사소통의 초점이 되고 있는 내담자의 흥미, 감정, 참여 정도 등에 주목하고 대인관계에서의 느낌 및 비현실적 기대를 명료화시킨다. 전체 집단 해석의 목적은 집단의 흐름(과정)의 장애물을 제거하는 것이다. 여기서 말하는 장애물은 주로 회피, '대화를 위한 대화'로 나타나는 불안과, 자기노출을 강요하는 '순서대로 말하기' 식이나 '더 솔직히 말할 수 없나?' 식의 바람직하지 않은 집단 분위기이다. 상담자의 주요 기법은 집단에 흐르고 있는 이러한 집단적 불안과 '반(反) 상담적 분위기'를 지적 · 해석하거나, 그렇지 않은 긍정적(생산적) 분위기와 흐름을 격려 · 강화하는 것이다.

6) 집단 직업상담

직업지도나 직업상담은 전통적으로 개인별로 이루어졌고 상담자와 내담자 관계에 초점을 두었다. 그러나 직업지도의 초창기 때 집단개입 역시 개발되었다. Blustein(1987), Brown과 Ryan Krane(2000) 등과 같은 학자들은 직업지도와 직업상담에서 집단개입의 적절성을 강조하였다. 그러나 직업상담을 집단 맥락에서 제공하는 방법에 대해서는 연구가 많이 이루어지지 않았다.

Zimerman(1993)은 집단을 상담자와 내담자 사이에 형성된 관계의 유형에 따라 분류하였다. ① 집단에 의해(by the group), 상담자가 집단과정을 직접적으로 정의하며, 내담자는 요청받은 것을 한다. ② 집단에서(in the group), 개인적인 개입이 실시되지만 집단 내에서 한다. ③ 집단의(of the group), 개입은 집단에서 한 단위로 시행된다. ④ 집단 안에서(in group), 개입은 집단관계뿐만 아니라 집단에 있는 개인에게도 초점을 둔다.

Fernandes, Svartman, Fernandes(2003)는 집단 작업을 그들의 목적에 따라 두 가지로 구분하였다. ① 조작적인 목적을 가진 집단: 과제에 초점을 두고 개인이 개발할 수 있는 기술을 학습하도록 촉진시킨다. ② 치료적 목적을 가진 집단: 상호주관적인 관계에 중점을 두고, 자기인식과 이러한 관계에 의해 만들어진 사회와 작업세계에 대한 지식을 가지려고 하는 것이다. 상담은 후자의 두 번째 범주에 속하는 것이다.

Jones 등(1970)은 직업지도와 집단상담 작업의 네 가지 모델을 제안하였다. 이는 ① 집단 지도 모델(Group Guidance Model): 읽고, 토의하고, 큰 집단에게는 질문지로 개입, ② 구조적인 집단(Structured Group): 사전의 활동 프로그램을 통한 개입, ③ 집단 과정 모델(Group Process Model): 집단통합에 초점을 둔 개입, ④ 집단상담 모델(Group Counseling Model): 개인 흥미와 집단 상호작용에 의해 유도된 의사결정과정의 심리적 의미에 초점을 둔 구조적이지 않은 개입 등이다.

Jones 등이 제안한 첫 두 개의 모델은 Fernandes 등에 따르면 조작적 목적의 집단으로 정의할 수 있다. 이러한 것에 해당하는 예는 직업적·개인적 발달의 활성화 모델(Pelletier, Noiseux, & Bujold, 1974), 학교-작업 집단 방법(Koivisto, Vuori, & Nykyri, 2007), 생애설계상담(Di Fabio & Maree, 2012) 등을 들 수 있다. 나머지 두 개는 치료적 목적의 집단이라고 할 수 있다. 이는 상담 문헌에서 찾기가 쉽지 않다. 구조적이지 않은 집단 개입이기 때문에 통계적으로 의미 있는 결과를 산출하기도 쉽지 않을 것이기 때문이다.

집단으로 작업을 하면 여러 가지 이점이 있다. 첫째, 혼자 가진 것 같은 문제를 다른 사람도 가지고 있다는 것을 앎으로써 얻은 위안이 고립을 끝낸다. 집단의 다양성에도 불구하고 각 개인의 선택을 강화하고 문맥화시키는 공통분모가 있다(Foladori, 1987). 둘째, 경쟁 대신에 협동이 자극된다. 협동은 내담자가 다른 사람의 경험으로부터 학습할 기회를 제공해 주며, 동일한 직업적 갈등 상황에 있는 사람으로부터 도움을 받을 수 있다(Carvalho, 1995). 셋째, 의존성 모델을 깨뜨리고, 내담자가 그들의 결정과 프로젝트에 책임감을 느끼도록 격려한다(Di Fabio & Maree, 2012). 넷째, 구체적인 사회적 관계에서 나올 수 있는 것과 유사한 특징들과 형태들을 만들 수 있도록 해 준다(Klivlighan, 1990). 집단은 미시사회로서 자기질문을 할 수 있고 그들의 프로젝트를 정교화할 수 있다(Blustein, 1987).

진로상담이론에 대한 이해

Parsons의 특성요인이론

1) Parsons의 이론

Parsons는 직업적 의사결정 과정을 체계화한 최초의 인물이다. 20세기 초에 직업 상담에서 가장 우선적으로 진행된 것은 사람들이 적절한 직업적 대안을 확인하고 직업적 선택을 하는 것을 도와주는 것이었다. Parsons는 젊은이들이 직업을 선택하는 데 있어서 도움을 받아야 할 필요가 있다는 것을 강조하였다. Parsons는 더 나은 세상을 만들기 위해 직업지도운동이 필요하다는 것을 주장하였다. 그는 자신의 생각을 실천하기 위해 1906년에 영국 보스턴에 직업관청(Vocation Bureau)을 개설하였다. 직업관청의 목적은 젊은이들이 직업을 선택하게 하고 스스로 그것을 준비하도록 돕는 것이었다. 사람들은 자신들이 적성을 갖고 있고 그것에 맞는 준비를 갖춘다면 의미 있는 삶을 살아갈 것이라는 생각을 갖고 있었다. 즉, 능력과 열정이 일의 세계에서 가장 중요한 요인이라는 것이다. Parsons는 직업관청을 만드는 것에 덧붙여 직업상담을 하기 위한 원리와 방법들을 개발하기 위해 직업지도운동(vocational guidance movement)을 만들었다. 직업관청이 만들어진 후 얼마 되지 않아 Parsons는 죽었지만, 그 후 많은 사람이 그의 비전을 실천하기 위한 작업을 지속하였다. 직업상담을 위한 Parsons의 원리와 방법(Parsons, 1909)을 Albertson이 정리한 바는 다음과 같다.

- 직업은 잡으려고 하는 것보다는 선택하는 것이 좋다.
- 세밀한 자기분석이나 사고, 직업지도 없이 직업을 선택해서는 안 된다.
- 젊은이들은 직업의 세계에 대해 더 폭넓은 조사를 하여야 하며, 우연이나 편리에 의해 직업을 찾으려고 해서는 안 된다.

> • 사람이나 직업, 성공의 조건에 대해 잘 알고 있는 전문가의 조언이 있다면 직업을
>   선택하는 데 도움이 될 것이다.
> • 이러한 내용들을 서류로 남기는 것이 가장 중요한 작업이다.

이 원리들은 오늘날 직업상담의 영역에서도 지속되고 있으며 중요한 시금석이 되고 있다. 직업의 선택에 있어서 전문가의 조언을 중요시함으로써 그들의 역량강화를 강조하였고, 개인적인 기록이나 자기분석을 위한 서류작성은 다양한 자기측정 기법들을 개발하는 데 영향을 미쳤다. 가족 구성원들이 진로에 대한 태도나 포부에 미치는 영향을 분석하기 위한 가계도(Gysbers & Moore, 1987), 즐길 수 있고 전환할 수 있는 기술들을 확인하기 위한 요인분석기법(Quick Job Hunting Map, 1975), 자신의 삶을 인도해 왔던 가치를 확인하기 위해 과거 사건이나 성취, 결정들을 살펴보기 위한 가치분석기법(Borchard, Kelly, & Weaver, 1992), 작업과제나 작업조건, 위치, 혜택 등을 정리한 작업관련선호도 목록(Yost & Corbishley, 1987), 진로 키(career key)나 직업카드분류와 같은 진로지도도구(Jones, 1981, 1993) 등은 Parsons가 강조한 자기측정의 중요성을 반영한 것들이었다.

Parsons가 진로상담영역에 끼친 영향은 상당히 크다. 초창기의 원리들과 방법들은 아직도 직업상담에서 활용되는 것이 많다. Yost와 Corbishley(1987)가 제안한 대차대조연습지(Balance Sheeting Exercise)는 현명한 결론과 결정을 강조한 Parsons의 원리를 반영한 것으로 각각의 진로선택지가 배우자나 자식, 건강, 경제적·사회적 삶, 자신감 등에 미치는 부정적 혹은 긍정적 영향을 정리해 놓은 것이다.

Parsons는 미국에서 일어났던 사회적(도시집중화, 아동노동, 이민), 경제적(산업화, 노동분업), 과학적(인간과 행동과학의 등장) 변화에 대항하기 위해 모델을 개발하였다. 이러한 변화들은 작업자를 특정한 기술과 적성을 요구하는 직업에 배치하도록 만들었고, 젊은이들이 경력설계를 하도록 도와주고 노동시장에서 학대받지 않도록 할 필요가 생기게 하였다. Parsons는 직업을 현명하게 선택하기 위해서 필요한 세 가지 요인을 제시하였다. 첫째는 자기에 대한 지식이다. 자신의 적성이나 흥미, 야망, 가용한 자원과 한계 등을 분명하게 이해해야만 한다. 둘째는 직업의 세계에 대

한 지식이다. 성공을 위해 요구되는 것과 조건, 장점과 단점, 보상이나 기회, 다른 직업의 전망 등에 대한 지식을 갖추어야 한다. 셋째는 두 가지 요인 간의 관계에 대한 진실한 추론이다.

자신에 대한 지식을 얻기 위해 초기에 사용된 방법은 상담자가 내담자들을 인터뷰하는 것이었다. 100여 개의 질문으로 구성된 자기측정지를 만들고 50분 정도 인터뷰를 하면서 내담자에 대한 지식을 얻으려고 하였다. 개인들의 흥미나 능력, 가치, 성격, 기술 등에 관한 지식들도 있었고, 경제적 상황이나 가족 및 친우관계, 생활방식, 유동성 등에 대한 정보도 포함하고 있었다. Parsons는 직업의 세계에 대한 정보를 얻기 위해 산업체들의 목록과 분류, 훈련과정에 대한 정보, 일반적인 산업체 정보들을 포함하고 있는 정보지를 만들었는데 이는 현재의 직업분류체계와 유사한 것이었다.

자신에 대한 이해는 직업상담자들에 의해 도움을 받아야 하는 것이다. 직업세계에 대한 이해는 정확하고 포괄적인 직업정보를 필요로 한다. 그 당시 이러한 정보를 얻을 수 있는 방법이 없었기 때문에 Parsons는 보상이나 과제요구 사항, 작업조건 등을 자세하게 묘사한 직업적 도구물을 개발하였다.

두 가지 요인 간의 진실된 추론(true reasoning)은 첫 번째 단계에서 얻은 정보와 두 번째 단계에서 얻은 정보를 진로결정으로 통합시킬 수 있는 능력을 말한다. 이는 진로선택에 가장 기본적인 인지적 과정과 분석적 기술이라고 할 수 있다. 이를 매칭 모델이라고 한다. 이후 이 모델은 진로개발 영역에서 특성요인 접근법으로 통합하게 된다. 이는 사람-환경을 강조한 심리학의 흐름과도 관련이 있는 것이었다. 사람-환경 접근의 기본적인 가정은 다음과 같다.

- 자신을 탐색한 결과 각 작업자들은 자신에게 맞는 직업을 가장 잘 매칭시킬 수 있다.
- 다른 직업에 있는 작업자들은 다른 특성들을 가지고 있다.
- 직업적 선택은 한 번에 시기에 맞추어 해야만 하는 사건이다.
- 진로개발은 합리적인 의사결정과정에 기초한 인지적 과정이다.
- 직업적 적응은 작업자의 특성과 작업요구 간의 일치 정도에 달려 있다.

매칭모델에서 가장 중요한 것은 세 번째 단계인 사람을 환경과 매칭시키는 것이다. 초기에는 이를 위해 임상적 매칭을 주로 사용하였는데, 이는 직업적 영역에서 특정한 사람이 성공할 가능성을 확신시켜 주는 전문적인 임상적 판단이었다. 임상적 판단은 1932년에 Viteles에 의해 만들어진 심리그래프(psychograph)에 기초하여 이루어졌는데, 사람들의 능력이나 훈련, 직업적 기술과 같은 특성들에 대해 개인의 강점을 수치화하여 그래프로 나타내게 한 것이었다. 직무 심리그래프도 개발되었는데, 이는 특정한 직업에서 성공적으로 수행하기 위해 필요한 특성들을 수치화해 놓은 것이었다. 심리그래프와 직무 심리그래프 간의 비교를 통해 사람들은 직업에서 가장 최적의 매치를 결정하도록 하였다.

2) 특성요인이론

Parsons가 진로선택에 있어서 자기지식의 중요성을 강조하였지만 그 당시 적절한 측정도구가 없었기 때문에 내담자의 자기탐색에 의존할 수밖에 없었다. 이후 개인차에 대한 강조와 함께 심리검사를 사용한 측정기술이 직업상담학에 도입되기 시작하였다. 단순히 개인의 능력이나 흥미 등에서의 개인차를 측정하는 것에서 벗어나 직업적 요구나 직업적응과 관련된 개인의 능력, 흥미, 성격특질을 측정하는 것으로 변화되었다(Dawis, 1992). 현재 직업상담학에서, 측정은 내담자가 진로의사결정과 관련된 정보를 수집하고 해석하기 위해 사용된다(Forrest & Brooks, 1993).

개인차를 측정할 수 있는 측정도구들의 개발과 함께 성공적인 직업수행을 위해 필요한 특성을 확인하기 위한 방법들이 개발되면서 진로발달이론에서 가장 오래되고 폭넓게 사용되고 있는 특성요인이론이 제안되었다. 이는 개인과 직업에 대한 이해와 함께 이 두 가지를 매칭시키는 것이 중요하다는 Parsons의 이론에 기초한 것이었다. Zunker(2011)에 따르면, 특성요인이론의 기본 가정은 개인은 객관적으로 측정되고, 직업의 요구와 매치되는 독특한 특질을 갖고 있다는 것이다. 특성요인이론은 개인을 측정하고, 전문가들에 의해 해석되어서 개인에게 미래의 직업으로 무엇이 적합한가를 예측하도록 하는 것이다.

특성요인이론에 따르면, 직업을 선택하는 것은 개인과 직업을 매치시키는 것으로써 개인이 자신들의 요구가 충족되고 직무수행을 잘 할 수 있는 직업을 갖도록 하는 것이다. 특성요인이론에서 특성(trait)은 검사를 통해 측정될 수 있는 개인적인 특징들이며, 요인(factor)은 성공적인 직무수행을 위해 필요한 특징들을 의미한다. 특성은 초기에는 생물학적인 것에 기초한 것으로써 잘 변하지 않는 것으로 여겼으나 이후 학습되고 변화하는 것으로 여겼다. 특성요인이라는 말은 개인과 직업을 매칭시킨다는 것을 의미하며, 진로선택은 자신에 대한 지식과 직업에 대한 지식 간의 관계를 이해한 결과로 이루어지는 것이다(Sharf, 2013). 이러한 과정이 Parsons가 언급한 직업지도의 개념과 일치하는 것이므로 특성요인이론을 Parsons의 주장인 것으로 취급하고 있다.

직업상담자들에게 흥미나 적성과 같은 특성들은 비교적 안정된 것으로 여겨졌다. Brown(1987)은 특성요인이론의 특징을 다음과 같이 제시하였다. ① 특성들은 서로 독립적인 것이 아니다. 그것들 사이에 행동패턴을 가져오는 상호작용이 있다. ② 특성과 요인은 객관적인 도구에 의해 측정될 수 있다. ③ 개인은 특정한 직업환경에 있는 준거집단과 비교된다. ④ 환경이 개인의 성격에 영향을 미치기도 하며, 자신의 요구를 충족하기 위해 개인이 환경에 영향을 미치기도 한다. ⑤ 개인과 환경에 대한 자료가 주어진다면 대부분의 개인은 적절한 결정을 할 본능적인 능력을 갖고 있다.

1950년대까지 특성요인이론은 직업심리학의 영역에서 주도적인 역할을 하였지만 상담심리학의 영역에 Rogers의 심리치료이론이 등장하였고 몇 가지 단점이 제기되기 시작하였다. ① 특성요인이론은 단편적인 것으로 보인다. 사회적 영향과 같은 맥락적 요인이나 직업적응과 같은 과정에 대해 소홀히 하였기 때문이다. 따라서 발달이라기보다는 정적인 특성을 갖고 있다. ② 사람들이 진로선택을 할 때마다 진실된 추론을 하는지 혹은 모든 사람이 진로와 관련해서 추론된 선택을 갖는지에 대해 의문이 제기된다. 사회계층별로 고용기회에 차이가 있을 수 있기 때문이다. ③ 진로의사결정에 있어서 정서나 주관성이 더 많은 관심을 받고 있다(Patton & McMahon, 2006). ④ 직업선택이 단일한 사건이 아니다. 특정한 형태의 사람이 다양한 직업에서 발견되고 있다(Zunker, 2011). 따라서 진로의사결정자에게 하나의 대안만 있는 것은 아니다. ⑤ 흥미나 가치, 적성, 성격 등에서의 성장이나 변화를 설명하지 못한다. 개인들은 학습한 것에 기초하여 진로선택을 할 수도 있고, 그들의 일생동안 여러 번 직업을 바꾸기도 한다(Jarvis, 2003; Savickas et al., 2009). 모든 직업군에서 상당히 다양한 개인이 존재한다(Isaacson & Brown, 1993).

여러 가지 비판점이 제시되었지만 특성요인이론이 직업상담학에 끼친 공헌은 지대하다. 진로발달이론으로 보기에는 이론적 가정을 지지하는 연구들이 많지 않고 단점이 많지만 실제로 현장 실무자들에게는 매우 매력적인 것이다. 특성과 요인들을 서로 관련시키는 연구들이 많아지고 이를 포괄적으로 묶을 수 있다면 특성요인과 관련된 신뢰도나 타당도의 문제가 해소되고 관심을 받을 가능성은 충분히 있다 (Sharf, 2013). 그래서 특성요인이론은 진로발달이론으로 보기보다는 진로발달에 기여한 영향에 관한 이론들을 집대성한 것으로 보는 것이 바람직하다. 이러한 맥락에서 나온 것이 Big 5 모델이다(McCrae & John, 1992; Pryor, 1993).

3) 직업상담에의 활용

특성요인 직업상담에서는 합리적이고 인지적인 모형을 활용하고 있다. 면담기법이나 검사의 해석절차, 직업정보의 이용 등을 통해 내담자의 의사결정 문제에 대한 탐색의 내용을 구성한다. 특성요인 접근에서 내담자는 과정에 거의 개입하지 않는 수동적인 역할을 하는 반면, 상담자는 적극적인 역할을 한다. 내담자의 자료를 수집하고 통합하여 조직하는 데 주도적인 역할을 해야 하는 것이 상담자의 책임이다. 또한 상담자는 내담자가 적절한 일련의 행위를 하도록 돕기 위해 수집한 자료를 직업정보와 결합시켜야 한다. Strong과 Schmidt(1970)는 여러 차원에서 상담자의 '전문성(expertness)'이 가장 중요하고, '신뢰(trustworthiness)'가 두 번째, '매력(attractiveness)'이 세 번째로 중요하다고 보았다. 이는 특성요인 상담자에게 매력이 필요 없다는 것이 아니라 전문성과 신뢰가 무엇보다 더 중시되어야 한다는 것을 의미한다.

특성요인이론에 입각한 직업상담의 과정은 크게 3단계로 대별될 수 있다. 1단계는 초기면담이라고 부르며, 이 단계에서 가장 중요한 것은 촉진적 관계의 형성이다. 상담자는 내담자가 말하는 문제를 경청하며 개인의 배경과 교육문제를 통하여 내담자를 알게 되며, 내담자에게 필요한 검사가 무엇인지 탐색하게 된다.

2단계는 주로 검사가 실시되는데, 이때 내담자를 이해하기 위한 면담을 병행하게 된다. 내담자는 다양한 정보에서 추론한 자료들을 기초로 해서 상담자의 진단을 받게 된다. 상담자는 능동적인 역할을 하고, 내담자는 수동적인 역할을 한다. 이 단계에서 상담자는 대부분의 시간을 적성검사나 흥미검사 등을 실시하고 검사결과를 해석하는 데 활용한다.

마지막 3단계는 직업정보를 주는 단계이다. 상담자는 내담자의 특성과 요인에 알맞은 직업에 대하여 그에게 직접 알려 주거나, 직업전망서, 팸플릿, 직업안내에 관한 소책자 등의 관련 정보 책자를 제시해 준다.

직업상담의 과정에서 특성요인 접근법은 문제해결에 대한 과학적 방법을 따르고 있다. Williamson(1939)은 이 과정을 다음의 여섯 단계로 기술하고 있다.

- 분석(analysis): 인터뷰나 표준화된 측정도구를 통해 내담자의 태도, 흥미, 가정환경, 지식, 능력, 적성 등에 대한 자료를 수집한다.
- 통합(synthesis): 내담자의 강점과 약점에 대한 추론을 하기 위해 수집된 자료를 통합한다.
- 진단(diagnosis): 내담자의 현재 문제와 그 원인들에 대해 진단한다.
- 예측(prognosis): 상담자는 대안적인 조치 혹은 조정과정을 제공해 주고, 내담자가 각 대안을 택할 때의 성공 가능성에 대해 예측한다.
- 상담(counseling): 상담자는 내담자가 현재나 미래에 적절한 조정을 성취하도록 하기 위해 필요한 자원들을 조직하도록 도와준다.
- 추수지도(follow-up): 상담가는 상담효과를 확실하게 하기 위해 내담자와 함께 일련의 과정을 점검하고 다른 어떤 도움이 필요한지 파악한다.

특성요인 직업상담의 기본은 변별진단(differential diagnosis)이다. 진단이란 관련이 있거나 관련이 없는 일련의 사실들로부터 일관된 형식이 갖는 의미를 논리적으로 사고하는 과정이다(Williamson, 1939). 진로의사결정에 나타나는 여러 문제를 진단하는 데 도움을 주기 위하여 Williamson(1939)은 다음과 같은 네 가지 범주를 제시하였다. 내담자가 가지고 있다고 생각되는 문제에 따라 적절한 직업상담과정이 선택된다.

- **진로무선택**: 자신의 진로선택의사를 표현할 수 없거나 자신이 무엇을 원하는지 모르는 것
- **불확실한 선택**: 자신이 직업을 선택하였지만 자신의 결정에 대해서 의심하는 것
- **현명하지 못한 선택**: 내담자가 적합한 적성(능력)을 가지고 있지 않은 직업을 선택하는 것
- **흥미와 적성 간의 모순**: 흥미를 느끼지만 그 직업을 가질 능력이 부족한 경우에 해당하는 것

특성요인 직업상담의 해석 단계에서 상담자가 내담자와 면담 시 활용할 수 있는 기법들에 대해 Williamson(1939)은 다음과 같이 제시하였다.

- **직접충고(direct advising)**: 상담자가 내담자들이 만족할 만한 선택, 행동, 또는 계획에 관해 자신의 견해를 솔직히 표명하는 것
- **설득(persuasion)**: 상담자는 내담자가 진단과 결과를 이해하도록 설득하는 것
- **설명(explanation)**: 진단과 검사자료, 비검사자료 등을 해석하여, 내담자가 의미를 이해하고 가능한 선택을 하며 선택한 결과에 대한 이해를 도울 수 있도록 하는 것

직업상담의 과정 중 3단계는 직업정보를 주는 단계이다. Brayfield(1950)는 직업정보가 갖는 기능에 대해서 다음과 같이 제시하고 있다.

- **정보제공 기능**: 내담자가 직업선택에 대해 확신을 갖도록 지식을 증가시켜 주기 위한 것
- **재조정 기능**: 내담자가 직업선택이 적절하였는지를 검토하고 변경할 수 있게 하기 위한 것

- 동기화 기능: 내담자를 의사결정과정에 적극적으로 참여시켜 동기를 자극하기 위한 것

Baer와 Roeber(1951)는 Brayfield의 직업정보 기능을 보완하여 직업정보를 제시하는 목적에 대해 다음과 같이 제시하였다.

- 탐색(exploration): 일의 세계에 대한 탐색을 할 수 있게 한다.
- 확신(assurance): 내담자의 진로선택이 적합하다는 것을 확신시켜 준다.
- 평가(evaluation): 직업군과 직업에 대한 자신의 지식과 이해가 적절하였는지를 알려 준다.
- 놀람(startle): 특정 직업을 선택한 후 그 직업을 수용할 것인지에 대해 결정을 내릴 수 있게 해 준다.

Super의 진로발달이론

Super의 이론은 전 생애에 걸친 진로발달을 개념화하는 데 유용한 체계를 제공해 준다. 그의 이론은 진로발달에 영향을 미치는 다양한 개인적(욕구나 가치, 능력 등), 상황적(동료집단, 가족, 노동시장 등) 결정인자들을 포함하고 있다. 또한 그의 이론은 작업을 인생의 다양한 역할 중 하나로 간주한다. 그의 이론은 역할과 관련된 자기개념을 분류하고 탐색하고 실행하는 것을 강조한다. 그래서 Super의 이론은 진로발달 과정을 살펴보는 데 아주 유용한 체계를 제공해 줄 것이다.

Super의 진로발달이론은 전 생애 이론이라고 한다(Super, 1990). 지금까지 Super를 포함한 많은 동료가 그의 이론을 발전시켜 왔다(Super, Savickas, & Super, 1996). Super의 이론은 본질적으로 발달적인 특성을 갖고 있는 것이다. Super는 스스로 자신의 이론을 차별적, 발달적, 사회적, 현상학적 진로이론이라고 명칭을 붙였다(Super, 1969). Super는 진로발달을 복잡한 과정으로 기술하는 것은 심리학이나 사회학과 같은 다양한 분야에서 이루어진 학자들의 작업을 통합하는 것을 요구한다고 생각하였다. 그래서 Super는 진로발달에 관한 자신의 이론에 Bühler(1933), Havighurst(1951), Kelly(1955), Miller & Form(1951), Rogers(1951) 등의 작업을 통합하려고 시도하였다.

처음 Super는 그의 동료들이 제안한 약점들을 보강하기 위해 그의 이론을 확장하였다. 그의 동료인 Ginzberg, Axelrad, Herma(1951) 등은 진로선택은 하나의 결정이 아니라 발달적 과정이며, 개인의 소망과 직업적 가능성 사이에 이루어진 조정 과정이라고 주장하였다. 그들은 발달적 과정이 ① 환상기(1~11세), ② 시험기(11~17세), ③ 현실기(17세~20대 초)의 세 가지 단계를 거쳐 간다고 하였다. 그들은 개인적 가치나 정서적 요인, 교육의 양과 종류, 환경적 압력을 통한 현실의 효과 등과 같은 네 가지 요소가 개인의 진로결정을 형성하기 위해 통합될 것이라고 주장하였다.

Super는 Ginzberg에 의해 제안된 이론들은 몇 가지 점에서 결함이 있었다고 주장하였다. 첫째, 진로의사결정에서 흥미의 역할과 관련된 연구들을 고려하지 않았다. 둘째, 선택을 조작적으로 기술하는 데 실패하였다. 셋째, 선택과 적응을 구별하려고 하였다. 넷째, 진로선택과 관련된 조정과정을 깊이 있게 탐색하지 않았다. 이와 같은 단점들을 극복하기 위해 Super는 차별적-발달적-사회적-현상학적 진로이론을 개발하였다.

Super는 하나의 통합된 이론을 개발하는 대신에 부분적으로 나누어진 조각으로 이론을 개발하였다. 그래서 부분적으로는 이론들이 있지만 Super의 이론을 한마디로 정리하여 말하기는 어렵다. Super의 이론은 진로발달의 주된 세 가지 요소인 ① 전생애, ② 생애공간, ③ 자기개념 등을 설명해 주는 조각이론이라고 할 수 있다. 이이론들이 C-DAC(Career Development Assessment and Counseling) 모델이라고 지칭되는 중재모델로 발전하게 된다.

Super의 이론에서는 전 생애나 생애공간이 주된 가정을 형성하고 있다. 사람들은 중요한 자기특징(self characteristic)이나 자기개념(self concept)에서 차이가 있다고 주장한다. 사람들 각각의 자기특징들은 많은 직업에 적합하도록 만들며, 각 직업들은 특정한 작업자의 특성을 요구한다. 이러한 요구는 특정한 직업에 다양한 사람을 허용할 만큼 유동적이다. 자기개념은 시간이 흐름에 따라 변화하며. 모든 사람이 선택과 조정이라는 지속적인 과정을 거치게 된다. 각 개인에게 변화 과정은 특정한 삶의 단계(성장, 탐색, 설정, 유지)에 의해 기술될 수 있다. 사람의 직업수준과 진로형태는 맥락적(가족이나 사회경제적 지위, 교육적 기회, 지역사회), 개인적(기술, 성격, 욕구, 가치, 흥미 등) 요인들에 의해 영향을 받는다. 사람들이 접하는 진로발달과제에 대한 준비성(진로 성숙도)은 진로발달 초기 단계에서 접했던 과제에서 얼마나 성공하였는가에 달려 있다.

전 생애 이론은 다른 개념들도 포함시켰는데, 진로발달은 전 생애에 걸쳐 적절한 진로중재안이 제공된다면 촉진될 수 있다는 것이다. 진로선택은 자신의 자기개념을 발달시키고 실행하는 것이며, 사람들이 발달하고 환경과 상호작용함에 따라 통합되고 조정되어야 하는 과정이다. 삶의 만족은 자신들의 중요한 자기특징들과 일치하는 삶의 역할 기회를 발견하는가에 달려 있다. 이는 각 개인에게 자신들의 선호도나 가치, 자기개념 등을 반영한 삶의 역할에 개입하도록 만드는 것이 중요하다는 것을 의미한다.

Super 이론의 기본 가정들은 다음과 같다.

- 사람들은 능력이나 성격, 가치관 등에서 서로 차이가 있다.
- 각 직업이 요구하는 능력과 성격적 특성이 서로 다르다.
- 사람들마다 직업에 적합한 특성을 갖고 있는 정도가 다르다.
- 자아개념은 직업적 선호도와 능력으로 구성된다.
- 자아개념은 환경과의 상호작용을 통해 계속 변화하고 진화한다.
- 자아개념은 사회적 학습의 산물로서 전 생애를 통해 어느 정도의 안정성을 보인다.
- 진로유형은 개인적 특성이나 환경의 특성에 의해 결정된다.
- 개인이 환경의 요구에 대처하기 위한 준비도를 진로성숙도라고 한다.
- 진로성숙도는 가설적인 구인이며, 단일한 특질이 아니다.
- 직업만족도는 자아개념의 실현과 정적인 상관을 이룬다.
- 직업만족과 생애만족은 개인적 특성이나 자아개념에 따라 달라진다.
- 사람들은 전 생애에 걸쳐 서로 다른 중요성을 갖는 여러 가지 역할을 동시에 수행하고 있다.

1) 전 생애 이론

진로발달은 신체발달과 같이 일생 동안 진행되는 과정이다. 단지 진로발달은 개체발생적이지 않다는 점에서 신체발달과는 다르다. 진로는 심리사회적 발달이나 사회적 기대의 맥락 내에서 발달하며, 직업적인 기회구조와는 반대로 발달한다. 인생의 초기에 진로발달은 비교적 동질적이며 나이와 관련된다. 대부분의 청소년은 교육기관에 등록하며 학년에 따라 결정을 하도록 요구받는다. 그래서 아동기나 청소년기에 진로의사결정 준비성과 관련하여 진로성숙도(career maturity)라는 개념이 사용된다. 그러나 성인기에 진로발달은 이질적이며 나이와 관련된 것은 아니다. 성인의 진로는 변화하는 직업적 기회에 의해 제시되는 도전에 반응하여 발달하며, 삶의 역할 참여의 형태로 진화한다. 그래서 성인은 삶에서의 상황에 따라 다양한 진로발달 단계나 과제들을 반복하여 경험한다. 성인기 때 진로발달이 이질적이기 때문에 성인의 진로의사결정 준비성을 언급하기 위해 진로적응성(career adaptability)이라는 개념을 사용한다. 진로적응성은 성인이 그들의 변화하는 일과 상황에 대처하려고 할 때 그들 자신이 환경에 영향을 미치고, 환경이 그들에게 영향을 미친다는 것을 의미하는 것이다(Niles, Anderson, & Goodnough, 1998). 자기개념이 시간이 흐름에 따라 변화하고, 선택과 조정이 지속적으로 이루어지고, 교육과 작업환경이 시간이 흐름에 따라 변화하고, 요구조건도 변화한다. 진로적응도는 Piaget가 제시한 동화와 조절이라는 개념과 유사한 것이다. 진로적응성은 성인들이 진로발달을 효과적으로 관리하기 위한 방법을 찾기 위해 역동적인 환경상황 내에서 책임 있게 움직여야 하는 사람이라는 것을 나타낸다(Super & Knasel, 1981).

Super가 진로적응성의 개념을 성인 진로발달에 적용한 것이었다 하더라도 이는 아동이나 청소년에게도 적용할 수 있는 것이다. 아동과 청소년은 성인과 비교하여 비교적 동질적인 진로발달을 갖고 있지만, 진로발달과제에 대처하기 위한 준비성에서는 개인마다 차이를 경험할 수 있다. 어떤 사람들은 진로발달에 덜 긍정적인 방법으로 영향을 미치는 환경적 방해물(가난이나 성차별)을 경험할 수 있고, 어떤 사람들은 진로발달을 촉진하는 환경적 경험(특수학교에 진학하는 것, 다양한 방과 후 활동에 참여하는 것)을 할 수도 있다. 맥락적 요인에서의 차이가 진로발달에 영향을 미칠 수 있다(Vondracek, Lerner, & Schulenberg, 1986). 그래서 진로적응성은 진로성숙도보다 젊은 층에게 더 적합한 것일 수 있다. Savickas(1997)는 발달적 측면의 중요 요소로 진로성숙도를 진로적응성으로 대치해야 한다고 주장하였다.

Super는 진로를 사람들이 일련의 발달과제를 접하고, 자신이 원하는 사람이 되기 위한 방식으로 그것들을 다루려고 시도하는 삶의 과정이라고 개념화하였다. Super는 전형적으로 접하는 일련의 발달과제를 확인하였고, 그것들을 진로발달의 단계와 하위 단계들과 연관시켰다. 진로발달의 전형적인 단계는 성장(아동기), 탐색(청소년기), 설정(성인 초기), 유지(성인 중기), 해체(성인 후기)로 이루어진다.

(1) 성장기

4~13세의 아동들은 자신에 대한 인식을 느끼기 시작하고 직업의 세계에 대한 기본적인 이해를 발달시켜야 하는 진로발달과제를 갖고 있다. 이 시기의 아동들은 환상(fantasy), 흥미(interest), 능력(capacity)의 세 가지 하위 단계를 통해 진보한다. 먼저 그들은 환경을 탐색해 가면서 직업에 대한 환상을 갖는다. 그들의 본능적인 호

기심은 작업과 자신의 흥미, 능력 등에 대한 정보를 얻게 해 준다. 이러한 과정이 잘 진행되면 아동들은 환경을 통제할 수 있다는 생각을 갖게 되고, 자신들의 결정 능력에 대해 믿음을 갖는다. 성장기를 진행해 가면서 아동들은 미래를 계획하는 것이 중요하다는 것을 배우게 되며, 현재의 행동이 미래의 삶에 영향을 미친다는 것을 배운다.

(2) 탐색기

자기와 직업적 정보를 사용하여 현재가 미래에 영향을 미친다는 인식이 높아짐에 따라 14~24세의 청소년들은 미래를 위해 계획하는 것을 시작한다. 진로발달 영역에서 미래를 계획하는 것은 직업적 선호도를 구체화하고 결정화하는 것을 포함하고 있다. 선호도가 확인되면 사람들은 직업적 선택을 하게 된다. 이러한 과제들이 잠정(tentative), 전환(transition), 실행(trial) 등의 하위 단계 내에서 이루어진다.

직업적 선호도를 결정화하는 것은 사람들이 좋아하는 작업의 유형을 분류하도록 만든다. 이러한 결정화 과정은 성장기 동안 획득된 직업적 정보와 자기정보에 기초하여 이루어진다. 이러한 정보를 사용하여 특정한 직업이 자기개념을 실행하도록 허용하는 정도를 탐색하기 위해 더 깊이 있는 직업적 정보를 얻는 데 초점을 둔다. 그래서 정확하게 자기를 이해하는 것은 적절한 직업적 선호도를 확인하는 데 필수적인 것이다.

직업적 선호도를 구체화하는 과정은 고려해 본 직업들 중에서 선택을 할 수 있는 능력이 있어야 한다. 어떤 선택이 구체화되었는지에 따라 실행하는 과정이 달라진다. 어떤 선택은 직업을 얻기 위해 더 많은 훈련과 교육을 필요로 한다. 다른 선택은 직업에 직접 들어갈 기회를 제공해 준다. 선택에 관계없이 실행은 자신이 선택한 직업영역에서 출발하도록 행동하는 것을 요구한다.

(3) 확립기

진로에서 확립이 이루어지는 시기는 25~45세이다. 이 단계와 관련된 진로발달 과제는 안정화(stabilizing), 공고화(consolidating), 진보화(advancing)하는 것이다. 안정화는 직업에 들어간 이후 즉시 시작되는데 자신이 실행한 직업선호도가 자기개념을 적절하게 표현할 기회를 제공해 줄 것인가를 평가한다. 특히 개인은 조직문화를 측정해야만 하고, 그들이 들어간 직업에서 성공하기 위해 필요한 기술이나 흥미를 가지고 있는지를 결정해야만 한다.

사람들은 직업에서 안정화되어 가면 그들의 선택이 좋은 것인지에 대한 의문에서 벗어나 믿을 만한 생산자가 되고 직업에서 긍정적인 평판을 얻는 것에 관심을 갖기 시작한다. 이를 공고화 단계라고 한다. 믿을 만한 생산자가 되는 것에 관심을 가지게 되면 높은 봉급을 받고 책임감을 가질 수 있는 위치로 이동할 기회를 가지게 되는데, 이를 진보화라고 한다. 이때쯤 되면 사람들은 자신이 개발하고자 했던 성공적인 수행에 대한 평판이 성취된 것이다.

이러한 과정 중 어떤 시점에 사람들은 자신의 직업적 선택이 더 이상 좋은 것이 아니라는 판단을 할 수 있다. 만약 그렇다면 탐색의 과정이 재순환하게 되며, 더 적절한 직업적 선택을 결정하고 구체화하며 실행하게 될 수 있다.

(4) 유지기

대략 45세부터 65세 사이의 유지기 동안 작업자들은 유지(holding), 갱신(updating), 혁신(innovating)의 진로발달과제를 접하게 된다. 많은 사람이 자신의 영역에서 수행수준을 유지하거나 향상시키면서 진보를 계속 이어 갈 것인지 혹은 직업영역에서의 변화를 택하든지 어떤 것을 선택해야 하는 상황에 직면하게 된다. 새로운 직업영역을 선택하기로 하였다면 작업자는 탐색기와 확립기의 과제를 재수행하여야 한다. 현재의 영역에서 진보를 계속해 가기로 결정하였다면, 작업자들은 그들의 기술을 갱신하는 데 관심을 가져야 하며, 그들의 현재 직업에서 새로운 기술을 혁신적인 방법으로 적용하도록 해야 한다. 그러나 현재 직업에 남기로 결정한 사람이 그들의 기술을 갱신하지 않으면 나쁜 수행자가 될 것이며 그들의 작업을 침체시키게 된다. 이러한 상황에서는 진로를 새롭게 하는 진로개입이 필요해진다.

(5) 쇠퇴기

유지기의 마지막 시점에 신체적 능력이 떨어지고 작업활동에 대한 관심이 줄어들기 시작한다. 이를 쇠퇴기(65세 이상)라고 한다. 이 시기에 작업자는 은퇴한 후의 삶을 계획하는 데 더 많은 관심을 갖는다. 그래서 쇠퇴기는 감소, 은퇴계획, 은퇴생활과 같은 진로발달과제를 갖는다. 작업자들이 그들의 작업활동을 축소하게 되면 은퇴 후의 생활방식이나 활동들에 대해 관심을 가지기 시작한다. 가끔 자신의 신체적, 정신적, 경제적 상황에 대한 관심도 가지게 된다.

2) 생애공간이론

사람들은 일상에서 다양한 역할을 수행하고 있다. 한 집안의 아들이며 아버지이고 배우자이며 직장인이기도 하다. 이러한 역할들은 한 개인의 생활방식으로 나타나고 생애공간을 구조화하며, 생애주기(life cycle)를 구성한다. Super는 이러한 전체 구조가 진로유형이라고 보았다(Super, 1980). 사람들이 하는 생애역할들은 서로 상호작용하기 때문에 동일한 직업을 가진 사람이라도 사람마다 직업에 대한 의미와 목적이 다를 수 있다. 한 개인이 자신의 직업에 대해 부여한 의미와 목적은 그 사람이 이전에 했던 역할들에 의해 영향을 받기 때문이다. 사람들마다 생애역할들이 다르기 때문에 그들이 작업역할을 어떻게 정의하는지, 일에 얼마나 헌신할 것인지는 사람들마다 다를 것이다.

Super는 개인이 전 생애에 걸쳐 어떤 역할을 수행하는지를 살펴보는 것이 중요하다고 보았다. 개인이 전 생애를 걸쳐 수행하는 역할들로 Super가 제시한 것은 자식, 학생, 여가인, 시민, 근로자, 배우자, 가사종사자, 부모, 은퇴자로 아홉 가지이다. 개인이 수행하게 되는 생애역할은 개인의 발달 단계에 따라 그 중요성이 증가되기도 하고 감소하기도 한다. 생애역할들은 특정한 장면에서 나타나게 되는데, 그 무대는 가정, 학교, 작업장, 지역사회 등이다.

Super는 생애진로무지개라는 그림을 사용하여 다양한 생애역할이 일생 동안 어떻게 나타나고 상호작용하는지를 기술하였다. 생애진로무지개는 한 개인의 삶에서 중요한 생애역할들이 언제 시작하고 언제 정점에 이르며, 언제 끝나는지를 보여 준다. 어떤 생애역할은 일찍 시작해서 일찍 끝나기도 하고, 어떤 생애역할은 늦게 시작해서 늦게 끝난다. 개인의 진로는 일생을 통해 자신들이 수행한 다양한 역할을 묶어 놓은 것이다.

사람들이 자신의 생애역할들을 효과적으로 수행하기는 쉽지 않다. 생애역할들끼리 서로 갈등을 일으키는 것들이 있기 때문이다. 사람들마다 자신의 생애역할들 중에서 우선적인 것이 있다. 사람들에 따라 우선적인 것을 쉽게 수행할 수도 있지만 그렇지 못한 경우도 있다. 직장을 가진 신혼부부의 경우 아이가 없기 때문에 자신들의 일에 더 몰입할 수 있다(가정보다 일에 우선권을 주는 것). 그러나 아이가 생기면 가정의 요구도 높고 일에서의 요구도 높기 때문에 자신의 생애역할을 잘 수행하기가 쉽지 않다(Eagle, Miles, & Icenogle, 1997; Perrone, 2005). 일과 가정을 모두 신경 쓰려고 한다면 작업자와 부모, 배우자 등의 역할들이 서로 충돌하여 관심을 받지 못하고 곤경에 빠지게 될 수 있다. 생애역할들은 서로 보완적이기도 하고, 지지적이기도 하고, 중립적이기도 하다. 생애역할들이 서로 보완해 주는 기능을 하고 자신의 가치를 표현할 기회를 제공해 준다면 삶이 가장 행복할 것이다. 생애역할들이 서로 충돌하여 둘 중에 하나를 선택하여야 하는 상황이 발생하면 자신의 가치를 표현할 기회도 없을 것이고 스트레스를 많이 받을 것이다. 진로상담을 받으러 오는 내담자들의 주된 관심도 생애 구조와 관련된 것이다. 자신이 변화하는 생애역할들에 대해 어떻게 하면 효과적으로 대처할 수 있는지에 대해 궁금해한다. Super의 이론은 내담자들이 자신의 생애역할들을 어떻게 구조화하는지를 살펴보는 데 도움을 줄 것이다.

3) 자아개념

자아개념은 Super의 이론에서 가장 기본적이고 핵심적인 부분이다. Super는 직업선택을 자아개념을 실천하는 것으로 보았고, 진로발달은 자아와 환경 간의 매칭을 향상시키는 연속적인 과정으로 보았다. Super에 따르면 자아개념(self-concept)은 어떤 역할이나 상황, 지위에서의 자신의 모습, 어떤 일련의 기능을 수행하거나 일련의 사람들과의 관계에서의 자신의 모습이라고 정의하였다(Super, 1963). Super가 직접 언급하지는 않았지만 자아개념에 관한 그의 이론은 Adler의 영향을 받은 것으로 볼 수 있다. 아동들은 본능적으로 호기심을 갖고 태어나는데, 갈등상황에 빠지게 되면 회피하려고 한다. 이는 자아개념의 성장을 더디게 만들고 세상을 탐색하는 것을 머뭇거리게 만든다. 탐색을 촉진하게 하기 위해서는 격려가 필요하고, 격려를 받은 아동들은 주위를 탐색하고 역할모델을 선택한다. 이때 역할모델이 자아개념에 영향을 미치게 된다. 이러한 과정은 Adler의 삶의 양식과 유사한 것으로(Stoltz & Apodaca, 2017), 자아개념은 인생의 초기에 발달하고 초기 삶의 경험에 의해 영향을 받으며, 작업과 같은 사회적 상황에서 나타나게 된다는 것이다.

자아개념은 객관적인 측면과 주관적인 측면을 모두 포함하고 있다. 객관적인 측면으로, 우리는 다른 사람과 자신을 비교함으로써 자기이해를 발달시킨다. 나는 수학을 남들보다 잘하고 숫자를 좋아하기 때문에 회계사가 되는 것을 좋아한다는 식이다. 주관적인 측면으로, 우리는 살아오면서 경험한 것에 스스로 의미를 부여한 삶의 이야기가 있다. 그 이야기 중에서 자신의 독특한 것이 무엇인가에 주목하면서 자기이해를 발달시킨다. 그래서 특정한 직업에 있는 사람들의 객관적인 진로경험은 사람들마다 유사할 수 있지만, 주관적인 진로경험은 사람들마다 상당한 차이가 있다. 사람들은 객관적이고 주관적인 자기이해를 통해 적절한 진로를 선택하고 삶의 역할에 얼마나 참여할 것인지를 결정한다. 자아개념은 시간이 흐름에 따라 지속적으로 발달하기 때문에 진로선택을 하기 위한 욕구나 실행된 선택에 적응하는 과정이 생애 과제를 나타낸다.

Super(1957)는 일의 세계에서 자기를 표현하는 과정을 설명하기 위해 진로성숙 (career maturity)을 언급하였다. 사람들은 자신의 진로흥미를 확인하고 선택해야 하는 진로과제를 갖고 있다. 진로성숙은 사회적으로 부여된 이러한 진로과제에 개인이 어떻게 대처하는가를 나타내는 것이다. Super(1965)는 진로성숙의 하위 요인으로 진로계획, 직업탐색, 의사결정, 직업세계에 대한 지식, 선호하는 직업군에 대한 지식 등을 제시하였다. 이후 다른 학자들에 의해 진로성숙의 개념이 재정의되기도 하였는데, Crites(1978)는 진로성숙을 진로선택과정에서 나타나는 인지적 및 정서적 특성의 상대적 위치를 의미한다고 보았다. 그리고 Fouad(1988)는 진로성숙을 개인이 자신의 연령수준별로 주어진 진로문제에 대처할 수 있는 준비 정도라고 정의하며, 문화적 맥락의 중요성을 강조하였다.

진로성숙의 개념은 Super와 Knasel(1981)에 의해 진로적응(career adaptability)으로 재개념화되었다. 진로과제를 성취하기 위해 일생 동안 추구하는 것을 나타내기에는 성숙이라는 개념보다는 적응이라는 개념이 더 적합하다고 보았다. 성숙은 제한된 양이나 일정한 정도를 나타내는 반면, 적응은 지속적인 성장과 발달을 암시하기 때문이다. 진로적응성은 직업전환을 위해 예측 가능한 과제에 대한 준비뿐만 아니라 직업환경의 변화로 인해 생길 수 있는 예측 불가능한 상황에 대처하는 능력을 의미한다. 진로적응성이 높은 사람은 자신의 삶에서 자율성과 책임감을 갖고 적극적이고 주도적으로 진로를 탐색하고 준비할 수 있는 역량을 갖춘 사람이다. Super,

Thompson과 Lindeman(1988)은 진로의사결정능력은 청소년기 이후에는 지속적으로 증가하는 것이 아니며, 확립기, 유지기, 쇠퇴기의 발달과업에 대한 대처능력도 나이의 변화에 대응하여 변하는 것이 아니기 때문에 성인기에 진로성숙의 개념을 사용하는 것이 부적절하다고 언급하였다. 진로적응이라는 용어는 아동 및 청소년에게도 적용 가능하며, 성인의 직업발달을 탐색하는 데에 적응이라는 개념이 적절하다고 보고, 의사결정 준비도로서, 진로성숙도라는 개념에서 변화하는 직업환경에 대처하는 준비도로서, 진로적응을 사용하는 것이 적합하다고 보았다(Niles & Harris-Bowlsbey, 2005).

진로적응 개념은 각 개인이 작업의 세계와 개인적 환경 사이에서 추구하는 균형을 강조한다. 진로적응의 관점에서 보면 성인은 역동적인 환경 내에서 보다 효과적으로 자신의 진로발달을 관리하는 방법을 찾기 위한 책임 있는 행위자이다. 사람들이 진로조건의 변화에 대응함에 따라 개인이 환경에 영향을 주고, 환경은 다시 그 개인에게 영향을 주게 되는 과정에서 진로적응이 나타난다. 성인은 역동적인 환경 내에서 자발적인 혹은 비자발적인 수많은 진로의사결정을 해야 하는데, 이러한 대응을 나타내기에는 적응이라는 개념이 더 적합하다고 볼 수 있다.

4) C-DAC 모형

Super는 자신의 이론을 진로상담에 적용하기 위해 C-DAC 모형(Career Development Assessment and Counseling)을 제시하였다. 이 모형은 내담자가 전 생애 이론의 탐색기에서 제기되는 관심에 대처하는 것을 도와주기 위한 것이었다(Super et al., 1996). 사람들은 탐색기가 청소년기에만 해당하는 것으로 간주하는데, 탐색은 전 생애를 통해 계속되는 것이다. Phillips(1982)에 의하면, 탐색은 진로방향을 변화하고자 하는 성인에게서도 있을 수 있는 것이고, 자신이 선택한 진로에서 전진하거나 남기를 원하는 성인에게도 기대할 수 있는 것이다. 처음으로 탐색기에 들어가는 사람은 자신의 가치와 기술, 흥미를 찾으려고 노력하고 이러한 속성들을 직업과 연결시키려고 한다. 이때 표준화된 측정도구가 진로탐색을 하는 데 도움이 될 것이다. 탐색기를 지나간 사람들도 다양한 진로문제를 해결하기 위해 탐색적인 행동을 할 수 있다(Niles et al., 1998). 탐색을 하는 동안 갖추어야 하는 것은 자신의 발달적 위치와 중요한 삶의 역할이다(Super, 1983).

Super 등(1988)은 성인 내담자를 위한 ACCI(Adult Career Concerns Inventory)를 개발하였다. ACCI는 탐색기, 확립기, 유지기, 쇠퇴기 등 네 가지 진로발달 단계에서의 과제에 관한 계획을 측정한다. 발달 단계들은 각각 세 가지 과제를 포함하는데, 탐색기 단계는 결정화, 구체화, 실행 등으로 구성된다. ACCI는 내담자가 진로문제를 파악하고 이에 효과적으로 대처할 수 있도록 돕는 데 매우 유용할 탐색자원을 확인해 준다. 또한 상담자들은 진로문제에 관한 내담자의 진로발달 상황을 확인할 수 있다.

C-DAC 모형은 내담자가 생애역할에 부여한 우선순위를 결정하는 것을 살펴볼 수 있다. C-DAC 모형은 내담자가 전체의 삶에서 자신의 일, 놀이, 친구, 가족 등에서의 기본적 역할들을 어떻게 조화시킬 수 있는지를 도와주며, 생애역할에 부여한 중요성을 탐색할 수 있게 해 준다. 직업상담에서 개인은 진로문제만 가지고 오는 것은 아니며 비진로문제도 가지고 온다. 직업상담과정에서는 내담자의 진로문제뿐만 아니라 비진로문제들도 다룰 수 있어야 한다. 내담자가 상담과정에서 드러내는 진로문제가 내담자의 진로문제를 모두 반영하였다고 보기는 어렵다.

상담자는 내담자가 생애역할에 부여하는 개인적 의미를 탐색할 수 있도록 조력하기 위해 몇 가지 상담도구를 사용한다. 예를 들어, 내담자의 생애구조를 구성하는 주요한 생애역할을 드러나게 하기 위해 생애진로무지개를 사용할 수 있다. 생애역할의 상대적 중요도에 관하여 탐색하기 위해 역할 명확성 검사(Salience Inventory: SI)를 사용할 수도 있다. SI는 학생, 직장인, 시민, 주부, 여가인 등 다섯 가지 생애역할의 상대적 중요도를 몰입과 가치기대라는 차원에서 측정한다. 생애역할 활동은 생애 전체를 나타내는 원을 분할한 것, 즉 삶의 조각(삶을 파이처럼 구분한 것)으로 나타내고, 자신이 생각하는 각 생애활동의 가치를 확인한다. 이러한 가치를 목록화한 후에 상담자와 내담자는 그 가치에 대하여 어떻게 느끼는지에 대하여 논의한다.

3   Holland의 성격이론

Holland의 이론은 성격 유형에서의 개인차를 진로와 관련지어 기술하기 위한 것이다. 개인은 외부와 접촉하는 과정에서 개개인이 환경에 대처할 때 즐겨 사용하는 습관적인 방식, 즉 개인의 독특한 적응 방향을 형성하게 되는데, 직업을 선택할 때는 바로 자신의 적응 방향을 만족시켜 줄 수 있는 직업환경을 선택하게 된다는 것이다(문승태, 장선철, 2003). Holland 이론은 다양한 성격적 특징과 그에 대응하는 직업을 분명하게 연결시키고 사람과 직업에 관한 방대한 자료를 조직화시켜 준다(Weinrach, 1984).

1957년에 처음 이론을 발표할 때는 직업선택이 개인의 특정한 유전적 특질과 성장환경의 상호작용에 의해 만들어진 것이라고 보았다(Holland, 1959). Holland의 연구는 성격유형론에 초점을 두고 있는데, 각 개인은 기본적인 성격유형 중 하나를 갖고 있다고 하였다. 성격에 유형이 있듯이 환경에도 그에 상응하는 유형이 있어, 사람들은 자신의 기술과 능력을 발휘하고 자신의 태도와 가치관에 따라 일할 수 있는 환경을 선호하며 자신에게 맞는 역할을 담당할 수 있는 직업환경을 찾는다고 주장한다. 처음 이론이 발표된 후 다양한 연구가 이루어졌고, 이론적 속성을 측정할 수 있는 검사들이 개발되면서 1997년에 Holland 이론이 최종적으로 개정되어 출판되었다. 개정된 이론에서는 '신념(belief)'이라는 용어가 추가되었고, 직업정체성을 강조하였다.

Holland 이론에서 보면, 개인의 직업적 흥미는 그 사람이 가진 성격의 표현이며 성격유형과 환경과의 조화가 잘 이루어지면 개인은 그 직무환경에서 잘 적응하고 자신의 능력을 발휘한다. 또한 동일 직업에 종사하는 사람들은 유사한 성격과 개인 발달사를 가지고 있으며 다양한 상황에서도 유사한 방식으로 반응할 것이라고 본다(황매향, 2005).

Holland 이론의 기본 가정은 다음과 같다.

- 대부분의 사람은 여섯 가지 성격유형(실제적, 탐구적, 예술적, 사회적, 기업가, 관습적 유형) 중의 하나로 분류될 수 있다. 각 유형은 부모의 생물학적 유전, 사회계층, 문화, 신념, 물리적 환경 등의 개인적 요인과 다양한 문화의 상호작용에 의해 형성된다.
- 여섯 가지 직업환경유형(실제적, 탐구적, 예술적, 사회적, 기업가적, 관습적 유형)이 있다. 비슷한 성격 유형을 가진 사람들은 유사한 환경에 있는 경우가 많다.
- 사람들은 자신의 기술과 능력을 발휘하고, 자신의 태도와 가치를 표현하며, 자신에게 맞는 역할을 수행할 수 있는 환경을 탐색한다.
- 개인의 행동은 성격과 환경 간의 상호작용에 의해 결정된다. 개인의 성격과 직업환경에 대한 지식은 진로선택, 직업변경, 직업성취 등을 예측할 수 있게 해 준다.

Holland(1977)는 진로선택은 개인의 동기, 지식, 성격, 능력 등을 반영한 행위라고 하였다. 그의 이론에서 진로선택은 성격의 영향을 받는 것이다. 진로선택은 개인의 지각과 태도와 직접적인 관계가 있으며, 흥미질문지나 성격질문지와 같은 것으로 간주한다. 흥미나 활동은 성격의 다른 측면들로 해석될 수 있다는 것이다(Shafiabady, 2006). Holland에 의해 정의된 여섯 가지 성격유형은 다음과 같다.

첫째, 실제적 유형(realistic type)은 기계나 도구를 다루는 활동을 선호하며 교육적·사회적 활동을 싫어한다. 이 유형의 사람은 물질적인 보상을 좋아하며, 그들 자신을 실제적, 보수적, 완고함 등으로 지각한다. 실제적 유형에 속하는 사람들은 기술자나 여론조사가, 농장주, 건축가, 자동차 정비사와 같은 직업을 선호한다.

둘째, 탐구적 유형(investigative type)은 탐구하고, 이해하고, 예측하는 활동을 선호한다. 탐구적 유형은 설득적이고 사회적, 반복적인 활동, 판매하는 활동을 싫어한다. 이들은 지식을 획득하고 과학이나 기술 분야에서 학자적으로 성취하는 것을 선호한다. 탐구적 유형은 생물학자, 화학자, 의사, 문화인류학자, 지질학자, 컴퓨터 프로그래머, 연구개발 관리자와 같은 직업을 선호한다.

셋째, 예술적 유형(artistic type)은 예술적, 문학적, 음악적 활동을 선호한다. 그들은 체계적인 규칙에 순응하도록 만드는 활동을 싫어한다. 예술가 유형의 사람은 미

적 자질과 창의성을 중요시한다. 이들은 자신을 혁신적이고, 개방적이고, 감각적이
고, 정서적이라고 지각하며, 사무적인 기술이 부족하다. 예술가 유형의 사람은 작
가, 음악가, 무대연출가, 작사가, 인테리어 디자이너, 배우 등과 같은 직업을 선호
한다.

넷째, 사회적 유형(social type)은 개인적인 상호작용을 통해 다른 사람을 가르치거
나 도와주는 것을 선호한다. 이들은 기계적이고 기술적인 과제를 회피하려고 한다.
교육과 사회봉사를 중요시하는 사람이다. 사회적 유형의 사람은 그들 자신을 공감
적, 도움이 되는, 이해적인 것으로 지각하며, 기계적·과학적 능력은 부족하다. 사
회적 유형은 교사, 종교관계자, 상담가, 임상심리사, 정신과 의사, 언어치료사 등과
같은 직업을 선호한다.

다섯째, 기업가 유형(enterprising type)은 조직이나 개인 목표를 달성하기 위해 다
른 사람을 설득하고 지시하는 것을 선호한다. 이들은 과학적이고 지적인 주제는 회
피한다. 기업가 유형의 사람은 자신을 자신감 있는, 사회적인, 리더십 능력이 있는

표 4-1   Holland의 유형론

유형	특성	직업
실제적	기계적·운동적 능력 사람보다는 기계나 도구를 다루는 직업을 선호함	기술자, 농부, 건축가, 조사원, 조종사
탐구적	학구적·지적 능력 생각하면서 일하는 것을 좋아함, 문제해결이나 탐색하는 것을 즐김	화학자, 지질학자, 생물학자, 연구원, 의사
예술적	예술적·창의적 능력 문제해결을 위해 직관이나 상상력을 사용함	음악가, 예술가, 인테리어 디자이너, 작가
사회적	교육적 지도력, 대인관계능력 친근하며 사람을 사귀는 것을 좋아함	간호사, 교사, 사회복지가, 심리학자, 상담가
기업가	지도력과 언어 능력 목표성취를 위해 다른 사람을 이끄는 것을 좋아함	영업사원, 매니저, 행정가, 변호사, 정치가
관습적	체계적이고 계산적인 능력 계획에 따라 일하는 것을 좋아함	은행가, 비서, 회계사, 세무사, 안전관리사

출처: Holland (1996).

것으로 지각하며, 정치적, 경제적 성취를 중요시한다. 기업가 유형은 영업사원이나 관리자, 기업경영인, 연출가, 프로모터, 바이어, 정치가, 보험설계사 등과 같은 직업을 좋아한다.

여섯째, 관습적 유형(conventional type)은 체계적인 규칙을 설정하고 유지하면서 조직이나 개인적 목표를 획득하는 것을 선호한다. 이들은 모호하고 구조화되지 않은 활동을 회피한다. 물질적이고 경제적인 성취를 중요시하며, 그들 자신을 동조적, 질서 있는, 정돈된 것으로 지각한다. 관습적 유형은 사서, 속기사, 재무분석가, 은행원, 감정인, 세무사 등과 같은 직업을 선호한다.

Holland의 이론은 여섯 가지 성격과 흥미 유형을 사용하여 진로결정과정을 설명한다. 그는 청소년 후기쯤 대부분의 사람들은 이러한 유형 중 하나로 분류될 수 있다고 주장하였다(Nauta, 2013). 여섯 가지 성격유형은 개인이 성격이나 흥미, 행동 등에서 어떻게 다른가를 설명하기 위한 이론적인 체계이다(Spokane, 1996). Holland가 성격유형이 개인에게서 어떻게 발달하는지는 초점을 두지 않았지만, 환경과 개인과의 상호작용의 결과로 개인은 어떤 활동에 대한 선호도가 발달하였을 것이라고 설명한다. 이러한 선호도가 개인이 능력을 발달시키는 흥미가 되며, 흥미로 인해 개인들이 어떤 특정한 방향으로 생각하고 지각하고 행동하도록 만드는 기질이 발달하게 된다. 따라서 성격유형은 개인의 학교에서의 전공, 취미, 활동, 직업적 흥미 등의 선택에 영향을 미치게 된다. 어떤 환경이나 활동을 선택하거나 회피하는 데 있어서 성격유형이 적극적인 역할을 한 것으로 보인다.

Holland는 성격유형이 개인의 욕구와 관련된 것으로 가정한다. 그러므로 개인의 성격유형은 그들의 주된 욕구를 나타내는 것이다. 작업환경도 유사하게 설명될 수 있다. 개인은 그들의 태도나 가치와 일치하고 자신들의 기술과 능력을 발휘할 수 있는 작업환경을 탐색한다. 유사한 직업에 있는 사람들은 유사한 성격을 갖고 있을 것이다. 행동은 개인과 환경과의 상호작용에 의해 결정된다. 직무만족이나 안정성, 성취, 교육적 기회 등과 개인의 능력이나 영향에 대한 취약성 등에 의해 행동이 결정된다.

Holland 이론에서는 환경도 여섯 가지의 유형이 있으며, 환경과 유사한 성격 유형을 강화하고 보상해 준다고 한다(Holland, 1997). 실제적 환경은 기계나 도구를 포함하고 있는 구체적인 실제적 활동을 갖고 있다. 실제적 환경은 돈, 권력, 재화를 모으는 사람들을 보상해 준다. 반대로 탐구적 환경은 분석적·지적 활동이 있는 곳이고, 회의론, 지구력, 문제해결을 나타내는 사람을 보상해 준다. 예술적 환경은 창의성을 갖고 있고 구조가 없는 것이다. 예술적, 문학적, 음악적 성취에 대해 보상을 해 준다. 사회적 환경은 다른 사람과 일하는 것을 포함하고 있고, 사회성, 박애주의를 가진 사람을 보상해 준다. 기업가 환경은 리더십을 강조하며, 개인적·조직적 목표를 획득하는 것을 지향한다. 리더십과 자신감을 나타내는 사람을 보상해 준다. 관습적 환경은 예측할 수 있고, 특정한 기준을 통해 개인적·조직적 목표를 달성하는 것을 강조한다. 이 환경은 동조성, 의존성을 가진 사람을 보상해 준다.

Holland(1997)는 사람과 작업환경과의 상호작용과 관련하여 다음과 같은 네 가지 가정을 제안하였다.

- 사람들은 환경적 유형이 그들의 성격유형과 유사할 때 강화하거나 만족스러운 환경을 찾는다. 이러한 상황은 사람들이 그들의 행동에 대해 선택적인 강화를 받기 때문에 행동을 안정시킨다.
- 불일치한 상호작용은 인간행동에 변화를 야기한다. 반대로 일치한 상호작용은 행동을 안정적으로 유도한다. 사람들은 환경에서 지배적인 사람이 되려는 경향이 있다. 이러한 경향성이 크면 클수록 사람과 환경 사이의 일치성은 더 커진다. 가장 불일치한 사람이 가장 적게 변화할 것이다.
- 사람들은 새롭거나 일치한 환경을 찾거나 자신의 행동이나 지각을 변화시킴으로써 불일치성을 해결하려고 한다.
- 사람과 성공적인 직업 사이의 상호작용이 일련의 성공과 만족 사이클을 가져온다.

1) 유형의 조합

한 가지 유형에만 해당하는 작업환경은 없다. 대부분의 작업환경은 여러 유형이 포함되어 있다. Holland(1994)는 각각의 작업환경을 나타내기 위해 세 자리 코드를 사용하였다. 첫 번째 코드는 일차적 환경을 나타내며, 두 번째는 이차적 환경, 세 번째는 삼차적 환경을 나타낸다. 예컨대 회계 업무환경은 CIS로 표기하는데, 일차적으로는 관습형 환경이지만 탐구형과 사회형 환경이기도 하다는 것이다.

작업환경을 하나의 코드로만 나타낼 수 없듯이 개인의 성격유형도 하나로만 표기하기는 어렵다. 하나의 유형에만 들어맞는 사람이 드물다는 것이다. Holland는 성격유형도 작업환경과 유사하게 세 자리 코드로 나타내었다. 사람들은 살아가면서 다양한 환경에 노출되고 특정한 환경에 더 흥미를 가질 수 있다. 또한 어떤 환경에서는 다른 환경에서보다 더 성공적인 경험을 한다. 이러한 과정을 거치면서 특정한 유형이 더 강해지고 분명해진다.

Holland는 상담에서 성격유형을 사용하고 개념화하는 데 필요한 네 가지 구성개념을 제시하였다. 그것은 일치성, 변별성, 일관성, 정체성 등이다.

(1) 일치성

일치성(congruence)은 Holland 이론에서 가장 중요한 개념으로 성격과 환경 간의 관계를 나타내는 것이다. 이는 개인의 성격유형과 현재 혹은 미래의 직업환경 간의 적합도의 정도를 나타내는 것이다. 예컨대 사회적 유형의 사람이 상담가로 활동하는 것처럼 개인의 성격유형이 작업환경과 맞으면 일치성이 높은 것이다. 반대로 사회적 유형이 정비사로 활동하는 것처럼 개인이 자신의 성격유형에 맞지 않는 환경에 있으면 불일치성이 일어난다. 사람들은 자신의 성격유형에 맞는 환경에서 더 만족하고 수행도 잘한다.

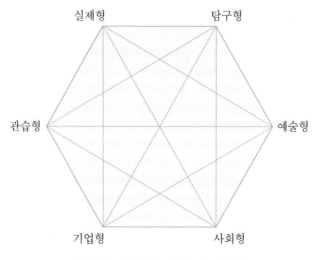

[그림 4-1] Holland의 육각형 모델

Holland는 성격유형들 간의 관계를 나타내기 위해 육각형의 모델을 사용하였다. 작업자의 성격유형이 그들의 작업환경과 직접적으로 대응할 때 일치성이 가장 높은 것이다(탐구적 유형이 탐구적 작업환경에 있을 때). 개인이 육각형에서 자신의 유형과 인접한 작업환경에 있으면 그다음으로 일치성이 있는 것이다(실제적 유형이 탐구적 작업환경에 있을 때). 가장 낮은 일치성은 개인이 육각형에서 자신의 성격유형과 대치되는 작업환경에 있을 때이다(사회적 유형이 실제적 환경에 있을 때). 진로상담의 주된 목적은 내담자가 자신과 일치하는 작업환경을 확인하도록 도와주는 것이다.

(2) 변별성

변별성(differentiation)은 성격이나 환경을 나타내는 세 가지 유형의 상대적 중요도를 나타내는 것이다. Holland는 사람과 그들의 작업환경을 기술하기 위해 사람 혹은 환경이 더 유사하게 닮은 세 가지 유형을 사용하였다. 그러나 어떤 유형은 다른 것보다 더 분명하게 정의되고 차별화된다. 예컨대, 어떤 사람은 더 우세한 한 가지 유형을 갖고 있으나, 다른 유형은 전혀 갖고 있지 않을 수 있다. 이는 변별성이 높은 사람이다. 다른 사람은 여러 가지 유형을 갖고 있으며 이들은 변별되지 않은 것이다. 가장 극단적으로 변별되지 않은 사람은 여섯 가지 유형에서 점수가 동일한 경우이다. Holland는 진로탐색검사(SDS)나 직업선호도검사(VIP)에서 가장 높은 유형의 점수에서 가장 낮은 유형의 점수를 빼서 변별성의 정도를 파악하였다. 높은 점수는 변별성이 있는 경우이고 낮은 점수는 변별성이 없는 경우이다. 변별성은 개인의 흥미가 얼마나 잘 구체화되었는지를 나타내는 것이다. 따라서 변별이 잘된 사람은 진로결정을 더 쉽게 할 수 있다. 변별되지 않은 사람은 진로결정을 하는 데 어려움이 있기 때문에 진로개입은 유형들 간의 변별을 이루도록 도와주는 데 초점을 두어야 한다(Reardon & Lenz, 1999).

(3) 일관성

일관성(consistency)은 유형들 간의 관련성의 정도를 나타내는 것이다. 어떤 유형은 다른 유형들보다 공통점을 더 많이 갖고 있을 수 있다. Holland의 성격유형은 Self-Directed Search(SDS)로 측정하여 우세한 유형을 세 가지 문자를 사용하여 제시해 준다. 일관성은 세 가지 문자 중 처음 두 개의 문자를 의미한다. 육각형에서 인접한 유형(예컨대, SA)들은 서로 반대에 위치한 유형들(예컨대, SR)보다 더 유사한 점이 많다. 성격유형들 간의 일관성이 높다는 것은 특질이나 흥미, 가치들이 더 유사하다는 것을 의미한다. 일관성이 있는 유형들을 가진 개인은 진로결정을 더 쉽게 할수 있다(Nauta, 2013). 반대로 일관성이 없는 유형들을 가진 개인은 자신의 성격에 맞는 직업을 찾기가 어려울 수 있다.

(4) 정체성

정체성(identity)은 개인이 목표와 흥미, 재능 등을 얼마나 명확하고 안정적으로 갖고 있는지를 나타내는 것이다. 작업환경의 경우 정체성은 작업환경의 안정성을 나타내는 것이다. 정체성이 있는 환경에서는 개인의 과업목표가 크게 변하지 않는다. 정체성은 Holland의 유형론과 직접적인 관련이 없으며 SDS나 VIP로 측정하지 않고 MVS(My Vocational Situation)로 측정한다. 직업상담 시 정체성을 파악하는 것은 매우 중요한 일이다. 내담자가 진로계획과 그에 따르는 여러 가지 제반사항을 명확하게 알고 있는지, 그러한 계획을 실행할 방법을 알고 있는지를 파악하는 것은 직업상담에서 중요한 것이다. 계획 없이 직업을 찾으려고 하면 정체성은 불명확해질 수 있다. 일치성이 높은 경우 정체성도 높아질 수 있다. 정체성은 성격과 환경들의 강점을 정의할 때 변별성이나 일관성과 관련된 것이다(Spokane & Cruza-Guet, 2005).

Holland(1997)의 이론은 세 가지의 전제를 한다. 첫째는 자기 선택(self selection)이다. 이는 개인이 적극적으로 환경을 탐색하고 자신의 성격유형에 적합한 환경을 선택한다는 것이다. 둘째는 사회화(socialization)이다. 환경은 개인의 능력과 흥미를 다르게 강화하고 보상한다. 개인의 성격유형이 환경과 일치하는지 혹은 일치하지 않는지에 상관없이 특정한 환경에 있는 개인은 그 환경이 제공하는 것을 얻게 된다. 예컨대 탐구적 환경에 있는 개인은 탐구적과 관련된 능력과 흥미에서 동일한 것을 얻는다. 따라서 환경의 구성원들이 그 환경에 속한 개인들에게 영향을 미친다. 셋째는 일치성(congruence)이다. 개인은 자신의 성격유형과 일치하는 환경에서 더 잘 적응할 것이다.

Holland의 이차적인 세 가지 전제는 일관성(consistency), 변별성(differentiation), 정체감(identity) 등이다. 일관성은 육각형 모형에서 유형을 나타내는 세 자리 코드

중 앞의 두 자리 간의 거리로 나타낸다. 변별성은 개인의 성격과 환경이 얼마나 분화되어 있는가를 나타내는 것으로 몇 가지 유형에서 유사한 정도를 나타내는 경우 변별성이 낮다고 할 수 있다. 정체성은 개인의 성격과 환경이 얼마나 안정적인지를 나타내 주는 것이다. 1980년에 Holland는 직업정체감을 측정하기 위한 도구를 개발하였다. 분명한 정체감을 가진 사람은 그의 성격 유형과 일치하는 직업을 더 잘 받아들이고 발견한다. 직업적 정체성은 변별성과 일관성 모두와 관련되어 있어 연령에 따라 점차 증가한다(Holland et al., 1980).

Holland의 유형론은 다양한 측정도구(스트롱 직업흥미검사, 진로탐색검사, 직업선호도검사)를 개발하는 데 영향을 미쳤고, 그의 유형론이 직업에도 적용되어 직업도 유사한 방식으로 분류되었다(Gottfredson, Holland, & Ogawa, 1982). Holland 이론의 강점은 다음과 같다. ① 이해하기 쉽다. ② 개념에 대한 정의가 분명하다. ③ 다양한 참가자를 대상으로 한 연구에서 입증되었다. ④ 실행하기가 용이하다. 그러나 Holland는 개인의 양식이 발달하는 원인이나 시기에 대해서는 강조하지 않았다(Zunker, 2006). 그의 이론이 발달문제나 변화 과정과 같은 인지적 구성개념이 부족하다는 것에 대해 비판을 받았다. 그래서 그는 유형론에 신념과 전략을 추가하여 보충하였다. 이러한 제한점에도 불구하고 Campbell과 Borgen은 Holland의 이론과 모델이 이론연구자들이나 현장전문가들에게 가장 유용한 기여를 하였다고 주장하였다.

Dawis와 Lofquist의 직업적응이론

직업적응이론(psychological theory of work adjustment)은 미네소타 대학교의 직업 적응 프로젝트에서 시작된 것으로 1964년에 처음 발표되었고, 1968년에 수정되고, 최근에 사람-환경 조화이론으로 개정되었다. 직업적응이론은 개인차를 강조한다는 점에서 Holland의 이론과 유사한 것이며, 사람-환경 조화모델(Betz, 2008; Swanson & Schneider, 2013)로 간주되는 것인데, 특성요인 모델에서 진화하였기 때문에 조화모형(matching model)으로 기술되는 것이다. 사람-환경 조화이론에서 조화(fit)는 대응(correspondence)이라는 의미를 갖고 있는 것이며, 직업성격과 작업환경의 상호작용으로 정의될 수 있다.

개인이 작업환경과의 대응을 성취하고 유지하는 연속적인 과정을 직업적응(work adjustment)이라고 한다. 그래서 직업적응은 직업성격과 작업환경에 따라 달라진다. 직업성격을 구성하는 중요한 요소가 직업적 욕구(vocational need)이며, 작업환경의 요소가 작업강화물(work reinforcer)이고, 직업적응의 한 측면이 만족(satisfaction)이다. 직업적응에서, 만족은 작업환경의 강화물 형태와 개인의 욕구 사이의 대응에 달려 있다고 가정한다. 그래서 이론은 욕구-강화물 간의 대응을 직무만족과 연결시키며, 욕구-강화물 대응이 증가하면 직무만족도 증가할 것이라고 한다. 반대로 대응이 감소하면 직무만족이 감소할 것이다. 이러한 가정을 조사하기 위해서는 개인의 욕구와 작업환경의 강화물 체계를 살펴보는 것이 필요하며, 이를 측정하기 위한 것이 MIQ(Minnesota Importance Questionnaire)이다.

개인과 환경이 모두 만족스러울 때 직업적응이 성취된 것이다(Swanson & Schneider, 2013). 개인이나 환경의 불만족은 체계 내의 균형을 깨뜨리고 변화하고자 한다. 불만족한 개인은 자신을 변화시키거나 환경을 변화시키려고 할 것이다. 개인이 불만족스러울 때 개인은 자신의 기술을 향상시키거나 환경이 그들의 고용을 제한할 수도 있다. 개인이나 환경을 만족시키는 것을 강화물(reinforcer)이라고 한다. 행동을 유지시키거나 향상시키는 역할을 하기 때문이다. 강화물의 예로는 성취, 승진, 동료작업자, 활동, 사회적 지위 등이다. 개인이나 환경은 그들의 욕구를 해소하기 위해 행동한다.

1) 작업양식

작업양식(work styles)은 원래 안정적이며, 종업원의 특질과 같은 속성이며, 아동기 때부터 성인기까지 실험과 강화, 정교화를 통해 발달하며, 노화과정으로 생리적인 변화가 일어나면 감소하는 것으로 인식된 것이었다(Dawis & Lofquist, 1984). 최근에 작업양식은 개인적인 인지, 사회적 정체감, 환경적 제약과 같은 요인들의 영향을 받아 변화할 수 있는 것으로 인식되고 있다(Hesketh, Griffin, Dawis, & Bayl-Smith, 2015).

작업양식은 민첩성(celerity), 속도(pace), 리듬(rhythm), 지속성(endurance)의 네 가지 특징으로 구분된다.

- 민첩성: 종업원이 작업행동을 얼마나 빨리 시작하는지를 나타내는 속도라고 볼 수 있다. 높은 수준의 민첩성을 가진 사람들은 임무를 더 빨리 시작하며, 작업 단서들에도 더 빨리 반응한다. 낮은 수준의 민첩성을 가진 사람은 과제수행이나 의사결정을 미루는 사람들이다. 민첩성을 시간압박이나 서두르는 것과 개념적으로 유사한 것으로 볼 수 있다. 그러나 시간압박과 달리 민첩성은 작업환경에서 반응의 잠복시간에 더 초점을 둔다. 서두르는 것은 무모함을 나타내는 것일 수도 있다. 미루는 것은 계획되지 않은 회피 행동이기 때문에 낮은 수준의 민첩성은 미루는 것과 유사할 수 있다. 그러나 낮은 민첩성은 미루는 것과 다르다. 단지 작업과제를 즉시 시작하지 않는 사람들이다.
- 속도: 작업과제에 쏟은 에너지의 수준을 말한다. 높은 수준의 속도는 바쁘게 움직이는 것, 작업활동에 계속해서 개입하는 것이다. 그러나 속도는 원하는 목표를 위해 열심히 일하는 노력이 아니다. 속도는 종업원의 활동 수준과 에너지 소비와 더 관련이 있는 것이다. 작업과제를 하기 위해 에너지를 소비한 사람이 열심히 작업하였다고 하면 민첩성이나 리듬, 지속성을 나타내는 것이기는 하지만 속도는 아니며, 속도는 노력 강도와 분명히 구분되어야 하는 것이다(De Cooman et al., 2009).

- 리듬: 작업에 투여한 노력의 특징적인 패턴이다. 규칙적이기도 하고 불규칙적이기도 한다. 규칙적인 리듬을 갖고 있는 사람은 동일한 수준의 노력이나 강도로 일하지만, 불규칙적인 리듬을 갖고 있는 사람은 작업노력에 일정한 형태가 나타나지 않는다. 개인 내에 있는 리듬보다는 환경 내에 있는 리듬이 더 주목받는다. 작업환경들은 각기 다른 리듬을 갖고 있다(Jansen & Kristof-Brown, 2005)
- 지속성: 습관적으로 작업과제 혹은 환경과의 상호작용에 투여한 시간의 양이다. 지속성은 성실한 것과는 구별할 필요가 있으며 투지(grit)와 유사한 것이다(Duckworth, Peterson, Matthews, & Kelly, 2007). 높은 지속성을 가진 사람은 오랫동안 노력을 유지하며, 장기간의 프로젝트도 완수한다. 반대로 낮은 지속성은 포기하거나 작업과제를 마무리하지 않는다.

민첩성, 속도, 리듬, 지속성의 수준은 사람이 그들의 작업환경과 상호작용하는 방식을 나타내 준다. 개인은 각기 다른 수준의 작업양식들을 나타낸다. 예컨대 낮은 민첩성과 높은 노력을 가진 사람은 출발을 가끔 미루지만 일단 일을 시작하면 높은 수준의 에너지를 발휘하는 사람이다.

Dawis와 Lofquist(1984)는 작업양식을 종업원의 행동에서 나타나는 기술과 능력으로 기술한다. 그래서 성격구조(personality structure)라고 명칭을 붙였다. 그러므로 개인은 기술과 능력과 같은 구조적 요소를 가지고 있으며, 작업양식과 적응행동과 같은 역동적 요소도 갖고 있다. 결과적으로, 개인이 환경과 구조적으로 좋은 조화를 이루고 있다 하여도(그들이 직업에서 요구하는 것을 대처할 만한 적절한 능력과 기술을 가지고 있는 것), 작업양식이 부적절하게 표현된다면, 실제 조화는 감소할 것이고 고용주의 요구는 충족되지 않을 것이다. 만약 조화가 구조적으로 잘 이루어지지 않은 경우라면, 종업원은 조직의 요구조건을 충족시켜 주기 위해 실제 조화를 유지하거나 증가시키는 작업양식을 나타낼 것이다. 그래서 작업양식은 조화를 유지하거나 적응하는 것과 직접적인 관계가 있다. 또한 조화와 만족 사이의 관계를 중재하는 역할도 하는 것이다(Dawis, 2005; Dawis & Lofquist, 1984).

개인과 환경이 조화를 이루려고 노력하는 직업적응 과정에서 개인의 적응양식(adjustment style)이 영향을 줄 수 있다. 적응양식은 개인이 환경과 조화를 이루기 위해 사용하는 행동들이며, 개인이 유사한 직업성격을 가지고 있다고 하더라도 적응양식에 따라 적응과정이 달라질 수 있다. 적응양식의 중요한 측면은 유연성 (flexibility), 적극성(activeness), 반응성(reactiveness), 인내(perseverance) 등 네 가지를 들 수 있다.

2) 직업적응이론

직업적응이론(Theory of Work Adjustment: TWA)은 개인과 직업환경의 상호적응 과정을 기술하고 있는 것이다. TWA에 따르면 개인은 작업환경에 대해 요구하는 바가 있고, 작업환경도 작업자에게 요구하는 것이 있다. 예컨대, 작업자는 돈이나 좋은 작업조건을 요구할 수 있고, 작업환경은 특정한 작업 기술을 요구한다. 개인과 환경의 요구가 상호적으로 만족스러운 상황일 때 대응(correspondence)이라고 한다(Dawis, 1996). 대응이 일어나면 개인이나 환경 모두 만족한다. TWA에서 만족 (satisfaction)은 환경에 대한 개인의 경험을 의미하는 것이다. 즉 만족은 개인의 욕구와 요구조건이 일을 통해 충족되는 정도를 의미한다. 개인에 대한 환경의 만족은 충족(satisfactoriness)으로 기술한다. 이는 개인이 자신에게 주어진 일을 수행한 것에 대한 다른 사람의 평가와 관련된 것이다(Fabian, 2009).

TWA에서 개인과 환경이 서로가 원하는 것을 충족시켜 줄 때 조화롭다고 할 수 있는데, 개인에게는 욕구가 있고 작업환경에는 개인의 욕구를 충족시켜 줄 강화물이 있다. Betz(2008)는 TWA가 중요하게 다루는 것은 개인적 변인인 욕구와 기술이며, 그에 대응하는 환경적 변인인 강화물과 기술요구라고 하였다. 사람-환경 대응은 TWA에서 가장 중심적인 개념으로 사람과 환경 사이의 적합도와 관련된 것이다. 사람들은 역동적인 환경에 존재하면서 연속적인 적응을 위해 환경과 만족스러운 관계를 맺고 싶어 한다.

직업적응이론은 개인과 작업환경 사이의 상호작용을 개념화하기 위한 모델을 제공한다(Dawis & Lofquist, 1976). 그래서 사람-환경 상호작용 모델로 간주되기도 한다(Dawis, 2005). 사람-환경 적합 모델은 개인과 그들의 작업환경 사이의 유사성에 초점을 두는 반면 사람-환경 상호작용 모델은 개인과 그들의 작업환경 사이의 상호작용에 초점을 둔다. Dawis(2005)는 직업적응이론이 두 가지 모델을 결합한 것으

로 설명하였다. 첫 번째 예언 모델은 자신들의 직업환경에 대한 개인의 만족감이 재
직기간을 어떻게 예측할 것인지에 초점을 둔 것이다. 두 번째 과정 모델은 개인과
작업환경 사이의 적합도가 어떻게 성취되고 유지되는지에 초점을 둔다.

직업적응과 관련된 중요한 개념은 만족(satisfaction)이다. 만족은 조화를 나타내는
것으로, 직업환경이 개인의 욕구를 얼마나 채워 주고 있는지에 대한 개인의 평가를
의미한다. 개인의 욕구에 대한 직업의 강화물이 적절히 주어질 때 만족이 높아진다
고 가정된다. 이에 반해서 조직의 만족을 나타내는 충족(satisfactoriness)은 직업에서
요구하는 과제와 이를 수행할 수 있는 개인의 능력과 관련된 것이다. 직업환경이 요
구하는 과업을 수행할 수 있는 기술(능력)을 개인이 가지고 있을 때 직업환경의 요
구가 충족된다고 볼 수 있다. 개인 욕구의 만족과 직업 요구의 충족은 개인이 직업
환경과의 조화를 얼마나 성공적으로 이루고 있는가를 나타내는 두 가지 지표로 볼
수 있다.

개인의 욕구를 측정하기 위해 적절한 도구는 MIQ이며, 작업환경의 강화물 체계
를 살펴보기 위한 도구는 MJDQ(Minnesota Job Description Questionnaire)이다. 이 두
검사는 20개의 강화물 차원에 대해 점수를 산출해 준다. MIQ의 점수는 강화물이
개인에게 얼마나 중요한지를 알려 준다. MJDQ의 점수는 이러한 강화물이 작업환
경을 얼마나 잘 기술해 주는 가를 나타내 준다. 20개의 강화물 척도에서 나온 점수
를 조합하여 만든 것이 직업강화물패턴(Occupational Reinforcer Patterns: ORP)이다.
MIQ와 ORP는 동일한 강화물 세트를 사용하기 때문에 서로 비교가 가능하다. 개인
의 측정치에서 환경에 대한 측정치를 뺀 차이값이 가장 많이 활용되는 측정치이다.
이는 욕구-강화물 대응을 나타내는 지표이다.

직업적응이론(Dawis, 2002)에서 제시하고 있는 가설들은 다음과 같다.

- 가설 1: 개인과 환경 간의 조화는 만족과 충족에 의해 평가된다.
- 가설 2: 개인의 가치와 환경의 강화물이 조화롭다면, 충족은 개인의 능력과 환경의
  요구의 조화에 의해 이루어진다.
- 가설 3: 개인의 능력-환경의 요구가 조화롭다면, 만족은 개인의 가치와 환경의 강
  화물과의 조화에 의해 이루어진다.

- 가설 4: 개인의 만족은 개인의 능력-환경의 요구 간의 조화와 충족 간의 관계를 중재한다.
- 가설 5: 환경의 충족은 환경의 강화물-개인의 가치 간의 조화와 만족의 관계를 중재한다.
- 가설 6: 개인이 환경에서 해고될 확률은 충족과 역상관을 가진다.
- 가설 7: 개인이 자발적으로 환경을 떠날 확률은 만족과 역상관을 가진다.
- 가설 8: 개인의 재직기간은 충족과 만족의 영향을 받는다.
- 가설 9: 개인-환경 간 조화는 개인이 종신직을 얻으면 증가한다.
- 가설 10: 개인-환경 간 조화의 정도는 양식들 간의 조화에 의해 중재된다.
- 가설 11: 환경의 유연성은 개인의 능력-환경의 요구 간의 조화와 충족의 관계를 중재한다.
- 가설 12: 개인의 유연성은 환경의 강화물-개인의 가치 간의 조화와 만족의 관계를 중재한다.
- 가설 13: 환경이 적응 방향으로 갈 가능성은 충족과 역상관을 가진다.
- 가설 14: 개인이 적응 방향으로 갈 가능성은 만족과 역상관을 가진다.
- 가설 15: 개인이 환경에서 해고될 가능성은 환경의 인내와 역상관을 가진다.
- 가설 16: 개인이 환경을 자발적으로 떠날 가능성은 개인의 인내와 역상관을 가진다.
- 가설 17: 개인의 재직기간은 만족, 충족, 개인과 환경의 인내 정도에 영향을 받는다.

직업적응이론을 적용하면 다양한 문화집단에 대한 작업경향이나 진로단계, 진로적응성 등을 이해하는 데 도움이 된다. Swanson과 Schneider(2013)는 TWA가 진행 중인 변화가 개인이나 작업환경, 그들 사이의 관계에 어떻게 영향을 미치는지를 이해하는 데 유용하다고 하였다. Brown(2003)은 직업적응이론이 진로선택과 발달에 관해 가장 정교화된 이론 중 하나라고 주장하였다. 그러나 최근에는 직업적응이론에서 가정하고 있는 작업양식에 대한 비판이 제기되고 있다. 작업양식은 변하지 않고 안정적인 것으로 가정하는데 현재 일의 세계는 급변하고 있다는 것이다. 작업환경이 하루가 다르게 변화하고 있고 이전과 전혀 다른 작업환경이 만들어지고 있다. 또한 개인은 나이가 들면서 삶의 양식이나 작업양식이 변할 수 있다.

5 Gottfredson의 제한-타협 이론

진로를 선택하는 것은 개인이 가능한 진로대안의 범위에 대해 학습함에 따라 아동기 때부터 시작하는 복잡한 발달적 과정이다(Gottfredson, 1981). 개인이 인지적으로 성숙함에 따라 교육과정을 거치게 되고, 다른 진로 기회에 대해서 학습하고, 그들 자신의 포부를 이해하고, 다른 진로 선택과 잠재적인 조합을 인식하게 된다. Gottfredson의 제한-타협 이론은 젊은이들이 일의 세계에서 가능한 직업선택을 어떻게 인지하고 다루는지에 관한 모델을 제시하였다.

Gottfredson(1981)은 일의 세계와 직업과 관련된 의사결정에 대한 지각은 그로 인한 결정을 충분히 인식하기 오래전부터 시작한다고 주장한다. Gottfredson은 직업에 대해 사람들이 갖고 있는 이미지를 조직적으로 체계화한 것을 직업의 인지도(cognitive map of occupation)라고 하였다. Gottfredson의 입장에서 보면, 진로선택은 사적·공적 자기개념을 직업세계에 관한 인지도에 있는 다양한 직업의 특징과 일치시키는 과정이다. 이러한 과정에 다양한 요인이 영향을 미친다. 직업에 고용된 사람들이 가지고 있는 성격에 대한 이미지, 그들이 일에서 하는 활동, 그들이 살아온 삶, 작업의 보상과 조건, 다양한 사람을 위한 다른 직업의 상대적 적절성에 대한 지각 등이다.

개인이 직업인지도를 개발함에 따라 그들은 제한(circumscription)의 과정에 개입한다. 제한과정은 개인의 자기개념과 갈등하고 있는 직업적 대안을 앞으로는 고려하지 않기 위해 제거하는 것이다. 제한의 과정에서 계속 보유하고 있는 직업들은 받아들일 수 있는 대안지대(zone of acceptable alternatives)라고 하는 곳에 둔다. 어떤 직업은 사회적 지위가 너무 낮아 받아들일 수가 없고, 다른 직업은 노력하더라도 성취하기 어렵거나 실패할 가능성이 높아 거부된다. 제한은 네 가지 단계[크기와 힘에 대한 지향성, 성역할에 대한 지향성, 사회적 가치(특권)에 대한 지향성, 내적인 독특한 자기(흥미)에 대한 지향성]에서 일어난다. 이 단계들은 인지능력에서의 발달적 변화와 관련이 있다. 이상적 포부와 현실적 포부를 분명하게 구분할 필요가 있다. 이상적 포부는 개인이 가장 좋아하는 진로이며, 현실적 포부는 이상적인 선택보다는 다소 바람직하지 않지만 받아들일 수 있는 선택이고 더 접근이 용이한 것으로 지각되는 것이다.

타협(compromise)은 개인이 더 현실적인 대안으로 지각된 것을 위해 이상적인 포부를 버리는 과정이다(Gottfredson, 1981). Gottfredson은 진로발달과정 초기에 개인이 자신들의 직업적·사회적 공간 내에서 직업적 정체감과 잘 조화를 이루는 선택을 확인하는 데 초점을 둔다고 가정하였다. 그러나 개인은 이상적인 포부에 대한 장애물을 지각하면서 타협하기 시작한다. 타협은 개인에게 고통스러운 것이 될 수 있다. 특히 개인이 더 현실적인 대안을 위해 이상적인 진로 포부를 버리도록 강요받는다고 느끼면 더 고통스럽다. Gottfredson의 이론은 발달적으로 처음 나타나는 차원은 개인의 자기개념의 핵심과 가장 가까운 것이 될 수 있다고 주장한다. 개인이 진로포부 차원에서 타협하려는 의지는 차원이 자기개념과 얼마나 가깝게 묶여 있는가에 달려 있다는 가설을 세우게 해 준다. 그러므로 성 유형과 지위 이후에 자기개념에 통합되는 흥미가 처음 타협될 것이다. 지위는 흥미 전에, 그러나 성 유형화 이후에 두 번째로 통합될 것이다. 마지막으로 성 유형이 자기개념에 처음 통합되었기 때문에 타협될 마지막 차원이 된다.

Gottfredson(1981)의 이론에 따르면, 직업적 포부는 개인의 자기개념을 반영한 것이다. 사람들은 자신의 이미지와 일치하는 직업을 추구하며, 다른 직업에 대한 지식을 반영한다. 자기개념은 성격이나 흥미, 사회에서의 지각된 위치 등 사람들이 자신에 대해 갖고 있는 모든 신념을 합친 것이다. Gottfredson은 자기개념을 결정하는 것으로 능력, 성역할 사회화, 개인가치, 흥미 등을 강조하였다. 이러한 요인들은 단계적으로 진로의사결정에 영향을 미친다. Gottfredson은 아동기 초기에 시작하여 청소년기 후기에 끝나는 직업발달의 네 가지 단계를 제안하였다. 단계들은 정신적 발달의 수준과 개인에 의해 통합된 자기지식의 수준을 반영한다. 각 단계는 많은 부적절한 대안을 제거하는 것과 관련이 있다.

첫 단계(크기와 힘 지향, 3~5세)는 주로 크기와 힘에 초점을 둔다. 이 단계 동안 아동은 성인 역할로 직업을 인지하기 시작한다. 그들은 가상적인 인물이나 동물에 대해 꿈꾸는 것 대신에 선호하는 실제적 직업을 확인하기 시작한다.

2단계(성역할 지향, 6~8세)에서 아동은 성역할에 대한 인식을 발달시키고 그들의 성에 적합한 것이 무엇인지 알아 간다. 그들은 남자와 여자가 다른 유형의 직업을 가지며, 그들 자신에게 맞는 여성이나 남성의 직업역할을 인식하기 시작한다. 아동은 이러한 역할 구분을 이분법적으로 하며 성역할에 어긋난 직업선택을 회피한다.

3단계(사회적 가치 지향: 9~13세)에서 특정한 진로의 사회적 가치와 지위에 대해 더 큰 관심을 보인다. 더 높은 지위를 가진 직업과 낮은 지위를 가진 직업을 인식하게 되면서 낮은 지위로 인식되는 직업들을 거부하기 시작한다. 특히 10대들은 교육과 직업 및 수입, 부모의 직업적 기대들 간의 관련성을 인식하게 된다. 또한 그들 자신의 능력도 인식한다. 이 시기에 사회계급과 능력에 대한 정보가 추가되어 자아개념이 형성된다. 이러한 관찰을 통해 10대들은 사회적 위계에서 그들의 자리를 확인하기 시작하고 받아들일 수 있는 지위로 진로선택의 폭을 좁힌다.

마지막 4단계(내적 자아 지향: 14세 이상)에서 청소년들은 동기나 가치, 능력 등 내적인 특징에 초점을 두기 시작한다. 청소년들은 그들의 정신능력 수준을 평가하고 그들의 직업적 포부를 달성하는 데 사회적 장애물이 되는 것과 기꺼이 맞붙을 생각을 한다. 이 단계에서 개인적 선호도와 접근 가능성에 비추어 받아들일 수 있는 대안들을 중점적으로 다루기 시작한다. 능력이나 결정의 수준에 따라 청소년들은 바람직한 그러나 비현실적인 선택들을 제거해 간다. 이 시기에 개인은 자신의 진로결정을 실행하려고 하며 훈련과 교육이 필요하다는 것을 인식하게 된다.

4단계를 지나 17세, 18세가 되면 청소년들은 그들이 삶에서 성취하기를 원하는 진로성취의 수준에 대해 생각을 한다. 직업적 선택을 하나씩 제거해 가는 과정은 젊은이들에게는 어려운 것이 아니다. 이러한 과정을 거치면 많은 직업이 제거되고 그들의 선택지는 별로 남지 않는다. 4단계가 끝날 무렵이나 제거의 과정을 지나면 청소년들은 사회적 공간(social space)이라는 것을 만들어 낸다. 사회적 공간은 자신의 자기개념과 일치하는 직업적 대안들이 있는 공간이다. 청소년들은 사회적 연속선에서 자신의 위치를 정의하고 그들의 전문적인 삶을 보낸다.

Gottfredson(1981, 1996, 2002, 2005)의 이론은 진로포부의 내용과 발달과정에 관한 것이다. 이 이론에서는 진로선택이 아동기에 시작하는 발달과정이라고 가정한다. 직업적 포부는 사람들의 자아개념을 실행하기 위한 노력을 반영한 것이며, 진로선택에 대한 만족은 그 선택이 자아개념과 얼마나 잘 어울리는가에 달려 있다. 이론은 발달적인 특징을 갖고 있지만 사람-환경 적합이론과 유사한 점도 있다.

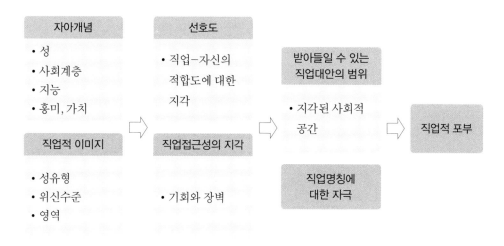

[그림 4-2] 직업적응이론의 구인들 간의 관계

Gottfredson은 직업적 선택은 매칭과정이며 사람은 자신의 이미지에 부합되는 직업을 찾는다고 가정한다. Gottfredson의 이론은 다른 이론과는 달리 진로발달에 있어서 사회계층과 성별의 영향력을 강조하였다(Juntenen & Even, 2012). 이는 진로발달에서 사회문화적 맥락을 강조하였다는 것을 의미한다. Gottfredson(2005)이 제시한 이론적 구인들의 관계는 [그림 4-2]에 나타난 바와 같다.

　Gottfredson의 가장 주된 기여는 제한과 타협의 과정을 기술한 것이다(Juntenen & Even, 2012). Gottfredson(2002, 2005)은 자기창조(self creation)의 개념을 포함시키기 위해 자신의 이론을 수정하였다. 그래서 제한과 타협이론은 네 가지 발달적 과정이 매칭과정에서 특히 중요하다고 주장한다. 그 네 가지 발달과정은 인지능력에서 나이와 관련하여 성장하는 것을 나타내는 인지적 성장(cognitive growth), 자신의 자기지향적 발달을 나타내는 자기창조(self-creation), 선호하지 않는 직업적 대안을 점차 제거하는 것을 나타내는 제한(circumscription), 직업적 선택에서 외적인 제한점들을 인지하고 조절하는 것을 나타내는 타협(compromise) 등이다.

1) 인지적 성장

　Gottfredson은 직업선택에서 인지발달의 중요성을 강조하였다. 사람들은 자신이 무엇을 좋아하고 자신에게 맞는 직업이 무엇인가를 찾기 위해 인지적 사고 능력이 필요하다. 먼저 자기에 대한 자아개념이 발달되고, 직업세계에 대한 인지도를 발달시킨다. 개인은 성장하면서 자신의 성격, 흥미, 기술 등을 살펴보고 자신이 어떤 사람인가에 대한 자아개념을 발달시킨다. 이러한 자아개념은 환경과 상호작용하면서 자신에게 맞는 직업을 찾아가게 된다. 자신과 직업을 매칭시키는 과정에서 개인의 인지적 능력, 즉 학습 및 추론 능력이 영향을 미치게 된다. Gottfredson(2005)는 개인의 학습 및 추론 능력은 출생 때부터 청소년기까지 나이에 따라 증가한다고 설명한다. 이는 Piaget(1977)의 인지발달과 유사한 것이다. 이러한 정신적 능력의 성장이 개인의 행동과 삶에 영향을 미친다.

인지발달은 유전적 요인의 영향을 받으며, 개인차가 있어 인지발달의 단계를 거치는 나이가 개인마다 다르다. 따라서 학습능력도 개인에 따라 차이가 난다. 아동들의 경우 성장과정에서 직업세계에 대해 배우면서 직업인지도(cognitive map of organization)를 발달시킨다. 직업인지도는 직업의 특성이나 사람들이 직업에 대해 갖고 있는 인식 등과 같은 것이다. 같은 지역에 살고 있는 아동들의 직업인지도는 거의 유사하다. 이러한 인지도를 통해 아동들이 직업세계를 이해하도록 만든다.

정신적 능력의 두 가지 주된 산물은 직업과 자아개념에 대해 인지도를 발달시킨 것이며, 이것이 직업세계를 이해하도록 만든다. Gottfredson은 아동들이 직업에 대해 동일한 인지도를 갖고 있으며, 개인적인 자아개념을 발달시킬 것이라고 주장한다. 아동들은 사회에서 자신들의 사회적 이미지를 발달시키기 시작한다.

2) 자기창조

Gottfredson은 개인의 유전적 혹은 생물학적 요인이 진로선택에 어떻게 영향을 미치는지를 설명하려고 하였다. 그녀는 개인이 세상에 대한 단순하고 불완전한 인지도를 가진 채 세상으로 들어간다고 설명한다. 개인의 진로선택에서 환경적 요인을 중요성을 강조한 이론가들도 있지만, Gottfredson은 개인의 성이나 인종, 사회경제적 지위 등과 같은 요인들이 진로선택에 영향을 미친다는 것이다. Gottfredson은 유전적 요인과 환경적 요인의 상호작용에 초점을 두었지만, 개인이 끊임없이 변화하는 생물학적 자기와 환경 간의 관계에서 능동적인 존재라고 보았다. 그녀는 개인이 자기지향적이고 경험을 통해 개인의 개성이 발달한다는 것을 강조한다. 개인은 스스로 자신의 모습을 만들고 찾아간다는 점에서 출생 때부터 자기창조적인 특성이 있다.

　사람들은 성장하면서 자신의 환경을 선택하고 관리하는 데 능동적인 역할을 한다. 외향적으로 태어난 아동들은 다양한 환경을 경험하면서 자신이 외향적이라는 것을 표현하는 상황을 좋아하게 되고 그러한 상황을 찾으려고 한다. 그래서 유전적 기질이 더 안정적으로 특질화될 가능성이 높다. Gottfredson은 개인마다 자신이 무엇을 해야 하고 무엇을 좋아하는지를 알려 주는 내면의 안내자를 갖고 있는데, 이를 유전적 나침반(genetic compass)이라고 하였다. 개인이 성장하면서 어떤 특정한 선택을 하도록 유도하는 것이 유전적 나침반이고, 개인은 유전적 나침반에 따라 자신의 행동을 선택할 것이다. 스포츠를 좋아하는 나침반을 가진 사람은 스포츠 활동을 선택할 것이고, 예술적인 나침반을 가진 사람은 그림 그리기를 선택할 것이다. 이러한 나침반이 사람들이 무엇이 될 것인가를 결정하지는 않는다. 사람들마다 처한 환경의 영향을 받는다. 개인이 가진 나침반이 이끄는 대로 행동하고 싶지만 그러한 환경이 제공되지 않을 수도 있다. Gottfredson은 환경의 영향 중에서 다른 사람들과 공유되지 않은 사건의 영향을 강조하였다. 사람들마다 독특한 사건이나 상황을 경험할 것이고, 그러한 사건 혹은 상황이 개인의 진로선택과 같은 행동에 미치는 영향이 크다는 것이다.

　Gottfredson(1996)는 사람들은 자기지식을 갖고 축적하면서 그들의 삶을 스스로 이끌어 가려고 하고, 다른 사람의 통제를 덜 받게 된다고 주장한다. 그러므로 개인이 어떤 길은 선택하고 다른 길은 선택하지 않는 과정으로서 제한과 타협은 자기정의나 자기창조의 과정으로 간주될 수도 있다.

3) 제한

　사람들은 자신이 누구인가에 대한 자아개념이 형성되면 그에 맞는 활동들을 선택하는 경향이 있으며, 직업의 선택도 영향을 받는다. 자기에 대한 이해에는 다양한 사람과의 관계 속에 반영된 사회적 자기가 있다(James, 1890). 사회적 자기는 사회의 구성원으로 성장하고, 자기목표를 결정하며, 학업성취도를 높이고, 사회적 적응력을 향상시키는 데 중요한 역할을 한다(Smith & Betz, 2000). 자신의 사회적 자기를 고려해서 자신과 양립 가능하지 않은, 즉 자신에게 어울리지 않을 것 같은 직업들을 배제하기 시작한다. 제한은 개인이 가능한 진로 중에서 받아들일 수 없는 직업을 제거하는 과정이다(Juntenen & Even, 2012).

　제한의 과정은 다섯 가지의 원리가 있다. 첫째, 개인은 나이가 들면서 구체적인 사고수준에서 추상적인 사고수준으로 옮겨 가며, 개인마다 차이가 있다. 둘째, 자아개념과 직업적 선호도의 발달은 밀접하게 관련되어 있다. 셋째, 개인이 발달하면서 정보는 복잡성에 따라 흡수된다. 덜 복잡한 정보는 젊은 나이에 흡수되며 개인이 성장함에 따라 더 추상적인 정보가 흡수된다. 가끔 정보가 흡수되는 동안에 개인은 더 복잡한 정보가 있다는 것을 인식하게 된다. 넷째, 청소년들이 성이나 사회계급과 같은 더 추상적인 정보를 통합하면서 자아개념은 더 분명하게 묘사된다. 그래서 자아개념이 발달하면 어떤 직업들을 자신의 생각에서 지워 버리고 선택의 폭이 좁아지게 된다. 다섯째, 자아개념의 발달은 느리게 점진적으로 이루어지기 때문에 개인은 외적인 자원들에 의해 인식받을 때까지 스스로 인식하지는 못한다. 개인은 직업적 선호도를 표현할 수는 있으나 그들이 이러한 선호도를 왜 가지게 되었는지를 말로 설명할 수는 없다.

4) 타협

타협(compromise)은 제한의 반대이다. 받아들일 수 없는 대안들을 제거하는 제한과 달리 타협은 외적인 현실과 접근 가능성에 기초하여 선호하는 대안들을 선택하는 과정이다. 이는 특정한 직업을 가질 가능성에 영향을 미치는 사회적·경제적 환경에서의 장애물 혹은 기회를 말한다. 예컨대 사회경제적 환경이나 가족의 압박, 노동시장, 인종 및 성적 차별, 사전 훈련의 접근 가능성 등이 개인의 직업적 기회에 영향을 미칠 수 있다. 본질적으로 타협은 개인이 더 접근 가능한 것으로 지각되는 대안을 위해 자신이 가장 선호하는 대안을 포기하는 과정이다(Gottfredson, 2002). 타협은 예견된 외적인 장애물이나 이미 접한 장애물 때문에 일어날 수 있다. 작은 (minor) 타협은 받아들일 수 있는 대안들 중에서 선택하는 것과 관련된 것인 반면, 큰(major) 타협은 받아들일 수 없는 직업을 선택하는 것을 포함한다. Betz(2008)는 타협이 바람직성과 접근 가능성 사이의 균형을 추구하는 것으로 설명한다. 개인은 그들이 접근 가능하지 않지만 선호하는 대안으로부터 접근은 가능하지만 선호하지 않는 대안으로 움직인다.

　　Gottfredson(1996)은 타협의 네 가지 원리를 제안하였다. 첫 번째 원리는 조건적인 우선권의 발달과 관련된 것으로, 성 유형, 지위, 흥미의 상대적 중요성을 강조한다. 타협과정에서 개인은 먼저 흥미를 고려하고 그다음 사회적 지위를 고려한 다음 마지막으로 성 유형을 고려하여 대안을 포기한다(Juntenen & Even, 2012). 두 번째 원리는 가장 최선의 선택은 아니지만 좋으면서 충분한 선택을 하는 개인의 능력과 관련된 것이다. 최선의 선택을 하기 위해서는 그들의 가치를 조사해야 하고, 그들의 접근 가능성을 알아보기 위해서는 다양한 직업에 대한 정보를 수집해야 한다. 이러한 과정이 힘들고 하기가 쉽지 않은 것이다. 그래서 개인은 이상적인 것보다 아래의 것을 추구한다. 세 번째 원리에 따르면, 개인은 그들이 만족하지 않는 직업적 대안에 대해 선택하기를 주저할 것이라고 한다. 대신에, 그들은 의사결정을 미루고 더 접근 가능하고 받아들일 수 있는 대안들을 찾는다. 네 번째 원리는 주된 타협을 조정하는 과정이다. 개인은 지위보다 흥미의 타협을 더 쉽게 조정할 것이다. 사람들은 성 유형보다는 지위의 타협을 심리적으로 더 잘 조정할 수 있다. 성 유형은 자신의 성 정체감을 위협할 것이기 때문이다.

　　Gottfredson이 1981년에 처음으로 제시한 이론에 따르면, 개인이 직업을 타협할 때, 개인은 지위를 희생하기 전에 그들의 흥미를 희생시키고, 직업의 성 유형을 희생시키기 전에 지위를 희생시킬 것이라고 가정하였다. 개인이 타협할 때 흥미, 지위, 성 유형의 순으로 희생시킨다는 것이다. Gottfredson은 개인의 성이 자기개념에서 가장 방어적인 것이기 때문에 진로결정을 할 때 가장 포기하기 어려운 것이라고 하였다. 자기개념에서 두 번째로 희생되는 것은 사회적 지위인데 직업을 선택할 때 유동적이기 위해서 흥미를 가장 먼저 희생시킨다. 이러한 네 가지 원리들은 성인의 삶을 시작하는 개인에게만 적용되는 것이며 자신이 원하는 바대로 하려는 성인에게는 적용되지 않는다. Tsaousides와 Jome(2008)은 타협이 불만족을 가져올 수도 있고 개인을 실망시킬 수 있다고 하였다. Johnson과 Crews(2011)는 타협이 청소년의 직업적 포부를 위해서는 적절한 모델이 될 수 있으며, 학교에서의 상담에는 적절한 것이라고 하였다. 타협의 정서적 효과에 대해서는 더 많은 연구가 이루어져야 한다.

　　1980년대에 Taylor와 Pryor(1985, 1987, 1989) 등은 타협이론의 타당성을 살펴보

기 위한 연구를 하였다. 그들 연구에 따르면 진로의사결정에서 성 유형, 지위, 흥미가 중요한 것은 입증되었지만, 타협의 순서는 Gottfredson이 주장한 것과는 달랐다. 어떤 연구에서는 지위가 진로를 선택하는 데 가장 중요한 변인이었고, 다른 연구에서는 흥미가 가장 중요한 변인이라는 결과도 있었다. 세 가지 변인이 서로 관련되어 있는 것이고, 독립적인 구성요인으로 연구하기는 쉽지 않은 것이다. 이후에 타협의 과정에서 가장 우선적인 것의 순위를 밝혀 보려는 연구들(Holt, 1989; Hesketh et al., 1990; Leung, 1993)이 이루어지고 있지만 결론을 내리기는 쉽지 않다.

Gottfredson(2005)은 타협과정에서 청소년들이 어려움을 겪는 이유로 세 가지를 들고 있다. 첫째, 직업정보의 부족으로 자신이 선호하지 않는 직업정보를 얻을 수 있는 방법이 쉽지 않다. 둘째, 직업정보에 대한 낮은 접근 가능성으로 직업정보를 얻기가 쉽지 않다. 현장체험의 기회가 적다. 셋째, 자신의 진로선택을 적당한 선에서 마무리하려 한다.

Krumboltz의 사회학습이론

직업상담에 대한 사회학습이론은 직업상담과정에서 학습의 측면을 강조한 입장으로, 1975년에 Krumboltz, Mitchell, Gelatt(1975)가 제안하였다. 그의 이론은 Bandura(1977)의 사회학습이론을 진로영역에 처음 적용한 것이었는데, 1979년에 Mitchell, Jones, Krumboltz에 의해 수정되어 출판되었고, 이후 Mitchell과 Krumboltz(1990, 1996) 등에 의해 발전시켜 오고 있다. 이 이론은 진로의사결정의 과정과 내용을 모두 강조한 이론이다.

Krumboltz의 사회학습이론(Learning Theory of Career Counseling: LTCC)에 따르면, 직업상담자의 과제는 새로운 학습을 촉진시키는 것이다. LTCC는 행동의 사회학습이론에서 온 것으로, 개인이 활동적이고, 지적이며, 자신들의 목적과 욕구를 추구하기 위해 그들의 환경과 상호작용하는 문제해결자라는 생각을 한다. 유전적인 소질, 환경적 조건들, 계획/계획되지 않은 사건들, 학습경험과 그 결과 등과 같은 많은 변인이 각 개인의 특정한 진로를 만들기 위해 상호작용한다. 기술이나 흥미, 신념, 가치, 작업습관, 그리고 개인적 자질들은 학습경험의 결과로 변할 수밖에 없는 것이다. 다양한 측정도구를 통해 밝혀진 이러한 개인적 특성들은 새로운 학습을 위한 시발점이 될 수 있다. 개인적 자질은 고정된 작업환경과 조화를 이루어야만 하는 정적인 특질이 아니다. 그래서 직업상담자는 코치, 교육자, 멘토로 보일 수 있어야 한다.

학습활동을 하는 이유는 그들 자신이 만족스러운 삶을 만들기 위해 사람들의 능력을 향상시키기 위한 것이다. 삶을 만족시키는 요인은 개인에 따라 매우 다양할 수 있다. 조화로운 가족관계를 갖는 것일 수가 있고, 취미를 갖게 하는 것이나 종교적 활동을 하는 것일 수 있으며, 환경보호를 하는 것일 수도 있다. 직업상담에서 중요한 것은 사람들이 자신들의 삶을 만족시키는 것이라고 생각하는 요인들을 확인하게 해 주는 것이다. 또한 이러한 것들이 지속적으로 변할 수밖에 없다는 생각을 심어 주기 위한 것이다. 상담자가 성공 가능성을 증가시켜 줄 수 있는 자질들을 내담

자가 학습하도록 도와준다 하더라도 만족스러운 삶을 성취할 수 있을지 장담하기
는 어렵다.

LTCC는 Bandura(1977, 1986)의 사회학습이론을 진로결정과정에 적용한 것이
다. Bandura의 이론은 인간행동에 관한 강화이론과 인지적 정보처리과정, 고전적
행동주의 영향을 강조하였다. 사회학습이론은 사람들의 성격이나 행동패턴은 그
들의 독특한 학습경험에 기초하여 가장 잘 설명될 수 있다고 가정한다. 또한 사회
학습이론은 인간은 지적이며 그들을 둘러싸고 있는 강화를 늘 이해하려고 노력하
며, 자신의 목표와 욕구를 충족시키기 위해 환경을 통제하려고 한다고 가정한다.
Bandura(1986)는 환경과 자기참조적 사고, 행동 등의 상호작용을 삼원 호혜적 상호
작용체계(triadic reciprocal interaction system)라고 기술하였다.

Krumboltz와 그의 동료들이 제안한 진로상담의 사회학습이론은 크게 두 가지 부
분으로 구분할 수 있다. 첫 번째는 진로선택의 근원이 무엇인가를 설명하는 것으
로 진로의사결정과정의 사회학습이론(The Social Learning Theory of Career Decision-
Making: SLTCDM)이라고 한다(Mitchell & Krumboltz, 1996). 두 번째는 진로상담에 관
한 것으로 직업상담의 학습이론(Learning Theory of Career Counseling: LTCC)이라고
한다(Krumboltz & Henderson, 2002). SLTCDM은 사람들이 하는 진로결정에 영향을
미치는 요인들을 확인하는 것이고, LTCC는 직업상담자들이 내담자가 효율적인 진
로결정을 하도록 돕는 것을 설명하는 것이다. Mitchell과 Krumboltz는 전체 이론을
LTCC라고 하기도 한다.

1) 의사결정과정의 사회학습이론

진로의사결정과정의 사회학습이론(SLTCDM)은 사람들이 다양한 직업에 어떻게 고용
되는가를 설명하는 데 목적이 있었다. 사람-직업 일치성의 과정을 설명하려고 하
였다는 점에서 특성요인이론을 확장한 것으로 볼 수 있다. Holland(1992)는 유형론
의 내용을 입증하는 데 있어서 학습이론이 중요하다고 언급하였다. LTCC는 학습원
리에 기초한 것이며, 개인이 자신에 대해 학습하고, 그들의 선호도와 작업세계를 직
접 혹은 간접 경험을 통해 학습한다고 주장한다. 사람들은 이렇게 얻은 지식이나 기
술을 통해 학습한 것에 기초하여 행동을 한다.

개인의 진로의사결정과정에 영향을 미치는 네 가지 요인이 있다. 그것은 유전적 자질과 특별한 능력, 환경적 조건과 사건, 학습경험, 과제접근 기술 등이다(Mitchell & Krumboltz, 1990).

(1) 유전적 자질과 특별한 능력

유전적 자질은 성이나 인종, 신체적 외모와 같이 유전적으로 부여받는 특성들이다. 지능이나 운동능력, 음악적 · 예술적 재능 등과 같은 특별한 능력은 유전적 요인과 선택된 환경적 사건에 대한 노출과의 상호작용의 결과이다. 유전적 자질과 특별한 능력은 성이나 인종, 외모, 능력과 장애 등을 포함한다. Krumboltz는 음악적 능력과 같은 자질들은 환경적 사건에 대한 노출이 우호적일 때만 발달할 수 있다는 것을 분명히 언급하였다. 예컨대, 음악적 능력을 가진 어린 소녀가 수입이 적은 가정에서 자란다면 도구를 구입하거나 레슨을 받을 기회가 적기 때문에 그녀의 능력을 개발할 수 없을 것이다.

(2) 환경적 조건들

이는 일반적으로 우리의 통제 밖에 있는 것이며, 다양한 문화적, 사회적, 정치적, 경제적 요인들을 모두 포함한다. 예컨대 정부가 지원하는 직무훈련 프로그램이 있다면, 이는 새로운 기술을 학습하고 고용될 가능성을 증가시키는 기회를 제공할 것이다. 기술적인 발전은 새로운 직무기회를 만들어 낼 것이고, 다른 사람보다 앞서게 만들 것이다. 복지나 노동법, 노동정책과 같은 입법조치들은 직업을 얻을 가능성에 영향을 미칠 것이고, 취업을 촉진시키거나 억제할 수도 있다. 국가적 재난이 진로기회나 진로방향에 영향을 미칠 수도 있다. 이웃이나 동창들 같은 인적 자원들이 개인의 진로의사결정에 영향을 미칠 수도 있다. 취업 시 요구하는 것들로 인해 특정한 직업을 갖게 될 수도 있고 그러한 직업을 갖는 것에 대해 제한을 받을 수도 있다. 자신이 위치한 지리적 위치도 진로선택을 하는 데 중요한 역할을 한다.

Krumboltz(1979)는 계획된 것이든 계획되지 않은 것이든 인간의 행동에 영향을 미치는 12가지의 조건이나 사건들을 제시하였다. 이러한 요인들은 대개 개인의 통제 밖에 있는 것들이다.

- 직업기회의 수
- 사회정책과 사원선발 절차
- 노동법률과 노동법칙
- 자연환경의 가용성과 요구
- 사회조직의 변화
- 교육체제
- 훈련 기회의 수
- 다양한 직업의 금전적·사회적 보상
- 자연재해
- 기술의 발전
- 가족 훈련경험과 사회경제적 자원
- 지역사회의 영향

(3) 학습경험

모든 사람은 진로를 결정하는 독특한 학습경험을 갖고 있다. 이러한 학습경험은 두 가지 유형인데, 도구적 경험(instrumental experiences)과 연합적 경험(associative experiences)이다. 도구적 학습경험은 개인이 긍정적인 반응을 만들기 위해 환경에서 행하는 직접적인 경험을 말한다. 도구적 학습은 선행사건과 행동, 결과로 구성되어 있다. 선행사건은 유전적 재능이나 특별한 능력, 환경적 조건이나 사건 등이 포함된다. 행동은 인지적·정서적 반응을 포함하며 겉으로 드러난 행동도 포함된다. 결과는 행동에 의해 유발된 즉각적인 혹은 지연된 효과를 의미한다. 예컨대, 영희는 상담 분야의 석사학위 과정에 다니고 있다. 상담과 관련된 과목은 흥미가 있고 재미있었으나 연구설계 과목은 자신이 없었다. 그러나 연구설계는 전공필수라 반드시 이수해야만 하는 과목이었다. 영희는 연구설계 과목을 신청하였고 열심히 공부하여 중간고사 시험을 치렀다. 시험 결과, 영희는 B 학점에 해당하는 점수를 받았다. 이는 영희가 예상한 것보다 더 높은 성적이었다. 영희는 연구설계 과목에 흥미를 느끼기 시작하였고, 다른 사람들에게 연구설계 과목의 필요성과 중요성에 대해 말하기 시작하였다.

연합적 학습은 중립적인 자극이 긍정적이거나 부정적인 자극과 연합될 때 일어나는 것이다. 예컨대 철수는 자신이 무엇을 해야 할지 진로를 결정하지 못하고 있었다. 어느 날 철수는 직업박람회에 가서 영오라는 사람을 만났는데 그는 방송국의 프로듀서로 일하고 있는 사람이었다. 철수는 프로듀서가 되는 것에 대해서 이전에 어떠한 생각도 갖고 있지 않았으나 영오와 함께 어울려 방송국 견학 등 다양한 경험을 하면서 프로듀서가 되고 싶어 하였다.

Mitchell과 Krumboltz(1996)는 대리경험이나 간접경험도 학습경험의 일부분이라고 주장한다. 대리학습이란 타인의 행동을 직접 관찰하거나, 영화, 텔레비전, 책 등을 통해 간접적으로 학습하는 것을 말한다.

(4) 과제접근 기술

이는 앞서 언급한 세 가지 요인의 상호작용 결과로 생기는 것이다. 즉, 유전적 자질이나 환경적 조건 및 학습경험의 결과로 갖추게 되는 기술이다. 예컨대, 철수는 프로듀서가 자신에게 좋은 진로선택인지를 결정하기 위해 많은 기술이 필요할 것이다. 그는 자신의 흥미나 가치, 기술들을 분명하게 인식할 필요가 있으며, 자신의 유전적 자질이나 특별한 능력, 주변의 경제적 지원 등을 파악해야만 한다. 이러한 행동들이 과제접근 기술이다. 과제접근 기술에는 개인의 작업습관, 지각적이고 인지적 과정, 정신상태, 정서적 반응, 문제해결 기술 등이 포함되어 있다. 철수가 프로듀서가 되기로 결정하였다면 자신의 목표를 성취하기 위해서 다양한 관련 기술들을 개발할 필요가 있을 것이다. 그래서 과제접근 기술은 결과에 영향을 미칠 수 있는 것이다.

앞에서 언급한 네 가지 요인은 개인이 자신에 대해 갖는 신념에 영향을 미친다. 나 자신이 좋아하는 것은 무엇이고, 나의 흥미가 무엇이며, 스스로 가치 있다고 생각하는 것이 무엇인지, 세상이 어떤 것인지 등에 영향을 미친다. 이러한 네 가지 요인이 사람마다 다르게 작용하겠지만, 일반적으로 이 요인들이 진로의사결정에 영향을 미칠 수 있는 네 가지 방법은 다음과 같다.

• 자기-관찰 일반화(self-observation generalization): 이는 자기에 대한 신념으로 개인이 자신이 처한 현실을 기술하기 위해 사용된다. 개인이 시간의 흐름에 따라 피드백의 결과로서 그들 자신에 대해 만든 일반화가 있다. 학습경험은 개인이 자신에 대해 결론을 갖게 만든다. 개인은 자신의 수행을 다른 사람의 수행이나 자신이 기대한 수행과 비교한다. 개인은 자신의 수행능력에 대한 결론을 내리기 위해 이러

한 비교를 사용한다. 개인의 흥미나 가치에 대한 결론도 학습경험으로부터 온다. 학습경험을 통해 얻은 흥미가 특정한 행동을 하게 만든다. 가치에 대한 자기관찰은 특정한 결과의 바람직성에 대한 언급으로 나타난다. 자신의 직업이 가족과 충분한 시간을 제공하기 때문에 중요하다고 말하는 것은 가치와 관련된 자기관찰 일반화이다.

- 세계관 일반화(worldview generalization): 사람들은 환경과 변화 추세를 관찰하고 세상일이 어떻게 돌아가는지, 그들이 미래에 어떻게 될 것인지에 대해 결론을 내린다. 그러한 결론이 세계관 일반화이다. 이러한 관찰이 정확할 수도 있고 정확하지 않을 수도 있지만 자신의 학습경험으로부터 얻은 것이다.

- 과제접근 기술(task approach skill): Mitchell과 Krumboltz(1996)는 과제접근 기술을 환경에 대처하기 위한 인지적 수행능력과 정서적 기질이며, 자기관찰 일반화에 기초하여 환경을 해석하고, 미래 사건에 대해 예측을 하도록 하는 것이라고 정의하였다. 사람들은 자신과 작업세계에 대한 그들의 일반화를 검토해 보고 진로의사결정과 관련하여 행동하기 위한 특정한 기술을 갖춘다. 과제접근 기술은 진로의사결정에 영향을 미치는 것으로 학습경험의 결과이며 개인의 진로발달을 형성하게 만드는 것이다. 진로발달에 중요한 과제접근 기술은 의사결정이나 직업을 변화시키는 것, 목표를 설정하고 정보를 수집하는 것 등에 포함된 것들이다.

- 행위(action): 학습경험은 결국 개인이 행동을 취하도록 만든다. 이러한 행위는 적절한 훈련 프로그램에 등록하고, 직업을 찾기 위해 적극적으로 지원하는 것과 같은 활동들을 포함하고 있다.

사회학습이론은 진로선택에 있어서 어떤 한 가지 요인의 영향보다는 다양한 요인의 영향을 중요하게 다루었다. 사회학습에 있어서 맥락의 중요성을 인지하였고, 다양한 경험을 하는 것이 중요하다는 것을 강조하였다. 또한 다양한 요인의 상호작용이 진로선택에 영향을 미친다는 것을 강조하였다. 과제접근 기술은 개인과 환경과의 상호작용의 결과로 얻어지는 것이다. Krumboltz 등(1994)은 많은 가설을 제시하였는데, SLTCDM에 비추어 보면, ① 사람들이 어떤 직업과 관련된 과제와 유사한 것에서 성공한 적이 있었다면, ② 사람들이 어떤 직업의 구성원이 수행한 과제와 유사한 것에서 보상을 받는 의미 있는 모델을 관찰하였다면, ③ 사람들이 직접적이든 간접적이든 직업과 관련된 긍정적인 경험을 한 적이 있다면, 사람들은 이와 같은 직업을 좋아할 것이라는 것이다.

2) 직업상담의 학습이론

SLTCDM은 진로의사결정에 영향을 미치는 요인들이 무엇인지를 제시해 주며, 그러한 요인들이 미친 영향의 결과가 무엇인지를 알려 준다. 이는 진로방향을 이해하는 데 유용한 것이다. 만약 자신이 목표로 하고 있는 것이 없거나 진로를 결정하지 않았다면, 비현실적으로 높은 포부를 갖고 있다면, 적절한 대안들 사이에서 갈등하고 있다면, LTCC가 상담자가 내담자를 도와주기 위해 필요한 것이 될 것이다. LTCC는 내담자에게 진로의사결정 기술을 가르치는 것을 강조한다. 진로결정을 어떻게 하는지를 학습하게 되면 내담자는 현재의 진로문제를 해결할 수 있을 것이고 작업과제에 대처하기 위해 필요한 과제접근 기술을 갖도록 도와줄 것이다. LTCC를 사용하게 되면 상담자는 내담자에게 다음과 같은 혜택을 준다.

- 더 적절한 자기관찰 일반화를 얻게 해 준다.
- 더 적절한 세계관 일반화를 갖게 해 준다.
- 새로운 과제접근 기술을 학습하게 해 준다.
- 적절한 진로 관련 행위들을 하게 해 준다.

LTCC는 상담자가 진로와 관련된 네 가지 경향성(자기-관찰 일반화, 세계관 일반화, 과제접근 기술, 행위)에 대처할 수 있도록 내담자를 도와주기 위해서 준비해야만 한다고 가정한다.

- 사람들은 현재의 특성들에 기반하여 결정을 내리지 말고 자신들의 능력이나 흥미를 확장할 필요가 있다. 흥미검사는 우리가 무엇인지, 우리가 경험한 것이 무엇인지를 측정한다. 내담자의 진로선택 대안을 최대화하기 위해서 상담자는 내담자가 새로운 활동을 탐색하고, 새로운 흥미를 개발하고, 새롭게 형성된 흥미와 능력에 기초한 새로운 대안을 생각하도록 격려해야만 한다.
- 사람들은 직업이 안정적으로 변하지 않을 것이라고 가정하지 말고 작업과제가 변하는 것에 대해 준비해야만 한다. 변화는 늘 일어나는 것이기 때문에 상담자는 내담자가 학습한 새로운 기술을 확인하고 변화하는 작업속성으로 인해 야기되는 스트레스에 대처하도록 전략을 개발하는 것을 도와야 한다.
- 사람들은 자신이 행동을 취할 수 있다는 자신감을 가질 필요가 있다. 어떤 내담자에게는 진로선택을 실행하는 것이 진로선택을 하는 것보다 더 어려울 것이다. 대부분의 내담자들은 진로상담자들로부터 지속적인 지지를 받기를 원한다.
- 직업상담자들은 진로선택만 아니라 모든 진로문제를 다루는 데 주된 역할을 할 필요가 있다. 대부분의 내담자들은 과로나 실업, 동료작업자와의 관계, 진로선택에 대한 가족의 반응, 낮은 자기효능감 등의 문제를 갖고 있다.

직업상담자는 내담자가 학습한 것이 무엇인지를 확인하기 위해서 그리고 새롭게 학습한 것이 무엇인지를 확인하기 위해서 측정도구를 사용할 수 있다. 직업상담의 과제는 내담자가 학습하는 것을 촉진시키고, 스스로 만족스러운 삶을 만들어 내도록 내담자의 능력을 향상시키는 데 있다.

3) 계획된 우연 이론

운(chance)은 모든 사람의 진로에 중요한 역할을 한다. 미래를 정확하게 예측할 수 있는 사람은 없다. 어느 특정한 날에 자신이 누구를 만나게 될지, 누구에게 연락이 올지, 어떤 메시지가 올지 아는 사람은 없다. 가까운 어느 날에 일어날 것도 알 수 없는데, 2년 후, 5년 후, 아니면 20년 후에 어떤 일이 일어날지를 어떻게 알 수 있겠는가? 대부분의 사람은 운이나 행운, 우연이 자신들의 진로에서 중요한 역할을 하였다는 것에 동의한다(Betsworth & Hansen, 1996).

Krumboltz와 그의 동료들은 진로발달에 있어서 우연의 역할을 제시하면서 그의 이론을 확장시켰다(Mitchell, Levin, & Krumboltz, 1999). 이 이론에 따르면 사람들은 일상에서 접하는 우연적인 사건이나 상황을 자신이 가진 기술로 진로에 긍정적인 영향을 주는 학습의 기회로 만들어 갈 수 있다는 것이다. 예기치 않은 사건들은 우리의 삶에 긍정적인 영향을 줄 수도 있고, 부정적인 영향을 줄 수도 있다. 우연적인 것을 개인의 기술로 긍정적인 영향을 미치도록 만든다는 의미에서 계획된 우연이라고 한다(Mitchell et al., 1999).

인간은 태어나면서 각기 다른 특성과 기질을 갖고 태어나며, 자신들이 부모를 선택하는 것은 아니다. 사람마다 학습의 기회가 다른 환경에서 자라며 스스로 환경을 통제하거나 학습경험을 원하는 바대로 할 수는 없다. 한 개인의 발달 과정에는 어느 정도 우연적인 요인, 즉 개인이 통제하기 어려운 요인이 있다. Roberts와 Parsell(1992)이 네 개 지역의 성인을 대상으로 3년간 종단연구를 해 본 결과, 중산층 가정의 청소년들은 노동자층 가정의 청소년들보다 성공을 경험할 확률이 두 배나 높았다. 청소년들은 자신들이 어디에서 태어났는지, 어떤 부모에게서 태어났는지 등 우연적인 기회에 의해 영향을 받았으며, 그에 따라 학습경험도 달랐다. 그러므로 과제접근 기술의 발달은 개인이 처한 환경들, 즉 인종이나 성, 지역, 사회경제적 지위, 신체적 특성 등에 의해 결정된다.

계획된 우연 이론(planned happenstance theory)은 직업상담의 학습이론을 수정한 것이며, 진로의사결정과정의 사회학습이론을 확장한 것으로 볼 수 있다. 기본적인 가정은 동일하다. 인간은 자신의 의지와 상관없이 특정한 시기에 어떤 장소에서 각기 다른 특징들을 갖고 태어났다. 그들은 셀 수 없고 예측할 수 없는 사건들이 일어나는 환경에서 성장하며, 학습에 대한 기회를 제공받는다. 개인은 자기 자신을 위해서 그리고 자신의 학습을 최대화하기 위해 모든 사건과 자원들을 활용할 수 있다. 상담자의 역할은 기술이나 흥미, 신념, 가치, 작업습관, 개인적 자질들에 대한 학습을 촉진시켜 각 내담자들이 계속해서 변화하는 작업환경에서 만족스러운 삶을 만들어 낼 수 있도록 해 주는 것이다.

계획된 우연 이론은 계획하지 않은 사건들을 학습의 기회로 전환하는 것을 포함하고 있는 확장된 직업상담의 개념적 체계이다. 계획된 우연 개입의 목적은 내담자가 우연 사건들을 인지하고 이를 진로발달로 통합하도록 도와주는 것이다. 계획된 우연이란 모순어법처럼 보이도록 하기 위해 의도적으로 만든 것이다. 내담자는 우연기회를 유발하고 이를 받아들여야만 한다. 계획된 우연에서 가장 중요한 것은 내담자가 가능한 기회를 유발하고 기대하도록 만드는 것이다. 계획된 우연 이론이 마술적 사고나 운명에 대한 의존과 혼동되어서는 안 된다. 내담자는 누군가 문을 두드릴 때까지 가만히 기다리는 것처럼 수동적으로 행동해서는 안 된다. 내담자들은 기회를 유발하고 발견하기 위한 행동을 하도록 학습할 필요가 있다.

계획된 우연 이론에서는 개방성(open-mindedness)이 미결단(indecision)을 대체한다. Blustein(1997)에 따르면, 상담자는 내담자가 모호함을 인내하는 것을 학습하고 탐색적인 태도를 발달시키도록 도와주어야 한다고 하였다. 그는 탐색적인 태도를 새로운 상황에 접근하듯이 세상과 관계하고, 성장과 자기정의를 위해 변화를 받아들이는 것이라고 하였다. 아이들이 세상을 탐색하는 것은 호기심 때문이다. 호기심은 아동들이 만져 보고, 들어 보고, 직접 보면서 세상을 탐색하게 해 준다. 아이들이 세상을 탐색하는 동안 부모는 뒤로 물러나 관심을 갖고 지켜보면서 아이들이 더 깊이 있게 세상을 탐색해 보도록 해 준다. 결정을 미루고 있는 내담자들, 진로딜레마를 경험하고 상담자의 도움을 구하려는 내담자들에 대해 상담자는 내담자가 탐색활동에 나설 수 있도록 가르칠 필요가 있다.

내담자는 모든 것을 운에 맡겨서는 안 된다. 문제를 해결하기 위해 수동적으로 행운에 의존하는 사람과 새롭고 예측할 수 없는 기회에 개방적이면서 적극적으로 탐색하는 사람은 분명히 차이가 있다. 직업상담자는 내담자가 긍정적인 우연 사건들을 만들도록 도와주는 데 핵심적인 역할을 할 수 있다.

계획된 우연 이론은 두 가지의 개념을 포함하고 있다. ① 탐색은 삶의 질을 향상시킬 우연 기회를 유발하는 것이다. ② 기술은 사람들이 기회를 잡을 수 있게 해 준다. Blustein(1997)은 진로탐색에 관한 연구에서 사람들이 본능적인 호기심을 표현하는 것처럼 탐색을 하며, 이러한 탐색은 다른 삶의 영역에서도 이루어진다고 주장하였다. Austin(1978)은 우연 기회에 대한 반응이 개인의 준비성과 수용성에 따라 달라진다고 하였다. Salomone와 Slaney(1981)는 우연 요인이 직업적 대안을 만들 수 있다고 주장하였다. 그러나 실현될 진로 가능성에 대해 생각해 보고 사람들은 행동을 취해야만 한다.

　계획된 우연 이론에서는 내담자가 진로기회로서 우연을 인지하고, 만들어 내고, 사용하기 위해서는 다섯 가지 기술을 개발해야 한다고 주장한다. 다섯 가지 기술은 다음과 같다.

- 호기심: 새로운 학습 기회를 탐색하는 것
- 인내심: 차질에도 불구하고 지속적으로 노력을 기울이는 것
- 유연성: 태도와 환경을 적응적으로 변화시키는 것
- 낙관성: 긍정적인 관점에서 우연사건을 새로운 기회로 보는 것
- 모험감수: 불확실한 결과에 직면해서 행동을 취하는 것

　Bandura(1982)는 우연을 자신의 이점으로 통제하고 영향을 미치는 방법으로 진입기술(entry skill)을 가르쳐야 한다고 제안하였다. 진입기술은 대인 간 의사소통, 네트워크화, 사회적 지지 확립처럼 다양하게 할 수 있다(Cabral & Salomone, 1990). 계획된 우연은 다양한 방법으로 촉진될 수 있다.

　계획된 우연 모델에 기초한 직업상담은 전통적인 상담과는 여러 가지 점에서 다르다. 우선, 이의 목적은 내담자가 계획되지 않은 사건이 정상적이며 필요하다는 것을 인식하도록 해 주는 것이다. 상담자는 내담자에게 다음과 같은 사항을 전달해 준다.

- 미래를 계획하는 것에 대한 불안은 정상적인 것이며 극복할 수 있다.
- 진로를 표시하는 것은 살아가는 동안 예견치 못한 사건에 반응하면서 수없이 많은 결정을 해야 하는 학습과정의 일부분이다.
- 우리의 목적은 학습과정을 촉진시키는 것이다. 당신의 호기심이 어떻게 발휘되는지, 계획되지 않은 사건들로부터 어떤 이득을 볼 수 있는지, 미래에 유용하면서 계획되지 않은 사건들을 어떻게 만들어 낼 수 있는지 등을 논의할 것이다.

계획된 우연을 직업상담에 적용하는 절차는 다음과 같다.

- 단계 1-계획된 우연의 정상화: 내담자의 삶에서 계획된 우연이 특별한 것이 아니라
  는 것을 인식한다. 내담자와 라포르를 형성하는 것 대신에 내담자의 역사를 드러내
  게 한다. 내담자의 삶에서 우연의 예를 확인하고, 우연 사건을 유발하기 위한 행동
  이 무엇인지를 살펴본다. 내담자가 계획되지 않은 사건들이 모든 사람에게 영향을
  미치며, 사건 전과 후에 취한 행동이 심각한 영향을 줄 수 있다는 것을 인식하게 해
  준다.
- 단계 2-호기심의 활용: 내담자가 호기심을 학습과 탐색을 위한 기회로 전환할 수
  있도록 도와주는 것이다. 예견치 않은 사건이 일어나면 내담자는 그 사건을 탐색할
  기회로 보는 것을 학습해야만 한다. 내담자는 상담자에게 진로에 관한 답을 요구하
  겠지만, 상담자는 답을 주는 대신에 학습과정을 시작하면서, 예견치 못한 사건들이
  준 이득이 무엇이었는지를 가르쳐 준다.
- 단계 3-우연 사건 유발하기: 내담자에게 바람직한 우연 사건을 만들 수 있도록 가
  르치는 것이다. 상담자는 계획되지 않은 사건들이 불가피하게 일어날 수밖에 없으
  며, 더 바람직한 우연 사건을 유발하기 위해 건설적인 행동을 시작할 수 있다는 것
  을 강조한다. 내담자 자신이 행동한다면 삶이 어떻게 변화할 것인지, 아무것도 하지
  않는다면 삶이 어떻게 변화할 것인지를 토의하면서, 기대치 않지만 도움이 되는 정
  보를 찾을 수 있는 다양한 방안에 대해 알려 준다.
- 단계 4-장애물 극복 교육: 내담자에게 행동하는 데 방해가 되는 것을 극복하도록
  가르치는 것이다. 상담자는 내담자가 건설적인 행위에 개입하도록 도와주는 것이
  필요하다. 어떤 내담자는 예견치 않은 기회를 구성하는 것에 대해 저항할 것이다.
  그들은 호기심, 인내심, 유연성, 낙관성, 모험감수와 같은 기술이 부족하기 때문이
  다. 내담자가 잘못된 신념을 가진 경우 다른 사람들이 그와 같은 방해물을 어떻게
  극복하였는지를 토의하면서 신념을 수정해 준다.

2009년에 Krumboltz는 자신의 이론을 발전시켜 우연학습이론(Happenstance
Learning Theory: HLT)을 제시하였다. HLT의 주된 가정은 진로 경로는 사람들이 우
연 사건을 만들고 반응할 때 예측할 수 없이 방향을 튼다는 것이다. Krumboltz는 진

로는 불확실한 것이기 때문에 진로 변화와 전환은 피할 수 없는 것이고 바람직한 것으로 받아들여야 한다고 하였다. 직업상담자가 가장 우선적으로 해야 할 것은 내담자가 행동을 실행하는 것의 중요성을 알려 주고 행동을 취하도록 하는 것이다. 행동을 실행하는 것은 두 가지 측면에서 가치가 있다. ① 내담자는 진로와 관련된 새로운 지식과 기술을 배운다. ② 내담자들은 노력을 통해 잠재력 있는 뜻밖의 고용 가능성을 만들어 낸다. 다시 말해, 내담자가 자신에 대해 더 많은 것을 학습하고, 이전에 결코 생각해 본 적이 없는 고용 대안을 알게 되면서 뜻밖의 직업적 기회를 발견할 수 있다. HLT의 중요한 기능은 내담자가 고용의 문이 열리는 것을 주의 깊게 지켜보면서 기다릴 수 있도록 격려하는 것이다. 내담자가 우연 사건을 활용할 때 그들은 새로운 진로를 시작할 수 있고, 꺼져 가는 일의 삶에 활력을 불어넣으며, 새로운 방식으로 어려운 전환기간을 헤쳐 나갈 수 있다. HLT를 사용하는 상담자는 이러한 과정지향적 특성을 이해하고 내담자가 계획되지 않은 사건을 준비할 수 있도록 도와주는 것에 초점을 둔다. Krumboltz(2009)는 이러한 목적을 위해 상담자가 취해야 할 것에 대해 다음과 같이 제안하였다. ① 계획되지 않은 사건이 일어나기 전에 당신은 그것을 경험하기 위해 그 자리에서 행동을 취한다. ② 사건이 일어나는 동안, 당신은 잠재적인 기회를 인지하기 위해 경계를 하며 민감하게 기다려야 한다. ③ 사건 이후에 당신은 혜택을 볼 수 있는 행동을 시작한다.

　HLT는 네 가지 가정에 기초한 것이다. 첫 번째 가정은 직업상담의 목표는 내담자가 더 만족스러운 삶을 성취하기 위해 어떤 행위들을 해야 하는지를 학습하도록 도와주는 것이어야 한다는 것이다. 직업상담이 하나의 진로결정을 하기 위한 것은 아니다. 이는 작업환경이 빠르게 변화하고 있고 불확실성이 있는 시기에 매우 중요한 것이다(Krumboltz et al., 2013). 두 번째 가정은 학습을 촉진하기 위해 측정도구들이 사용되어야 하며, 이는 사람과 직업과의 적합성을 위한 것이어서는 안 된다는 것이다. 세 번째 가정은 개인이 계획되지 않은 사건들에 적절하게 반응하고 도움이 되는 계획되지 않은 사건들을 유발하도록 스스로 위치를 유지하는 것이 중요하다는 것이다. 네 번째 가정은 상담에서는 내담자가 상담 이외의 장소에서 하는 것이 무엇인가에 초점을 두어야 한다는 것이다.

　수동적으로 가만히 있는 것은 고용 기회를 증진시켜 주지 않는다. HLT는 사람들이 계획되지 않은 사건들의 이점에 대해 학습하고 스스로 어떤 계획되지 않은 사건을 만들도록 하는 것이 중요하다고 강조한다. Krumboltz는 사람들이 그들 자신의 운을 만들도록 가르쳐야 한다고 믿었다. 뜻밖의 사건들은 주도적인 진로행동에 개입하면서 만들어질 수 있는 것이다. 새로운 기회를 만들어 내는 주도적인 행동은 다양한 방식으로 이루어질 수 있다. 새로운 프로젝트를 이끌어 가 보거나 회의를 연결시키거나, 새로운 사람을 만나기 위해 먼저 제의를 하거나, 클럽에 가입하거나, 자원봉사를 하는 것 등이 있다.

7 사회인지진로이론

직업심리학의 분야에서 인지모델의 발달은 Borgen(1991)이 인지혁명(cognitive revolution)이라고 부르는 것을 반영한 것이다. 인지혁명은 개인이 주체로서 정보를 처리하며 자신의 발달을 능동적으로 이끌어 간다는 것을 강조한다. 이는 정신분석적 접근이나 행동주의적 접근과는 다른 것이다. 사람들은 긍정적인 변화와 성장을 가로막는 내적·외적 요인이 있다는 것을 무시할 수는 없다. Krumboltz는 개인의 진로개발에 영향을 미치는 것으로 유전적 자질을 언급하였고, 사회경제적 조건이 변화하게 되면 진로발달에 심각한 영향을 줄 수밖에 없다고 하였다. Hackett(1995)는 진로선택과 발달에 있어서 사회인지적 기제인 자기효능감의 역할을 강조하였다. 자기효능감은 진로선택이나 개발뿐만 아니라 흥미나 가치, 목표의 발달에도 역할을 하는 것으로 나타났다(Betz & Hackett, 1997).

직업심리학에서 인지적 요인에 대한 강조가 일어나면서 사회인지진로이론(Social Cognitive Career Theory: SCCT)이 개발되었다(Lent, 2005; Lent & Brown, 2002; Lent, Brown, & Hackett, 2002; Lent & Hackett, 1994). Lent(2005)는 SCCT가 진로문제를 이해하기 위한 가장 최근의 접근이라고 하였다. SCCT는 주로 Bandura(1986)의 사회인지이론과 Hackett와 Betz(1981)의 자기효능감 이론, Krumboltz(1979, 1994)의 사회학습이론 등에 기초하여 만들어진 것이었다. SCCT는 사회인지이론에서 제기된 변화와 함께 기존의 이론을 개선하려는 시도를 하였다. SCCT는 학습경험의 중요성과 유전적 요인과 환경적 조건이 진로결정에 미치는 영향을 인정하였으나, 사회인지이론은 학습에 대한 행동주의적 견해를 넘어서는 것이다. SCCT는 진로의사결정 행동에서 학습경험에 영향을 미치는 인지적 매개체에 더 관심을 두었다. 흥미나 능력과 같은 변인들이 어떻게 상호작용하며, 개인적이고 환경적인 요인들이 진로결정에 어떻게 영향을 미치는지에 관심을 두었다. 사회인지이론은 이 과정에서 개인이 모든 과정의 주체라는 것을 강조한다.

SCCT는 세 가지 과정에 초점을 맞추었다.

- 진로와 학문적 흥미가 어떻게 발달하는가?
- 진로선택이 어떻게 이루어지고 실행되는가?
- 수행결과가 어떻게 성취되는가?

사회인지진로이론은 진로선택과 진로발달을 이해하기 위해 사용된 이론이다. Niles와 Harris-Bowlsbey(2013)는 SCCT가 개인의 진로 흥미가 어떻게 발달하는지, 직업선택을 어떻게 하는지, 진로성공과 안정을 어떻게 성취하는지를 설명해 준다고 주장한다. SCCT는 세 가지 요인으로 구성된 모델이다. 그것은 ① 자기효능감, ② 결과기대, ③ 개인적 목표 등을 포함하고 있다. 이 세 가지 요인은 모두 개인의 진로발달과 진로의사결정에 영향을 미치는 것이다.

최근에 SCCT에 대한 수정과 개정이 이루어졌다. SCCT는 다섯 가지의 부분으로 이루어진 모델이라는 것이다. 다섯 개의 부분은 진로흥미, 선택, 수행(Lent & Hackett, 1994)과 진로만족(Lent & Brown, 2006), 진로 자기관리 과정에 해당하는 진로탐색, 의사결정과정(Lent & Brown, 2013) 등이다. 이론은 진로발달의 다섯 가지 부분이 어떤 인지적, 환경적, 성격적 요인들에 의해 촉진된다는 것을 가정한다.

1) 사회인지진로이론의 삼원모델

Bandura의 사회인지이론에 기초한 SCCT는 자기효능감, 결과기대, 목표 등과 같은 핵심 구성 요인들이 진로발달에서 주도적이고 자기지시적인 역할을 한다고 가정한다. 또한 지지나 장애물과 같은 환경적 요인들이 개인적인 주도를 도와줄 수도 있고 방해할 수도 있다고 가정한다.

(1) 자기효능감

자기효능감은 SCCT의 삼원모델에서 가장 중요한 요인이다. Chang과 Edwards(2015)는 자기효능감이 자신들의 성취능력에 대한 개인의 신념을 기술해 주는 데 중심적인 개념이라고 하였다. 그러므로 개인은 자신이 선택한 진로 영역에 대해 강한 자기효능감 신념을 가지고 있지 않으면, 그들은 긍정적인 결과기대를 할 수 없고, 그들의 수행도 부정적인 영향을 받을 것이다. 일반적으로 사람들은 자신들이 가지고 있고 가질 수 있다고 믿는 기술을 사용할 수 있는 진로를 추구한다.

(2) 결과기대

결과기대는 인과성의 SCCT 삼원모델에서 두 번째 구성요인이다. 결과기대는 특정한 행위에 대한 예견된 결과로 정의할 수 있다(Feldt & Woelfel, 2009). 개인은 가장 긍정적인 결과기대를 제공하는 진로를 선택하는 경향이 있다. 그래서 개인이 어떤 진로에 대해 훈련이 필요하다고 생각하면 그들은 진로에서 요구하는 과제를 수행할 수 있다고 생각하지 않으며, 훈련을 받으려고 하지도 않을 것이다. 개인이 가르치는 것을 선택하려고 하였다면 그들은 사회적 인정과 같은 결과를 성취하기를 기대할 것이다. Bandura(1999)에 따르면, 자기효능감과 결과기대는 네 가지 정보를 통해 획득되고 유지된다고 한다. 그것은 개인적인 수행 성취, 모델링(다른 사람의 수행을 관찰하는 것), 사회적 설득, 신체적·정서적 상태(불안) 등이다.

(3) 개인적 목표

SCCT의 마지막 부분은 개인의 개인적 목표에 초점을 둔다. 특히 진로와 활동과 관련된 목표이다. 목표는 특정한 행동을 하려는 개인의 의도라고 할 수 있다. 목표는 선택목표와 수행목표로 구분할 수 있다. 선택목표는 특정한 형태의 활동을 추구하는 것에 대한 목표(나는 심리학을 전공하기를 원한다)이고, 수행목표는 개인이 달성하기를 원하는 수행 수준을 포함하고 있다(나의 목표는 심리학 과목에서 A를 받는 것이다). 개인적 목표는 개인의 자기효능감과 결과기대에 대한 신념에 직접적으로 영향을 미치는 것이다(Lent & Brown, 1996). 결과적으로 개인적 목표가 자기효능감과 결과기대와 잘 일치한다면, 개인은 진로에서 그들에게 요구하는 과제를 수행하기 위해 최선의 노력을 할 것이다.

SCCT의 관점에서 보면, 사람들은 자신의 자기효능감과 결과기대에 일치하는 활동을 추구하기 위한 목표를 설정하는 데 관심을 갖는 경향이 있다. 예컨대 심리학에 대한 관심은 개인이 이 영역에서 성공하기 위한 기술을 가지고 있다는 신념(자기효

능감), 심리학으로의 진로가 자신의 가치를 충족시킬 것이라는 것(결과기대)으로부
터 온다. 이러한 관심이 심리학을 전공하려는 목표를 가지고 오지만 이러한 목표가
행동으로 실행될 것인가는 환경적 요인에 따라 달라질 수 있다. 행동실행에 영향을
미치는 환경적 요인은 목표추구를 촉진하는 자원에 대한 개인의 접근(가족이나 경제
적 지원), 장애물의 존재(차별) 등이다.

2) 사회인지진로이론의 모형

사회인지진로이론(SCCT)은 사람들이 진로와 관련된 흥미를 어떻게 발달시키는
지, 직업적 선택을 어떻게 하는지, 진로성공을 어떻게 성취하는지를 이해하기 위한
이론적 체계를 제공해 준다. SCCT는 인지적 요인이 진로발달과 진로의사결정에 중
요한 역할을 한다는 가정에서 만들어진 것이다. SCCT는 Krumboltz의 진로상담의
학습이론과 관련이 깊은 것이다. 그러나 SCCT는 여러 가지 면에서 LTCC와 차이가
있다. LTCC와 비교해서, SCCT는 학습경험이 진로행동을 이끌어 내는 데 영향을 미
치는 인지적 매개체에 관심이 있고, 흥미나 능력, 가치 같은 변인들이 상호작용하는
방법에 관심이 있으며, 개인적이거나 맥락적인 요인들이 진로결과에 영향을 미치
는 통로에 관심을 갖고 있다. Lent(2005)는 SCCT가 진로행동의 특성요인 모델이나
발달모델을 보완해 줄 수 있는 것이라고 하였다.

Lent 등(2002)은 진로발달에 관한 진로모형을 제시하였다. SCCT의 주요 변인인
자기효능감, 결과기대, 개인적 목표, 환경적 변인 등이 진로행동이 미치는 영향을
살펴보기 위한 것이었다. 진로모형은 세 가지이며, 흥미발달모형, 선택모형, 수행모형
등이다.

(1) 흥미발달모형

SCCT에서는 흥미가 활동이나 과제에 대한 자기효능감과 결과기대에 의해 형성
되는 것이라고 가정한다. 개인은 그들이 좋다고 믿는 활동에 지속적인 흥미를 나
타낼 것이라는 것이다. 또한 그들은 그렇게 수행하는 것이 가치 있는 결과를 만
들 것이라고 믿는다. 지속적인 흥미와 긍정적인 자기효능감, 결과기대가 개인이
활동에 계속적으로 몰입하도록 만든다. 적성이나 가치와 관련해서 Lent, Brown,

Hackett(1994)은 능력이나 가치가 홍미의 발달에서 중요하며 자기효능감이나 결과
기대에 의해 중재된다고 하였다.

(2) 선택모형

선택모형은 홍미가 진로와 관련된 선택으로 이어지는 과정을 설명해 준다. 진로
선택에 영향을 미치는 개인적 변인과 맥락 변인의 직접적 · 간접적 영향에 대해서
도 살펴볼 수 있게 해 주는 것이다. 개인이 특정 영역에서 요구하는 기술을 갖고 있
거나 가질 수 있다고 생각하고, 그 영역에서의 성공으로 인해 자신이 중요하게 여기
는 가치를 얻을 수 있다면 그 특정 영역에 대한 홍미를 발달시킬 것이다. 이는 자기
효능감과 결과기대가 홍미의 발달에 영향을 미친다는 것을 의미한다. 홍미가 진로
선택으로 이어지기 위해서는 행동으로 실행되어야 한다. 홍미가 진로목표나 행동
으로 실행되는 것을 어렵게 만드는 맥락 변인이 있다. 이는 자기효능감과 결과기대
와 같은 요인들과 함께 진로선택을 촉진시킬 수 있고, 제한할 수도 있다. 맥락 변인
은 일종의 진로장벽이 될 수 있는 것이며, 정서적 · 경제적 지원, 선호하는 직업을
얻을 가능성, 문화와 성역할 차별 등을 들 수 있다.

(3) 수행모형

수행모형은 개인의 능력, 자기효능감, 결과기대, 개인적 목표가 수행에 미치는 영
향을 나타내 준다. 능력은 개인의 과거 수행 수준으로 나타날 수 있는데, 수행의 수
준이나 수행을 얼마나 지속할 수 있는지에 직접적으로 영향을 미치며, 자기효능감
에도 간접적인 영향을 미치는 것이다. 수행모형에서의 목표와 선택모형에서의 목
표는 서로 차이가 있다. 선택모형에서의 목표는 실행 영역에서의 성취로 무엇을 하
려고 하는지와 관련되어 있지만, 수행모형에서의 목표는 성취수준으로 얼마나 할
것인가와 관련되어 있다.

8 인지적 정보처리접근

상담에 대한 인지적 정보처리(Cognitive Information Processing: CIP) 접근은 Sampson, Reardon, Peterson, Lenz(2004)에 의해 개발된 것으로, 진로문제를 해결하고 진로결정을 하는 데 포함된 실제 사고와 기억과정에 대한 가이드를 제공하는 것이 목적이다. CIP는 인지적 정보처리이론에 기초한 것으로 진로이론을 개발하는 데 있어서 인지적 처리과정이 중요하다는 것을 반영한다. 이 이론의 목적은 개인이 더 나은 문제해결자가 되고 의사결정자가 되는 것을 도와주기 위한 것이다. Reardon, Lenz, Sampson, Peterson(2011)은 CIP 이론의 목적은 개인이 주의 깊게 진로 및 삶의 선택을 하도록 도와주는 것이며, 미래 선택에 유용할 수 있는 의사결정 기술을 학습하기 위한 것이라고 하였다. 이러한 특징 때문에 CIP는 이론적인 것을 실제적으로 적용한 것으로 볼 수 있다.

인지적 정보처리(CIP) 접근은 진로선택을 하는 데 세 가지 요인이 중요하다고 강조한 Parsons의 삼요인 모델(자기이해, 직업적 지식, 진로의사결정)에 기초를 둔 것이며(Peterson, Sampson, Reardon, & Lenz, 1996, 2002), Parsons의 모델을 확장한 것으로 볼 수 있다. 이 이론에는 네 가지 가정이 있다.

- 정서와 인지는 진로문제해결과 의사결정에 영향을 미칠 수 있다.
- 효과적인 문제해결을 위해서 지식을 얻는 것과 얻은 지식에 대해 생각하는 것이 필요하다.
- 자기와 환경에 대해 알려진 것은 지속적으로 상호작용하고, 진화하며, 이러한 정보를 조직하는 것은 복잡하게 이루어진다.
- 진로문제해결과 진로의사결정은 학습과 실행을 통해 향상될 수 있는 기술이다.

　　CIP 접근은 진로의 총체적인 본질, 진로경로를 선택하는 과정, 의사결정과정을 직업 이외의 영역까지 일반화하는 것에 초점을 둔다(Bullock-Yowell, Andrews, & Buzzetta, 2011). 진로개입에 대한 CIP 접근은 여러 가지 차원을 포함한다. 그것은 ① 정보처리의 피라미드, ② 의사결정 기술의 CASVE 순환과정, ③ 실행처리 영역이다. 이 접근은 진로선택에 포함된 중요한 인지영역을 기술하기 위해 정보처리 피라미드를 사용한다. 피라미드에는 전통적으로 진로이론에서 나왔던 영역들이 포함되어 있다. 즉, 자기지식(가치, 흥미, 기술), 직업적 지식(특정한 직업적·교육적 훈련기회를 이해하는 것), 의사결정기술(개인이 결정을 어떻게 하는가를 이해하는 것) 등이며, 네 번째와 피라미드의 제일 꼭대기 층은 자기인식과 인지를 관리하고 통제하는 것이다(Sampson, Peterson, Lenz, & Reardon, 1992). 자기와 직업에 대한 지식이 피라미드의 기초를 형성하고 그 위에 의사결정기술과 메타인지를 두었다.

　　CIP 접근의 두 번째 차원은 진로의사결정 기술의 CASVE 순환과정이라고 명칭을 붙인 것이다. CASVE 사이클은 진로문제를 해결하고 진로결정을 하는 것과 관련된 정보처리기술의 일반적인 모델을 나타내 주는 것이다. CASVE 순환과정은 다섯 가지 단계의 첫 글자를 딴 의사결정과정으로 의사소통(Communication), 분석(Analysis), 합성(Synthesis), 가치화(Valuing), 실행(Execution) 등을 의미한다. 첫 단계인 의사소통은 어떤 결정을 해야 하는지를 확인하거나, 개인이 현재 있는 곳과 결정을 한 후 가기를 원하는 곳 사이의 차이를 확인하는 것을 의미한다. 다음 단계인 분석은 종업원으로서 자신의 가치를 확인하고 직업에서 받기를 원하는 것을 확인하는 것을 의미한다. 이후 합성 단계에서 개인은 스스로 인식한 자기지식에 근거하여 가능한 직업대안을 정교하게 만들어 확고해지도록 한다. 최선의 진로선택을 한 후 다음 단계는 가치화이다. 개인은 가능한 직업대안에 대한 손실−비용 분석을 하고, 분석하는 동안 얻은 자기지식을 사용하여 확인된 대안들에 대해 순위를 매긴다. 마지막 단계는 실행이다. 선택을 한 사람이 행동계획을 짜고 과정을 통해 만들어진 선택 혹은 결정을 수행하는 것이다.

　　의사결정 기술은 현재 상태와 이상적인 상태 사이에 차이가 발생할 때 시작되는 것이다. 그것이 진로를 결정하지 못한 상태일 수도 있고, 진로상태보다 더 바라는 상태가 있을 때일 수도 있다. 그러한 차이가 존재하면 내적으로 우울이나 불안과 같은 정서적 상태가 유발된다. 그러한 상태가 약물 복용이나 결근과 같은 행동을 발생시키고, 두통이나 식욕상실과 같은 신체적 증후를 나타내게 한다. 때로는 외적인 요구를 통해 그러한 차이를 인식할 수도 있다. 그러므로 진로문제는 인지적, 감정적, 행동적, 생리적 요소들을 포함하고 있다. 이러한 내적·외적 단서들을 해석하기 위해 의사소통(communication)이 포함된다. 특히 내담자들은 스스로 ① '이 시점에서 나의 진로선택에 대해 내가 생각하고 느끼는 것은 무엇인가?', ② '내가 진로상담의 결과로서 얻기를 바라는 것은 무엇인가?'와 같은 두 가지 의문을 가져야 한다.

일단 차이나 진로문제가 존재하면 우리는 문제해결을 위해 요구되는 것이 무엇인가를 분석해야만 한다. 나 자신에 대해 더 많은 정보가 필요한지, 상황에 대해 더 많은 정보가 필요한지, 진로문제에 효율적으로 대처하기 위한 정보나 자원을 얻기 위해 해야만 하는 것이 무엇인지 등을 분석(analysis)해야 한다.

합성(synthesis)은 정교화(elaboration)와 결정화(crystallization)라는 두 가지 과정을 포함한다. 정교화 시기에 내담자는 진로문제에 대한 잠재적인 해결책을 가능한 한 많이 찾으려고 한다. 브레인스토밍처럼 해결의 질보다는 양에 초점을 둔다. 결정화 시기에 내담자는 그들의 능력이나 가치, 흥미와 일치하는 해결책을 확인한다. 두 가지 과정을 거치는 동안 내담자가 접근 가능한 해결책의 목록이 만들어진다(합성).

가치화(valuing)는 자신의 가치체계에 비추어 대안을 탐색하고 우선적인 것을 선택하는 것이다. 각 대안들과 관련되어 얻어질 혜택이나 비용, 각 대안이 다른 사람들에게 미치는 영향, 대안이 성공적인 결과를 가져올 가능성 등을 조사한다. 각 대안들에 순위가 매겨지면 최적의 대안을 확인할 수 있다. 가치화 과정에서 내담자의 주된 의문은 '나 자신이나 나에게 중요한 다른 사람, 혹은 사회에 가장 좋은 대안은 무엇인가?' 하는 것이다.

실행(execution)은 최적의 대안을 행동으로 옮기는 것을 포함한다. 대안을 실행하고 목표를 성취하기 위해 일련의 행위들이 준비된다. 그래서 실행 단계에서는 내담자가 가치화 단계에서 선택된 해결책을 실행하기 위해 필요한 것이 무엇인지를 확인하는 것이 필요하다. 실행에서의 주된 의문은 '내가 나의 선택을 행동으로 어떻게 실천할 수 있을까?'이다.

일단 계획이 실행되면 내담자는 의사소통 단계로 돌아와서 대안이 진로문제를 해결하는 데 성공적인지를 결정한다. 이때 대안의 성공을 평가하기 위해 인지적, 감정적, 행동적, 생리적 상태를 측정한다. 평가가 긍정적이면 내담자는 계속 진행하고, 평가가 부정적이면 내담자는 첫 번째 대안을 실행하면서 얻은 새로운 지식과 함께 CASVE 사이클을 다시 순환한다.

CIP의 세 번째 차원은 실행처리영역(executive processing domain)이다. 실행처리영역의 기능은 정보의 저장과 회상을 시작하고, 조정하고, 관리하는 것이다. 이 영역은 혼잣말이나 자기인식, 통제 같은 메타 인지기술을 포함한다. 긍정적인 혼잣말('나는 좋은 진로선택을 할 수 있다.')은 효율적인 진로문제해결을 위해 필요한 것이다. 부정적인 혼잣말('나는 진로선택을 할 수 없다.')은 진로를 결정하기 어렵게 만든다. 자기인식은 진로결정에 영향을 미치는 내적 · 외적 요인들을 검색하고 통제하는 데 필요한 것이다. 효율적인 문제해결자와 진로 결정자는 그들의 가치와 신념, 편견, 감정 등을 인식하고 있다. 그들은 이러한 인식을 문제해결을 위해 사용한다. 통제와 검색은 진로문제를 해결하는 데 필요한 정보를 해독하거나 자신이 CASVE 사이클의 다음 단계로 나갈 준비가 되어 있는지를 알기 위해서 필수적인 것이다. 통제와 검색을 통해 사람들은 적절한 시기에 CASVE 사이클의 다음 단계로 진행할 수 있는 것이다.

실행처리 영역에서는 내담자가 자신의 사고가 어떻게 자신의 결정에 영향을 주는지를 알아차리게 된다. 사람들은 자신이 어떻게 생각하고 느끼고 행동하는지를 점검하는 것 때문에 실행처리라고 부른다. Peterson 등(2002)과 Sampson 등(2004)은 의사결정에 관해 사고하는 세 가지 주요방식에 대해 기술하였다.

- **자기대화**: 개인이 스스로에게 주는 내적 메시지
- **자기인식**: 자신이 무엇을 하고 있는지 혹은 그것을 왜 하는지를 인식하는 것
- **모니터링과 통제**: 자신이 CASVE 과정을 거쳐 나가는 방식을 모니터링하고 각 단계에 얼마나 시간을 투여할지를 통제하는 것

CIP 접근은 진로발달 개입을 제공하는 데 하나의 체계로 사용될 수 있다. 자기지식 영역은 여러 가지 측정도구를 통해 얻을 수 있는 것이다. 직업지식 영역은 직업모의 훈련이나 직업적 정보지를 읽어 얻어질 수 있다. CASVE 사이클의 다섯 단계

는 의사결정 기술을 가르치기 위해 사용될 수 있다. 실행 정보처리 영역은 내담자의 역기능적인 메타인지를 참색하기 위한 체계를 제공해 준다.

CIP를 사용하는 직업상담자는 인지적 재구조화, 행동적 활성화와 같은 인지행동적 기법과 상담과정의 기본적인 목적을 촉진시켜 주는 과제물을 사용한다(Bullock-Yowell et al., 2011).

Savickas의 진로구성이론

직업의 세계는 빠르게 변화하고 있고 직업의 구조 또한 변화하고 있다. 하나의 직업을 평생 갖고 가는 사람이 적고, 직업의 세계에 참여하는 형태도 이전과는 많이 달라지고 있다(Savickas, 2011). 사람들은 직업을 바꾸는 경우가 많아졌고, 직업과 사람을 매칭시키는 것이 중요시되지 않는 상황이 발생하고 있다. 이러한 관점에서 구성주의적 직업상담자들은 개인이 스스로 자신의 진로를 관리해야 하고, 이제는 자신의 삶에서 의미를 찾고 부여하는 방안으로서 진로를 바라보아야 한다고 주장한다.

Savickas의 진로구성이론(2005, 2011)은 개인이 그들의 직업적 행동과 경험에 의미를 부여함으로써 자신의 진로를 구성한다고 주장한다. 그는 진로를 개인이 이루어 가는 하나의 구성이며 이야기로 본다. 개인이 삶이나 진로에 대해 말할 때 중요하다고 느끼는 것과 중요하지 않다고 느끼는 것이 무엇인지를 통해 의미를 파악하고 진로를 이끌어 낼 수 있다고 한다. 진로는 개인의 작업 삶을 형성하는 삶의 주제로 엮어 과거기억이나 현재의 경험, 미래의 포부에 의미를 부여한다. 그래서 진로구성이론을 사용하는 직업상담자는 개인의 검사측정 점수로 진로를 파악하려고 하지 않고, 개인의 개인사를 통해 파악하려고 한다. 측정 점수는 소유의 심리학에 초점을 둔 것인 반면, 개인사는 사용의 심리학을 강조한다. 이 이론의 가정은 개인이 능력이나 흥미, 가치, 성격과 관련하여 소유하고 있는 것을 어떻게 사용하는가에 초점을 둔다. 진로구성이론에서 흥미나 능력, 가치 등과 같은 진로 관련 특질들은 환경에 적응하고 연결하기 위한 전략으로 간주된다. 그들은 명사가 아닌 동사의 역할을 한다(Savickas, 2005). 자신이 취미로 오랫동안 한 것은 자신의 스타일이 된다.

사람의 주관적인 진로는 이러한 적극적인 의미부여과정을 통해 나타나며, 의미부여과정을 통해 경험들을 삶의 주제를 기술하는 것으로 엮는다. 진로상담에서 내담자가 그들의 삶의 주제에 내포된 인생프로젝트를 이해하고 인식하도록 도와주어야 한다. 진로구성이론은 내담자가 그들의 삶의 주제에서 나타난 인생프로젝트 중에서 어느 것이 자신에게 중요한지를 이해하는 데 도움을 준다.

진로구성이론은 세 가지 측면을 통합한 것으로 볼 수 있다. 그것은 변별적, 발달적, 역동적 측면이다.

- **변별적 측면**: 사람들이 그들의 작업 중에서 좋아하는 것이 얼마나 다른지에 관한 것
- **발달적 측면**: 사람들이 진로발달과제에 대처하는데 다양한 방식이 있다는 것
- **역동적 측면**: 사람들은 작업을 자신의 삶에 맞추듯이 그들의 진로행동에 의미를 개발하기 위해 삶의 주제를 사용한다는 것

개인은 자신의 진로 이야기를 할 때 하나의 내러티브(narrative)를 만들어 내며, 이는 자신의 진로에 대한 그들 자신의 견해를 나타낸 것이다. 내러티브에는 네 가지 영역, 즉 직업적 성격, 진로적응성의 발달과업, 진로적응성의 차원, 삶의 주제 등이 있다.

① 직업적 성격

Savickas는 내담자의 이야기를 이해하기 위해 Holland의 유형론을 사용한다. 개인의 성격이 다른 사람과 어떻게 다른지를 구분하고자 하는 것은 아니다. 내담자에게 직업세계를 분류하여 설명하고, 직업세계와 자신의 직업적 성격을 연결시키는 데 도움을 얻고자 Holland의 유형론을 사용한다. Holland는 내담자의 성격 및 환경을 측정하기 위해 유형론을 사용하지만, Savickas는 내러티브를 이해하기 위해서 Holland의 유형론을 사용한다.

② 진로적응성의 발달과업

진로적응성(career adaptability)은 자신이 어떻게 특정 직업에 종사하게 되었는지를 이해하는 데 도움을 주는 것이다. 즉, 진로적응성은 개인이 자신의 진로를 어떻게 구성하고 관리해 나가는지와 관련이 있다. 따라서 개인이 직장에서의 여러 가지 문제들을 어떻게 다루는가를 이해하게 해 준다. Savickas는 발달과업을 체계화하는 데 Super의 생애발달이론을 사용하였다. Super의 생애발달의 단계는 성장, 탐색,

확립, 유지, 쇠퇴의 다섯 단계로 이루어져 있다. Savickas 이론에서 관리과업이라고 하는 것은 유지 단계로 볼 수 있다.

③ 진로적응성의 차원

Savickas에 따르면 진로적응성은 개인이 현재의 발달과업과 직업위기를 어떻게 다루는가를 보여 주는 구성개념이다. 그는 적응의 과정에 관심을 가지면서 전 생애에 걸쳐 개인이 직업전환을 할 때마다 적응성이 필요하다고 보았다. 청소년기의 진로적응성은 한 개인에게 해당하는 것이지만, 성인기 때의 진로적응성은 다른 사람과의 비교를 위해 필요한 개념으로 보았다. Savickas는 개인의 진로발달이 일련의 단계에 따라 정해진 순서대로 이루어지는 것은 아니라고 보았다. 작업환경이 급변하고 있고 이직이 많은 직업환경에서는 이러한 시각이 잘 맞는다. Savickas는 진로적응성의 차원으로 관심(concern), 통제력(control), 호기심(curiosity), 확신(confidence)을 제시하였다. 이 네 가지 요인이 개인의 진로적응성을 결정하는 요인이라는 것이다. 따라서 개인의 무관심, 우유부단, 호기심 부족, 확신의 결여 등은 진로탐색과 진로과제를 방해하는 요인이라고 할 수 있다.

- **관심**: 개인이 자신의 진로에 대해 무관심한 것은 아닌지, 자신이 이를 다룰 수 있는지에 대해 걱정을 하면서 미래를 위한 계획을 세우고 필요한 준비를 해야겠다고 인식한다. 계획 세우기 같은 기술을 연습하면 미래에 대한 걱정을 할 때 도움이 될 것이다.
- **통제력**: 개인은 자신의 행동에 대한 통제력을 인식하고 있는 사람이 있고 의식하지 않고 살아가는 사람도 있다. 개인이 자신의 미래에 대한 통제력을 갖게 되면 자기주장과 자기절제를 잘 할 수 있다. 진로미결정을 다루고 자신의 문제에 대한 통제력을 갖기 위해 자기관리 기법이나 시간관리 기법 등이 도움이 될 것이다.
- **호기심**: 개인은 자신의 선택이 옳은 것인지, 적절한 것은 아닌지 등 의문을 가지게 되면 새로운 대안이나 가능성을 탐색해 보려고 한다. 이러한 호기심이 변화를 이루기 위한 탐색과 행동으로 이어질 수 있다. 인턴생활 해 보기, 직업 검색하기, 자원봉사 활동하기 등과 같은 것들이 탐색활동에 포함될 수 있을 것이다.

> • 확신: 개인은 자신이 잘해 낼 수 있다는 확신이 들면 자신의 문제들을 적극적으로 다루려고 한다. 자신의 문제를 다루고 해결하기 위해서는 자신감을 가져야 하며, 자신에 대한 확신은 자기효능감이나 자기수용, 자기존중을 발달시켜 개인의 대처능력을 향상시킬 것이다.

④ 삶의 주제

진로구성이론의 주요 개념은 Adler의 생활양식에서 따온 삶의 주제이다(Savickas, 1988; Sharf, 2012). Savickas는 개인의 생활양식을 알면 개인의 삶의 주제를 이해하는 데 도움이 될 것이라고 하였다. 생활양식을 통해 사람들이 진로선택을 왜 그렇게 하였는지를 이해하는 데 도움이 된다. Adler에 따르면, 생활양식은 아주 어린 시기에 발달하며, 어린 시기의 행동이 이후 삶에도 영향을 미친다고 한다. 사람들의 현재 삶의 방식은 그들이 어릴 때의 생활방식과 크게 차이가 나지 않는다. 사람들이 이야기 속에 풀어내는 삶의 방식을 알게 되면 그들의 삶의 주제를 아는 데 도움이 된다. 개인의 생활양식을 결정짓는 데 중요한 영향을 미치는 것은 그들의 초기기억이다. 사람들이 자신의 어린 시절에 대해 회상하는 사건의 기억이다. Adler 학파의 사람들은 약 5세경의 어린 시절에 일어났던 초기기억을 중요시하며 대략 약 3~4개의 기억을 회상하게 하고 이를 활용한다. 이를 세 일화 기법(Three Anecdotes Technique)라고 한다(Maree, 2010).

Savickas가 생활양식 이외에 중요하게 다루었던 개념은 삶의 주제이다. 이는 다섯 가지로 수정되어 있는데, 자기발달, 영적 발달, 직업, 사회, 사랑 등이다(Sharf, 2012). Adler는 생활양식의 중요한 한 측면으로 사회적 관심을 제시하였는데, 다른 사람과 긍정적으로 상호작용하는 것이 건강한 삶을 위해 중요하기 때문이다. 일은 사회적 관심을 반영하는 삶의 중요한 측면이다. 일은 자신을 위해서가 아니라 다른 사람을 위해 수행하는 과정이다.

삶의 주제는 작업에서의 성격표현을 주도하고 그들의 표현은 진로적응과정에 의해 관리된다. 직장을 옮기는 것과 같은 전환은 적응을 요구하고 적응은 오리엔테이션(orientation), 탐색(exploration), 확립(establishment), 관리(management), 해제

(disengagement) 등과 같은 과정으로 나타난다. 이러한 행동들이 적응의 사이클을 형성한다. 만약 한 개인이 자신의 나쁜 수행 때문에 진로를 변경하기로 하였다고 가정하자. 개인은 새로운 대안을 찾기를 희망하고, 새로운 방향으로 오리엔테이션된다. 이후 잠재적인 대안을 탐색하고, 새로운 방향이 선택된다면, 새로운 역할을 관리하도록 요구할 것이다. 진로구성에서 적응적 접근을 유지하는 것은 ① 미래에 대해 관심을 갖는 것, ② 미래에 대해 개인적인 통제를 증가시키는 것, ③ 미래를 탐색하고 자신을 생각해 보는 것에 호기심을 나타내는 것, ④ 확인된 포부를 추구하기 위해 자신감을 개발하는 것 등을 포함한다.

1) 내러티브 상담

내러티브 상담은 구성주의적 접근에 기초한 것이다. 구성주의자들은 개인이 삶에서 일어나는 사건과 관계에 대한 자신만의 견해를 만들어 간다고 본다. 개인이 자신의 삶을 해석하고 바라보는 방식이 개인적 구성개념(personal constructs)이고, 개인의 진로는 각자의 삶에 역할 명료성과 의미를 부여하는 중요한 수단이 된다 (Fransella, Dalton, & Weselby, 2007; Kelly, 1955). 구성주의는 개인이 어떻게 생각하는지, 학습한 것을 어떻게 처리하는지에 초점을 둔다. 구성주의적 접근에 기초한 상담에서는 내담자가 자신의 문제에 부여하는 의미에 초점을 맞추고, 내담자가 자신의 문제에 자기 나름의 질서를 부여하도록 해 주어야 한다. 구성주의 관점에 기초한 내러티브 상담에서는 내담자가 이야기의 능동적인 주체자이고, 내담자는 자신의 과거와 현재의 진로발달에 대해 이야기하면서 미래 진로를 구성한다.

내러티브 상담에서는 내담자의 진로를 하나의 이야기에 비유하기도 한다(Brott, 2001, 2005). 이는 내담자를 자신의 삶을 연기해 보는 연극이나 사이코드라마의 주인공과 유사하다고 보는 것이다. 내담자가 주인공이 되고 자신이 속한 환경에서 다른 사람들과 상호작용하며, 도구를 사용하여 목표에 도달하려고 한다. 이와 달리 발달적 관점을 통해 내담자의 역할을 바라보는 학자도 있다(Savickas, 2011). 개인은 먼저 행위자로 자신의 역할을 하고, 이후 주체자가 되어 자신의 행동을 조절하는 능력을 갖게 되고, 그다음 자신이 누구이며 무엇인지를 깨닫게 되는 과정을 거친다.

사람들은 자신의 목표를 향해 달려가지만 그렇지 못한 경우도 있다. 내담자가 자신이 어디에 있는지, 자신이 어디로 가고 있고 어디로 가야 하는지 등에 대해 갈등하거나 생각이 없는 경우도 있다. 이러한 내담자를 상담하는 경우 상담자는 내담자자신의 욕구와 포부를 분명하게 인식하도록 도와주는 역할을 할 수 있다. 내담자가자신의 삶의 이야기에서 이후 자신이 가야 할 방향을 정하고 자신이 원하는 상황에도달할 수 있도록 도와줄 수 있다. 내담자가 자신의 삶이나 진로에 대해 말할 때 중요하다고 느끼는 것과 중요하지 않다고 느끼는 것이 무엇인지에 주의를 기울임으로써 이러한 이야기에서 의미를 이끌어 낼 수 있다.

내러티브 상담에서는 몇 가지 목표가 있다. 첫째, 내담자의 삶에서 어떤 패턴을파악하는 것이다. 이야기를 통해 사건들과 의미를 파악하고 상담자는 개인의 삶의패턴을 파악하여야 한다. 둘째, 내담자와 상담자가 내담자의 정체성에 대해 인식을갖는 것이다. 내담자가 하는 이야기의 내용과 이야기를 전개하는 방식을 통해 내담자의 정체성에 대한 대략적인 윤곽을 잡는 것이다. 셋째, 미래에 대한 내담자의 목표에 대해 알아 가는 것이다. 내담자에게 대안적 선택을 하게 만들고 결정할 사안을설명해 주는 것이다. 이 과정에 도움이 되는 방안으로는 직업에 대한 백일몽 작성하기, 미래 자서전 쓰기, 유언장 등이 있다(Savickas, 1991).

진로구성이론에 기초한 직업상담은 내담자를 진로양식면담(Career Style Interview)에 등록시키는 것을 포함한다. 진로양식면담은 내담자가 그들의 자신의 진로행동에 부여한 개인적인 의미를 분명하게 하는 데 도움을 준다. Savickas는 직업상담에서는 다음과 같은 해석 절차를 사용한다.

① 상담목표 검토하기: 내담자의 목표를 검토하는 것이다. 내담자가 상담을 통해얻고자 하는 것이 무엇인지를 파악한다.

② 동사에 주의 기울이기: 동사는 움직임이나 방향을 나타내는 것이다. 내담자의초기 기억에서 나타나는 동사에 초점을 둔다. 동사를 통해 내담자가 하고 싶은 이야기가 무엇인지를 알 수 있고, 주제를 파악할 수도 있다.

③ 기억의 표제 검토하기: 상담자가 내담자에게 자신의 이야기에 대한 표제를 붙이게 하여 이야기를 함축함으로써 내담자가 하고 싶은 주제를 파악할 수 있다.

④ 심취하고 있는 것에서 직업으로 이동하기: 내담자가 심취하고 있는 일에서 직업으로 이동함으로써 내담자가 진로를 구성함에 있어서 문제를 어떻게 해결

할 것인지를 알 수 있다.

⑤ 어떤 계획을 시사해 주는 역할 모델: 내담자가 닮고 싶어 하는 사람이 누구인가를 정하기 위해 역할 모델을 설정하게 한다.

⑥ 적응력 프로파일링: 내담자의 대처능력을 파악해 볼 수 있다. 우유부단한 점은 없는지, 자신의 삶에 대한 통제력은 어떠한지를 파악한다.

⑦ 직업적 성격 파악하기: Holland의 성격유형을 사용하여 내담자를 분석한다. 내담자가 어떤 유형에 속하는지를 파악하여 다양한 질문을 할 수도 있고 진로탐색검사 같은 검사를 사용할 수도 있다.

⑧ 정교한 성공공식 만들기: 내담자의 직업적 성격의 강점을 파악하고 진로를 탐색하는 공식을 만들어 내담자와 검토한다.

⑨ 삶의 초상: 진로양식 면접에서 나온 정보에 기초하여 내담자에 대한 느낌을 나타내는 삶의 초상을 그려 본다. 이러한 삶의 초상은 내담자의 정서적 상태와 주제를 강조하기 위한 것이다. 삶의 초상에서는 이야기에서 나타나는 여러 정보를 통합하고 내담자에게 지배적인 열정이 무엇인지를 파악할 수 있도록 해야 한다.

Cochran(1997)은 내담자가 자신의 진로이야기를 얼마나 능동적으로 이해하고 이러한 이해를 미래 진로를 구성하는 데 얼마나 적용할 수 있는지를 보여 주기 위해 7개의 에피소드 상담기법을 제시하였다. 이들 상담기법에는 진로 내러티브에서 의미를 추출하는 것을 강조하는 진로문제 정교화하기, 생애사 구성하기, 미래 내러티브 이끌어 내기 등이 있다. 또한 실연과 적극적인 태도를 강조하는 실재구성, 삶의 구조 바꾸기, 역할 실연하기 등이 있으며, 마지막은 결정의 확고화이다.

(1) 진로문제 정교화하기

내러티브 상담에서는 먼저 내담자의 관심사를 명료화한다. 상담이 필요하다는 것은 현재 상황과 내담자가 원하는 이상 간에 차이가 있다는 것이다. 내담자 스스로는 이러한 차이를 극복하기를 원하지만 그 간격을 메우는 방법에 대해 확신이 없다. 따라서 내담자의 현실과 이상 간의 간격을 메우기 위해 진로문제를 정교화하는 것이 필요하다. 진로문제를 정교화하기 위해 사용할 수 있는 적합한 방법으로 Cochran(1997)은 직업카드분류(Vocational Card Sort: VCS)를 제안하였다. VCS는 100장의 카드로 되어 있고, 한 면에는 직업의 이름이 적혀 있고, 다른 면에는 직업에 대한 기술과 입사조건 등과 같은 직업정보가 적혀 있다. 내담자에게 카드뭉치를 수용과 거부로 나누도록 요청하고, 그 이유에 대해 질문함으로써 내담자에게 중요한 가치가 무엇인지를 파악한다. 직업카드 분류를 통해 내담자가 자신의 삶을 바라보는 데 사용하는 구성개념이 무엇인지를 알 수 있게 해 준다.

진로문제를 정교화하기 위해 사용할 수 있는 다른 방법은 그림 그리기이다. 그림 그리기는 먼저 내담자를 이완시키거나 심상기법을 사용하면서 시작한다. 그런 다음 내담자에게 실제 상황의 표상을 나타내는 그림이나 상징을 그리게 하고, 되고 싶은 나와 나를 방해하는 것을 그리게 한다. 마지막으로 무엇으로 장애물을 극복할 것인지를 그리게 한다. 이를 통해 내담자가 미래에 무엇이 되고 싶은지를 알아볼 수 있다.

또 다른 방법은 일화(anecdotes) 기법이다. 일화는 내담자가 해 주는 짧은 이야기인데, 이는 내담자의 삶의 면면을 이해하는 데 도움이 된다. 다른 방법은 이력서이다(Toporek & Flamer, 2009). 이력서를 통해 내담자의 직업생활의 면면을 이해할 수 있다. 상담자와 내담자가 이력서를 살펴보면서 내담자의 강점이나 약점을 탐색하고 이를 새롭게 정교화할 수 있다.

(2) 생애사 구성하기

상담자는 내담자의 생애사를 알아보기 위해 내담자에게 자기 삶의 중요한 사건들을 설명하고 그것의 의미에 대해 말하도록 요청한다. 내담자의 생애사를 탐색하는 것은 내담자의 흥미, 가치, 능력 및 동기에 관한 정보를 모으기 위한 것이다. 또한 개인이 자기 삶의 이야기를 선택하고 조직하는 방식에 주목하기 위한 것이다. 내담자가 자신의 이야기를 풀어놓는 동안 상담자는 이야기의 의미에 주의를 기울이도록 유도하고 이야기를 재구성하도록 돕는다.

상담자가 생애사를 구성하기 위해 사용할 수 있는 기법들은 다음과 같다.

- 성공경험: 내담자에게 즐겁고 성취감을 느꼈던 활동의 목록을 작성하도록 한다.
- 생명선(lifeline): 종이 한가운데에 긴 선을 그리고 연대기 순으로 삶의 중요한 경험들을 기록하게 한다(Mayo, 2001). 사건뿐만 아니라 사건과 관련된 생각이나 감정까지 포함한다.
- 커리어-오-그램(Career-O-Gram): 개인의 발달에서 있었던 일들을 주요 목표나 실제 종사하였던 직업, 대인관계, 의미 있는 경험 등의 범주로 구분하고 범주들 간의 관련성을 선을 그려서 나타낸다(Thorngren & Feit, 2001).
- 진로가계도: 친척들의 삶의 이야기와 진로를 생각하는 것으로, 각 가족 구성원을 위한 좌우명을 만든 다음, 친가와 외가의 전반적인 좌우명을 정한다(Di Fabio, 2010).
- 삶의 장: 내담자에게 자신의 삶을 책에 비유하여 중요한 요소들을 묶어 장으로 만들고 제목을 붙이게 한다.

(3) 미래 내러티브 이끌어 내기

내담자에게 미래에도 나타날 자신의 강점과 흥미, 가치를 고려하여 미래 내러티브를 구성하게 한다. 미래 내러티브를 구성하는 방법으로 성공경험과 생명선, 커리어-오-그램, 삶의 장 기법 등이 사용될 수 있다. 내담자에게 미래 삶에서 성공할 것이 무엇인지 생각해 보게 하거나 생애선을 미래로 확장하거나, 자신이 소망하는 미래 직업이나 의미 있는 사건들을 유추해 보게 하는 것들이다. 미래 내러티브 이끌어 내기에서 가장 많이 사용하는 기법은 유도된 환상(guided fantasy)이다. 내담자로 하여금 특정한 상황, 예를 들면 시상식이나 은퇴식과 같은 상황을 제시해 주고 이를 상상하면서 이야기를 만들어 내도록 유도한다. 상담자는 내담자의 환상을 통해 내담자가 이루고 싶어 하는 성취에 대해 파악해 간다. 미래 내러티브 이끌어 내기의 또 다른 방법은 Cochran(1997)이 제시한 글로 쓴 내러티브 개요(Written and narrative outline)이다. 이는 상담자가 내담자와 협력해서 사명이나 강점, 일에 대한 욕구, 취약점, 가능성 등 다섯 개의 영역에 대해 보고서를 작성하는 것이다.

- **사명**: 내담자의 미래에 대한 목표를 집약한 것
- **강점**: 성취에 대한 내담자 자신의 표현을 반영한 것
- **일에 대한 욕구**: 수행을 촉진하기 위해 내담자가 필요로 하는 것
- **취약점**: 내담자의 목표달성을 저해할 수 있는 특성
- **가능성**: 직업 가능성이나 관련 분야에 대한 설명

(4) 실재구성

이는 내담자가 작성된 보고서의 내용대로 실현할 필요가 있다는 것을 의미한다. 단순히 자료를 읽기보다는 봉사활동이나 직장 방문, 친구와의 토론, 직업 체험하기 등과 같은 능동적인 활동을 하는 것을 말한다. 이러한 활동은 몇 가지의 목적이 있다.

- 내담자를 현실세계에 몰입시켜 무엇인가를 확인하게 하는 것
- 내담자가 다양한 출처에서 정보를 얻고 많은 정보원과 이야기를 나누면서 정보를 평가할 수 있게 하는 것
- 해당 직업에 종사하는 사람들과 대화하면서 내담자가 그 직종에서 일하는 자신의 모습을 상상해 보도록 하는 것

(5) 삶의 구조 바꾸기

내담자는 현재 자신이 처한 상황을 변화시키려고 한다. 친구를 사귈 수도 있고 다양한 활동에 관여할 수도 있다. 삶의 구조를 바꿀 때 드러나는 주제가 있는데, 이를 진로 프로젝트(career project)라고 한다. 내담자는 자신의 진로와 직·간접적으로 관련된 다양한 과업을 수행한다. 이러한 과업수행에 접근하는 방식에서 드러나는 주제들이 있다. 개인이 새로운 활동에 참여하면서 긍정적인 감정을 가졌다면 그 활동에 대해 긍정적인 의미를 부여할 것이다.

(6) 역할 실연하기

이는 내담자가 바라는 목표를 가능하게 만들려고 시도하는 방법이다. 내담자는 어떤 활동이 자신에게 최선인지 명확하지 않기 때문에 여러 가지 활동을 시도해 본다. 역할 실연은 대개 작은 역할부터 시작한다. 작은 역할들을 통해 가능성을 판단해 보고 최선의 것을 찾으려고 한다.

(7) 결정 확고화하기

확고화(crystallization)는 내담자에게 이상적이거나 가능성 있는 해결책을 찾는 것이다. 확고화는 의도적으로 어떤 작업을 하는 것은 아니고, 자연스럽게 나오는 과정이다. 이전에 언급한 여섯 가지 에피소드 기법을 경험하면서 나올 수도 있다. Cochran(1997)은 확고화를 촉진시킬 수 있는 세 가지 방법을 제시하였다.

- 장애물을 확인하고 제거하기: 직업을 획득하는 능력에 대한 확신 부족이나 특정 직업을 선택하라는 부모의 압력과 같은 내·외적 장애물을 확인하고 제거하는 것
- 기회 실현하기: 어떤 선택을 실현함으로써 새로운 역할과 기회를 받아들이는 것
- 진로결정에 대해 성찰하기: 직업을 선택하는 경험을 성찰해 보는 것

구성주의자들이 주장하는 내러티브 상담에서 유용한 것으로 확인된 상담개입은 나의 진로이야기 책자(My Career Story Workbook; Savickas & Hartung, 2012)와 그림 내러티브(Pictorial Narratives; Taylor & Santoro, 2016)이다. 그림 내러티브 개입은 상담자가 내담자의 내적인 준거체계와 접촉하면서 이루어지는 혁신적이고, 다양하며, 낙관적인 접근이다. 그림 내러티브 과정은 실험적 요소와 내러티브한 요소를 통합하고 있는데, 이는 내담자와 상담자에게 긍정적이고 의미 있는 직업상담 경험을 극대화시켜 주기 위한 것이다. 실험적 요소는 내담자에게 몇 가지 그림을 그리게 하는 것으로 구성된다. 먼저 내담자에게 문제 이야기를 실제 여기에서 경험한 것처럼 그림으로 그리게 하는 것, 문제가 갑자기 사라진다면 내담자가 얼마나 다르게 느끼고 생각하고 행동할 것인지를 묘사해 주는 그림(내담자가 선호하는 결과), 내담자가

문제 이야기를 선호한 결과로 이동시키기 위해서 행동할 수 있는 것을 묘사하는 그림(Baby Steps Picture) 등을 그리게 한다.

그림 내러티브는 포스트모더니즘 구성주의자들의 가정에 뿌리를 두고 있는데, 내담자와 상담자의 상호대화식 개입의 질을 중요시한다(Gergen, 2009). 그림은 내담자의 내적인 주관적 경험을 검열하지 않고 보여 주는 것이라고 가정한다(Ulman, 2001). 그래서 그림 내러티브 과정에서 그림과 대화는 의미 있는 결정과정에 핵심적인 부분이다. 그림 내러티브는 내담자에게 의미 있는 무엇에 대해 상담자와 내담자가 서로 협력적으로 대화하면서 내담자가 자신의 문제를 더 깊이 있게 들여다볼 수 있도록 만들어 준다. 그림 내러티브를 통해 내담자는 자신의 삶의 경험을 인식할 수 있고, 이를 개인적인 의미로 통합하며, 자신이 선호하는 자기를 만들기 위해 행동할 수 있게 된다. 직업상담에서 개인적 의미가 상담의 중요 주제가 되면 진로정보는 의미 있게 향상된다고 한다. 내담자가 자신이 그린 그림을 통해 의미를 해석할 수 있으면 상담이 더 효과적으로 진행될 수 있다.

2) 생애 설계 상담

생애 설계 상담(Life Design Counseling: LDC; Savickas, 2011)은 인간은 경험과 미래 기대를 정리하도록 해 주는 자기조직 과정을 계속적으로 해 나간다는 것에 기초한 것이다. 이러한 과정은 의미 있는 구성을 통해 일어나며 개인발달과 적응에 기본적인 것이다(Watson & Greenberg, 2006). 개인의 의미 있는 구성을 위해 LDC는 세 가지 상담 단계를 구분하였다. 첫째, 상담자는 반구조화된 인터뷰를 사용한다. 이는 진로구성면담(Career Constrution Interview: CCI; Savickas, 2015)으로 이루어지며, 내담자의 삶의 이야기를 소서사(micronarratives)로 끌어내기 위한 것이다. 주로 초점을 두는 주제는 ① 자기구성의 역할 모델, ② 흥미를 나타내는 잡지, TV 쇼, 웹사이트, ③ 책이나 영화에서의 재미있는 이야기, ④ 자기충고를 위한 인생 좌우명, ⑤ 현재 문제의 관점을 나타내 주는 초기의 기억 등이다. 둘째, 내담자가 이전 단계에서 언급한 소서사에 집중하면서 내러티브 구성을 하도록 도와준다. 내담자가 인생의 핵심 문제를 정교화하고, 욕구를 확인하고, 목표를 공표함으로써 성취하려고 노력하도록 도와준다. 이러한 핵심 주제에 대한 인식은 과거, 미래, 현재가 서로 얽혀서 계속적으로 연결되어 있다는 내러티브 구성을 하게 해 준다. 셋째, 마지막 단계에서는 삶의 주제와 진로 계획 사이를 연결시키는 것에 초점을 둔다. 이러한 3단계를 거치면서 내담자와 상담자가 서로 협력하여 의미 있는 구성을 만들어 내는 것이 중요하다. 이는 내담자가 다른 진로 역할에서 자기구성을 새롭게 계획할 수 있도록 도와주기 때문이다.

LDC에서는 내담자가 의미 있는 구성을 하는 것이 가장 중요한 것이다. Savickas(2015)는 내담자가 자신의 소서사를 표현하면서 경험을 상징적으로 나타낼 수 있게 해 주는 방법들에 신경을 썼다. 그래서 정서중심적 치료(Emotion-Focused Therapy)에서 사용하는 기법을 이용하여 내담자가 의미 있는 구성을 할 수 있도록 돕는다.

Guichard(2008, 2011)는 삶과 진로 설계 대화(Life and Career Design Dialogues: LCDD)를 제안하였는데, 이는 내담자가 바람직한 미래 전망을 확인하도록 돕는 것이다. 미래 전망을 확인하는 것은 그들의 삶에 의미를 줄 수 있고, 그것을 성취하기 위한 수단을 명시해 주기 때문이다. 대화는 내담자와 상담자 사이에 한 번에 1시간씩 몇 주에 걸쳐 3~4회 면담을 갖는 것이다. 이 대화는 주관적인 정체감 구성 요인과 과정을 이해하게 해 준다.

LCDD에는 두 가지의 이론적 체계가 있다. 하나는 자기의 구성 모델(construction of the self model)이다. 이는 주관적 정체감이 주관적 정체감의 역동적 체계 모형(Dynamic System of Subjective Identity Forms: DYSSIF)으로 묘사된다는 생각에 기초한 것이다. 다시 말해, 주관적 정체감은 복수적(주관적 정체감 형태를 구성하고 있다는 것), 통합적(체계라는 것), 변화적(역동적이라는 것)이라는 것이다. 다른 하나는 주관적 정체감 모형(Subjective Identity Form: SIF)이다. 이는 ① 어떤 상황에서 행동하고, 상호작용하고, 대화하는 방식들의 모음, ② 자기나 타인, 이 상황에서 의미 있는 대상에 대한 어떤 시각, ③ 이 상황에서 자기에 대한 기대와 같은 것들이 조합되어 있다는 것이다.

주관적 정체감은 다양한 SIF, 즉 현재와 과거, 예견된 삶의 영역 혹은 역할에 반응하는 것에 의해 형성된다. 어떤 SIF는 개인의 삶에서 특정한 시기에 다른 것보다 더 우세한 역할을 하며, 개인의 DYSSIF에 중심적인 것으로 생각될 수 있다. 핵심 SIF는 사람들이 그들에게 매우 중요한 무엇인가 성취하기를 원하는 삶의 영역 혹은 역할에 대응한다. 핵심 SIF는 사람에게 중요한 목표를 성취하는 것에 대한 기대와 관련되어 있다. 이러한 목표가 기대된 SIF에 대응한다. 흔히, 핵심 SIF는 개인의 과거에 중요한 역할을 했던 하나 혹은 그 이상의 SIF와 연결되어 있다. 예컨대 운동 시합을 준비하고 있는 사람의 경우, SIF(나는 운동을 잘한다)는 DYSSIF에서 핵심적인 것이 되었다. 이 SIF는 특별한 ESIF(기대된 SIF)와 연결되어 있다. 그들은 미래에 올림픽 시상대에 있는 자신을 본다.

SIF와 DYSSIF는 사람의 삶의 과정에서 일어나는 사건에 따라 전환될 수 있는 것이다. 한편으로는 사람들이 느끼고, 해석하고, 상징화하며, 다른 한편으로는 행동한다. 그러한 사건들이 성숙, 학습, 운 좋은 혹은 운 나쁜 사건, 노화 등이다. DYSSIF에서 이것의 역할은 직접적이기도 하고(사건은 사람에게 직업을 포기하도록 강요한다), 사건이 만든 의미를 중재하기도 한다. 두 가지 형태의 반사성이 그러한 의미를 만들기 위해 결합한다. 이중 반사성은 체계를 안정화시키는 목적이 있다. 이중 반사성은 사람들이 성취하기를 원하는 어떤 이상적인 상태로부터 자기(미래 주체)와 자기(현재 객체)를 연결시키는 양식이다. 이러한 형태의 반사성은 사람들이 현재 경험한 상황에서 바람직한 미래 상황으로 움직이면서 완전한 상태를 성취하려는 데 목적을 둔 행동을 실행하게 만든다.

LCDD에서는 내담자가 세 가지 주체(I, You, He/She)를 표현할 수 있도록 돕는다. 대화는 다음과 같은 방식으로 조직된다. ① 'I'가 (어떤 것) 'You'(다른 사람 혹은 나 자신)에게 말한다. ② 'You'가 어떤 것을 이해하고, 어떤 것에 대해 'I'가 말했다. ③ 이러한 해석에 기초하여, 'You'(어떤 것)가 'I'에게 대답한다. 이러한 대화에서 'I'가 말하는 것과 'I'가 말한 것을 'You'가 들은 것 사이에 틈이 생긴다. 'I'가 말하는 것과 'I'가 들은 것 사이의 틈은 'He/She'가 말했다가 된다. 'I'가 말했다는 다른 사람의 입장에서 들은 것이고, 다양한 해석이 있을 수 있다. 이러한 형태의 반사성은 사람들이 그들의 현재 삶에 의미를 줄 수 있는 미래전망에 대해 궁금해할 때 특히 잘 작동한다. 사람들은 자기 자신과 혹은 친척이나 상담자와 대화를 한다. 대화하면서 그들의 삶(과거, 현재, 미래)에서 어떤 경험이나 사건, 생각 등등을 끄집어낸다. 'You'에게 말하면서 이들 각각이 경험된다. 'I'는 다양한 외적 시각('You')으로부터 그것에 대해 듣는다. 그래서 말한 것과 'You'의 관점에서 들은 경험은 주관적인 사건들이 갖는 특징(정서, 신념 등)과는 독립적인 것이 된다. 주관적인 사건들은 말하기 전에는 어떤 것에 묶여 있는 것들이었다. 그러므로 'I'가 다른 경험과 연결할 수 있고, 비교할 수 있으며, 결합할 수 있다. 그것은 'You'의 관점에서 말하였고 들은 것이었으며, 이러한 경험들 각각이 말하기 전에는 갖지 못했던 어떤 의미를 주는 것이다.

Savickas(2012)는 내담자가 자신의 이야기를 갖고 인생계획을 세우도록 돕기 위해서 생애 설계(life designing)를 제시하였다. 이 접근은 이야기를 구성하는 과정을 구성하기(constructing), 해체하기(deconstructing), 재구성하기(reconstructing), 상호 구성하기(co-constructing) 등 네 개의 국면으로 구분하여 제시하고 있다.

- 구성하기: 이야기 구성은 소서사(miconarratives)라고 하는 작은 이야기들로 시작하여 내담자가 자신의 정체성 및 진로에 대한 견해를 조직화하는 것
- 해체하기: 이야기 속에 나타난 문화적 장벽과 자기비판 및 자기제한을 파악하고 이야기를 해체하는 것
- 재구성하기: 소서사를 긍정적이면서 내담자의 가치와 강점이 포함된 이야기로 재구성하는 것
- 상호구성하기: 다양한 소서사를 대서사로 나타내고 내담자와 상담자가 내담자의 진로전망에 대해 새로운 견해를 갖는 것

진로의사결정이론

진로의사결정에 관한 연구는 다양한 접근방식으로 이루어져 왔다. 진로의사결정 모델은 크게 두 가지로 분류될 수 있다. 하나는 기술적 모델(descriptive model)로서 진로선택을 놓고 결정할 때 사람들이 내리는 선택을 기술하거나 설명하는 것이다. 다른 하나는 처방적 모델(prescriptive model)로서 의사결정에 관한 이상적인 접근으로 심리학적 의사결정이론이나 인지적 의사결정과정에 대한 견해에서 나온 것이다.

기술적 모델로는 세 가지 접근이 있다. 먼저 Bloch와 Richmond의 영성적 접근이 있다. 이는 진로선택 및 직업적응과 관련하여 내담자가 갖고 있는 주제를 상담자가 평가하는 데 도움이 될 수 있는 일곱 가지 영성적 개념, 즉 변화, 균형, 에너지, 공동체, 소명, 조화, 일체감 등으로 진로결정과정을 설명한다. 두 번째는 Miller-Tiedeman의 생애진로 과정이론(Lifecareer Process Theory)이다. 이는 생애와 진로가 서로 연관되어 있다고 보고 사람들이 자신의 일상적인 삶을 초월하고 자기 내면의 깊숙한 곳에서 발견된 내적인 의미와 연결될 수 있는 방법을 보여 준다. 세 번째는 Hansen의 통합적 생애계획(Integrative Life Planning)이다.

처방적 모델로는 Gary Peterson 등의 인지적 정보처리 접근을 들 수 있다. 이는 내담자가 자기와 직업에 대한 정보를 통합하고 훌륭한 진로선택을 할 수 있도록 돕기 위해 어떻게 의사결정 기술을 활용할 수 있는지를 다룬다. 이 모델의 핵심 측면인 진로의사결정 접근은 문제에 대한 의사소통에서 시작하여 정보를 분석하고 대안들을 종합하며 대안을 평가한 후 행동계획을 실행하는 것이다.

1) 진로의사결정의 기술적 모델

(1) 영성적 접근

진로의사결정에 있어서 영성적 접근을 취하는 사람들은 일이 재미없는 일상적

과업이나 어쩔 수 없이 해야 하는 것이 아니라 개인의 영성을 풍성하게 하고 자기를 성장시킬 수 있는 장이라고 본다. 개인의 영성은 삶과 진로선택 및 개인의 미래에 영향을 미치는 중요한 요인으로 간주한다. 영성(spirit)은 상담자가 내담자의 이야기에서 들으려고 귀를 기울이면 유용성을 발견할 수 있는 상담의 한 요소이다(Hansen & Amundson, 2009). 사람들은 영성적 자기를 계발하면서 좀 더 완전하고 전인적인 사람이 되려고 노력하는 존재로 볼 수 있다. 영성적 에너지와 동기는 욕구와 가치 및 흥미를 통해 일에서 표현된다.

Bloch와 Richmond(2007)에 따르면, 영성은 개인의 삶 속에 가져오는 어떤 것이 아니라 발달하는 것이다. 사람들은 삶의 전체성(wholeness)을 경험할 때 영성을 경험하게 된다. Bloch와 Richmond는 자신의 삶과 진로의사결정을 좀 더 잘 이해하기 위해 활용할 수 있는 일곱 가지 주제를 제시하였다.

- **변화**: 개인의 생애진로 전반에 걸쳐 일어나는 다양한 변화
- **균형**: 자신의 삶에서 맡은 역할들 간의 균형, 관계하고 있는 사람들 간의 균형
- **에너지**: 변화와 균형을 이루기 위한 에너지
- **공동체**: 친교공동체, 문화공동체, 우주적 공동체
- **소명**: 이상적인 일을 찾는 것, 정해져 있는 일을 하는 것
- **조화**: 자신의 흥미와 가치, 능력을 충족시키는 일
- **일체감**: 더 높은 힘과 하나가 되는 느낌

(2) Miller-Tiedeman의 생애진로이론

생애진로이론은 사람들이 정보를 처리하고 그러한 과정을 통해 의사결정을 할 수 있다고 가정한다. 이는 내담자의 생애진로를 중요시하며 내담자가 스스로 진로의 흐름을 타도록 해야 한다는 것이다. 상담자가 내담자의 진로를 해석하거나 판단하는 것을 바람직하지 않은 것으로 본다. 개인의 진로는 삶 그 자체라고 본다. 개인은 어떤 진로를 찾는 것이 아니라 이미 진로를 갖고 있다. 내담자에게 이미 그들의 진로가 있고 그것은 바로 그들의 삶이라는 것을 깨닫게 하는 것이 중요하다. 개인은 이미 자신이 하고 싶은 것을 하는 사람이기 때문에 자신의 내면을 잘 들여다보면 자

신의 진로를 깨달을 수 있다. 이러한 생각에는 내담자 자신의 삶을 존중한다는 것을 포함하고 있다. 따라서 Miller-Tiedeman는 진로탐색에 있어서 자기 내면에 귀 기울이는 것을 중요하게 생각한다. 개인은 자신이 제대로 된 방향으로 가고 있는지를 가장 잘 판단할 수 있는 사람이다.

현실은 개인의 진로의사결정에 대한 인식과 관련된 것이다(Miller-Tiedeman & Tiedeman, 1990). Miller-Tiedeman(1979)은 현실을 두 가지 유형, 즉 사적 현실과 공적 현실로 구분하였다. 사적 현실(personal reality)은 무엇이 옳은가에 대한 개인의 감각을 말한다. 이것은 의사결정자에게 자신이 내린 결정이나 택한 방향이 정확하고 적합한 것이라는 느낌이다. 공적 현실(common reality)은 개인이 해야 한다고 다른 사람이 말해 주는 것이다. 공적 현실에는 전문가의 견해도 포함된다.

Miller-Tiedeman은 공적 현실보다는 사적 현실을 더 중요시한다. 진로탐색 시 상담자는 내담자의 사적 현실을 판단하지 않는 오류를 범하지 말아야 하고 내담자 스스로 자신의 점재력을 발견할 수 있도록 해 주어야 한다. 일반적으로 검사도구를 사용하여 진로탐색을 하는 경우 공적 현실을 강조하는 것이기 때문에 바람직하지 않은 것이다.

(3) Hansen의 통합적 생애계획

Hansen(1997, 2002)은 진로문제를 가진 사람들을 도우면서 동시에 사회를 좀 더 나은 곳으로 만드는 방법에 초점을 둔 모델을 개발하였다. Hansen이 일을 바라보는 관점은 이전의 두 연구자와 유사하지만 그녀의 접근은 생애역할의 변화를 위한 사회적 맥락에 초점을 맞추었다. Hansen이 제시한 여섯 가지 핵심 생애과제는 다음과 같다.

- 변화하는 세계적 맥락에서 필요한 일 발견하기
- 우리 삶을 의미 있는 전체로 엮어 내기
- 가정과 일 연결하기
- 다원주의와 포용성 높이 평가하기
- 개인적 전환과 조직의 변화 관리하기
- 영성, 삶의 목적, 의미 탐색하기

2) 인지적 정보처리 접근

Miller-Tiedeman 등이 진로의사결정에서 인간의 영성의 중요성을 강조한 반면, 진로를 탐색하고 의사결정을 내리는 인지적 접근에 초점을 맞춘 이론가들도 있다. 이는 인간의 사고과정에 대한 인지과학의 발달과 그 맥을 같이한다. Peterson과 그의 동료들은 자신의 흥미, 능력, 가치, 선호직장, 직업세계에 대해 알아 가도록 돕는 것뿐만 아니라 그들이 생각하는 방식과 이것이 그들의 진로의사결정에 어떤 영향을 주는지를 이해할 수 있도록 돕는 데 관심을 가졌다(Peterson et al., 2002; Reardon et al., 2011).

직업상담에서는 상담자와 내담자가 서로 불명확한 상황에서 적절한 전략을 탐색해야 하는데, 효율적으로 문제를 해결하기 위해서는 정보에 기반한 의사결정과 인지적 정보처리가 중요하다고 보았다. 또한 사람들이 훌륭한 진로결정을 내리는 능력을 향상시키기 위해서는 진로의사결정에 관하여 생각하는 방법을 처방하는 것이 필요하다고 보았다. 처방적 접근의 가정은 다음과 같다.

- 정서와 인지적 처리 둘 다 진로의사결정의 중요한 구성요소이다. 인간의 정서가 정보처리와 어떻게 상호작용하는지를 살펴본다.
- 적절한 진로의사결정을 위해 사람들은 자기 자신과 직업세계에 대해서 알아야 할 뿐 아니라 사고와 이것이 의사결정에 영향을 주는 방식에 대한 정보를 가지고 있어야 한다.
- 자기 자신과 직업세계에 대한 정보는 계속해서 변화한다. 인지적 구조도 일생 동안 발달하고 성장한다.
- 내담자는 정보처리능력을 향상시킴으로써 자신의 진로문제해결능력을 향상시킬 수 있다.

인지적 정보처리 이론의 진로발달에 대한 접근은 정보처리의 피라미드로 살펴볼 수도 있다. 이 피라미드는 인간의 지능이해에 대한 Sternberg(1980, 1985)의 접근에 기초한 것이다. 인지적 정보처리의 세 가지 기본 요소는 지식 영역, 의사결정기술

영역, 실행처리 영역이다. 지식 영역은 자기 자신에 대해서 아는 것과 직업 및 직업
세계 선택지에 대해 아는 것으로 구성된다. 의사결정 기술영역에서는 사람들이 의
사결정하는 방법을 배운다. 사람들이 자기 자신과 직업에 대한 정보처리를 가능하
게 하는 능력을 정보처리기술이라고 한다. 이를 간략하게 CASVE(Communication-
Analysis-Synthesis-Valuing-Execution)라고 표현하기도 한다.

직업상담의 실제

1 직업상담 모형

직업상담의 현장 전문가들은 직업상담에 관한 이론들이 많이 제시되고 있지만, 현장에서 실제 적용하는 것에는 한계가 있다고 한다. 직업상담자들은 현장에 직접 적용할 수 있는 것을 원하고 있다. 취업자나 직업복귀자, 전직자, 은퇴자 등 직업상담의 대상이 다양하기 때문에 이들에 대한 각각의 상담 전략을 요구한다. 직업상담이론들이 다양한 내담자의 사례에 모두 적용될 수 있기를 기대하기는 어렵다(Arbona, 1996). 이론과 실제 간에는 항상 차이가 있어 왔다. 이러한 차이를 극복하기 위해서는 상담자들이 자신들의 경험으로부터 효과적인 전략과 미니이론(minitheories)들을 만들어 내야 한다.

사회가 변화해 가면서 고용환경도 달라지고 있고 구성원들의 요구도 다양해져 이전과는 비교가 되지 않는다. 직업상담자들은 직업 혹은 진로와 관련된 연구들뿐만 아니라 현재의 직업상담 관련 모형에 대해서도 알아야 한다. 그래서 미래에 다가올 어떤 상황에서도 적용 가능한 상담기술을 갖추고 대비해야 한다. 직업상담이론에 기초한 기존의 모형에 대해 충분히 인식하고 이를 상담자 자신들의 특정한 내담자에게 적용할 수 있어야 한다.

직업상담 모형이 개발되기 시작한 초창기에 특성요인 접근이 가장 많은 관심을 받았고, 현재에도 가장 주목받고 있는 모형이다(Brooks et al., 1996). 이 이론의 주된 특징은 내담자가 직업요구와 매치될 수 있는 독특한 특질을 가지고 있다는 가정이다. 내담자의 특질을 측정해 보면 직업에서의 성공을 예측할 수 있다는 실제적인 방법을 제시해 주었다. 이때 내담자의 특질 측정은 주관적인 정보(내담자가 자신이나 그들 자신의 환경에 대한 지각을 나타내는 정보, 대개 인터뷰를 통해 얻은 정보)보다 객관적인 정보(표준화된 검사 점수로 측정된 것)에 기초한 것이다.

내담자의 문제에 대한 진단은 어떤 준거에 기초해서 이루어진다. Crites(1981)는 세 가지 진단 유형, 즉 차별적 진단, 역동적 진단, 결정적 진단 유형을 제시하였다. 차별적 진단(differential diagnosis) 유형은 개인심리학에 기초한 것으로서 개인이 규준과 얼마나 다른지를 살펴보고 내담자의 문제를 미결정(undecided), 미결단 (indecisive)과 같은 범주로 분류하는 것이다. 이는 내담자의 문제를 기술하는 데 초점을 둔 것이다. 역동적 진단(dynamic diagnosis)은 내담자가 왜 문제를 가지고 있는지 그 이유에 초점을 두며, 내담자를 비합리적인 신념, 불안, 정보 부족 등과 같이 분류한다. 결정적 진단(decisional diagnosis)은 내담자의 의사결정 유형, 특히 과정에 초점을 두는 것이다.

일반적으로 내담자의 유형은 결정(decided), 미결정(undecided), 미결단(indecisive) 등 세 가지로 분류한다. 결정 내담자는 진로결정을 한 사람들이다. 이러한 내담자들은 상담을 통해 자신들의 결정이 부적절하게 이루어지지는 않았는지를 확인받을 수 있고, 상담의 다음 단계를 효과적으로 진행할 수 있다. 미결정 내담자들은 진로결정을 하지 않은 사람들이며, 그들은 현재 상황을 문제로 보지 않을 수도 있다. 그들은 결정하기를 미루고 있는 사람들이다. 이러한 내담자들은 자기지식이나 직업정보가 부족하거나 없는 사람일 가능성이 높다. 다른 관점으로 보면 미결정 내담자들은 잠재력이 다양한 사람들로서 어떤 진로에 대해서도 자신감을 갖고 있는 사람들일 수도 있다. 미결단 내담자들은 역기능적인 사고로 인해 높은 수준의 불안을 갖고 있는 사람들이다. 이러한 내담자들은 인지적 명확성(cognitive clarity)을 가지고 있지 않거나 비합리적인 신념을 가지고 있는 사람들이다. 미결단 내담자들은 우울을 동반한 성격장애와 같은 문제를 가지고 있을 수 있다. 일반적으로 이러한 내담자들은 자신감이나 모호성에 대한 인내, 정체감 등이 부족한 사람들이다. 그래서 직업상담을 받기 전에 심리적인 치료나 개인상담을 먼저 받아야 한다(Meara, 1996).

직업상담은 인간행동의 특정한 현상을 다루는 것이 아니다. 직업상담은 사람들이 무엇인가를 선택하고 훈련받게 하는 것이 아니며, 상담을 받은 후 좋아지거나 행복해지는 것도 아니다. 직업상담에서는 대상에 따라 혹은 상황에 따라 다양한 특성을 나타내는 인간행동을 다루어야 한다. 직업상담을 하기 위해서는 다양한 맥락적 요인의 상호작용을 이해할 수 있어야 하고, 다양한 정보를 처리해야 하는 복잡한 인지적 작업이 수반된다.

직업상담의 초기 면담 과정에서 상담자가 내담자의 행동을 이해하고 해석하는 것이 중요하다. 내담자에 따라 상담의 방향과 계획을 달리해야 할 때도 있다. 내담자의 인지적 명확성에 따라 직업상담 단계를 선택해야 한다. Gysbers와

Moore(1987)는 내담자의 행동을 이해하고 해석하는 데 도움이 되는 아홉 가지 상담
기법을 제시하고 있다.

- 가정 사용하기: 내담자에게 행동이 있는 것으로 가정하고 질문하는 것
- 질문/지시 사용하기: 질문이나 지시를 공손하면서 명령적이게 하는 것
- 오류 정정하기: 정보의 오류, 한계의 오류, 논리적 오류 등과 같은 전이된 오류를
  정정하는 것
  - 정보의 오류: 자신이 충분한 지식을 갖고 있다는 생각
  - 한계의 오류: 예외를 인정하지 않는 것, 불가능을 가정하는 것, 불가피함을 가정하
    는 것
  - 논리적 오류: 논리적으로 맞지 않는 말을 하는 것
- 분류/재구성하기: 역설적 의도와 같은 기법을 사용하여 경험을 바라보는 틀을 변화
  시켜 재구성하도록 하는 것
- 저항감 다루기: 내담자의 저항에 깔려 있는 두려움과 방어기제를 재인식하고 저항
  에 대처하도록 하는 것. 저항감을 다루는 데 적합한 전략은 변형된 오류 수정하기,
  내담자와 친숙해지기, 은유 사용하기, 대결하기 등 네 가지이다.
- 근거 없는 신념 확인하기: 합리적·정서적 행동기법을 사용하여 근거 없는 신념을
  확인하는 것
- 왜곡된 사고 확인하기: 결론 도출 시 정보의 한 부분만을 보는 것을 인식하는 것
- 반성의 장 마련하기: 내담자 스스로 자신과 주변에 대해 판단을 내릴 수 있도록
  해 주는 것
- 변명에 초점 맞추기: 내담자의 변명에 대해 확인하는 것

Gysbers와 Moore(1987)는 인생진로 계획(Life Career Planning)이라고 부르는 직업
상담과정을 제시하였다. 이는 내담자가 일련의 직업을 포함하고 있는 인생진로에
나설 수 있도록 도와주기 위해 만들어졌다. 이 모델은 두 개의 장과 여러 개의 절로
구분되어 있다.

A. 내담자의 목표 혹은 문제 확인, 분류, 구체화
  • 내담자-상담자 관계 설정, 내담자-상담자의 책임 설정
  • 내담자의 목표, 문제를 이해하기 위해 내담자 자신과 환경 정보 수집
    -내담자
      *내담자가 자신, 타인, 세상을 어떻게 지각하는가?
      *내담자가 자신을 나타내기 위해 사용하는 언어가 무엇인가?
      *내담자가 사용하는 주제가 무엇인가?
    -내담자의 현재 상황, 환경
      *내담자의 삶의 역할, 상태, 사건
      *내담자와 목표, 문제와의 관계
  • 내담자와 환경 정보를 분류, 분석. 정보와 문제의 관련성 분석
    -진로상담이론
    -상담이론
    -분류체계
  • 결론 유도: 진단하기
B. 내담자 목표, 문제해결
  • 행동 실행: 진단에 기초해서 선택된 개입 실시
  • 사용된 개입의 효과 평가
    -목표, 문제가 해결되지 않았다면 다시 시작
    -목표, 문제가 해결되었다면 상담 종료

1) 특성요인 및 사람-환경 조화

특성요인(Trait and Factor)이론은 가장 관심을 많이 받은 이론이지만 비판도 많았던 이론이다. 초기에 받았던 대부분의 비판들은 특성요인 상담은 상담자 중심이고, 유동성이 없으며, 단순하고, 검사 중심적인 방법이라는 것이다. 이후 현재의 특성요인 상담은 이전의 비판을 수용하여 많은 것이 보강되었다. Williamson(1939)은 내담자에 대해 태도와 흥미, 가족배경, 지식수준, 교육배경, 적성 등 다양한 정보를 수집하여야 한다고 주장하였다. 특성요인 접근에 사용된 직업상담과정을 보면 특성

요인 상담이 합리적인 문제해결 접근을 취하고 있다고 볼 수 있다(Swanson, 1996). 특성요인이론의 기본 가정들은 약간의 수정이 가해진다면 쉽게 현장에서 활용할 수 있는 것이다. 다른 상담이론이나 모형과 융합만 잘 시키면 된다.

특성요인 접근법은 사람-환경 적합(Person-Environment Fit: PEF)을 결정하기 위해 채택되어 왔다. 하지만 중요한 변화가 몇 가지 있었다. 첫째, 인지적 · 정서적 과정이 포함되었다. 둘째, 임상적 정보와 질적인 자료가 평가과정에 포함되었다. 셋째, 상담자의 역할이 지시적인 역할에서 협력자의 역할로 바뀌었다(Swanson, 1996). 다음의 직업상담 모형은 다양한 자료(Dawis, 1996; Swanson, 1996; Rounds & Tracey, 1990)에서 추출한 것으로, Walsh(1990)가 제시한 직업상담 모형이다.

단계 1. 인터뷰하기
 • 내담자-상담자 동맹관계 설정하기
 • 배경 정보 수집하기
 • 정서적 상태, 인지적 명확성 측정하기
 • 성격유형 관찰하기
단계 2. 발달적 변인 확인하기
 • 자기와 환경의 지각
 • 환경적 변인들
 • 맥락적 상호작용들
 • 성차 변인들
 • 소수집단 지위
단계 3. 측정
 • 가치
 • 강화물
 • 흥미
 • 정보처리 기술
단계 4. 문제 확인 및 해결
 • 정서적 상태
 • 자기지식 요구

- 정보처리 기술의 수준

단계 5. PEF 분석하기
- 인지적 도식
- 선택에 기초할 준거
- 최적의 예측체계

단계 6. 확증, 탐색, 결정
- PEF 분석 확증하기
- 잠재적 작업환경 탐색하기
- 결정하기

단계 7. 사후관리
- 과정 평가하기
- 필요한 경우 재순환하기

PEF의 주된 목표는 자기지식의 향상에 있다(Dawis, 1996). 적절한 자기정체감을 발달시켰던 내담자들은 자기만족이 높고 작업환경에 더 잘 적응하는 것으로 나타났다. 그래서 자기지식은 최적의 직업선택을 촉진시켜 줄 것이라고 볼 수 있다.

단계 1에서 내담자와 상담자는 인터뷰를 시작하면서 동등한 작업관계를 형성한다. 상담자가 권위자 혹은 전문가의 역할을 가정하지 않는다. 상담자와 내담자가 서로 책임을 공유하며, 협력적인 방식으로 상담을 진행하는 것에 합의한다.

배경정보는 질문지나 면담과정을 통해 수집하는 전기적 자료를 의미한다. 내담자의 환경적 영향에 관한 정보가 우선적으로 수집되어야 한다. 인터뷰하는 동안 상담자는 내담자의 정서 상태와 인지적 명확성을 평가한다. 성격유형과 성격 특성도 관찰한다. 인터뷰하면서 얻은 정보는 상담과정 전반에 활용된다. 예컨대 배경정보는 성격 구조와 유형을 평가하기 위해 활용된다. 제기되는 문제는 다음 단계에서 평가될 것이다.

단계 2는 발달적 변인 확인하기인데, 인터뷰하기에서 얻은 정보가 PEF 상담에 포함되어 있는 중요한 요소들, 예컨대 지각(perception)을 설명하기 위해 다시 검토된다. 여기에서 지각은 내담자의 정체감, 자기개념, 자기이미지 등과 같은 자기지각과 욕구, 강화물, 요구들과 같은 환경의 지각을 의미한다. 환경적 변인들과 맥락적 상호작용은 내담자의 기회, 적절한 경험, 한계 등을 결정하기 위해 평가된다. 여성이나 소수집단의 내담자에게 환경적 변인이 제한을 가하는 것이 없는지 살펴보는 것이 중요하다.

단계 3은 측정으로, 내담자의 인지적 능력, 가치, 흥미 등에 대한 포괄적인 평가를 포함하고 있다. 측정된 특성들은 직업환경에서 발견된 내담자의 강화요구를 결정하기 위해 다른 변인들과 함께 사용된다. 이러한 정보는 내담자의 요구와 직업을 매치시키기 위한 것이며 내담자의 만족(자기충족, 성취)을 위해 필요한 것이다. 정보처리 기술은 PEF 상담에서 내담자에게 제시된 정보를 적절하게 처리하는 데 중요한 요인이다. 정보처리에 도움이 필요한 내담자들은 PEF 상담을 진행하기 전에 이러한 기술을 향상시킬 필요가 있다.

단계 4는 문제 확인 및 해결이다. 이전의 세 단계에서 얻은 정보가 정서적인 관심이나 자기지식 욕구, 내담자의 정보처리 수준 등을 확인하기 위해 사용된다. 심각한 정서적 문제나 역기능적인 사고를 가지고 있는 것으로 확인된 내담자는 정신치료가 필요하다. 자기지각이나 작업환경의 지각에서 비현실적이거나 잘못된 신념을 가진 내담자에게는 그들을 도와주기 위해 고안된 개입을 실시한다. 내담자의 정보처리 능력을 평가하는 것은 상담자가 최적의 진로의사결정과 사람−환경 적합을 하기 위한 것이다. 내담자의 문제와 이후의 처치 결정에 대한 차별적 진단은 효과적인 직업상담을 위해 중요한 것이다. Anderson(1985)은 내담자의 정보처리 문제를 구체적으로 평가하기 위해 그리고 개입전략의 적절한 시기를 결정하기 위해 사고의 적응적 통제이론(Adaptive Control of Thought Theory)을 제안한 바 있다. 이 이론에서는 지식에 세 가지 유형이 있는데, 작동적(working; 행동적, 의식적 사고), 선언적(declarative; 사실에 대한 지식), 절차적(procedural; 지식들 간의 관련성에 관한 것) 등이라고 주장한다. 시행착오를 겪는 초보자들은 선언적 지식을 사용하는 경향이 있는 반면, 전문가들은 절차적 지식을 사용한다. 전문가들은 의사결정을 하는 데 다른 지식과 정보들의 관계를 활용할 수 있다. 이러한 정보처리과정은 네 가지 단계를 포함하고 있다. 첫째는 부호화이다. 이는 내담자의 지각과 정보의 해석을 포함하고 있다. 내담자는 직업의 이점과 한계를 인지하고 있다. 둘째는 목표 설정이다. 이는 일련의 조직된 과정을 구체적이고 현실적으로 단계별로 진행함으로써 성취될 수 있다. 셋째는 효과적인 계획 개발이다. 이는 대안을 설정하는 것, 목표에 도달하기 위한 여러 가지 수단, 취해진 행동의 결과들이 포함되어 있다. 넷째는 실행 단계이다. 내담자는 이전 단계에서 노출된 문제를 해결하기 위해 적절한 행동을 선택한다.

단계 5는 PEF 분석하기이다. 상담자와 내담자는 PEF를 탐색해 보기 위해 인지적 도식 혹은 개념적 체계를 개발한다. 이 시점에서 각 내담자의 능력 유형별로 다른 직업에서의 만족을 예측해 본다. 어떤 특정한 직업에서의 만족이나 내담자가 원하는 강화물을 살펴보기 위해 가치 및 성격유형이 사용된다. 능력과 강화물에 맞는 직업을 찾기 위해 직업체계를 활용한다. 이후 내담자가 원하는 직업들을 순서대로 목록화한다. 이러한 절차에서 내담자는 여러 가지를 조합해 보고 자신에게 최적인 직업을 선택한다. 내담자가 원하는 바가 분명한 경우 예언체계를 따르는 것이 더 정확하다. 소수집단의 구성원처럼 적절한 검사가 유용하지 않은 사람들에 대해서는 상담자가 별도의 질문이나 상호작용, 표준화되지 않은 실습 등을 통해 질적인 정보를 얻는 것이 필요하다.

단계 6은 확증, 탐색, 결정하기이다. 상담자와 내담자는 내담자가 결과에 만족하는지를 결정하기 위해 검사자료와 예언 분석을 검토하면서 시작한다. 내담자가 적합한 것으로 예측된 환경에 동의를 하지 않는다면 처음부터 다시 단계들을 거쳐야 한다. 내담자가 동의한다면 내담자는 잠재적인 작업환경을 탐색할 수 있어야 한다. 마지막으로 결정에 도달한다.

단계 7은 사후 관리이다. 상담과정에서 내담자가 얼마나 진척되었는지, 내담자를 돕기 위해 사용된 절차들을 평가하는 것이다. 그리고 상담자는 내담자가 직업탐색을 할 수 있도록 도와준다.

2) 발달적 모형

발달적 모형(Developmental Model)은 진로발달이 전 생애 과정이며, 개인의 직업상담은 전 생애의 모든 단계에서 필요한 것이라는 전제에서 나온 것이다(Gelso & Fretz, 2001; Healy, 1982; Sharf, 2002). 이 모형에서 목표의 발달, 학습 전략, 개입시기 등은 Super(1957, 1990)의 직업발달 과제 및 단계를 따른다. 모형의 목표는 문제를 확인하고 그 문제를 극복하기 위해 개입 전략을 개발하는 것이다. 발달 모형은 각 내담자별로 독특한 발달을 발견하는 것이 중요하다는 점을 강조한다. Healy(1982)

가 제안한 직업상담 모형은 네 단계로 구성되어 있다.

단계 1. 내담자 특성 설정하기
- 목표
- 장애물
- 목표를 확보하기 위한 자질
- 문제해결 및 상담에 대한 신념
- 이미 취한 행동
- 정서
- 학습 유형
- 목표 장애물

단계 2. 전략을 확인, 선택하기

단계 3. 교육하기, 장애물을 치유하기

단계 4. 목표성취 확인하기

단계 1은 내담자의 특성을 설정하는 것이다. 상담자와 내담자는 협력하여 측정할 특성이 무엇인지를 결정한다. 내담자에게 자기 측정을 어떻게 하는지, 이러한 정보가 평가를 위해 어떻게 사용될 것인지를 알려 준다. 측정되는 내담자의 특성은 일반적으로 능력, 기술, 흥미, 가치, 성격 등이다. 그리고 내담자의 사회적 연결망이나 지지체계도 인터뷰나 질문지를 이용하여 수집한다. 단계 1에서 진단하는 요소들은 일곱 가지이다.

- **목표**: 내담자가 원하는 상담의 결과를 말한다. 내담자의 특성을 평가하는 것이 효과적인 상담과정을 위해 필수적이다. 내담자의 특성과 배경정보는 장애물이 무엇인지 확인하고 이해하기 위한 정보를 제공해 준다. 목표가 분명하지 않은 내담자에 대해서는 특별한 지도가 필요하다는 것을 상담자가 인식하고 있어야 한다.

- **장애물**: 목표를 막는 장애물은 내적인 것과 외적인 것으로 분류된다. 내적 장애물은 인지적 결함이나 정서적 문제, 동기의 부족과 같은 것이다. 외적 장애물은 직업에 대한 경제적 기대와 같은 비현실적인 선택을 의미한다.

- **목표를 확보하기 위한 자질**: 상담자는 각 내담자가 목표를 얻는 데 필요한 잠재력을 갖고 있다는 것을 확신할 수 있도록 해 주어야 한다. 내담자가 그들의 자질을 인지하도록 도와주고 자질들을 목표와 연결시키는 것이 상담의 중요한 책무이다.

- **문제해결 및 상담에 대한 신념**: 문화적·맥락적 경험이 문제를 어떻게 해결할 것인가에 대한 내담자의 신념에 큰 영향을 미친다. 그래서 상담자는 내담자의 세계관을 통해 배경정보를 탐색하는 것이 필요하다. 상담자의 주된 목적은 내담자와 상호협력적인 관계를 설정하는 것이다. 상호협력적인 노력이 문제를 해결하는 데 매우 중요한 것이다.

- **이미 취한 행동**: 문제해결을 위한 내담자의 과거 행동에 대한 지식은 문제해결에 효과가 없었던 행동이 무엇인지 단서를 제공해 준다. 상담자가 행동을 찾아보고 효과적인 해결을 하기 위해 내담자를 인도하는 것은 내담자와의 신뢰로운 관계를 촉진시킨다.

- **정서**: 정서는 내담자가 목표획득을 실현하기 위해 필요하다고 판단된 과정에 어떻게 반응하느냐와 관련된 것이다. 상담자는 내담자의 목표성취로 인해 받을 수 있는 긍정적인 정서와 부정적인 정서를 인지하고 이해할 수 있도록 해 주어야 한다.

- **학습 유형**: 상담자와 내담자는 문제해결에 적용할 수 있는 내담자의 자질과 한계에 기초하여 학습유형을 확인한다. 책을 읽는 것으로 배우는 것을 좋아하는 내담자가 있고 행동으로 배우는 것을 선호하는 내담자도 있다. 상담자와 내담자는 목표 장애물을 극복하기 위해 가장 효과적인 학습 상황을 협력하여 만들어 낸다.

- **목표 장애물**: 상담과정에서 일반적으로 나타나는 것으로, 목표성취에 장애가 되는 것에 관한 목록이 개발되어 있다. 목표 장애물은 다음과 같다.
  - 내담자는 비현실적이고 분명하지 않은 목표를 갖고 있다.
  - 내담자는 목표에 도달하기에는 충분하지 않은 지식, 능력, 흥미, 훈련 등을 갖고 있다.
  - 내담자는 성공하기 위해 오랫동안 힘들게 노력하지 않는다.
  - 내담자는 체제(일의 세계에서 주고받는 체계)가 어떻게 작동되는지에 대해 잘못된 생각을 갖고 있다.

- 내담자의 목표는 체제의 결함으로 인해 방해받을 수 있다.
- 내담자는 결정할 능력이 없고 하나의 대안에 몰입한다.
- 내담자의 문제는 정확하게 밝혀지지 않는 경우가 많다.
- 내담자의 정서는 부적절한 경우가 많다.

단계 2는 전략을 확인, 선택하는 것이다. 이는 확인된 장애물을 극복하기 위해 고안된 행동들에 대해 과제분석을 하는 것이다. 상담과정은 목표들을 분석하고 분류하는 것을 포함한다. 예컨대 어떤 내담자는 이력서 작성을 위한 훈련 프로그램에 참가하기로 결정할 수 있다.

단계 3은 내담자가 단계 2에서 개발한 전략들을 실행해 보도록 도와주는 것이다. 상담자는 학습 프로젝트에 직접 관여할 수도 있고, 다른 전문가에게 도움을 요청하기도 한다. 예컨대 주장 훈련, 고용 전문가와의 토론, 직업탐색 훈련, 숨어 있는 직업시장 찾아보기 등이다.

단계 4는 목표성취 확인하기이다. 이는 학습 전략들의 효과성을 검토하고 수정하는 것으로 구성된다. 상담자는 목표성취를 위한 내담자의 노력에 대해 격려한다. 주된 목적은 학습 전략을 개발하는 것에 대한 내담자의 자신감을 향상시키기 위한 것이다.

요약해 보면, 이 모형은 내담자의 특성을 강조하며, 내담자의 독특한 발달이 목표를 설정하고 목표를 실행하기 위한 이후 전략을 수립하는 데 사용된다. 상담과정의 성공을 방해하는 문제와 잠재적인 문제들을 확인하고 분류하는 것이 매우 중요하다. 목표의 특별한 장애물에 관한 목록이 이 모형의 특징이다.

3) 직업상담의 학습이론

진로의사결정에 가장 포괄적인 접근은 Krumboltz(1996) 등에 의해 제시된 직업상담의 학습이론(A Learning Theory of Career Counseling: LTCC)이다. 이는 전 생애에 걸친 개인의 독특한 학습 경험이 진로선택과정에서 가장 영향력이 크다고 주장한다.

그래서 학습이 직업상담과 직업지도에서 가장 중요한 요인이며, 직업상담자의 주된 과제는 아동기부터 시작하여 전 생애 동안 지속되는 효과적인 방법들을 사용하여 내담자의 학습 기회를 향상시키는 것이다. 직업상담자의 역할은 매우 복잡하고 포괄적이어서, 목표성취에 장애물로 작용하는 진로나 성격문제들을 다루기 위해 다양한 기술과 지식, 방법들을 알고 있어야 한다. 직업상담자는 멘토일 수도 있고, 코치나 교육자가 될 수도 있으며, 개인 발달을 방해하는 독특한 신념들을 해소하기 위해 준비되어 있어야만 한다.

Krumboltz(1996)에 의하면 교육자로서의 상담자는 내담자에게 흥미, 기술, 가치, 작업 습관, 다른 개인적 자질을 개발할 수 있는 환경을 제공할 수 있어야 한다. 이러한 학습관점에서 내담자는 현재와 미래의 삶을 만족시켜 줄 수 있는 행동을 취할 수 있게 힘을 얻을 수 있어야 한다. 상담자는 내담자가 삶을 만족시켜 주는 요인들을 확인할 수 있게 도와주어야 한다. 삶을 만족시켜 주는 요인들은 시간이 흐름에 따라 변화할 수 있고, 지속적으로 변화하는 환경에 따라 달라질 수 있다.

이 모형에서 내담자는 가능성과 잠정적인 결정을 탐색하고 실험해 보는 사람으로 간주된다. 내담자가 자기나 세계, 직업 등에 대한 학습을 탐색하는 과정에서 목표를 버릴 필요는 없다. 내담자가 결정을 위한 진로결정을 할 필요는 없으며, 학습과정에서 탐색하고 제거하고 실험적 시범을 해 봄으로써 개인적 목표성취를 향해 나아가도록 도움을 받는다. 이러한 관점에서 보면, 미결단은 도움을 요청하는 내담자에게서 당연히 기대되는 것이고 부정적인 진단으로 볼 필요가 없는 것이다. 오히려 미결단은 학습과 탐색을 위해 내담자가 갖추어야 할 조건일 수도 있다.

직업상담모형은 다음과 같이 요약해 볼 수 있다. ① 측정도구는 필요한 새로운 기술을 확인하고, 새로운 흥미를 배양하고, 대인 간 자신감을 개발하기 위해 새로운 학습을 하도록 자극하기 위한 것이다. ② 진로요구, 작업장의 요구, 변화하는 작업 습관, 변하는 신념, 가치 등에 대처할 수 있도록 자신의 능력에 대한 학습 기회를 더 많이 제공하기 위해 교육 개입은 증가되어야만 한다. ③ 성공 준거는 학습 결과에 기초한 것이어야 하며, 내담자가 직업결정을 하였는지는 고려하지 않는다. 단지 새로운 행동, 학습하려는 시도, 수정된 사고 등에만 초점을 둔다. ④ 상담자는 진로상담과 개인상담을 통합할 수 있어야 한다. 학습은 진로뿐만 아니라 개인적인 문제에 대해서도 이루어져야 한다(Krumboltz, 1996).

여기에 제시되는 직업상담모형은 Krumboltz와 Sorenson(1974)이 제시한 것으로, 최근에 Walsh(1990), Savickas와 Walsh(1996)에 의해 수정된 것이다.

단계 1. 인터뷰
- 내담자−상담자 관계 설정하기
- 내담자와 상담에 필요한 시간 합의하기
- 긍정적인 내담자의 반응 강화하기
- 다양한 것에 대해 탐색하기
  진로문제, 가족 삶, 환경적 영향, 정서적 불안정성, 진로 신념 및 장애물, 내담자의 기술, 흥미, 가치, 성격 등의 특성들에 초점을 둔다.
- 내담자의 잠정적인 목표 설정 도와주기

단계 2. 측정
- 객관적인 측정도구가 학습 개입과의 연결을 제공하기 위한 수단으로 사용된다.
- 주관적인 측정은 내담자의 정보 체계의 정확성과 통일성을 얻기 위해서, 내담자의 중심적인 목표를 확인하기 위해서, 목표에 도달하기 위한 잘못된 혹은 비현실적인 전략을 확인하기 위해 사용된다.
- 전형적으로 문제를 일으키는 신념이나 행동이 관련된 검사도구를 사용하여 평가된다.

단계 3. 활동 유발하기
- 내담자는 다른 측정 도구를 실시하는 것, 시청각 자료를 보거나 컴퓨터 프로그램을 하는 것, 직업적 문헌을 연구하는 것 등과 같은 개인적인 과제를 한다.
- 어떤 내담자는 개인적 문제와 인지적 명확성을 위해 개별적으로 상담 프로그램에 참가하게 한다.

단계 4. 정보 수집하기
- 개입 전략을 검토한다.
- 새롭게 개발한 목표를 포함하여 개인적 목표를 토의한다.
- 직업을 사전에 예행연습해 본다.

- 내담자는 직업 관련 사이트나 전문가 키트를 통해 얻은 정보를 살펴본다.

단계 5. 정보 공유 및 결과 추정하기

- 내담자와 상담자는 직업에 대해 모은 정보를 토의하고 각 직업을 선택하였을 때의 결과를 추정해 본다.
- 상담자는 정보를 처리하는 데 있어서 내담자가 어려움이 있는지 평가한다.
- 상담자는 의사결정과정에서 나타나는 내담자의 잘못된 전략을 평가한다.
- 상담자는 치료적 개입을 개발한다.
- 내담자는 더 많은 정보를 수집할 수 있고 다음 단계로 가기 전에 상담과정을 반복할 수 있다.

단계 6. 재평가, 잠정적 결정, 재순환

- 내담자와 상담자는 특정한 직업에서의 성공 가능성을 토의한다.
- 상담자는 직업 결정을 확고히 하거나 결정을 바꿀 수 있는 기회를 제공한다.

단계 7. 직업 탐색 전략

- 내담자 개입 전략은 여러 가지가 있다. 연구자료 사용하는 것, 인터뷰하는 것을 배우는 것, 이력서 작성하기, 직업 클럽에 가입하는 것, 역할 실연하는 것, 가상 실습을 해 보는 것 등이다.

단계 1에서 내담자와 상담자 간의 관계가 설정되고 상담과정 동안 계속 유지된다. 내담자는 공동협력자의 역할이 되어야 하며, 학습하고 탐색하며 실험하는 것을 자유롭게 할 수 있다. 작업동맹관계가 형성되어야 한다. 특별한 인터뷰 기술이 사용될 수 있다. 상담자는 과제 접근 기술을 개발하는 데 중요한 영향을 미친 내담자의 학습경험과 환경적 조건들을 얻기 위해 특별한 인터뷰를 하기도 한다.

단계 2에서 측정 결과는 ① 내담자의 선호도와 기술이 교육적 · 직업적 환경에서 발견된 요구와 어떻게 조화를 이루는지를 내담자에게 제시하기 위한 것, ② 내담자를 위해 새로운 학습 경험을 개발하기 위한 것, 이 두 가지 방식으로 사용될 수 있다. 내담자가 미래를 위해 학습하기를 원하는 것이 무엇인가를 확인하는 방법으로 검사 결과를 사용하는 것은 내담자가 흥미를 가지고 있는 직업에서 요구하는 학습 개입을 확인할 수 있도록 격려해 준다. 제한된 기술 개발은 진로탐색을 위한 내담자의 잠재력을 증진시킬 수 있는 일시적인 상태로 볼 수 있다. 이러한 원리에 따라 내담자가 할 수 있는 것이 무엇이고 할 수 없는 것이 무엇인지를 평가하는 준거 관련 검사들은 내담자보다 더 우수한 사람이 어느 정도인지를 나타내 주는 규준 관련 검사보다 더 바람직한 것일 수 있다.

홍미나 가치, 성격, 진로신념 등을 측정하기 위한 측정도구는 학습을 개발하기 위한 준거점으로 사용될 수 있다. 진로의사결정을 향상시키기 위해 학습 욕구를 확인하는 데 측정 결과를 사용하는 것은 ① 내담자가 그들의 결정을 현재의 능력이나 흥미에 맞거나 충분할 정도가 되어야 하고, ② 직업적 요구는 안정적일 것으로 기대하지 않아야 한다는 것을 제시한다. 그래서 내담자들은 변화하는 작업과제와 작업환경에 대비할 필요가 있다. 각 내담자의 독특한 욕구에 대처하기 위해 고안된 치료적 개입이 가장 효과적이라고 할 수 있다(Krumboltz, 1996).

인터뷰하는 동안 공식화한 잠정적 목표는 단계 3에서 평가되어야 한다. 단계 3은 활동 유발하기이다. 내담자와 상담자는 목표에 도달하기 위해 필요한 과정을 결정한다. 어떤 내담자는 홍미검사를 받아 봄으로써 자신들의 목표를 확증하기를 원할 수 있다. 다른 내담자는 능력을 평가하기를 원할 수 있다. 또 어떤 내담자는 목표에 몰입하기 전에 문제와 관련된 개인상담을 필요로 할 수 있다. 단계 3을 마무리하기 전에 내담자는 탐색할 2~3개의 직업을 선택한다.

단계 4의 주된 목적은 정보를 수집하는 것이다. 정보 수집은 내담자에게 진로정보의 원천, 목적, 사용 등을 알려 주기 위한 것이다. 내담자와 상담자는 직업을 평가하기 위해 공식을 개발한다. 공식에 포함된 것은 승진 기회, 급여 액수, 작업 동료, 직업에 대비하는 데 걸리는 시간, 요구되는 기술 등이다. 내담자들은 진로탐색이 포함된 개인 프로젝트에 참가하게 되며, 직업체험이나 직무실습 도구를 활용할 수도 있다.

단계 5에서 내담자와 상담자는 평가된 각 직업에 대해 모인 정보를 토의한다. 단계 5는 정보 공유 및 결과 추정하기이다. 상담자는 내담자가 선택한 직업에서 성공 가능성을 추정할 수 있도록 도와준다. 이 과정 동안 내담자는 잠정적인 결론을 내리고, 결론에 대한 이유, 더 이상의 탐색에 대한 생각 등을 정리한다. 어떤 내담자는 결론에 도달하기 전에 더 정보를 수집하려고 할 수도 있다.

단계 6에서 내담자와 상담자는 진로 방향에 대해 확고한 몰입을 설정한다. 어떤 내담자는 직무탐색의 다음 단계로 진행하고, 다른 내담자는 더 많은 정보를 얻기 위해 혹은 방향에 변화를 주기 위해 재순환을 한다. 상담자는 내담자가 이 발견과정 동안 마음이 변하는 것에 대해 변덕스러운 것으로 판단되지 않도록 신경을 써야 한다. 어떤 내담자는 잠정적으로 결정하기 전에 더 많은 정보와 시간을 요구한다. 상담자는 이 단계 동안 그럴듯하고 현실적인 요청을 해 오는 내담자를 지지해 주어야 한다.

마지막 단계에서 내담자는 인터뷰 훈련이나 이력서 작성하기, 직업클럽에 가입하기 등과 같은 프로그램에 참가하게 된다. 그러나 이 모형의 독특한 특징은 내담자에게 진로결정의 결과를 교육시키는 것을 강조한다는 것이다. 내담자와 상담자는 진로인생계획의 개념을 다시 소개해 주고, 진로결정을 하기 위한 학습 절차가 삶에서 다른 중요한 결정을 할 때 어떻게 사용될 수 있는지를 알려 준다.

내담자가 어떻게 결정에 도달하게 되었는지를 이해하게 되면서, 상담자는 어떤 활동을 하려는 개인의 동기를 자극하는 것은 핵심 목표의 힘이라고 생각하게 되었다. 예컨대 남들보다 우수해지는 것을 핵심 목표로 하는 내담자들은 어떤 작업 환경을 평가하려고 하지 않을 것이고, 이후 동의한 활동을 추구하려는 동기도 부족하다. 이러한 경우 상담자는 어떤 활동을 추구하는데 흥미가 부족한 이유를 설명하면서 내담자가 핵심 목표를 정의하도록 도와준다. 어떤 내담자들은 정서적으로 높을 수도 있고 낮을 수도 있는데 어디인가에 묶이지 않는 것, 존경을 받는 것을 핵심 목표로 하기 때문에 그 영향을 받은 것이다. 핵심 목표는 진로와 관련된 활동을 판단하는 데 강력한 동기가 될 수 있다. 상담자는 내담자가 의사결정에 영향을 미치는 핵심 목표를 구체화하고 분석할 수 있도록 돕는다. 직업상담과정에서 이러한 과정은 직업상담자에게 가장 핵심적인 역할이다(Krumboltz & Nichols, 1990).

이 모형의 목표는 두 가지이다. 첫째, 인간행동을 동기화시키는 것이 무엇인가에 관한 것이고, 둘째, 사고과정과 행동이 진로발달과 이후의 진로결정에 어떻게 영향을 미치는지를 이해하는 것이다. 'The Living Systems Framework(LSF)'에 따르면, 의사결정에 가장 우선적이고 직접적인 영향을 미치는 것은 ① 세계와 자기 자신에 대한 개인의 축적된 지식(정보처리와 저장), ② 바람직한 결과와 바람직하지 않은 결과에 대한 개인의 전체 인식(지시적인 인지), ③ 지금 성취하기 위해 해야 할 것이 무엇인가를 결정하는 평가적인 사고과정(조절적인 평가), ④ 현재의 목적을 어떻게 성취할 것인가에 대한 전략을 결정하는 사고과정(통제과정) 등이다.

요약하면, 학습은 자기지식을 향상시키는 데 중요한 역할을 한다. 주된 초점은 진로의사결정에 영향을 미치는 환경적 경험의 이점과 한계에 대해 더 예민한 민감성을 개발하는 것이다. 내담자가 올바른 결정을 할 수 있도록 기술이나 흥미, 능력을 개발하기 위해 학습개입 전략을 사용하는 것이 이 모형의 독특한 특징이다. 인지기능은 세계와 그 세계와의 관계에 대한 모델을 내담자에게 제공해 준다. 내담자가 변화하는 작업 환경을 평가하면서, 요구되는 것이 무엇인가를 알게 되고 자신들의 기술이나 능력, 다른 개인적 특성들도 평가하게 된다. 이 시점에서는 현실적인 정보처리가 중요하다.

4) 인지적 정보처리 모형

Peterson, Sampson, Reardon, Lenz(1996)는 취업배달서비스를 위해 7단계의 연속 과정으로 구성된 인지적 정보처리(Cognitive Information Processing: CIP) 모형을 제안하였다. 이 과정은 문제해결과 의사결정을 위한 대안으로 사용될 수 있으며, 개인이나 집단을 대상으로, 자기지시용, 교육과정 프로그램용으로 사용될 수 있다. 이 모형은 진로발달이론을 확장한 것이다. 진로발달에 대한 CIP 접근의 이해와 직업상담에 이를 적용하는 것은 인지적 정보처리이론에 대한 깊이 있는 이해가 있어야만 한다. 인지적 정보처리 모형에서 진로정보 문제를 평가하기 위해서는 인지적 정보처리이론에 대한 이해가 먼저 있어야 한다.

CIP 모형에서 진로의사결정에 대한 정보처리는 지식 영역(Knowledge Domain)을 기반으로 하여 결정 기술 영역(Decision Skill Domain), 실행처리 영역(Executive Processing Domain) 등을 위계적으로 구성하는 것으로 개념화할 수 있다. 지식 영역에서 자기지식은 개인의 흥미, 능력, 가치 등과 관련이 있고, 직업지식은 직업과 직업들 사이의 구조적 관계에 대한 개인적인 견해로 구성되어 있다. 결정 기술 영역은 CASVE로 알려진 다섯 단계로 구성되어 있다. CASVE는 약자로 Communication(틈새로 지각된 문제), Analysis(문제가 요소로 축소되는 것), Synthesis(문제가 대안에 의해 재구조화되는 것), Valuing(문제해결은 가치 있는 대안에 의해 평가된다), Execution(문제해결은 전략을 구상함으로써 성취된다) 등이다. 실행처리 영역은 정보를 시작하고, 조정하고, 저장하고, 인출하는 기술로 구성되어 있다. 이러한 기술들은 메타인지로 불리며, 문제해결, 자기말(self-talk), 증가된 자기인식, 통제 등을 의미한다. 자기말 (예: '나는 내가 좋은 엔지니어가 될 수 있다고 생각한다')은 기대를 만들어 내고 행동을 강화한다. 자기인식은 의사결정에 영향을 미치고, 개인적 목표와 중요한 타인의 목표 사이의 균형을 잡게 해 준다. 통제는 진로결정과정에서 충동적인 행동을 통제할 수 있는 능력을 의미한다.

7단계로 구성된 직업상담 모형은 다음과 같다.

단계 1. 인터뷰하기
단계 2. 예비 측정
단계 3. 문제 정의 및 원인 분석
단계 4. 목표 공식화하기
단계 5. 개인학습 계획 개발
단계 6. 개인학습 계획 실행
단계 7. 요약적 검토와 일반화

- 단계 1. **인터뷰하기**: 인터뷰의 주된 목적은 두 가지이다. 상담자는 내담자의 진로문 제에 대한 정보를 추구하고 신뢰로운 관계를 설정한다. 상담자는 내담자 문제의 정 서적인 부분과 인지적인 부분 둘 다에 관심을 갖는다. 상담자는 내담자와의 효과적 인 관계가 내담자의 자기효능감을 향상시켜 주며 학습을 촉진시킨다는 것을 알고 있다.
- 단계 2. **예비 측정**: 문제해결과 의사결정에 대한 내담자의 준비성을 결정하기 위해 진로사고질문지(Career Thoughts Inventory: Sampson et al., 1996)를 실시한 다. 이 도구는 역기능적인 사고의 결과로 진로선택과정에 어려움을 경험하는 내담 자를 확인하기 위한 것이다.
- 단계 3. **문제 정의 및 원인 분석**: 이 단계에서 상담자와 내담자는 내담자의 문제에 대해 분석하고 이해를 한다. 예컨대 문제가 내담자의 미결정의 상태와 결정의 이상 적 상태 사이의 틈새(gap)로 정의될 수 있다. 내담자의 문제는 평가적인 용어가 아 니라 중립적인 용어로 설명된다.

- 단계 4. **목표 공식화하기**: 목표를 공식화하는 것은 상담자와 내담자의 협력적인 노력이다. 목표는 개인학습 계획표(Individual Learning Plan)에 기술한다.
- 단계 5. **개인학습 계획 개발**: 상담자와 내담자는 협력하여 ILP를 개발한다. ILP는 초기에 설정된 목표를 달성하는 데 있어 내담자를 도와주는 일련의 자원과 활동들이 제시되어 있다. ILP에 모든 것이 기술되어 있으며, ILP는 내담자와 상담자 사이의 계약이라고 볼 수 있다.
- 단계 6. **개인학습 계획 실행**: 이 단계는 내담자가 동의한 계획을 실행하는 것으로 시작된다. 상담자는 진행과정을 독려하고, 더 많은 정보를 제공해 주며, 구체화하고 강화해 주며, 미래의 실습을 위한 계획을 제공해 준다. 역기능적인 내담자의 경우 단계 2에서 실시한 진로사고질문지의 결과에 대한 학습 보충자료로 워크북을 사용할 수 있다. 워크북은 인지적 재구조화를 위해 사용되며, 내담자는 네 가지 단계(확인, 도전, 변경, 행동실행)를 사용한다.
  진로문제해결과 의사결정을 향상시키기 위해 선택된 전략들은 다음과 같다. 자기를 발견하는 것, 흥미를 개발하는 것, 전기전을 작성하는 것, 해 본 직업을 나열하는 것, 제삼자에게 인생경험을 글로 나타내는 것, 긴급한 주제를 분석하는 것, 측정된 흥미를 과거 경험과 연결시키는 것, 흥미검사를 받는 것, 결과를 인생사건과 연결시키는 것 등이다.
- 단계 7. **요약적 검토와 일반화**: 내담자가 상담을 계속 진행시킬 마음이 들도록 동기화시켜 주는 것은 틈새를 해결하는 데 진보가 있었다는 것을 아는 것이다. 이것이 마지막 단계에서 지각된다. ILP를 통한 전체 진행과정이 얼마나 효과적이었는지를 마지막으로 결정하게 된다. 모든 단계에서 초점이 되어야 할 것은 내담자의 진로결정과정이 어느 정도 진행되었는지이다. 마지막으로 이전의 6단계를 거치면서 얻은 교훈은 미래의 진로문제나 개인문제를 해결하는 데에도 활용될 수 있는 기술이다.

최초의 인터뷰에서 상담자의 목표는 각 내담자의 문제의 특성을 틈새나, 모호한 단서, 행동과정과 불확실성의 상호작용 행동, 행동의 예측하기 어려운 과정, 새로운 문제 등에 따라 분석하는 것이다. 여기서 틈새는 실제로 존재하는 것과 내담자가 존재해야 한다고 느끼는 것 사이의 부조화와 관련된 진로문제를 의미한다. 예컨대 최소의 책임을 가지는 낮은 봉급의 직업은 내담자가 상상한 높은 급여, 높은 지위, 독립성의 이상적인 상황과는 차이가 있다. 이러한 방식으로 틈새를 인지하는 것은 문제 확인과 이후의 목표개발에 적용 가능한 정보를 제공해 준다.

모호한 단서는 상담자와 내담자가 문제의 근원 혹은 특정한 행동의 원인을 이해하기 위해 사용될 수 있는 단서이다. 예컨대, 내담자는 경쟁적인 단서를 풀기 어려운 상황을 직면하면 불안이 극단적으로 높아질 수 있다. 안정적이고 보장이 되는 직업을 찾으려는 내담자는 부자가 되기 위해서는 위험이 따르는 자리에 있어야 한다는 것과 투쟁할 수 있다. 그러한 상황에서 내적인 갈등이 불안의 근원이 된다. 불안의 근원을 확인하는 것은 갈등적인 모호한 단서를 해결하기 위한 중요한 진보가 된다.

행동 과정과 결과의 불확실성이 상호작용하는 것은 의사결정과 문제해결에 영향을 미친다. 예컨대 내담자는 간호사가 되기로 결정하고 요구를 확인한다. 그 과정에서 관련되지 않은 진로도 탐색할 수 있다. 이러한 경우 내담자는 자신이 원한 바대로 진행하기에는 자신감이 부족하고 개인적 자질과 진로정보를 더 많이 요구할 수 있다. 상담자는 내담자가 문제를 해결하는 데 단서를 제공해 주는 행동을 확인하도록 도와준다. 결과의 불확실성은 그들 자신이 향상될 자신감이 부족한 내담자에게는 주된 장애물이다. 어떤 문제는 외적인 것인데 더 높은 교육을 위한 경제적 수단이 부족한 것과 같은 것이다. 어떤 내담자는 자기말을 하면서 혹은 독특한 자질을 토의하면서 강화받고 지지받기도 한다. 역기능적인 것으로 확인된 인지적 문제는 이원론적 사고를 상대적 사고로 대체하고, 자기통제를 개발하는 방법, 문제해결을 위한 효과적인 방법을 획득하는 전략으로 대처한다.

결과의 불확실성에 덧붙여 의사결정 동안에 새로운 문제가 발생한다. 그것은 종속적인 문제들로 보인다. 예컨대 결정 내담자가 더 높은 수준의 직업을 검토해야만 하는가? 다른 내담자는 어떤 대학이 가장 좋은 프로그램을 제공하는지 찾아볼 수도 있다. 종속적인 문제는 목표에 도달하는 데 대처할 수 없는 장애물을 예견해 주기 때문에 내담자를 낙담시킬 수 있다. 결과의 불확실성과 새로운 문제는 상담 모형의 중요한 단계에서 결정적인 역할을 한다. 상담자는 내담자를 격려해 줄 준비가 되어 있어야 하고, 내담자와 서로 협력하여 해결책을 제공해 주어야 한다.

예비 측정은 기본적으로 선별적이며 요구측정 절차이다. 선별과정에서 문제 확인을 위해 사용될 수 있는 검사도구는 My Vocational Situation(Holland, Daiger, &

Power, 1980)이다. 이 도구는 직업적 정체감, 정보에 대한 욕구, 직업선택에 지각된 장애물에 관한 정보를 제공해 준다. 진로성숙도, 미결정, 진로 신념, 진로의사결정 유형, 직업적 확실성 등을 측정하는 다른 도구들이 예비 측정 단계에서 사용될 수도 있다.

문제를 정의하고 원인을 분석하는 단계 3에서는 상담자와 내담자가 틈새와 이후의 문제들의 원인을 확인하여야 한다. 두 가지의 그럴듯한 선택지 사이에서 결정을 하지 못하고 있는 내담자는 삶의 역할이나 다른 중요한 문제가 있는지를 분명하게 하기 위해 개인상담을 받아야 할 필요가 있다. 내담자와 상담자의 협력적인 상호작용은 문제 확인을 촉진해 주기 때문에 중요한 것이다. 이러한 과정을 통해 내담자의 동의와 문제의 원인에 대한 이해가 가능해진다.

단계 4의 목표의 공식화는 각각의 목표를 충실하게 이행함으로써 할 수 있는 것이다. 능동적인 내담자는 상담과정의 결과에 대해 잘못 이해하거나 혼란에 빠질 가능성이 적다.

단계 5에서 내담자와 상담자는 각각의 상담 목표를 위해 ILP를 개발한다. ILP에 포함된 학습활동은 지시적인 형식을 취할 수도 있는데(Zunker, 1998), 객관적이고 자기지시적인 진단검사, 대안적인 학습 활동, 자기지시적 요약 측정 등을 포함하고 있는 것으로 해도 된다.

단계 6에서는 ILP를 실행한다. 자기말과 같은 여러 가지 방안이 적용될 수 있을 것이다. 자기말 진술은 자기효능감을 나타내는 진술로 볼 수도 있다(Bandura, 1989). 그래서 내담자가 한 부정적인 진술과 긍정적인 진술들을 각 내담자들이 토의할 수 있다. 긍정적인 진술은 내담자의 행동을 강화하기 위해 사용되며, 부정적인 진술은 자기비하적인 것으로 생각될 수 있기 때문에 분명하게 평가해야만 한다.

단계 7은 요약적인 검토와 일반화이다. 미래의 문제해결과 진로의사결정에 사용될 수 있는 학습된 기술에 초점에 둔다. 직업상담 모형은 CIP 이론을 근거로 해서 만든 학습 모형이다. 이론을 학습모형에 적용하며 단계별로 진행할 수 있는 과정을 만들었다. ILP는 이 모형의 특징이다. 그것은 다양한 개입 형식을 가질 수 있을 것이다.

내담자 유형별 직업상담

직업상담과정에서 특별히 고려해야만 하는 내담자들이 있다. 이들은 진로발달과정에 영향을 미치는 독특한 특질들을 갖고 있는 사람들이다. 예컨대 신체적인 제약이 있을 수도 있고, 학습능력이나 가치관의 차이가 있을 수도 있다. 진로전문가들은 모든 내담자가 거의 유사하다고 말하고 있지만 직업상담의 성공이나 실패에 영향을 미칠 수 있는 어떤 차이를 무시할 수는 없다.

사회에 다문화, 세계화가 확장되면서 사회 구성원도 다양해지고 있다. 일반적인 상담이론들이 특정한 집단의 특정한 요구에 대처하기 위해 필요한 특정한 상담과정에 적용되는 것에는 한계가 있다. 다양한 미니이론(minitheories)이 제시되어야 한다(Herr, 1996). 상담자나 내담자는 모두 일생 동안 학습을 멀리해서는 안 되는 상황이 되고 있다. Bingham과 Ward(1996)는 다문화적 직업상담 모형을 제시하였다.

- 단계 1: 동맹관계 형성
- 단계 2: 직업문제 확인하기
- 단계 3: 문화적 변인의 영향 측정하기
- 단계 4: 상담목표 설정하기
- 단계 5: 문화적으로 적절한 상담 개입 만들기
- 단계 6: 결정하기
- 단계 7: 실행 및 사후관리

Bingham과 Ward(1996)는 상담자가 내담자와 직업상담을 시작하기 전에 몇 가지 검사를 준비하는 것을 추천하고 있다. 예컨대, 다문화적 진로상담 체크리스트(Multicultural Career Counseling Checklist: MCCC), 진로상담 체크리스트(Career Counseling Checklist: CCC), 결정나무(Decision Tree: DT) 등이다. MCCC(Ward &

Bingham, 1993)는 문화적으로 다른 배경을 가진 내담자를 상담하려고 할 때 적절하게 활용될 수 있는 것이다. CCC(Ward & Tate, 1990)는 작업세계의 지식, 성차 문제, 결정과정에서 가족의 역할, 직업선택에 대한 내담자의 관심 등을 42개의 문항으로 측정한다. DT(Ward & Bingham, 1993)는 도식적이며, 상담 결정 지점과 통로를 제시해 준다. 이는 내담자가 직업상담을 받기 전에 심리상담을 받을 필요가 있는지를 결정하는 데 도움을 준다.

1) 여성 직업상담

여성주의 상담에서는 여성이 갖고 있는 문제들이 대부분 사회문화적 요인으로 인해 발생하는 것으로 가정하고, 그러한 맥락에서 여성의 문제를 이해하는 것이 중요하다고 주장한다. 또한 사회화 과정에서 형성된 성역할 고정관념이나 제도화된 성차별이 여성들이 가진 문제의 원인이며, 사회적 변화를 추구하도록 여성들을 격려한다. 역량강화 모형(empowerment model)을 기반으로 여성 직업상담에 적용하려는 접근법도 제시되었다(McWhirter, 1994). 이 접근법에서는 다섯 가지 역량 강화가 여성 내담자를 상담하는 데 도움을 줄 것이라 가정한다. 다섯 가지 역량은 다음과 같다.

- 협력(collaboration): 이는 내담자와 상담자의 상담관계를 의미한다. 내담자와 상담자의 협력관계를 강조하는 것은 여성 직업상담에서만 제기되는 것은 아니며, 상당히 많은 상담 접근법에서 이러한 관계를 중요시하고 있다.
- 역량(competence): 내담자의 강점을 찾아 이를 증진시키는 데 상담의 초점을 두어야 한다. 개인의 역량을 살펴보기 위해서는 Clifton StrengthsFinder(Compton & Hoffman, 2012)를 추천하고 있다. 이 검사는 사람들이 갖고 있는 34개의 강점 중 개인이 가진 다섯 가지의 강점을 알아낼 수 있는 검사도구이다.
- 맥락(context): 직업적 행동은 거시체계, 외부체계, 중간체계, 미시체계가 서로 혼재되어 있는 맥락 속에서 일어나는 것이다. 여성의 행동을 이해하기 위해서는 그들의 삶의 맥락도 함께 이해되어야 한다.

- 비평적 의식(critical consciousness): 내담자보다 상담자가 우선적으로 비평적 의식을 갖는 것이 중요하다. 자신이 가진 편견과 고정관념이 어떻게 작동하는지, 사회적 권력과 제도적 차별이 어떻게 발휘되고 영향을 미치는지를 이해해야 한다.
- 공동체(community): 자신을 지지해 줄 공동체를 발견하고 그들과 함께 움직이도록 도와준다. 자신의 목소리를 대변해 줄 사람들과 함께 활동하도록 돕는다.

여성과 남성의 상대적 소득은 항상 논쟁거리이다. 풀타임으로 일하는 노동자를 대상으로 한 연구에서 여성은 남성의 약 81.2%의 소득을 얻고 있는 것으로 나타났다(BLS, 2010). 차이가 나타나는 이유는 무엇일까? 여성은 작업장에서 차별을 받고 있기 때문일 수 있다. 남성들과 동일한 직장에서 일하는 여성도 남성보다는 소득이 적다. 또한 여성은 전통적으로 수입이 적은 직종에서 일하는 경우가 많은데, 여성 중 18%가 서비스 업종에 종사하는 반면, 남성은 10.5%밖에 되지 않는다. 남성과 여성이 일하는 업종에 따라 소득에 차이가 발생하고 있다.

남성과 여성의 소득의 차이를 교육의 차이로 설명하는 경우도 있다. 그러나 동일한 교육수준에서도 남성은 여성보다 더 많은 소득을 얻고 있다. 점차 고학력 여성들이 노동시장에 더 많이 나올 것이지만 전통적인 직업관이 바뀌지 않는 한 여성과 남성의 소득 격차는 존재할 것이다. 실제로 노동시장에서 대학 이상의 학력수준을 요구하는 곳은 4분의 1밖에 되지 않는다. 여성은 작업장에서 남성들보다 더 적은 시간을 보낸다. 아마도 아이 양육과 부모 봉양 때문일 것이다(Colquhoun, 2010). 여성들이 남성들만큼 유사한 소득을 얻기 위해서는 다른 직업을 선택하거나, 직장에서 더 많은 시간을 보내야 할지 모른다.

Bingham과 Ward(1996)가 제시한 다문화적 직업상담 모형을 여성 내담자에게 적용해 보면 다음과 같다.

단계 1은 라포르를 형성하는 것이다. 직업상담 모형에서는 내담자와 상담자의 관계가 가장 중요하다. 내담자가 상담 관계에서 자유롭게 자신을 표현할 수 있어야 하고, 내담자 자신이 가장 훌륭한 선생이어야 한다. 상담관계는 협력적이고 신뢰로운 관계여야 한다. 특히 상담자와 내담자가 성이 다른 경우 세심한 주의가 필요하다.

상담자는 내담자가 가진 신체언어나 반응을 잘 이해할 수 있어야 하며, 내담자가 속한 문화와 그 특성에 대해 깊이 있는 분석이 이루어져야 한다. 상담자는 내담자가 다른 세계관을 가지고 있다 하더라도 협력관계를 형성하기 위해 필요한 만큼 많은 시간을 사용해야 한다.

단계 2는 직업문제를 확인하는 것이다. 상담자가 내담자의 세계관을 이해하게 되면 의사결정을 방해하는 장애물을 더 잘 이해할 수 있다. 차별을 경험한 내담자들은 자신들이 장애물을 극복할 수 없을 것이라고 생각할 수 있다. 내담자들은 과거와 현재의 내적 혹은 외적 장애물이 진로결정에 영향을 미쳤다는 것을 깨달아야 한다. 그래서 진로선택을 하는 데 제한을 받았던 자신의 경험을 확인하는 것이 중요하다.

단계 3에서 상담자는 진로선택에 가장 제한적인 영향을 주었던 문화적 변인을 확인해야 한다. 이 과정은 시간이 많이 걸리는 작업이지만 생산적인 작업이다. 가족 환경이나 종교, 다른 문화적 요소들이 어떻게 자신의 삶에 영향을 미쳤는지를 내담자가 깨닫는 과정이다. 중요한 영향 중 하나로 가족을 들 수 있다. 내담자가 원하는 것과 가족이 적절하다고 생각하는 것이 다를 경우에 오는 갈등이 있다. 개인은 자신이 스스로 무엇인가를 택할 수 있는 자유와 권리가 있지만, 집안 분위기 때문에 가족의 요구를 뿌리치기 어려워하는 사람들이 있다.

단계 4는 목표설정으로, 이것은 내담자와 상담자의 공동 협상과정이다. 서로 협력하여 만들어진 목표는 내담자가 더 만족스러운 결과를 가져오도록 격려해 주는 역할을 한다. 특히 여성 내담자에게는 내담자와 상담자의 동맹관계가 중요하다. 어떤 내담자들은 수동적으로 상담에 참여하고 결정을 상담자에게 미루기도 한다. 이러한 내담자들은 자신의 진정한 감정과 경험을 드러내지 않으려고 하고 적극적으로 상담과정에 개입하려고 하지 않는다. 상담자는 활동을 서로 협상해 나가는 것이 좋다는 것을 내담자에게 알려 주어야 한다. 때로는 여성 내담자에 따라 자기실현에 기초한 목표보다는 실용적인 목표가 더 적절한 경우가 있다(Leong, 1993). 직업이 자신에게 주는 혜택보다는 가족이 어떤 이득을 볼 것인지를 먼저 고려할 수도 있고, 장기적인 목표보다는 즉각적으로 욕구를 충족시켜 주는 목표를 우선할 수도 있다.

단계 5는 적절한 개입을 만드는 것이다. 개인 욕구가 어떤 개입이 적절할 것인가를 결정한다. 때로는 개입 전략을 개발하는 데 가족이 관여하거나 참가하는 것도 추천된다. 가족이 내담자에게 힘을 불어넣어 줄 수 있도록 해 주는 것이 바람직하다.

어떤 내담자에게는 집단 개입이 더 생산적인 경우가 있다. 같은 성을 가진 구성원들 혹은 같은 신념을 가진 구성원들끼리의 모임이 내담자에게 편안하게 자신의 결정을 할 수 있도록 만들어 준다.

단계 6에서 중요한 것은 내담자가 목표에 대한 모든 장애물로부터 벗어났다는 것을 확신시켜 주기 위해 결정과정을 지속적으로 살펴보는 것이다. 어떤 장애물은 제거하기 어려운 경우가 있고, 어떤 내담자는 상담자를 기쁘게 해 주려고 결정을 할 수도 있다. 이러한 경우 내담자는 다시 단계들을 시작하도록 해야 한다.

2) 직업복귀상담

직업상담 영역에서 가장 중요한 것들 중 하나는 복귀상담(rehabilitation counseling) 이다(Chan, Berven, & Thomas, 2004; Riggar & Maki, 2004). 직업복귀상담은 장애조건(disabling conditions)을 가진 내담자가 일과 관련된 삶의 과제에 적응할 수 있도록 도와주기 위해 만들어진 것이다(Gilbride & Stensrud, 2003). 복귀상담은 역사적으로 직무배치나 작업환경의 조정에 주로 초점을 둔 것이었다. 직업복귀(Vocational Rehabilitation: VR)상담에서 가장 중심이 되는 것은 장애조건에 관한 것이다. 장애조건은 다음과 같다.

- 신체적 장애: 신체절단, 척수장애, 반복 운동 증후군, 관절염, 기타 정형외과적 장애
- 감각적 장애: 시각 · 청각 손상, 맹인, 난청
- 심리적 장애: 정신건강의 손상, 우울, 불안, 양극성 장애, 조현병, 약물사용장애 등
- 인지적 장애: 대뇌손상, 난독증과 같은 학습장애, 정신지체, 주의결핍장애
- 발달적 장애: 자폐증, 뇌성마비, 척추뼈 갈림증, 낭포성 섬유증

Szymanski와 Parker(2003)는 장애의 개념이 다음과 같은 속성을 갖고 있다고 제시하였다.

- 장애의 경험은 항상 일정한 것은 아니다. 정의는 역사적 변화나 문화적 영향에 따라 변화한다.
- 장애를 가진 사람은 그 사회에서 소수집단을 구성하고 있다.
- 미국에서 비제도화된 성인의 15%는 그들이 활동하는 데 제한점을 갖고 있다.
- 장애조건은 가난과 상관관계가 높다. 장애를 가진 성인의 단지 29%만 고용되고 있다.

이러한 장애의 특성 때문에 일하는 것, 일할 기회에 대한 접근과 관련하여 문제가 발생한다. 장애를 가진 내담자를 대상으로 한 직업상담은 상당한 불확실성을 안고 있다. 그것은 노동시장 때문이기도 하고, 내담자의 변하기 쉬운 요구와 조건 때문이기도 하다. 또한 내담자들은 직업개발이나 직무탐색에서의 지원과 같은 도움을 받고 싶어 한다. 기존의 직업상담 전문가들이나 직업심리학자들은 직업개발이나 직무탐색활동을 멀리하였고 다루려고 하지 않았다. 그러나 장애를 가진 사람들은 자신들의 삶에서 일이 매우 중요한 역할을 하기 때문에 자신들이 할 수 있는 일, 자신에게 일을 줄 수 있는 곳을 찾으려고 한다.

(1) 직업복귀 상담과정

① 작업동맹

직업복귀 과정의 핵심은 내담자와 상담자 간에 형성된 작업동맹이다(Lustig, Strauser, Rice, & Rucker, 2002). 작업동맹은 직업복귀상담자와 내담자 간에 공유하고 있는 동등한 파트너십이며, ① 내담자의 직업적 장점, 선호도, 고용목적, 목표성취의 장애물, 서비스요구 등을 확인하는 것, ② 의미 있는 고용에 도달할 수 있게 개인화된 서비스 계획을 개발하고 실행하는 것 등을 해 나가는 것이다(Kosciulek, 2004b; Wehmeyer, 2003). 작업동맹의 구성요소는 정보에 근거한 선택(informed choice), 자기결정(self-determination), 권한위임(empowerment) 등이다(Chan et al., 1997; Kosciulek, 2004a). 정보에 근거한 선택은 직업복귀 서비스, 서비스 제공자, 서비스

조달, 고용목표 등에 관한 결정을 스스로 할 수 있다는 내담자의 권리를 의미한다. 직업복귀상담자들은 내담자가 취할 수 있는 대안들에 대해 교육시키고, 자기결정에 기반한 선택을 어떻게 할 수 있는지를 학습할 수 있도록 해 주는 자원과 도구를 제공해 준다. 자기결정은 사람들이 자신들의 삶을 통제할 수 있다는 권리와 능력을 의미한다. 이는 직업복귀상담에서 중요한 요소이다. 그 이유는 ① 역사적으로 장애를 가진 사람들에게는 거부되었던 권리이고, ② 자기결정이 더 나은 직업복귀상담 결과를 가져온다는 연구 결과들이 많기 때문이다. 권한위임은 힘없고 하찮은 존재였던 사람들이 자신의 삶과 환경을 통제할 수 있는 기술을 개발하는 과정을 의미한다. 권한위임은 직업복귀상담자가 내담자에게 일어나고 있는 것에 대해 통제와 권한을 발휘하도록 기회를 주는 것을 말한다. 장애를 가진 사람은 장애를 갖고 있지 않은 사람들만큼 자신들에게 영향을 미치는 것들을 통제할 수 있다.

② 요구측정

작업탐색 과정은 장애를 가지고 있는 사람의 경우도 장애가 없는 사람들과 유사하다. 단지 내담자의 신체적·정신적 능력에 맞는 직업을 확인하는 데 초점을 두는 것이 차이가 있다. 아직도 고정관념이나 장애를 가진 사람들의 자아의식이 직업선택의 폭을 좁게 한정하고 있지만 장애를 가진 사람들이 일할 수 있는 직업의 폭은 상당히 넓다.

개인이 직업복귀 서비스를 받을 만한 자격이 있는 것으로 결정되면 직업복귀상담자는 내담자의 목표와 서비스 요구를 측정한다. 이러한 요구측정을 통해 상담자와 내담자는 개인의 직업적 장점과 기능적인 결점을 이해하고 고용목표와 치료적 서비스를 계획할 수가 있다(Telzrow & Koch, 2003). 이 과정에서 상담자는 내담자의 직업흥미, 전환할 직무기술, 기능적인 제한, 특별한 직업복귀 서비스(예컨대 직업훈련, 신체회복 서비스, 적응 상담, 직무개발 및 배치)의 필요성 등에 관한 자료를 수집한다. 가능한 고용목표와 서비스를 확인할 수 있도록 하기 위해서 그리고 내담자가 그의 고용목표를 성취하는 데 필요한 지지를 확인하기 위해서 부가적인 진단정보(학습과 인지적 측정, 직업적 평가, 의학적 평가, 심리적 평가 등)를 구하기도 한다.

직업복귀상담자들은 먼저 내담자에 대해 다양한 정보를 측정하고, 자료를 수집하고 분석하여 해석해야 한다. 이러한 과정을 통해 내담자의 직업적 장점과 선호도,

약점을 파악할 수 있다. 가능한 고용목표를 설정하고 내담자가 필요로 하는 지원의 유형을 결정하기 위해서는 이러한 과정이 매우 중요하다. 상담자들은 이러한 과정을 하기 위해 인터뷰를 하거나 장애기록에 대한 검토, 고용 관련 기록, 행동관찰, 시험 등을 통해 진행한다(Benson, 2010).

측정의 목적은 내담자나 상담자가 상황을 잘 파악하도록 돕는 것이다. 표준화된 도구로 혹은 비표준화된 도구로 얻을 수 없는 내담자의 정보를 얻기 위해 측정이 사용된다. 장애를 가진 내담자에 대해서는 기존에 일반인을 대상으로 사용하기 위해 만들어진 도구보다는 다른 도구를 사용하는 것이 더 바람직할 수 있다(Zunker, 2006). 예컨대 장애를 가진 내담자는 그들과 연령대가 유사한 사람들과는 다른 경험을 가지고 있을 것이다. 신체적인 능력이나 정신적인 능력에 대한 손상은 심리측정을 적절하게 사용할 수 없게 만들 것이다. 측정보다는 다양한 전문가에 의한 인터뷰가 그들의 잠재력을 평가하는 데 도움이 될 것이다. 장애를 가진 내담자들에게는 그들이 할 수 없는 것이 무엇인가 하는 것보다는 그들이 할 수 있는 것이 무엇인가를 살펴보아야 한다.

인터뷰는 직업복귀상담자들이 가장 흔히 사용하는 측정도구이다(Berven, 2001). 인터뷰는 대개 상담자와 내담자가 처음 만났을 때 시행한다. 인터뷰를 통해 상담자들은 내담자의 능력(장애의 원인, 발생 시기, 기능적인 제한, 의학적 처치 등)이나 교육배경, 고용기록 역사(가장 높았던 직위, 직업훈련 증명서, 최근의 고용동향, 전환 기술 등), 개인과 가족 역사(결혼상태, 가족 수, 거주유형, 수입원, 의료보험 등), 서비스에 대한 기대(원하는 서비스, 선호하는 서비스 제공자, 원하는 결과 등) 등에 관한 자료를 수집한다.

인터뷰를 통해 수집된 정보에 기초하여 상담자는 내담자의 직업적 장점과 약점을 더 잘 이해하기 위해서 필요한 평가도구와 전략을 결정한다(Leahy, Chan, Sung, & Muwoong, 2013). 어떤 경우는 부가적인 평가가 필요 없을 수도 있고, 특별한 평가를 하기도 한다. 상담자는 내담자의 기록을 검토하고, 내담자의 장애로 인한 고용 장애물을 해결할 수 있는 방안을 탐색한다. 상담자는 내담자의 개인적인 특성에 맞는 직업적 목표를 확인하기 위해 다양한 개인정보(적성, 기술, 기능적인 제한점, 성취, 흥미, 개인적 특성들)와 직업정보(노동시장정보, 직업분류사전 정보)를 수집하고 해석한다.

③ 고용을 위한 개인용 계획서

이 시점에서 상담자와 내담자는 직업복귀의 다음 과정으로 진행한다. 이는 고용을 위해 개인용 계획을 설계하고 개발하는 것이다. 이것이 직업복귀 과정을 나타내 주는 문서가 된다. 이 계획서에 내담자의 고용목표와 목표를 성취하기 위해 필요한 다양한 서비스 등이 포함되어 있다. 각 서비스를 언제 시작하고 종결하는지에 대해서도 정하고 각 서비스를 담당할 제공자를 확인한다. 마지막으로, 서비스에 대해 내담자가 책임져야 할 것에 대해 알려 준다.

④ 직무탐색

내담자가 계획서를 작성하면 직무탐색(job seeking) 단계로 넘어간다. 직무탐색에 어느 정도로 어떤 지원을 해야 하는지는 내담자의 요구나 서비스를 제공하는 상황에 따라 다르다. 어떤 내담자는 상담자의 도움 없이 스스로 직무탐색을 하기도 하고 다른 개인은 상담자에게 더 많은 지원을 요구하기도 한다. 상담자가 제공할 수 있는 지원으로는 직무탐색 기술훈련, 직접적인 배치지원, 지원고용 등이 있다.

⑤ 결말

내담자가 안정된 고용을 하거나 직업으로 돌아갔을 때 혹은 직무안정성을 갖기 위해 그들의 위치에서 충분한 시간을 보여 주었다면 직업복귀 과정을 마무리한다. 미국 정부에서 실시하는 직업복귀 프로그램은 최소 90일 이상 내담자의 능력이나 흥미, 선택에 어울리는 일을 하였을 때 직업복귀 과정이 성공적이었다고 평가한다 (Mandeville, Brabham, & Koch, 1998). 직업복귀 프로그램에 의해 종결된 내담자들은 필요한 경우 다시 서비스를 받을 수 있다. 특정한 장애를 가진 내담자들에게는 전 생애에 걸쳐 서비스를 받을 수 있는 정책이 있다.

(2) 직업복귀상담 개입

직업복귀상담 영역에서 대부분의 연구와 이론들은 장애를 가진 사람의 진로발달에 관한 것들이다(Ochs & Roessler, 2004; Szymanski & Hershenson, 2005). 장애를 가진 사람들의 진로상담과정은 장애를 갖지 않은 사람들의 진로상담과정과 유사하게 진행하면 된다. 단지 장애를 가진 사람들은 독특한 방식으로 진로발달과정을 거친

경험을 가지고 있다. 예컨대, 차별, 방과 후 활동 같은 초기 진로탐색활동에 참가할 기회의 제한, 의사결정의 경험 부족, 선택할 직업의 수가 적다는 지각 등이다. 상담 자들은 이러한 경험이 진로발달과정을 어떻게 형성하는지를 인지하고 이해하고 있 다. 또한 상담자들은 내담자들의 진로발달 경험을 향상시키기 위해, 그들이 안정된 고용을 준비하기 위해 장애를 가진 사람들과 어떻게 상호작용해야 하는지를 알고 있다.

직업복귀상담자들은 개인으로 혹은 집단으로 진로상담을 한다. 다른 상담전문가 들과 유사하게 직업복귀상담자들도 내담자들이 그들 자신을 탐색할 수 있도록 권 한을 위임하는 접근을 사용한다. 이들 상담자들이 주로 사용하는 진로개입은 개인 진로상담, 진로계획체계(career planning systems), 진로의사결정전략(career decision making strategies), 체험적 개입(experiential interventions), 진로 포트폴리오(career portfolios) 등이다(Hershenson, 2010). 직업복귀 상담을 받는 대부분의 내담자들은 자기지식도 부족하고 스스로 결정을 해 본 경험도 적으며, 일의 세계에 대한 노출도 적었고, 직업적 역할모델과 상호작용해 볼 기회도 적었던 사람들이다. 따라서 상담 자들은 이러한 내담자들이 자기 스스로를 더 잘 인식하고 그들에게 가능한 직업적 선택에 대한 시야가 넓혀지도록 도와주어야 한다. 또한 내담자가 진로의사결정 기 술을 배우고 실행할 기회를 제공하는 것도 중요하게 다루어야 한다.

직업복귀상담자들은 흥미검사를 실시하거나 진로계획 워크북을 사용하면서 진 로상담을 시작할 수 있다. 내담자가 더 많은 지원을 필요로 하면 진로탐색에 참가할 기회를 줄 수도 있다. 또한 상담자들은 가능한 진로 대안에 대한 지식을 확장시키기 위해 정보적 인터뷰(informational interviewing), 직업체험(job shadowing), 자원봉사 활동(volunteering)과 같은 참여적 개입을 사용하여 내담자를 북돋우기도 한다.

직업복귀 영역에서는 직업클럽(Job Club)을 자주 사용한다(Azrin & Philips, 1979). 직업클럽은 실업자를 대상으로 동기, 직무탐색 기술, 사회적 연결망 등을 향상시키 기 위해 고안된 행동적 상담이다. 이는 장애를 가진 개인이 안정된 고용을 얻도록 도와주는 데 효과적인 것으로 밝혀졌다. 직업복귀상담의 다른 특징은 고용주에 대 해 주의를 기울인다는 것이다. 내담자가 원하는 방향으로 이끌어 가기 위해서 직 업복귀상담 전문가들은 고용주와 친밀한 관계를 가지고 있어야 한다. 고용주를 내 담자로 간주하여야 한다는 것이다. 이러한 경향성으로 인해 고용주 자문(employer consulting), 직무코칭(job coaching) 등이 만들어졌다(Gilbride & Stensrud, 2003; Hershenson & Liesener, 2003). 이 두 가지 모두 작업현장의 경험이 없는 새로운 노동자를 지지해 주는 환경을 만들기 위한 것으로 고용주의 적극적인 참여가 있어야 한다. 직업복귀상담 전문가는 직업을 만들어 내기 위해, 고용인을 위한 환경을 만들어 내기 위해 고용주와 잘 어울려 일할 수 있어야 한다.

일반적인 상담에서 상담자는 고용을 탐색하고 공정한 환경을 만들도록 도와주기 위해 적극적인 반면, 내담자는 수동적으로 반응한다. 그러나 장애를 가진 내담자들은 정치적인 힘을 얻기 위해 적극적으로 움직이기도 한다. 직업복귀상담 전문가들은 사무실에서 상담하기보다는 내담자들의 삶에 뛰어들어 현장에서 상담하는 경우가 많다.

직업복귀상담을 할 때 중요하게 다루어야 하는 것은 내담자에게 힘을 갖도록 해주는 것이다. 내담자가 힘을 갖도록 하는 방법 중에 하나는 내담자를 경쟁적인 노동시장과 연결시키는 것이다. 다른 방안은 내담자에게 공공정책무대에 참여할 수 있는 도구를 제공해 주는 것이다.

3) 직업전환 직업상담

전환(transitions)이란 한 단계에서 다른 단계로의 이동을 의미한다. 직업의 세계에서는 다양한 전환이 발생할 수 있다. 정규과정을 거쳐 정상적으로 사회진출을 하는 경우는 대부분의 사람들이 예상할 수 있는 전환이다. 그러나 특정한 사건으로 인해 예상하지 못했거나 예견되지 않았던 전환이 일어날 수 있다. 직장에서 해고되거나 자리를 옮길 수 있고(비자발적인 전환), 일신상의 이유로 현재의 직업에서 다른 직업으로 변경하는 경우(자발적 전환)도 있을 수 있다(Hopson & Adams, 1977).

Schlossberg(1984, 2009)는 네 가지 전환유형을 제시하였다. 예상된 사건, 예상하지 못한 사건, 만성적 불편 상황, 불발사건 등이다. 예상된 사건은 학교 졸업이나 결혼, 취업, 퇴직과 같이 대부분의 사람들의 생애에서 일어나는 사건들이다. 예상하지 못한 사건은 기대하지 않은 사건을 말하며 가족 구성원의 죽음, 직장해고, 이직 등을 들 수 있다. 만성적 불편상황(chronic hassles)은 긴 통근시간, 비합리적인 상사, 일과시간의 압박, 불편한 물리적 환경 등을 말한다. 불발사건(nonevent)은 개인이 자신에게 일어나기를 바라지만 결코 일어나지 않는 것을 의미한다. 희망승진이나 특정 지역으로의 전근과 같은 것을 들 수 있다.

Hopson과 Adams(1977)가 제시한 다른 범주의 전환은 자발적 전환과 비자발적 전환이다. 자발적 전환은 자신이 현재의 직장을 그만두고 자신이 원하는 직업을 찾는 것이다. 비자발적인 전환은 직장에서의 해고나 이직과 같은 것이다. 예상된 사건이 자발적일 수도 있고 비자발적일 수도 있다. 자발적 전환은 성공적인 직업적응을 예측하는 요인으로 볼 수도 있다(Fouad & Bynner, 2008). 일반적으로 위기는 예상치 못하고 비자발적인 사건인 경우가 많다. 이러한 사건들은 남성보다 여성에게 더 큰 영향을 미친다. 여성은 남성보다 차별을 경험하기가 더 쉽고, 자녀 양육과 가정문제를 기반으로 하여 의사결정을 하며, 성희롱을 당할 가능성이 높다(Fassinger, 2008).

Schlossberg(1984, 2009)는 개인의 생애 역할에 부담을 주는 다양한 사건을 분류하여 개인의 진로와 결혼, 부모 역할에 압박을 주는 공통적인 생애 사건을 제시하였다. 진로사건은 비규범적 사건, 규범적 역할 전환, 지속되는 직장문제의 세 영역으로 분류되었다. 비규범적 사건의 대표적인 예는 해고 통고나 실직이다. 규범적 전환은 예측 가능하고 자발적인 경향이 있다. 은퇴와 같은 역할 상실도 규범적 전환의 한 예이다. 규범적 전환은 예측하지 못하였을 때에만 위기가 된다. 퇴직이 임박한 시점에 은퇴계획을 세워 놓지 않은 사람은 퇴직으로 인한 역할변화로 심각한 영향을 받을 수 있다. 지속되는 직장문제는 오랫동안 지속된 진로문제가 누적된 결과로써 전환위기를 초래할 수 있는 문제이다. 열악한 작업환경이나 직무압박감, 동료 및 직장상사와의 관계와 같은 것이다.

직업의 세계가 세계화 · 정보화되면서 새로운 진로모델이 제시되고 있다. 현재 직장에 재직하고 있는 사람들의 경우 세 가지의 진로유형으로 구분할 수 있는데, 그것은 만화경 진로, 무경계 진로, 프로틴 진로 등이다. 만화경 진로(kaleidoscope career)는 자신에게 최선의 것을 찾아 도전을 추구하는 것이다. 만화경이란 여러 갈래의 다양한 것이 섞여 있음을 비유적으로 이르는 것으로, 만화경 진로를 추구하는 사람은 자신의 강점과 약점을 파악하고 자신의 선택에 진정성을 갖고 임하며 삶의 조화를 추구한다. 무경계 진로(boundaryless career)는 전통적인 직업의 세계와는 달리 근무형태나 일하는 방식에 제한을 두지 않는 것이다. 마케팅이나 리테일, 요식업, 교육기관, 여행사, 부동산 등 비즈니스 직종에 근무하는 사람들에게 적용될 수 있는 진로유형이다. 직무순환이 자주 일어나고 직업전환도 빈번하게 일어날 수 있는 유형이다. 프로틴 진로(protean career)는 자기주도적으로 자기가치에 기반하여 직업을 선택하는 것이다. 프로틴 진로를 추구하는 사람들은 직장 내에서 이동할 수 있고 다른 직장으로 이동하기도 하며, 적응성이 높고 다재다능한 사람들이다.

진로전환을 하고자 하는 사람들에게는 진로전환검사(Career Transitions Inventory)를 통해 진로전환과 관련된 중요한 측면들을 확인할 필요가 있다. CTI는 진로전환 과정에서 방해요인이 될 수 있는 내담자의 내적인 심리과정을 측정하기 위한 검사로 전체 40문장이며 리커트 방식으로 측정한다. 진로전환검사에서는 다섯 가지의 요인을 측정한다.

- 준비성(readiness): 개인이 진로전환을 하려고 동기화되어 있는 정도
- 자신감(confidence): 성공적인 전환을 할 수 있다는 자기효능감
- 통제감(control): 의사결정을 스스로 할 수 있다고 느끼는 정도
- 지각된 지지(perceived support): 다른 사람들로부터 받고 있다고 느끼는 지지의 정도
- 결정 독립성(decision independence): 자신의 욕구에 따라 결정을 내리는 정도

규범적인 진로전환과는 달리 비규범적인 사건으로 인해 진로전환이 이루어지는 경우가 있다. 그중 가장 대표적인 것이 실직이다. 실직은 개인에게 아주 심각한 영향을 미치는 것이다. 실업자를 대상으로 상담하는 것은 직업상담에서는 하나의 도전이었다. 직업심리학과 심리치료 영역에서는 실업자들에 대해서 관심을 기울이지 않았었다. 이제 실업은 지속적으로 일어나는 문제이며 점차 규모도 커지고 있다. 실업으로 인한 심리적 결과는 정서적 혼란부터 심각한 심리적 문제에 이르기까지 다양하다(Price, Choi, & Vinokur, 2002). 실업으로 인해 가깝게는 가족이 상처를 받고, 멀리 보면 지역사회 전체와 국가가 상처받는 일이다.

일은 내담자의 정체감과 자존감에 중요한 역할을 한다. 고용의 상실은 우울이나 다른 심리적 문제보다 더 큰 상실감을 느끼게 만든다(Herr et al., 2004). 실업자를 상

대할 때에는 자살이나 자해와 같은 위험을 배제하기 위해 주의 깊게 정신건강도 살펴야 한다. 실업자들을 대상으로 한 효과적인 상담은 직업상담과 심리치료를 통합한 것이 될 수 있다. Hopson과 Adams(1977)는 실직자들의 실직 후 반응을 일곱 가지로 구분하여 제시하였다. 이 일곱 가지는 단계별로 나타나는 것으로, Hopson과 Adams가 이를 전환모델에 적용하기도 한 것이다.

- 부동화(immobilization): 해고를 당한 사람은 상황에 압도되어 움직일 수 없는 상태가 된다. 멍하니 아무 생각이 없는 상태이며 단기간에 끝날 수도 있고 장기간 지속되기도 한다.
- 최소화(minimization): 자신에게 발생한 변화를 실제보다 적게 보이고 싶어 하는 것이다. 변화를 부인하거나 별일이 아닌 것처럼 반응할 수도 있다.
- 자기회의(self-doubt): 자신의 능력에 대한 의심이며, 무슨 일이 일어날지 모르겠다는 두려움과 불안, 슬픔, 분노 등이 동반된다.
- 내려놓기: 자신에게 일어난 것을 받아들이며, 내면에서 일어난 감정들을 내려놓는 것이다. 자신이 아닌 다른 것으로 시야를 돌리기 시작한다.
- 시험해 보기: 앞으로 어떻게 해야 할지를 생각하고 시험해 나가는 것이다. 스스로 할 수 있다는 생각을 하기 시작하면서 에너지가 분출되는 시기이다.
- 의미추구: 자신에게 일어난 여러 가지 사건들과 감정들을 해석하고 이해하려고 한다. 자신의 이해에 기초하여 의미를 찾아가는 것이다.
- 내면화: 가치와 생활양식의 변화이다. 위기를 극복하면서 적응능력이 향상되고 새로운 대처기술을 배우게 된다.

4) 실업상담

직업을 찾는 구직자들은 자신의 성격이나 가치, 능력과 노동시장의 요구에 맞는 직업을 찾는 것이 바람직할 것이다. 그러나 실제로 실업자들은 경제적으로 안정되고 고용이 보장되는 일을 찾으려고 한다. 경제적인 지원이 없는 실업자들에게 P-E 적합 개념을 반영하여 자신을 탐색하고 환경을 분석한 다음 자신에게 맞는 직업을 찾는다는 것은 사치이며, 직업상담에서 제시된 체계나 개입을 따르기 힘들다.

실업자들이 다시 일의 세계로 들어가기 위한 방안으로 가장 유명한 것은 Bolles 와 Bolles(2005)가 제시한 "What Color Is Your Parachute?"이다. 이 책이 만들어질 때는 교육을 받은 노동자가 한 직업에서 다른 직업으로 전환하는 것을 도와주기 위한 것이었는데, 실제로는 실업자가 실업에서 고용으로 전환되는 것에 도움이 된 것으로 나타났다. 대부분의 실업자들이 직면하는 주된 문제는 실업자들이 가진 기술과 노동시장에서의 가용 방안이 서로 일치하지 않는다는 것이다(Kahn, 2004; Rankin, 2003). 따라서 실업자들은 시야를 더 넓혀야 할 필요가 있다.

구직활동지도(Quick Job-Hunting Map)는 내담자에게 중요한 정보를 제공해 주는 전환기술질문지(Transferable Skills Inventory)를 포함하고 있다. 전환기술질문지는 내담자에게 일의 세계를 포함하여 인생의 어떤 영역에서의 성취에 관한 짧은 에세이를 일곱 개 작성하게 한다. 일단 에세이가 작성되면 각각의 성취에서 나타났던 기술들을 용지에 나타내어 도식으로 지도화한다. 내담자들에게는 그들이 흥미 있었던 기술들 밑에 줄을 긋게 한다. 기술 지도가 완성되면 내담자는 성취를 시각적으로 볼 수 있게 되며, 이를 기술로 쉽게 전환할 수 있게 된다. 상담자의 도움을 받아 내담자는 이러한 기술들이 다른 영역에서 어떻게 사용될 수 있는지 탐색할 수 있다. 이러한 과정은 내담자가 흥미가 있는 한 영역에서 더 많은 기회를 제공해 주는 영역으로 움직이도록 도와주는 데 효과가 있을 것이다.

실업자들을 위해 개발된 가장 유명한 개입 중 하나가 JOBS(A Manual for Teaching People Successful Job Search Strategies) 프로그램이다(Vinokur & Schul, 1997; Vinikur et al., 2000). JOBS는 선발과 고용을 담당하는 워크숍 지도자들을 위한 기술들을 제시하며, 직업탐색 세미나와 교육자 포럼의 훈련과정, 디자인, 전달과정에 대해 기술하고 있다. 이는 실행과 평가를 포함한 다섯 가지 부분으로 구성되어 있다. 미시간 대학교의 연구자들이 재취업을 하려는 노동자와 실직 노동자들을 위해 만든 JOBS 프로그램의 주된 내용은 다음과 같다(Curran, Wishart, & Gingrich, 1999).

① JOBS의 실행 매뉴얼에 관한 것이다. 교육자가 JOBS 프로그램을 올바르게 전달하기 위해 어떻게 훈련되어야만 하는지를 기술해 놓았다. 이 부분에는 교육자에 대한 것, 훈련과정에 대한 것, 진로개입 훈련에 대한 것 등이 포함되어 있다.

② JOBS의 워크숍 진행방식에 대한 것이 포함되어 있다. 교육자가 교육을 처음 시작하는 것과 전달과정을 어떻게 이끌어 가야 하는지를 기술해 놓았다. 교육과정이 매일 어떻게 구성되어야 하는지, 각 세션들이 어떻게 작동하는지에 대해 자세하게 기술해 놓았다.

③ 대략 40여 개의 유인물로 구성되어 있는데, JOBS 프로그램의 다섯 가지 훈련부문별로 행동해야 하는 것에 대해 상세하게 기술되어 있다.

④ 질적인 측정 및 검증 도구들을 제시해 준다. 참가자들이 JOBS 프로그램을 하는 동안 향상된 것이 무엇인지를 나타내 주는 사전, 사후 평가척도들을 제시해 준다.

⑤ 관찰자가 JOBS 프로그램의 전달이 잘 되었는지를 살펴보고 평가할 수 있는 기록지가 포함되어 있다. 교육자의 과제와 활동, 각 훈련과정에서 참가자들에게 기대된 행동들을 평가할 수 있다.

JOBS 프로그램이 만들어진 이후에 청년들이 학교에서 직장으로 전환되는 것에 초점을 둔 STW(School-to-Work) 프로그램이 2000년대에 만들어졌다(Koivisto, Makitalo, Larvi, Silvonen, & Vuori, 2002; Nykanen et al., 2014). STW 프로그램은 두 개의 핸드북으로 구성되어 있는데, 하나는 교육자용 매뉴얼이고, 다른 하나는 참가자용 책자이다. 교육자용 매뉴얼에는 각 워크숍 지도자를 위한 지침들이 기술되어 있다. 프로그램 실행의 소개, 각 방법들을 시작할 시기, 훈련과정의 원리들이 포함되어 있다. 또한 훈련과정에 대한 것도 기술되어 있는데, 자신의 기술과 진로계획을 확인하는 것, 인터뷰를 준비하는 것, 고용주의 생각을 이해하는 것, 구인정보를 탐색하는 것, 개인적인 네트워크를 사용하는 것 등이다. 참가자용 책자에는 각 집단 참가자를 위한 지침들이 기술되어 있다. 일에서 학습기회를 발견하는 것에 대한 정보, 인터넷에서 구인정보를 찾는 것, 직장생활에 도움이 되고 지지가 되는 것, 직장에서의 사회적 기술 등이 포함되어 있다. 이는 직업탐색기간 동안 학생들에게 포트폴리오의 역할을 할 수도 있다.

JOBS 프로그램은 실업자들이 자신감을 회복하고 직업탐구자로서 효율적으로 행동하게끔 만드는 데 사회학습원리가 중요한 역할을 한다는 것을 제시해 주었다. 실업자들에게 행동학습원리와 사회학습원리가 효과적이라는 사실에 근거하여 만들어진 것이 직업클럽이다(Azrin, Phillip, Thienes-Hontos, & Besalel, 1981). 직업클럽은 사회학습 원리를 적용한 것으로서 행동을 훈련하는 것, 사회적 강화, 직업탐색 행동을 향상시키기 위해 다양한 사람으로부터 집단지지 등을 얻을 수 있게 해 준다.

Herr 등(2004)은 실업자인 내담자를 위한 상담개입을 할 때 필요한 세 가지 원리를 제시하였다.

- 상담자는 내담자가 직무상실과 다시 직업을 얻었을 때의 심리적 결과 사이의 상호 연결을 탐색할 수 있도록 도와줄 필요가 있다.
- 내담자가 실업기간 동안 정서적 지원을 제공해 주는 다양한 기관과 연결되도록 도와주는 것이 상담자에게도 도움이 될 것이다. 이는 실업기간 동안 사회적 지지가 중요하다는 것을 의미하며, 더 심각한 정신건강 문제를 피할 수 있도록 도와준다.
- 상담자는 사회적·정서적 지지보다 더 많은 것을 제공할 필요가 있다. 실업상태인 내담자들은 기본적인 기술의 부족, 거주 지역에 따른 이동의 제한, 인종차별, 가족 간 불협화음 등 다루어야 할 문제들이 다양하다. 상담자는 내담자가 이러한 문제들을 효율적으로 다룰 수 있도록 도와주어야 한다.

실업자들을 대상으로 한 직업상담에서는 다차원적인 접근이 필요하다. 첫째, 직무상실로 인한 개인의 심리적 구성에 초점을 두어야 한다. 직무상실이 개인에게 미치는 영향을 상식수준에서 가정하지 않고 내담자가 직무상실로 인해 받았던 독특한 의미를 탐색하여야 한다. 둘째, 내담자가 자신에게 적절한 영역을 찾고, 직무탐색활동을 통해 기술을 개발하도록 도와주어야 한다. 셋째, 실업자들에게 필요한 것을 제공해 줄 수 있는 사회적, 경제적, 교육적 체계를 개발하는 것이다. 이러한 서비스는 실업기간 동안 경제적 지원을 해 주는 것부터 아이 돌봄 서비스나 교육지원, 직업훈련 지원 등도 포함하는 것이다.

Garrett-Peters(2009)에 따르면, 실직자들에게는 새로운 일자리를 구하는 것에 대한 자기확신이 가장 중요한 요인이라고 주장하며, 실직자들이 자신에 대한 인식을 제고하도록 도와주는 다섯 가지 전략을 제시하였다. 그것은 실직의 의미를 재정의하기, 자신의 성취를 깨닫기, 시간을 재구조화하기, 자신의 책임감을 증진시키기 위해 동반자 관계 맺기, 다른 사람 돕기 등이다.

실직 이외에 중요한 진로전환 중 하나는 중장년층의 진로전환이다. 전통적으로 중년은 나이와 관련하여 인식된다. 대개 20~30대는 성인기 초기(early adulthood)로 보고, 40~50대는 성인기 중기(middle adulthood), 50~60대는 성인기 중기 후반(late middle adulthood)으로 본다(Burns, 2009). 중년의 주된 발달과제는 정체감 재확인, 죽음에 대한 인지, 시간조망 조정, 인간관계와 진로몰입에 대한 재평가 등이다(Okun, 1984). Kram(1985)은 개인적인 관심사와 진로와 관련된 업무 특징을 반영하여 성인기의 발달과 관련하여 세 가지 차원을 제시하였다. 첫째는 자기관심(self-concerns)으로 동료나 삶의 모델이 되는 다른 사람들과 비교하여 개인적인 능력과 정체감을 가지는 것이다. 둘째는 진로관심(career concerns)으로 몰입이나 출세, 관계 등의 수준에 대해 평가하는 것이다. 셋째는 가족관심(family concerns)으로 역할기대를 재정의하고 일과 가족 간의 갈등을 해소하는 것이다. 이와 관련된 모델이나 매뉴얼은 제시하지 않았지만, 이러한 구분은 중년의 진로문제를 파악하기에는 적절한 방안이 될 수 있다.

중년은 초기와 중기 성인기를 연결하는 시기(대략 40~55세)로 두 가지 주된 과제가 있다. 그것은 재평가(reappraisal)와 생산성(productivity)이다. 재평가 과제는 실제로 성취한 것을 돌아보면서 목표와 야망을 재조정하기 위해 직업성취를 조사하는 것이다. 단지 일에서의 성취만을 고려하는 것이지, 삶의 전반을 반영하는 것은 아니다. 이 과제를 통해 자신의 진로위치를 재확인하고 중년에 부딪힐 수 있는 일과 관련된 문제들을 조정할 수 있다. 중년의 두 번째 과제는 생산성이다. 중년에는 새로운 경험을 해 보고 싶어 일에 대한 내적인 동기는 감소하고, 고용주가 혁신에 대한 대가를 지불할 것 같지 않기 때문에 외적인 동기도 부족한 시기이다. 중년에 자신의 현 상태를 계속 유지하기 위한 목적으로 생산성을 내는 사람도 있다. 그러나 어떤 사람들은 지루함이나 따분함을 느껴 진로를 다시 생각해 보기도 하고, 새로운 진로를 모색하려고 시도한다.

중년에 직업을 전환(transition)하는 것은 관계나 일상의 과정, 역할, 소유한 것 등을 변화시키는 것이다. Anderson 등(2012)은 개인이 기존의 소유물이나 일상의 과정, 역할 등을 버리고 새롭게 변경된 것들을 갖기 위해서 고려해야 할 세 가지를 강조하였다. 첫째, 개인이 스스로 직면하는 전환의 유형이 무엇인지 확인하도록 도와

줄 필요가 있다. 그것이 예견된 것인가, 아니면 예견하지 않은 것인가? 돌발적인 것인가, 아니면 보통 일어날 수 있는 것인가? 둘째, 전환의 맥락이 중요하다. 삶의 어떤 부분들이 전환과 관련되는가? 셋째, 전환이 일상의 삶에 미치는 영향이다. 전환으로 인해 역할이나 관계 등이 어떻게 영향을 받는가?

Schlossberg(2004, 2009)는 진로전환에 대해 4S를 고안하여 제시하였다. 이는 원래 은퇴자를 돕기 위해 제안된 것이다. 4S는 상황(situation), 자기(self), 지지(support), 전략(strategy) 등이다. 상황은 은퇴자 자신이 은퇴 사건을 어떻게 받아들이는가와 관련이 있다. 은퇴가 긍정적인지 혹은 부정적인지, 은퇴하기에 적절한 시기라고 생각하는지 혹은 그렇지 않은지 등에 관한 것이다. 자기는 은퇴자의 개인적인 특성에 관한 것으로 정서적 상태나 강점과 약점뿐만 아니라 개인의 건강상태와 문화적 특성도 포함된다. 지지는 가족이나 주변 사람들로부터 사회적 지지는 충분한지 혹은 사회적 지지가 부족하지는 않는지에 관한 것이다. 또한 그러한 사회적 지지가 개인의 변화에 어떠한 영향을 주는가도 포함된다. 전략은 은퇴자가 변화에 대처하는 전략에 관한 것이다.

5) 은퇴상담

은퇴(retirement)는 자신의 진로를 끝내거나 혹은 급여를 받는 직업을 종료하는 것으로만 정의할 수는 없다. 은퇴는 다양한 의미를 갖고 있다. 최근의 논문을 보면, 은퇴에 대해 여덟 가지의 정의를 제시하고 있다(Denton & Spencer, 2009). 은퇴의 개념은 일하는 시간의 감소, 장기간 근무한 직업을 떠나는 것, 은퇴 혜택을 받는 것, 은퇴한 것으로 확인하는 것 등을 언급하는 것일 수 있다. 은퇴는 은퇴 나이, 은퇴 유형(자발적, 비자발적), 완전함(부분 은퇴, 완전 은퇴) 등으로 정의될 수도 있다. 어떤 학자들은 은퇴를 하나의 사건으로 보는 대신에 하나의 단계 혹은 과정으로 기술하려고 한다.

지연된 은퇴(delayed retirement)는 고령의 작업자들이 평균적인 은퇴 나이를 넘어 현재 진로에서 계속적으로 일하는 경향을 말한다. 미국의 자료를 보면 55~64세의 사람들은 다섯 명 중 한 명, 45~54세의 사람들은 네 명 중 한 명이 은퇴를 지연시키려하는 것으로 나타났다. 어떤 개인이 은퇴를 지연시키려고 계획하였다 하더라도 경제상황과 가족결정에 따라 달라질 수 있다(Szinovacz, Martin, & Davey, 2013).

단계적 은퇴(phased retirement)는 직업에 따라 다양하며, 공식적으로 정해진 정의가 없다. 최근 문헌에 나타난 바에 따르면, 단계적 은퇴는 자발적이고, 완전 고용의 전일제에서 시간당 임금을 받는 것으로 점차 이동하는 것으로 정의되고 있다(Brainard, 2002; Sheaks, 2007). Government Accountability Office(GAO, 2003)에서는 단계적 은퇴를 유동적인 시간의 사용 혹은 장기간의 직업에서 점차적으로 은퇴하도록 예정하는 것이라고 정의하고 있다. 이 은퇴과정은 종업원이 은퇴 혜택을 받을 수 있도록 해 주며, 동일한 작업자가 동일한 장소에서 계속 일할 수 있도록 해 주는 것이다(Schopp, 2000). 단계적 은퇴 계획에는 감소된 시간, 직무공유를 통한 어떤 것, 장기간의 휴직, 작업 책임감의 변화, 이전 고용주와 독립적인 계약을 하는 것과 같은 사항들이 포함될 수 있다. 이러한 것들은 은퇴 전과 후에 혹은 작업이 완전히 종료되면 일어날 수 있는 것이다(Hutchens & Papps, 2005). 단계적 은퇴는 고용주에게 의미 있는 혜택을 제공할 수 있으며, 자격 있는 종업원을 계속 보유하게 해 주는 것이고, 새로운 고용을 위해 시간과 자원을 아낄 수 있으며, 나이 든 작업자에게서 새로운 작업자로 기술을 이전하는 시간도 절약할 수 있다(Sheaks, 2007). 어떤 고용주는 공식적인 단계적 은퇴 프로그램을 만들고, 종업원에게 특별한 배치를 제공해 주기도 한다.

가교 고용(bridge employment)은 U. S. GAO(2003)가 만든 것으로, 새로운 직무나 다른 직장에서 전일제 직업으로부터 시간제 직업으로 전환하는 것을 말한다. Jones와 McIntosh(2010)에 따르면 가교 고용에 동일한 진로, 동일한 조직, 다른 영역의 세 가지 유형이 있다. 가교 고용의 어떤 정의는 지연된 은퇴나 단계적 은퇴와 중복되는 부분이 있다.

은퇴를 언제 어떻게 하는가에 대한 결정은 복잡한 것이고, 성이나 문화적 배경, 작업영역, 성격과 같은 개인적 요인에 따라 달라질 수 있다. 은퇴 결정에 영향을 미치는 요인으로 먼저 건강 유지비용을 들 수 있다. 나이 든 작업자의 정신적·신체적 건강은 은퇴 결정에 중요한 영향을 미칠 수 있다. 지연된 은퇴가 심리적인 혜택을 줄 수 있지만, 어떤 고령의 작업자는 건강에 대한 관심 때문에 계속 일하는 것을 조정할 필요가 있다. 근육 강도나 감각체계는 나이에 따라 감소하며, 직업이 신체적인 요구를 하는 것이라면 문제가 될 수 있다. 더욱 문제가 되는 것은 고용주가 고령의 작업자에게 갖고 있는 편견이다.

과거에는 60세나 65세에 은퇴를 하였고, 평균수명까지 기간이 길지 않았다. 현재에는 65세에 공식적인 은퇴를 한다고 하여도 평균수명(82.7세; KOSIS, 2018)을 고려하면 긴 시간이 남아 있다. 작업자들은 은퇴시기가 다가오면 은퇴 후에 자신이 건강유지비용을 감당할 수 있는지에 대해 고려해 본다. 자신의 건강유지비용에 대한 판단이 은퇴 결정에 영향을 미치는 것으로 나타났다(Johnson, Penner, & Toohey, 2008). 특히 배우자나 파트너의 건강보험으로 건강유지비용을 감당하기 어려운 경우 더 중요한 영향을 미치게 된다.

건강유지비용 이외의 다른 경제적인 요인들이 은퇴 결정에 영향을 미친다. 개인의 자산 정도뿐만 아니라 은퇴 후 개인이 받는 다양한 보험 및 연금 수준이 은퇴결정에 영향을 미칠 수 있다. 개인이 받는 연금이 생활비용을 감당할 수 없으면, 작업자는 어떤 형태로든 계속 일하기를 원할 것이다. 지연된 은퇴나 단계적 은퇴는 경제적으로 도움이 될 수 있다. 그러나 어떤 경우 개인이 연금이나 보험을 받기 위해서는 완전한 은퇴를 하여야 하는 경우도 있다. 그래서 공식적으로는 완전 은퇴를 하고, 제한된 자격으로 재고용을 선택하는 경우도 있다(Wiatrowski, 2001). 가교 고용을 찾는 사람들은 보충적인 수입이 필요한 사람들일 수 있다. 경제 불황이나 장애로 인해 은퇴를 할 수밖에 없었던 사람에게는 가교 고용이 대안이 될 수 있다. 그러나 가교 고용은 이전의 직장보다 수입이나 혜택이 줄어들 것이다. 개인의 주변 여건에 따라 선택해야 하는 문제이다.

일은 개인에게 다른 사람과의 체계, 상호작용, 관계를 제공하며, 정체감을 주는 것이다. 은퇴를 늦게 할수록 더 나은 사회적 관계를 가지며, 직무만족도 높고, 더 풍요로운 생활을 하는 것으로 나타났다(Vaillant & DiRago, 2007). 은퇴한 사람들은 평균적으로 더 많은 사람들이 우울 증세를 나타냈고, 심리적 행복도 감소하는 것으로 나타났다(James & Spiro, 2007). 그래서 지연된 은퇴는 경제적 측면뿐만 아니라 삶의 질에도 도움이 되는 것이다.

작업의지는 심리적 행복과 관련이 있는 것이다(Hershey & Henkens, 2013). 자발적으로 은퇴한 사람들은 비자발적으로 은퇴한 사람들보다 더 높은 수준의 만족을 나타내었다. 가교 고용을 추구하는 사람들에 관한 연구에서, 사람들은 자신이 공식적으로 은퇴한 작업에서 두 번째의 진로를 찾는 것으로 나타났다(Ulrich & Brott, 2005). 그 이유는 경제적·개인적 자원 때문에 은퇴를 쉽게 결정하지 못하는 사람들도 있지만, 은퇴에 대한 자발적 의지를 가질 수 있는 사람들에게는 유대감이나 심리적 행복을 가져다주기 때문이다. 중요한 것은 작업시간이나 배치에 유연성이 있느냐는 것이다. 유연성은 여가시간의 활용이나 자기 시간의 통제를 가능하게 해 주기 때문에 은퇴 후 고용에서 중요하게 반영되는 것이다(Rau & Adams, 2005).

여성이나 소수집단의 구성원들에게는 은퇴 계획에 영향을 미치는 부가적인 요인이 있다. 불평등과 차별이 그들에게는 다른 도전을 제공한다. 은퇴와 관련된 연구에서는 주로 남성을 다루어 왔고, 여성에 대한 연구는 많이 이루어지지 않았다. 여성이나 소수집단의 구성원들이 하고 있는 직업의 특성이 은퇴에 영향을 미치는 요인과 관련이 있다. 그들에게는 육체노동이나 특별한 기술이 필요 없는 직무기회가 많이 주어졌다. 이것이 그들을 조기은퇴를 하게 만드는 요인일 수 있다. 또한 여성이나 소수집단의 구성원에 대한 문화권 내의 고정관념이 은퇴와 관련된 결정에 영향을 미칠 수 있다. 고령의 작업자들은 이미 사회로부터 인종주의, 계층주의, 성차별, 장애인차별 등 다양한 경험을 하였겠지만, 노인차별과 관련해서는 새로운 경험을 하게 될 것이다.

고령의 작업자를 대상으로 한 은퇴상담에서는 다음과 같은 사항들이 고려되어야 한다.

- 은퇴와 관련된 개인적, 경제적, 가족적, 문화적 요인들을 측정한다.
- 작업장에 남아 있으려고 하는 것과 관련된 가치, 흥미, 능력을 측정한다.
- 은퇴 대안들에 대한 심리교육과 현재 추세를 제공한다.
- 진로 측정이 가능하다면, 고령의 대상자에게 적합한지 확인하고 해석할 때 주의한다.
- 고령의 작업자의 권리에 대한 심리교육을 제공한다.
- 내담자의 정체감이 연령에 따라 변화하는 과정을 고려한다.

참고문헌

문승태, 장선철(2003). Holland의 직업성격유형과 관련 변인과의 관계. 농업교육과 인적자원개발, 35(3), 101-115.

한국교육개발원(1991). [KEDI] 연구보고서.

황매향(2005). 진로탐색과 생애설계. 서울: 학지사.

ACA Code of Ethics (2014). *2014 ACA Code of Ethics*. As approved by the ACA Governing Council.

Action, G. S., & Schroeder, D. H. (2001). Sensory discrimination as related to general intelligence. *Intelligence, 29*(3), 263-271.

AERA, APA, & NCME (1999). The Standards for Educational and Psychological Testing. Washington: AERA Publications Sales.

American Counseling Association [ACA] (2010). *20/20: A vision for the future of counseling: Definition of counseling*. Retrieved from http://www.counseling.org/ resources.

American Psychological Association (2012). *Resolution on the recognition of psychotherapy effectiveness*. Retrieved from http://www.apa.org/news/press/ releases/2012/08/resolution-psychotherapy.aspx.

Amundson, N. E., Borgen, W. A., Jordan, S., & Erlebach, A. C. (2004). Survivors of downsizing: Helpful and hindering experiences. *Career Development Quarterly, 52,* 256-271.

Anastasi, A. (1988). *Psychological testing* (6th ed.). New York: Macmillan.

Anderson, H., & Goolishian, H. (1992). The client is the expert: A not-knowing approach to therapy. *Therapy as social construction*, 25-39.

Anderson, J. R. (1985). *Cognitive psychology and its implications*. New York, NY: W. H. Freeman & Co.

Anderson, M. L., Goodman, J., & Schlossberg, N. K. (2012). *Counseling adults in transition: Linking Schlossberg's theory with practice in a diverse world* (4th ed.). New York, NY: Springer.

Andeson, P., & Vanderhey, M. (2006). *Career counseling and development in a global economy*.

Boston: Houghton Mifflin.

Arbona, C. (1996). Career theory and practice in a multicultural context. In M. L. Savickas & W. B. Walsh (Eds.), *Handbook of career counseling theory and practice* (pp. 45-54). Palo Alto, CA: Davies-Black Publishing.

Arkowitz, H., & Westra, H. A. (2009). Introduction to the special series on motivational interviewing and psychotherapy. *Journal of Clinical Psychology, 65*(11), 1149-1155.

Arthur, M. B., & Parker, P. (1997). The Intelligent Careers Card Sort exercise: A brief guide for licensed practitioners. Unpublished manuscript.

Arthur, M. B., Claman, P. H., & DeFillippi, R. J. (1995). Intelligent enterprise, intelligent careers. *Academy of Management Perspectives, 9*(4), 7-20.

Austin, G. (1978). *Process evaluation: A comprehensive study of outliers.* Baltimore: Maryland State Department of Education.

Axelrod, A. (1999). *Patton on leadership: Strategic lessons for corporate warfare.* Paramus, NJ: Prentice-Hall Press.

Azrin, N. H., & Philips, R. A. (1979). The job club method for the job-handicapped: A comparative outcome study. *Rehabilitation Counseling Bulletin, 2,* 144-155.

Azrin, N. H., Phillip, R. A., Thienes-Hontos, P., & Besalel, V. A. (1981). Follow up on welfare benefits received by Job Club clients. *Journal of Vocational Behavior, 18,* 253-254.

Baer, M., & Roeber, E. C. (1951). Occupational Information: Its Nature and Use (Chicago: Science Research Associates, 1951), Chap. 13; H. Rusalem, "New Insight on the Role of Occupational Information in Counseling,". *Journal of Counseling Psychology, 1,* 84-88.

Bandura, A. (1977). Toward a unifying theory of behavior change. *Psychological Review, 89,* 191-125.

Bandura, A. (1982). The self and mechanisms of agency. In J. Suls (Ed.), *Psychological perspectives on the self* (pp. 3-39). Hillsdale: Lawrence Erlbaum Associates.

Bandura, A. (1986). *Social foundations of thought and action: A social-cognitive theory.* Englewood Cliff, NJ: Prentice Hall.

Bandura, A. (1999). Social cognitive theory of personality. *Handbook of personality, 2,* 154-196.

Bandura, A., & Wood, R. (1989). Effect of perceived controllability and performance standards on self-regulation of complex decision making. *Journal of Personality and Social Psychology, 56*(5), 805-814.

Barlow, D. H. (2004). Psychological treatments. *American psychologist, 59*(9), 869-878.

Beck, A. T., Rush, A. J., Shaw, B. F., & Emery, G. (1979). *Cognitive therapy of depression.* New

York: The Guilford Press.

Beckhusen, L. (1993). Skills-Focused Career Development. *Facilitator's Manual and Personal Skill Profile.*

Benson, N. (2010). Types of tests and assessment. In E. Mpofu & T. Oakland (Ed.). *Assessment in rehabilitation and health* (pp. 72-79). Upper Saddle River, NJ: Merrill.

Bertalanffy, L. V. (1972). The history and status of general systems theory. *The Academy of Management Journal, 15*(4), 407-426.

Bertolino, B., & O'Hanlon, W. H. (2002). *Collaborative, competency-based counseling and therapy.* Upper Saddle River, NJ: Prentice Hall.

Berven, N. (2001). Assessment interviewing. In B. F. Bolton (Ed.), *Assessment and evaluation in rehabilitation* (3rd ed., pp. 197-213). Gaithersburg, MD: Aspen.

Berz, P. (2008). Die Kommunikation der Täuschung. Eine Medientheorie der Mimikry. *Mimikry. Gefährlicher Luxus zwischen Natur und Kultur*, 27-44.

Betsworth, D. G., & Hansen, J. C. (1996). The categorization of serendipitous career development events. *Journal of Career Assessment, 4,* 91-98.

Betz, N. E. (2000). Self-efficacy theory as a basis of career assessment. *Journal of Career Assessment, 8,* 205-222.

Betz, N. E., & Hackett, G. (1981). The relationship of career-related self-efficacy expectations to perceived career options in college women and men. *Journal of Counseling Psychology, 28,* 399-410.

Betz, N. E., & Hackett, G. (1986). Applications of self-efficacy theory to understanding career choice behavior. *Journal of Social and Clinical Psychology, 4,* 279-289.

Betz, N. E., & Taylor, K. M. (2001). *Career Decision Self-Efficacy Scale: Technical Manual.* Worthington, OH: Author.

Betz, N. E., Borgen, F. H., & Harmon, L. W. (1996). *Skills, Confidence Inventory applications and technical guide.* Palo Alto, CA: Consulting Psychologists Press.

Betz, N. E., Borgen, F. H., & Harmon, L. W. (2005). *Manual for the Skills, Confidence Inventory* (rev. ed.). Mountain View, CA: Consulting Psychologists Press.

Bingham, R. P., & Ward, C. M. (1996). Practical applications of career counseling with ethnic minority women. In M. L. Savickas & W. B. Walsh (Eds.), *Handbook of career counseling theory and practice* (pp. 291-314). Palo Alto, CA: Davies-Black.

Bitter, J. R., Robertson, P. E., Healey, A. C., & Cole, L. K. J. (2009). Reclaiming a profeminist orientation in Adlerian therapy. *Contributions to Adlerian Psychology*, 339.

Bloch, A. (2004). Doing social surveys. *Researching society and culture, 2*, 163-178.

Bloch, D. P., & Richmond, L. J. (2007). *Soulwork: Finding the work you love, loving the work you have* (Rev. ed.). Queensland, Australia: eContent Management.

Blocher, D., Heppner, M., & Johnson, J. (2001). The world of work: New paradigms mean new challenges. *Counseling and Human Development, 33*(7), 1.

Blustein, D. L. (1987). Integrating career counseling and psychotherapy: A comprehensive treatment strategy. *Psychotherapy: Theory, Research, Practice, and Training, 24*, 794-799.

Blustein, D. L. (1997). A context-rich perspective of career exploration across the life roles. *The Career Development Quarterly, 45*(3), 260-274.

Blustein, D. L. (2001a). Extending the reach of vocational psychology: Toward an inclusive and integrative psychology of working, *Journal of Vocational Behavior, 59*, 171-182.

Blustein, D. L. (2001b). The interface of work and relationships: A critical knowledge base for 21st century psychology. *The Counseling Psychologist, 29*, 179-192.

Blustein, D. L., & Spengler, P. M. (1995). Personal adjustment: Career counseling and psychotherapy. In W. B. Walsh & S. H. Osipow (Eds.), *Handbook of vocational psychology: Theory, research, and practice* (2nd ed., pp. 295-330). Mahwah, NJ: Lawrence Erlbaum Associates.

Blustein, D. L., Juntunen, C. L., & Worthington, R. L. (2000). The school-to-work transition: Adjustment challenges of the forgotten half. In S. D. Brown & R. W. Lent (Eds.) *Handbook of counseling psychology* (3rd ed., pp 435-470). New York: Wiley.

Blustein, D. L., McWhirter, E. H., & Perry, J. (2005). An emancipatory communitarian approach to vocational development theory, research, and practice. *The Counseling Psychologist, 33*, 141-179.

Bolles, R. N. (1982). *What color is your parachute?: A practical manual for job-hunters & career changers*. Berkeley, CA: Ten Speed Press.

Bolles, R. N. (2000). *What color is your parachute?: The best-selling job-hunting book in the world*. Berkeley, CA: Ten Speed.

Bolles, R. N. (2012). *The job-hunter's survival guide: How to find hope and rewarding work, even when "There Are No Jobs"*. Berkeley, CA: Ten Speed Press.

Bolles, R. N., & Bolles, M. E. (2005). *What color is your parachute? 2005: A practical manual for job-hunters and career-changers*. Berkeley, CA: Ten Speed Press.

Borchard, D. C., Kelly, J. J., & Weaver, N. K. (1992). *Your career: Choices, chances, and changes* (5th ed.). Dubuque, Iowa: Kendall/Hunt.

Borgen, F. (1991). Megatrends and milestones in vocation behavior: A 20-year counseling psychology retrospectives. *Journal of Vocational Behavior, 39*, 263–290.

Bowen, M. (1978). *Family therapy in clinical practice.* New York: Aronson.

Brainard, J. (2002). New science measures released by OMB. *Chron High Educ, 48*, A25.

Brayfield, A. H. (1950). Putting occupational information across. In A. H. Brayfield (Ed.), *Reading in modern methods of counseling* (pp. 212–220). New York: Appleton–Century–Crofts.

Brooks, G. A., Fahey, T. D., & White, T. P. (1996). *Exercise physiology: Human bioenergetics and its applications* (No. Ed. 2). Mountain View, CA: Mayfield Publishing Company.

Brott, P. E. (2001). A storied approach: A postmodern perspective for career counseling. *Career Development Quarterly, 49*, 304–313.

Brott, P. E. (2005). A constructivist look at life roles. *The Career Development Quarterly, 54*(2), 138–149.

Brown, A. (1987). Metacognition, executive control, self–regulation, and other more mysterious mechanisms. In F. E. Weinert & R. H. Kluwe (Eds.) *Metacognition, motivation, and understanding* (pp. 65–116). Hillsdale, NJ: Lawrence Erlbaum.

Brown, D. (2002). *Career choice and development* (4th ed.). John Wiley & Sons. A Wiley Company, CA.

Brown, D. (2003). *Career information, career counseling, and career development* (8th ed.). Boston, MA: Allyn and Bacon.

Brown, D. (2007). *Career information, career counseling, and career development* (9th ed.). Boston, MA: Pearson Education.

Brown, J. (2010). *The world café: Shaping our futures through conversations that matter.* Berrett–Koehler Publishers.

Brown, S. D., & Ryan Krane, N. E. (2000). Four (or five) sessions and a cloud of dust: Old assumptions and new observations about career counseling. In S. D. Brown & R. W. Lent (Eds.), *Handbook of counseling psychology* (3rd ed., pp. 740–766). New York, NY: Wiley.

Brownell, P. (2016). Contemporary Gestalt therapy. In D. J. Cain, K. Keenan, & S. Rubin (Eds.), Humanistic psychotherapies: Handbook of research and practice (p. 219–250). American Psychological Association.

Bühler, C. (1933). *Der menschliche Lebenslauf als psychologisches problem* [The course of human life as a psychological problem]. Leipzig, Germany: Herzei.

Bullock–Yowell, E., Andrews, L., & Buzzetta, M. E. (2011). Explaining career decision–making self–efficacy: Personality, cognitions, and cultural mistrust. *The career Development Quarterly, 59*(5), 400–411.

Burns, E. (2009). How time-flow shapes three meanings of midcareer. Australian *Journal of Career Development, 18,* 24-32. doi:10.1177/103841620901800205.

Cabral, A. C., & Salomone, P. R. (1990). Chance and careers: Normative versus contextual development. *The Career Development Quarterly, 39*(1), 5-17.

Campbell, D. P., Hyne, S. A., & Nilsen, D. L. (1992). *Manual for the Campbell Interest and Skill Survey.* Minneapolis, MN: Pearson assessments.

Canadian Counseling and Psychotherapy Association [CCPA] (2012). Who are counsellors? Retrieved from http://www.ccpa-accp.ca/en/theprofession/whoarecounsellors.

Carlson, J. & Johnson, J. (2016). Adlerian therapy. In I. Marini & M. AI Stebnick (Ed.), *The professional counselor's desk reference* (2nd ed., pp. 225-228). New York: Springer.

Carvalho, M. M. M. J. (1995). *Orientacao profissional em grupo* [Group career counselling]. Campinas, Brazil: Psy.

Cattell, R. B., Eber, H. W., & Tatsuoka, M. M. (1970). *Handbook for the sixteen personality factor questionnaire (16 PF): In clinical, educational, industrial, and research psychology, for use with all forms of the test.* Institute for personality and ability testing.

Chan, F., Berven, N., & Thomas, K. (2004). *Counseling theories and techniques for rehabilitation health professionals.* New York: Springer.

Chan, F., Shaw, L. R., McMahon. B. T., Koch, L., & Strauser, D. (1997). A model for enhancing rehabilitation counselor-consumer working relationships. *Rehabilitation Counseling Bulletin, 41,* 122-137.

Chan, Y. E. (2008). Why haven't we mastered alignment? The importance of the informal organization structure. *MIS Quarterly executive, 1*(2), 97-112.

Chan, Y. E., Huff, S. L., Barclay, D. W., & Copeland, D. G. (1997). Business strategic orientation, information systems strategic orientation, and strategic alignment. *Information systems research, 8*(2), 125-150.

Chang, Y., & Edwards, J. K. (2015). Examining the relationships among self-efficacy, coping, and job satisfaction using social career cognitive theory: An SEM Analysis. *Journal of Career Assessment. 23,* 35-47.

Chope, R. C. (2012). Career counseling. In E. M. Altmaier & J. I. Hansen (Eds.), *Oxford library of psychology: The Oxford handbook of counseling psychology* (pp. 545-569). New York: Oxford University Press.

Cinamon, R. G., & Rich, Y. (2002). Profiles of attribution of importance to life roles and their implications for the work-family conflict. *Journal of Counseling Psychology, 49,* 212-220.

Cochran. L. (1997). *Career counseling: A narrative approach.* Thousand Oaks, CA: Sage.

Collin, A., & Young, R. A. (2000). *The future of career.* Cambridge, UK: Cambridge University Press.

Collons, K. A. (1996). *The Community Development Quota Program: environmental protection and regional development at the expense of native Alaskan community and culture* (Doctoral dissertation, University of California, Los Angeles).

Colquhoun, A. (2010). *The cost of freedom of information.* London: Constitution Unit, University.

Compton, W. C., & Hoffman, E. (2012). *Positive psychology: The science of human happiness and flourishing.* Belmont, CA: Wadsworth.

Conyne, R. K. (2015). *Counseling for wellness and prevention: Helping people become empowered in systems and settings.* New York: Routledge.

Corbett, M. (2016). Rural futures: Development, aspirations, mobilities, place, and education. *Peabody Journal of Education, 91*(2), 270-282.

Corey, G. (2013). *Theory and practice of counseling and psychotherapy.* Belmont, CA: Brooks/Cole.

Cormier, S., Nurius, P. S., & Osborn, C. J. (2016). *Interviewing and change strategies for helpers.* Belmont, CA: Brooks/Cole Nelson Education.

Cottle, T. J. (1967). The circles test: An investigation of perceptions of temporal relatedness and dominance. *Journal of Projective Techniques and Personality Assessment, 31*(5), 58-71.

Crethar, H. C., Rivera, E. T., & Nash, S. (2008). In search of common threads: Linking multicultural, feminist, and social justice counseling paradigms. *Journal of Counseling & Development, 86*(3), 269-278.

Crites, J. O. (1978). *Career Maturity Inventory: Administration and user manual.* Monterey, CA: CTB/McGraw Hill.

Crites, J. O. (1981). *Career counseling: Models, methods, and materials.* New York, NY: McGraw-Hill.

Crocker, L., & Algina, J. (1986). *Introduction to classical and modern test theory.* Holt, Rinehart and Winston, 6277 Sea Harbor Drive, Orlando, FL 32887.

Curran, J., Wishart, P., & Gingrich, J. (1999). *JOBS: A manual for teaching people successful job search strategies.* Ann Arbor: University of Michigan, Institute for Social Research, Michigan Prevention Research Center.

Dagley, J. (1984). *A vocational genogram.* Athens: University of Georgia.

Dawis, R. (2002). Person-environment correspondence theory. In D. Brown Associates (Eds.), *Career choice and development* (4th ed., pp. 427-464). San Francisco: Jossey-Bass.

Dawis, R. V. (1991). Vocational interests, values, and preferences. In M. D. Dunnette & L. M. Hough

(Eds.), *Handbook of industrial and organizational psychology* (2nd ed., vol. 2, pp. 833–871). Palo Alto, CA: Consulting Psychologists Press.

Dawis, R. V. (1992). Person–environment fit and job satisfaction. In C. J. Cranny, P. C. Smith, & E. F. Stone (Eds.), *Job satisfaction: How people feel about their jobs and how it affects their performance* (pp. 69–88). New York: Macmillan.

Dawis, R. V. (1996). The theory of work adjustment and person–environment correspondence counseling. In D. Brown Associates (Eds.), *Career choice and development* (3rd ed., pp. 75–120). San Francisco: Jossey-Bass.

Dawis, R. V. (2005). The Minnesota theory pf work adjustment. In S. D. Brown & R. W. Lent (Eds.), *Career development and counseling. Putting theory and research to work* (pp. 3–23). Hoboken, NJ: Wiley.

Dawis, R. V., & Lofquist, L. H. (1976). Personality style and the process of work adjustment. *Journal of Counseling Psychology, 23,* 55–59.

Dawis, R. V., & Lofquist, L. H. (1984). *A psychological theory of work adjustment.* Minneapolis, MN: University of Minnesota Press.

Dawis, R. V., Goldman, S. H., & Sung, Y. H. (1992). Stability and change in abilities for a sample of young adults. *Educational and Psychological Measurement, 52,* 457–465.

Dawis, R. W. (1996). Vocational psychology, vocational adjustment, and the workforce: Some familiar and unanticipated consequences. *Psychology, Public Policy, and Law, 2,* 229–248.

De Cooman, R., De Gieter, S., Pepermans, R., Hermans, S., Du Bois, C., Caers, R., & Jegers, M. (2009). Person–organization fit: Testing socialization and attraction–selection–attrition hypotheses. *Journal of Vocational Behavior,* 74(1), 102–107.

de Shazer, S. (1988). *Clues: Investigating solutions in brief therapy.* New York, NY: W. W. Norton & Co.

De Shazer, S. (1994). *Words were originally magic.* New York: W. W. Norton & Co.

Del Corso, J., & Rehfuss, M. C. (2011). The role of narrative in career construction theory. *Journal of Vocational Behavior,* 79(2), 334–339.

Denton, F. T., & Spencer, B. G. (2009). What is retirement? A review and assessment of alternative concepts and measures. *Canadian Journal on Aging/La revue canadienne du vieillissement,* 28(1), 63–76.

Dewey, C. R. (1974). Exploring interests: The nonsexist card sort. *Personnel and Guidance Journal, 52,* 348–351.

Di Fabio, A. (2010). Life designing in 21st century: Using a new, strengthened career genogram.

Journal of Psychology in Africa, 20(3), 381-384.

Di Fabio, A., & Maree, J. G. (2012). Group-based life design counseling in an Italian context. *Journal of Vocational Behavior, 80*, 100-107. doi:10.1016/j.jvb.2011.06.001.

Donnay, D. A. C., Morris, M. L., Schaubhut, N. A., & Thompson, R. C. (2005). *Strong Interest Inventory manual: Research, development, and strategies for interpretation.* Mountain View, CA: CPP.

Drewery, W., & Winslade, J. (1997). The theoretical story of narrative therapy. In G. Monk, J. Winslade, K. Crocket, & D. Epston (Eds.), *Narrative therapy in practice: The archaeology of hope* (pp. 32-52). San Francisco, CA: Jossey-Bass.

Duckworth, A. L., Peterson, C., Matthews, M. D., & Kelly, D. R. (2007). Grit: perseverance and passion for long-term goals. *Journal of Personality and Social Psychology, 92*(6), 1087-1101.

Eagle, B. W., Miles, E. W., & Icenogle, M. L. (1997). Interrole conflicts and the permeability of work and family domains: Are there gender differences?. *Journal of Vocational behavior, 50*(2), 168-184.

Edwards, P. K. (1987). *Managing the factory: A survey of general managers.* Oxford: Blackwell.

Ellis, A. K. (2014). *Research on educational innovations.* Abingdon: Routledge.

Ellis, P. D. (2011). Social ties and international entrepreneurship: Opportunities and constraints affecting firm internationalization. *Journal of International Business Studies, 42*(1), 99-127.

Enns, C. Z., & Byars-Winston, A. M. (2010). Multicultural feminist therapy. In H. Landrine & N. F. Russo (Eds.), *Handbook of diversity in feminist psychology* (pp. 367-388). New York, NY: Springer Publishing Company.

Epston, D., White, M., White, M. K., & Wijaya, M. (1990). *Narrative means to therapeutic ends.* New York, NY: W. W. Norton & Company.

Evans, K. M. & Miller, M. (2016). *Feminist therapy.* In I. Marini & M. A. Stebnicki (Eds.), *The professional counselor's desk reference* (2nd ed., pp. 247-251). New York: Springer.

Fábián, L. (2009). Cambridge structural database analysis of molecular complementarity in cocrystals. *Crystal Growth and Design, 9*(3), 1436-1443.

Feldt, R. C., & Woelfel, C. (2009). Five-factor personality domains, self-efficacy, career-outcome expectations, and career indecision. *College Student Journal, 43*(2), 429-438.

Fernandes, W. J., Svartman, B., & Fernandes, B. S. (2003). *Grupose e Configuracoes Vinculares.* Artmed, Porto Alegre, RS.

Ferreira-Marques, J., & Miranda, M. J. (1995). Developing the work importance study. In D. E. Super & B. Sverko (Eds.), *Life roles, values, and career: International findings of the work importance study* (pp. 62-74). San Francisco, CA: Jossey-Bass.

Fiedler, K. (2000). Beware of samples! A cognitive-ecological sampling approach to judgment biases. *Psychological review*, *107*(4), 659-676.

Fiske, D. W. (1971). Strateries in the search for personality constructs. *Journal of Experimental Research in Personality, 5*(4), 323-330.

Flores, L. Y. (2007). Introduction to a special issue. *Journal of Career Development, 34*, 3-4.

Foladori, H. (1987). Lo Grupal y lo Politico. Rev. La Nave de los Locos. #12, Morelia.

Forrest, L., & Brooks, L. (1993). Feminism and career assessment. *Journal of Career Assessment*, *1*(3), 233-245.

Fouad, N. A. (1988). The construct of career maturity in the United States and Israel. *Journal of Counseling Psychology, 43*, 510-526.

Fouad, N. A., & Bynner, J. (2008). Work transitions. *American Psychologist, 63,* 241-251. doi:10.1037/0003-066X.63.4.241

Fransella, F., Dalton, P., & Weselby, G. (2007). Personal construct therapy. In W. Dryden (Ed.), *Handbook of individual therapy* (5th ed., pp. 173-194). Thousand Oaks, CA: Sage.

Freud, S. (1930). *Civilization and its discontents*. Oxford, England: Hogarth.

Frew, J. E. (2013). Gestalt therapy training and research: Holding our place at academic institutions in the USA. *Gestalt Review, 17*(3), 263-271.

Friedman, T. H. (2005). *The world is Flat: A Brief History of the 21st Century*. New York: Farrar, Strous, and Giroux.

Fritz, E., & Beekman, L. (2007). Engaging adolescents actively in telling stories and actualising dreams. In K. Maree (Ed.), *Shaping the story: A guide to facilitating narrative counselling* (pp. 163-175). Pretoria, South Africa: Van Schaik.

Garrett-Peters, R. (2009). "If I don't have to work anymore, who am I?": Job loss and collaborative self-concept repair. *Journal of Contemporary Ethnography*, *38*(5), 547-583.

Geisinger, K. F. (1998). Psychometric issues in test interpretation. In J. H. Sandoval, C. L. Frisby, K. F. Geisinger, J. D. Scheuneman, & J. R. Grenier (Eds.), *Test interpretation and diversity: Achieving equity in assessment* (pp. 17-30). Washington, DC: American Psychological Association.

Gelso, C., & Fretz, B. (2001). *Counseling psychology* (2nd ed.). Fort Worth, TX: Harcourt Brace Jovanovich.

Gergen, K. J. (2009). *Relational being: Beyond self and community*. New York: Oxford University Press.

Gilbride, D., & Stensrud, R. (2003). Job placement and employer consulting: Services and strategies. In

E. Szymanski & R. Parker (Eds.). *Work and disability: Issues and strategies in career development and job placement* (2nd ed., pp. 407-439). Austin, TX: PRO-ED, Inc.

Gini, A., & Sullivan, T. J. (Eds.). (1989). *It comes with the territory: An inquiry concerning work and the person.* New York: Random House.

Ginzberg, E., Ginsburg, S. W., Axelrad, S., & Herma, J. L. (1951). *Occupational choice*: An approach to a general theory. New York: Columbia University Press.

Glasser, W. (2001). *Counseling with choice theory.* New York, NY: Harper-Collins.

Glasser, W. (2005). *Treating mental health as a public health problem: A new leadership role for the helping professions.* Chatsworth, CA: William Glasser Institute.

Goldman, L. (1990). Qualitative assessment. *The Counseling Psychologist, 18*(2), 205-213.

Gottfredson, G. (2002). Interests, aspirations, self-estimates, and the Self-Directed Search. *Journal of Career Assessment, 10,* 200-208.

Gottfredson, G. D., Holland, J. L., & Ogawa, D. K. (1982). *Dictionary of Holland occupational codes.* Palo Alto, CA: Consulting Psychologists Press.

Gottfredson, L. S. (1981). Circumscription and compromise: A developmental theory of occupational aspirations. *Journal of Counseling Psychology, 28*(6), 545-579.

Gottfredson, L. S. (1996). A theory of circumscription and compromise. In D. Brown, L. Brooks, & Associates (Eds.), *Career choice and development* (3rd ed., pp. 179-281). San Francisco: Jossey-Bass.

Gottfredson, L. S. (2005). Applying Gottfredson's theory of circumscription and compromise in career guidance and counseling. In S. D. Brown, & R. W. Lent (Eds.), *Career development and counseling: Putting theory and research to work* (pp. 71-100). New York: John Wiley & Sons.

Grantham, C. (2000). *The future of work: The promise of the new digital work society.* New York: McGraw-Hill.

Greenhaus, J. H., Callanan, G. A., & Godshalk, V. M. (2010). *Career management* (4th ed.). Los Angeles: Sage Publications.

Grutter, J., & Hammer, A. L. (2004). *Strong Interest Inventory user's guide: Practitioner's tool for understanding, interpretation, and use of the Strong Profile and Interpretive Report.* Mountain View, CA: Consulting Psychology Press.

Guichard, J. (2008). Proposition d'un schema d'entretien constructiviste de conseil en orientationpour se s adolescents ou de jeunes adultes [outline of a life designing counseling interview for adolescents and young adults]. *L'Orientation Scolaire et Professionnelle, 37,* 413-440.

Guichard, J. (2011). *Constructing self in career theory and counseling interventions.* In P. J. Hartung

& L. M. Subich (Eds.), *Developing self on work and career: Concepts, cases, and contexts* (pp. 89-106). Washington, DC: American Psychological Association.

Gysbers, N. C., Heppner, M. J., & Johnston, J. A. (2003). *Career counseling: Process, issues, and techniques* (2nd ed.). Boston: Allyn & Bacon.

Hackett, G., & Betz, N. (1981). A self-efficacy approach to the career development of women. *Journal of vocational Behavior, 18*, 326-339.

Hackett, S. C. (1995). Pollution-controlling innovation in oligopolistic industries: Some comparisons between patent races and research joint ventures. *Journal of Environmental Economics and Management, 29*(3), 339-356.

Handley, M. (2006). Why the Internet only just works. *BT Technology Journal, 24*(3), 119-129.

Hansen, F. T., & Amundson, N. (2009). Residing in silence and wonder: Career counselling from the perspective of 'being'. *International Journal for Educational and Vocational Guidance, 9*(1), 31-43.

Hansen, J. V., Sullivan, B. A., & Luciana, M. (2011). A social neuroscientific model of vocational behavior. *Journal of Career Assessment, 19*, 216-227.

Hansen, L. S. (1997). *Integrative life planning: Critical tasks for career development and changing life patterns.* San Francisco: Jossey-Bass.

Hansen, M. T. (2002). Knowledge networks: Explaining effective knowledge sharing in multiunit companies. *Organization science, 13*(3), 232-248.

Hartung, J. (1999). An alternative method for meta-analysis. *Biometrical Journal: Journal of Mathematical Methods in Biosciences, 41*(8), 901-916.

Hartung, P. J. (2010). Practice and research in career counseling and development—2009. *The Career Development Quarterly, 59*, 98-142. doi:10.1002/j.2161-0045.2010.tb00057.x

Hartung, P. J., & Borges, N. J. (2005). Toward integrated career assessment: Using story to appraise career dispositions and adaptability. *Journal of Career Assessment. 13*, 439-451. doi:10.1177/1069072705277923.

Havighurst, R. J. (1951). Validity of the Chicago Attitude Inventory as a measure of personal adjustment in old age. *The Journal of Abnormal and Social Psychology, 46*(1), 24-29.

Hayes, S. C., & Strosahl, K. D. (2005). *Acceptance and commitment therapy: A practical clinical guide,* New York: Kluwer/Plenum.

Hayes, S. C., Barnes-Holmes, D., & Roche, B. (2003). Behavior analysis, relational frame theory, and the challenge of human language and cognition: A reply to the commentaries on Relational Frame Theory: A Post-Skinnerian Account of Human Language and Cognition. *The Analysis of Verbal*

Behavior, 19(1), 39-54.

Hazlett-Stevens, H., & Craske, M. G. (2008). Breathing retraining and diaphragmatic breathing techniques. In W. T. O'Donohue & J. E. Fisher (Eds.), *General principles and empirically supported techniques of cognitive behavior therapy* (pp. 162-172). Hoboken, New Jersey: John Wiley & Sons, Inc.

Healy, C. C. (1982). *Career development: Counseling through the life stages.* Boston, MA: Allyn & Bacon.

Healy, C. C. (1990). Reforming career appraisals to meet the needs of clients in the 1990s. *The Counseling Psychologist, 18*, 214-226.

Heidegger, M. (1962). *Being and time.* Oxford, England: Basil Blackwell.

Helms, J. E., & Cook, D. A. (1999). *Using race and culture in counseling and psychotherapy: Theory and process.* Boston: Allyn & Bacon.

Heppner, M. J. (1991). *The career transitions inventory.* Columbia, MO: University of Missouri.

Heppner, M. J., & Heppner, P. P. (2003). Identifying process variables in career counseling: A research agenda. *Journal of Vocational Behavior, 62*, 429-452. doi:10.1016/S0001-8791 (02)00053-2.

Herman, V. (1998). *Dramatic discourse: Dialogue as interaction in plays.* New York: Psychology Press.

Herr, E. L., & Cramer, S. H. (1996). *Career guidance and counseling through the life span: Systematic approaches* (5th ed.), Glenview, IL: Scott, Foresman.

Herr, E. L., Cramer, S. H., & Niles, S. G. (2004). *Career guidance and counseling through the lifespan: Systematic approaches* (6th ed.). Boston: Allyn & Bacon.

Hershenson, D. B. (2010). Career counseling with diverse populations: Models, interventions and applications. In E. M. Szymanski & R. M. Parker (Eds.), *Work and disability: Contexts, issue, and strategies for enhancing employment outcomes for people with disabilities* (3rd ed., pp. 163-201). Austin, TX: Pro-Ed.

Hershenson, D.., & Liesener, J. (2003). Career counseling with diverse populations: Models, interventions, and applications. In E. M. Szymanski & R. M. Parker (Eds.), *Work and disability: Issues and strategies in career development and job placement* (2nd ed., pp. 281-316). Austin, TX: PRO-ED, Inc.

Hershey, D. A., & Henkens, K. (2014). Impact of different types of retirement transitions on perceived satisfaction with life. *The Gerontologist, 54*(2), 232-244.

Hesketh, B., Elmslie, S., & Kaldor, W. (1990). Career compromise: An alternative account to

Gottfredson's theory. *Journal of Counseling Psychology, 37*(1), 49–56.

Hesketh, B., Griffin, B., Dawis, R., & Bayl-Smith, P. (2015). Extensions to the dynamic aspects of the retirement transition and adjustment framework (RTAF): Adjustment behaviors, work styles, and identity. *Work, Aging and Retirement, 1*(1), 79–91.

Hoare, P. N., McIlveen, P., & Hamilton, N. (2012). Acceptance and commitment therapy (ACT) as a career counseling strategy. *International Journal for Educational and Vocational Guidance, 171–187*. doi:10.1007/s10775-012-9224-9.

Hofstede, G. (2001). *Culture's consequences: Comparing values, behaviors, institutions and organizations across nations*. Thousand Oaks, CA: Sage publications.

Holaday, M., Smith, D. A., & Sherry, A. (2000). Sentence completion tests: A review of the literature and results of a survey of members of the Society for Personality Assessment. *Journal of Personality Assessment, 74*(3), 371–383.

Holland, J. L. (1959). A theory of vocational choices. *Journal of Counseling Psychology, 6(1)*, 35–45.

Holland, J. L. (1992). *Making Vocational Choices. A theory of vocational personalities and work environment* (3rd ed.). Odessa, FL: Psychological Assessment resources.

Holland, J. L. (1994). *Manual Self-Directed Search*. Odessa, FL: Psychological Assessment Resources.

Holland, J. L. (1997). *Making vocational choice: A theory of vocational personalities and work environments* (3rd ed.). Odessa, FL: Psychological Association Resources.

Holland, J. L. Daiger, D. C., & Power, P. G. (1980). *My vocational situation*. Palo Alto, CA: Consulting Psychologists Press.

Holland, J. L., & Holland, J. E. (1977). Vocational indecision: More evidence and speculation. *Journal of Counseling Psychology, 24*, 404–414.

Holland, J., Powel, A., & Fitzshe, B. (1994). *The self-directed search professional user's guide*. Odessa, FL: Psychological Assessment Resources.

Holt, R. R. (1989). *Freud reappraised: A fresh look at psychoanalytic theory*. New York: Guilford Press.

Hopson, B., & Adams, J. D. (1977). Towards an understanding of transitions: Defining some boundaries of transition. In J. Adams, J. Hayes, & B. Hopson (Eds.), *Transition: Understanding and managing personal change* (pp. 1–19). Montclair, NJ: Allenheld & Osmun.

Hunt, E. (1995). *Will we be smart enough? A cognitive analysis of the coming workforce*. New York: Russell Sage Foundation.

Hutchens, R., & Papps, K. L. (2005). Developments in phased retirement. In R. L. Clark & O. S. Mitchell (Eds.), *Reinventing the retirement paradigm* (pp. 133–159). Oxford University Press. https://doi.org/10.1093/0199284601.001.0001.

Isaacson, L., & Brown, D. (1993). *Career information, career counseling, career development*. Boston: Allyn & Bacon.

Jacobs, S. J., & Blustein, D. L. (2008). Mindfulness as a coping mechanism for employment uncertainty. *Career Development Quarterly, 57*, 174-180. doi:10.1002/j.2161-0045.2008.tb00045.x.

James, J., & Spiro, A. III. (2007). The impact of work on the psychological health and well-being of older Americans. In J. James & P. Wink (Eds.), *The crown of life: Dynamics of the early post retirement period* (pp. 153-174). New York, NY: Springer.

James, W. (1890). *Principles of psychology* (Vols. 102). New York, NY: Henry Holt. http://dx.doi.org.10.1037/11959-000.

Jansen, K. J., & Kristof-Brown, A. L. (2005). Marching to the beat of a different drummer: Examining the impact of pacing congruence. *Organizational Behavior and Human Decision Processes, 97*(2), 93-105.

Jarvis, P. S. (2003). *Career management paradigm shift: Prosperity for citizens*. Windfalls for Governments, Canada: National Life/Work Centre.

Jensen, A. R. (2002). Galton's legacy to research on intelligence. *Journal of Biosocial Science, 34*(2), 145-172.

Johnson, L. E., & Crews, C. (2011). Adolescent occupational aspirations: Test of Gottfredson's theory of circumscription and compromise, *The Career Development Quarterly, 59*(5), 412-427.

Johnson, R. W., Penner, R. G., & Toohey, D. (2008). Do out of pocket health care costs delay retirement? Retirement Policy Discussion Paper Series. Washington, DC: The Urban Institute.

Jones, A. J., Stefflre, B., & Stewart, N. R. (1970). *Principles of guidance* (6th ed.). New York, NY: McGraw-Hill.

Jones, D. A., & McIntosh, B. R. (2010). Organizational and occupational commitment in relation to bridge employment and retirement intentions. *Journal of vocational behavior, 77*(2), 290-303.

Jones, L. K .(1993). *Occ-U-Sort Professional Manual*. Monterey, CA: McGraw-Hill.

Jones, L. K. (1993). Two career guidance instruments: Their helpfulness to students and effect on students' career exploration. *The School Counselor, 40*(3), 191-200.

Jones-Smith, E. (2014). *Theories of counseling and psychotherapy*. Thousand Oaks, CA: Sage Publication.

Jordan, J. V. (2010). Relational-cultural therapy. *Handbook of Counseling Women*, 63-73.

Juntunen, C. L., & Even, C. E. (2012). Theories of vocational psychology. In N. A. Fouad (Ed.), *APA handbook of counseling psychology: Vol. 1. Theories, research, and methods* (pp. 237-267). Washington, DC: American Psychological Association.

Kabat-Zinn, J. (2003). Mindfulness-based interventions in context: Past, present, and future. *Clinical psychology: Science and practice, 10*(2), 144-156.

Kahn, H. (2004). Low-wage single mother families in this jobless recovery: Can improved social policies help? *Analysis of Social Issues & Public Policy, 4,* 47-68.

Kaschak, E. (1992). *Engendered lives.* New York: Basic Books.

Kavruck, S. (1956). Thirty-three years of test research: A short history of test development in the US Civil Service Commission. *American Psychologist, 11*(7), 329-333.

Kivlighan Jr, D. M. (1990). Relation between counselors' use of intentions and clients' perception of working alliance. *Journal of Counseling Psychology, 37*(1), 27.

Knowdell, R. L. (1995). *Motivated skills card sort.* San Jose, CA: Career Research and Testing.

Koivisto, P., Makitalo, M., Larvi, T., Silvonen, J., & Vuori, J. (2002). *Koulutuksesta tyohon* [From school to work]. Helsinki, Finland: Finnish Institute of Occupational Health.

Koivisto, P., Vuori, J. V., & Nykyri, E. (2007). Effects of the school-to-work group method among young people. *Journal of Vocational Behavior, 70,* 277-296. doi:10.1016/j.jvb.2006.12.001.

Korea, S. (2018). report of society survey [Internet]. Seoul: KOSIS; 2018 [cited 2018 November 6].

Kosciulek, J. F. (2004a). Empowering people with disabilities through vocational rehabilitation counseling.

Kosciulek, J. F. (2004b). Research applications of the longitudinal study of the vocational rehabilitation services program. *Rehabilitation Counseling Bulletin, 47,* 173-180.

Kram, K. E. (1985). *Mentoring at work: Developmental relationships in organizational life.* Glenview, IL: Scott, Foresman.

Krumboltz, J. D. (1979). A social learning theory of career decision making. In A. M. Mitchell, C. B. Jones, & J. D. Krumboltz (Eds.), *Social learning and career decision making* (pp. 19-49). RI: Carroll.

Krumboltz, J. D. (1994a). The career beliefs inventory. *Journal of Counseling & Development, 72,* 424-428.

Krumboltz, J. D. (1994b). Improving career development theory from a social learning perspective. In M. L. Savickas & R. W. Lent (Eds.), *Convergence in career development theories: Implications for science and practice* (pp. 9-31). Palo Alto, CA: Consulting Psychologist Press.

Krumboltz, J. D. (1996). A learning theory of career counseling. In M. L. Savickas & W. Bruce Walsh (Eds.), *Handbook of career counseling theory and practice* (pp. 55-80). Palo Alto, CA: Davies-Black.

Krumboltz, J. D. (2009). The happenstance learning theory. *Journal of Career Assessment, 17,* 135-

154. doi:10.1177/1069072708328861.

Krumboltz, J. D., & Henderson, S. J. (2002). A learning theory for career counselors. In S. G. Niles (Ed.), *Adult Career Development: Concepts, Issues and Practices* (3rd ed., pp. 41-58). Tulsa, OK: National Career Development Association.

Krumboltz, J. D., & Nichols, C. W. (1990). Integrating the social learning theory of career decision making. In W. B. Walsh & S. H. Osipow (Eds.), *Career Counseling: Contemporary Topics in Vocational Psychology* (pp. 159-192). Hilsdale, NJ: Lawrence Erlbaum.

Krumboltz, J. D., & Sorenson, D. L. (1974). *Career decision making.* Madison, WI: Counseling Films.

Krumboltz, J. D., Foley, P. F., & Cotter, E. W. (2013). Applying the happenstance learning theory to involuntary career transitions. *The Career Development Quarterly, 61,* 15-26. doi:10.1002/j.2161-0045.2013.00032.x

Krumboltz, J. D., Mitchell, A., & Gelatt, H. G. (1975). Applications of social learning theory of career selection. *Focus on guidance, 8*(3), 1-16.

Lambert, M. J., & Barley, D. E. (2001). Research summary on the therapeutic relationship and psychotherapy outcome. *Psychotherapy: Theory, Research, Practice, Training, 38,* 357-361. doi:10.1037/0033-3204.38.4.357.

Leahy, M. J., Chan, F., Sung, C., & Muwoong, K. (2013). Empirically derived test specifications for the certified rehabilitation counselor examination. *Rehabilitation Counseling Bulletin, 56,* 199-214. doi:10.1177/0034355212469839.

Lent, R. W. (2005). A Social Cognitive View of Career Development and Counseling. In S. D. Brown & R. W. Lent (Eds.), *Career development and counseling: Putting theory and research to work* (pp. 101-127). Hoboken, NJ: John Wiley & Sons Inc.

Lent, R. W., & Brown, S. D. (1996). Social cognitive approach to career development: An overview. *Career Development Quarterly, 44,* 310-321.

Lent, R. W., & Brown, S. D. (2002). Social cognitive career theory and adult career development. In S. G. Niles (Ed.), *Adult career development: Concepts, issues, and practices* (3rd ed., pp. 78-97). Columbus, OH: National Career Development Association.

Lent, R. W., & Brown, S. D. (2006). On conceptualizing and assessing social cognitive constructs in career research: A measurement guide. *Journal of Career Assessment, 14,* 12-35.

Lent, R. W., & Brown, S. D. (2013). Understanding and facilitating career development in the 21st century. In S. D. Brown & R. W. Lent (Eds.), *Career development and counseling: Putting theory and research to work* (2nd ed., pp. 1-26). Hoboken, NJ: John Wiley and Sons.

Lent, R. W., & Hackett, G. (1994). Sociocognitive mechanisms of personal agency in career development: Pantheoretical prospects. In M. L. Savickas & R. W. Lent (Eds.), *Convergence in career development theories: Implications for science and practice* (pp. 77-101). Palo Alto, CA: CPP Books.

Lent, R. W., Brown, S. D., & Hackett, G. (1994). Toward a unifying social cognitive theory of career and academic interest, choice, and performance. *Journal of Vocational Behavior, 45*, 79-122.

Lent, R. W., Brown, S. D., & Hackett, G. (2002). Social cognitive career theory. In D. Brown & Associates (Eds.), *Career choice and development* (4th ed., pp. 255-311). San Francisco: Jossey-Bass.

Leong, F. T. (1993). Between Asian and Caucasian American College Students. *Journal of Multicultural Counseling and Development, 21*, 182-190.

Lowman, R. (1993). *Counseling and psychotherapy of work dysfunctions.* Washington, DC: American Psychological Association.

Lustig, D. C., Strauser, D. R., Rice, N. D., & Rucker, T. F. (2002). The relationship between working alliance and rehabilitation outcomes. *Rehabilitation Counseling Bulletin, 46*, 24-32. doi:10.1177/0 0343552020460010201.

Luzzo, D. A., & Taylor, M. (1994). Effects of verbal persuasion on the career self-efficacy of college freshmen. *California Journal of Counseling and Development, 14*, 31-34.

Mandeville, C. A., Brabham, R., & Koch, L. C. (1998). The state-federal vocational rehabilitation program. In R. M. Parker & E. M. Szymanski (Eds.), *Rehabilitation counseling: Basics and beyond* (3rd ed., pp. 41-70). Austin, TX: Pro-Ed.

Manuele-Adkins, C. (1992). Career counseling is personal counseling. *Career Development Quarterly, 40*, 313-323. doi:10.1002/j.2161-0045.1992.tb00338.x.

Maree, J. G. (2010). Critical appraisal of the system of education and prospects of meeting the manpower and developmental needs of South Africa. *Africa Insight, 40*, 85-108.

Marx, K. (1867). *Das Kapital. Kritik der politischen Okonomie* [Capital: A critique of political economy]. Dietz Verlag, Berlin: Marx-Engels Werke Band 23.

Mayo, A. (2001). *The human value of the enterprise.* London: Nicholas Brealey Publishing.

McAdams, D. P. (1996). Personality, modernity, and the storied self: A contemporary framework for studying persons. *Psychological Inquiry, 7*, 295-321. doi:10.1207/s15327965pli0704_1.

McCrae, R. R., & John, O. P. (1992). An introduction to the five-factor model and its applications. *Journal of personality, 60*(2), 175-215.

McIlveen, P., Ford, T., & Dun, K. (2005). A narrative sentence-completion process for systems career assessment. *Australian Journal of Career Development, 14*(3), 30-38.

McMahon, M., Patton, W., & Watson, M. (2003). Developing qualitative career assessment processes. *The Career Development Quarterly, 51*(3), 194-202.

McMahon, R. J. (2003). *The Cold War: A very short introduction.* Oxford and New York: Oxford University Press.

McWhirter, E. (1994). *Counseling for empowerment.* Alexandria, VA: American Counseling Association.

Meara, P. (1996). The vocabulary knowledge framework. *Vocabulary Acquisition Research Group Virtual Library*, 1-11.

Meichenbaum, D. (2007). Stress inoculation training: A preventative and treatment approach. *Principles and practice of stress management, 3*, 497-518.

Meichenbaum, D. (2008). Trauma, spirituality and recovery: Toward a spiritually integrated psychotherapy. Unpublished paper, Melissa Institute for Violence Prevention and Treatment, Miami.

Meichenbaum, M. (1977). *Cognitive behavior modification.* New York: Plenum.

Miller, D. C., & Form, W. H. (1951). *Industrial sociology.* New York: Harper.

Miller, M. J. (1983). The role of happenstance in career choice. *The Vocational Guidance Quarterly, 32*, 16-20.

Miller, W. R., & Rollnick, S. (2013). *Motivational interviewing: Helping people change* (3rd ed.). New York, NY: The Guilford Press.

Miller-Tiedeman, A., & Tiedeman, D. V. (1979). *Personal and common realities in careers: A position exemplified in the young adolescent period.* Los Angeles: National Institute for the Advancement of Career Education, University of Southern California.

Miller-Tiedeman, A., & Tiedeman, D. V. (1990). Career decision making. In D. Brown & L. Brooks (Eds.), *Career choice and development: Applying contemporary theories to practice* (2nd ed., pp. 308-337). San Francisco, CA: Jossey-Bass.

Miner, R. G. (1964). *U.S. Patent No. 3,145,543.* Washington, DC: U.S. Patent and Trademark Office.

Mirvis, P. H. (1996). Historical foundations of organization learning. *Journal of Organizational Change Management, 9*(1), 13-31.

Mischel, W. (1999). Personality coherence and dispositions in a cognitive-affective personality system (CAPS) approach. In D. Cervone & Y. Shoda (Eds.), *The coherence of personality: Social-cognitive bases of consistency, variability, and organization* (pp. 37-60). New York: Guilford Press.

Mitchell, K. E., Levin, A. S., & Krumboltz, J. D. (1999). Planned happenstance: Constructing unexpected career opportunities. *Journal of Counseling and Development, 77,* 115-124.

Mitchell, L. K., & Krumboltz, J. D. (1990). Social learning approach to career decision: Krumboltz's theory. In D. Brown, L. Brooks, & Associates (Eds.), *Career choice and development* (2nd ed., pp. 308-337). San Francisco: Jossey-Bass.

Mitchell, L. K., & Krumboltz, J. D. (1996). Krumboltz's learning theory of career choice and counseling. In D. Brown & L. Brook. & Associates (Eds.), *Career choice and development* (3rd ed., pp. 233-280). San Francisco, CA: Jossey-Bass.

Murphy, J. T. (2015). Human geography and socio-technical transition studies: Promising intersections. *Environmental Innovation and Societal Transitions, 17,* 73-91.

Myers, I. M., McCaulley, M. H., Quenk, N., & Hammer, A. L. (1998). *MBTI manual: A guide to the development and use of the Myers-Briggs Type Indicator* (3rd ed.). Palo Alto, CA: Consulting Psychologists Press.

Nauta, M. M. (2013). Holland's theory of vocational choice and adjustment. In S. D. Brown & R. W. Lent (Eds.), *Career development and counseling: Putting theory and research to work* (2nd ed., pp. 55-82). Hoboken, NJ: Wiley.

Neff, W. S. (1985). *Work and human behavior* (3rd ed.). New York: Aldine Publishing Company.

Niles, S. G., & Harris-Bowlsbey, J. (2005). *Career development interventions in the 21st century* (2nd ed.). Upper Saddle River, NJ: Pearson prentice Hall.

Niles, S. G., Anderson. W. P., Jr., & Goodnough, G. (1998). Exploration foster career development. *Career Development Quarterly, 46,* 262-275. doi:10.1002/j.2161-0045.1998.tb00700.x.

Norcross, J. C. (2005). A primer on psychotherapy integration. In J. C. Norcross & M. R. Goldfried (Eds.), *Handbook of psychotherapy integration* (pp. 3-23). New York, NY: Oxford University Press.

Nykanen, M., Klemola, S., Koivisto, P., Makitalo, M., Larvi, T., Silvonen, J., & Vuori, J. (2014). *School to work: Trainer's manual.* Helsinki, Finland: Finnish Institute of Occupational Health.

O'Brien, G. E. (1986). *Psychology of work and unemployment.* New York: Wiley.

Ochs, L. A., & Roessler, R. T. (2004). Predictors of career exploration intentions: A social cognitive career theory perspective. *Rehabilitation Counseling Bulletin, 47,* 224-233. doi:10.1177/00343552 040470040401.

O'Hanlon, B., O'Hanlon, W. H., & Weiner-Davis, M. (2003). *In search of solutions: A new direction in psychotherapy.* New York: W.W. Norton & Company.

Okun, B. F.(1984). *Working with adults: Individual, family, and career development.* Monterey, CA: Brooks/Cole.

Padesky, C. A., & Mooney, K. A. (2012). Strengths-based cognitive-behavioural therapy: A four-step model to build resilience. *Clinical Psychology & Psychotherapy*, *19*(4), 283-290.

Pantzer, K. M., Gushue, G. V., Scanlan, K. R., & Clarke, C. P. (2006). The relationship of career decision-making self-efficacy, vocational identity, and career exploration behavior in African American high school students. *Journal of Career Development*, *33*(1), 19-28.

Parsons, F. (1909). *Choosing a vocation*. Boston, MA: Houghton Mifflin.

Patton, W., & McMahon, M. (2006). *Career development and systems theory: Connecting theory and practice*. Rotterdam, the Netherlands: Sense.

Pelletier, D., Noiseux, G., & Bujold, C. (1974). *Development vocational et croissance personnelle: Approche operatoire* [Vocational development and personal growth: Operative approach]. Montreal: McGraw-Hill.

Pepper, S. (1942). *World hypotheses*. Berkeley: University of California Press.

Perrone, J. A. (2005). Economy of scale: A motion sensor with variable speed tuning. *Journal of Vision*, *5*(1), 28-33.

Pervin, L. A. (2001). A dynamic systems approach to personality. *European Psychologist, 6*(3), 172-176.

Pervin, L. A., & John, O. P. (2001). Θεωρίες προσωπικότητας: Έρευνα και εφαρμογές. Αθήνα: Εκδ όσεις Τυπωθήτω.

Peterson, G. W., Sampson, J. P., Jr., Reardon, R. C., & Lenz, J. G. (1996). Becoming career problem solvers and decision makers: A cognitive information processing approach. In D. Brown & L. Brooks (Eds.), *Career choice and development* (3rd. ed., pp. 423-475). San Francisco, CA: Jossey-Bass.

Peterson, G. W., Sampson, J. P., Reardon, R. C., & Lenz, J. G. (2002). A cognitive information processing approach. In D. Brown, L. Brooks, & Associates (Eds.), *Career choice and development* (4th ed., pp. 312-373). San Francisco: Jossey-Bass.

Peterson, N., & Gonzalez, R. C. (2005). *The role of work in people's lives: Applied career counseling and vocational psychology*. Pacific Grove, CA: Brooks/Cole.

Phillips, S. D. (1982). Career exploration in adulthood. *Journal of Vocational Behavior, 20*, 129-140.

Piaget, J. (1977). *The development of thought: Equilibration of cognitive structures (Trans A. Rosin)*. New York: Viking.

Polster, E., & Polster, M. (1973). *Gestalt therapy integrated*. New York: Brunner.

Polster, M. (1987). Escape from the present: Transition and story line. In J. K. Zeig (Ed.), *The evolution of psychotherapy* (pp. 326-340). New York: Brunner/Mazel.

Ponterotto, J. G. (2005). Qualitative research in counseling psychology: A primer on research paradigms and philosophy of science. *Journal of Counseling Psychology, 52,* 126–136. doi:10.1037/0022-0167.52.2.126.

Popadiuk, N. E. (2013). Career counsellors and suicide risk assessment. *British Journal of Guidance and Counselling, 41,* 1–12. doi:10.1080/03069885.2012.726964.

Pope, M. (2000). A brief history of career counseling in the United States. *Career Development Quarterly, 48,* 194–211.

Popham, W. J. (1981). The case for minimum competency testing. *The Phi Delta Kappan, 63*(2), 89–91.

Porfeli, E. J., & Lee, B. (2012). Career development during childhood and adolescence. *New directions for youth development, 2012*(134), 11–22.

Porfeli, E. J., & Skorikov, V. B. (2010). Specific and diversive career exploration during late adolescence. *Journal of Career Assessment, 18*(1), 46–58.

Prediger, D. J. (2001). Assessment in career counseling. In G. R. Walz & J. C. Bleuer (Eds.), *Assessment: Issues and challenges for the millennium* (pp. 329–334). Greensboro, NC: ERIC-CASS.

Prediger, D. J., & Noeth, R. J. (1979). Effectiveness of a brief counseling intervention in stimulating vocational exploration. *Journal of Vocational Behavior, 14,* 352–368. doi:10.1016/0001-8791(79)90063-0.

Price, R. H., Choi, J., & Vinokur, A. D. (2002). Links in the chain of adversity following job loss: How financial strain and loss of personal control lead to depression, impaired functioning and poor health. *Journal of Occupational Health Psychology, 7,* 302–312. doi:10.1037/1076-8998.7.4.302.

Prilletensky, I. (1997). Values, assumptions, and practices: Assessing the moral implications of psychological discourse and action. *American Psychologist, 52,* 517–535. doi:10.1037/0003-066X.52.5.517.

Pryor, R. G. (1993). Returning from the wilderness: Personality in career decision making. *Australian Journal of Career Development, 2*(3), 13–17.

Pyle, R. K. (2007). *Group career counseling: Practices and principles.* Broken Arrow, OK: National Career Development Association.

Quenk, N. L. (2009). *Essentials of Myers-Briggs Type Indicator assessment* (2nd ed.). Hoboken, NL: Wiley.

Rangell, L. (1988). The future of psychoanalysis: The scientific crossroads. *The Psychoanalytic Quarterly, 57*(3), 313–340.

Rankin, S. R. (2003). *Campus climate for gay, lesbian, bisexual and transgender people: A national perspective.* National Gay and Lesbian Task Force Policy Institute.

Rau, B. L., & Adams, G. A. (2005). Attracting retirees to apply: Desired organizational characteristics of bridge employment. *Journal of Organizational Behavior: The International Journal of Industrial, Occupational and Organizational Psychology and Behavior, 26*(6), 649-660.

Reardon, R. C., & Lenz, J. G. (1999). Holland's Theory and career intervention: The power of hexagon. *Journal of Vocational Behavior, 55,* 114-126.

Reardon, R. C., Lenz, J. G., Sampson Jr, J. P., & Peterson, G. W. (2011). Big questions facing vocational psychology: A cognitive information processing perspective. *Journal of Career Assessment, 19*(3), 240-250.

Richardson, M. S. (2012). Counseling for work and relationship. *Counseling Psychologist, 40,* 190-242. doi:10.1177/0011000011406452.

Rifkin, J. (1995). The end of work: *The decline of the global labor market force and the dawn of the post-market era.* New York: Tarcher/Putnam.

Riggar, T. F., & Maki, D. (2004). *Handbook of rehabilitation counseling.* New York: Springer.

Roberts, K., & Parsell, G. (1992). The stratification of youth training. *British journal of Education and Work, 5*(1), 65-83.

Rogers, C. R. (1951). *Client-centered therapy: Its current practice, implications, and theory.* Boston, MA: Houghton Mifflin.

Rokeach, M. (1973). *The nature of human values.* New York, NY: Free Press.

Roth, W. M. (2007). Emotion at work: A contribution to third-generation cultural-historical activity theory. *Mind, Culture, and Activity, 14*(1-2), 40-63.

Rotter, J. B., & Rafferty, J. E. (1950). *The Rotter Incomplete Sentences Blank: College Form: Manual.* New York: Psychological Corporation.

Rounds, J. B. (1990). The comparative and combined utility of work value and interest data in career counseling with adults. *Journal of Vocational Behavior, 37,* 32-45.

Rounds, J. B., & Tracey, T. J. (1990). From trait-and-factor to person-environment fit counseling: Theory and process. In W. B. Walsh & S. H. Osipow (Eds.), *Career counseling* (pp. 1-44). Hillsdale, NJ: Erlbaum.

Rule, W. R., & Bishop, M. (2006). *Adlerian lifestyle counseling: Practice and research.* New York, NY: Taylor & Francis.

Sampson, J. P., Jr., Peterson, G. W., Lenz, J. G., & Reardon, R. C. (1992). A cognitive approach to career services: Translating concepts into practice. *Career Development Quarterly, 41,* 67-74.

doi:10.1002/j/2161-0045.1992.tb00360.x

Sampson, J. P., Jr., Peterson, G. W., Lenz, J. G., Reardon, R. C., & Saunders, D. E. (1996). *Career Thoughts Inventory: Manual.* Odessa, FL: Psychological Assessment Resources.

Sampson, J. P., Reardon, R. C., Peterson, G. W., & Lenz, J. G. (2004). *Career counseling and services: A cognitive information processing approach.* Belmont, CA: Thomson Brooks/Cole.

Savickas, M. L., & Hartung, P. J. (2012). *My career story: An autobiographical workbook for life-career success.* Retrieved from http://www.vocopher.com/CSI/CCI_workbook.pdf.

Savickas, M. L. (1988). Annual review: Practice and research in career counseling and development. *The Career Development Quarterly, 38*, 100-134.

Savickas, M. L. (1989). Advances in the use of career choice process measures. *Vocational Assessment in Counseling Psychology: Contemporary Developments and Advances*, at the annual meeting of the American Psychological Association, New Orleans.

Savickas, M. L. (1991). The meaning of work and love: Career issues and interventions. *The Career Development Quarterly, 39*(4), 315-324.

Savickas, M. L. (1997). Career adaptability: An integrative construct for life-span, life-space theory. *The Career Development Quarterly, 45*, 247-259.

Savickas, M. L. (2005). The theory and practice of career construction. In S. D. Brown & R. W. Lent (Eds.), *Career development and counseling: Putting theory and research to work* (pp. 42-70). New York, NY: Wiley.

Savickas, M. L. (2011). *Career counseling.* Washington, DC: American Psychological Association.

Savickas, M. L. (2013). Career construction theory and practice. In R. W. Lent & S. D. Brown (Eds.), *Career development and counseling: Putting theory and research to work* (2nd ed., pp. 147-183). Hoboken, NJ: Wiley.

Savickas, M. L. (2015). Life-Design Counseling Manual. www.vocopher.com.

Savickas, M. L., & Hartung, P. J. (2012). *My career story: An autobiographical workbook for life-career success.* www.vocopher.com.

Savickas, M. L., Nota, L., Dauwalder, J. P., Duarte, M., Guichard, J., … van Vianen, A. E. M. (2009). Life designing: A paradigm for career construction in the 21st century. *Journal of Vocational Behavior, 75*, 239-250. doi:10.1016/j.jvb.2009.04.004.

Savickas, M., & Walsh, W. B. (Eds.). (1996). *Handbook of career counseling theory and practice.* Palo Alto, CA: Davies-Black Publishing.

Schlossberg, M. (2004). Coordination as a strategy for serving the transportation disadvantaged: A comparative framework of local and state roles. *Public Works Management & Policy, 9*(2), 132-

144.

Schlossberg, N. K. (1984). *Counseling adults in transition: Linking practice with theory.* New York: Springer.

Schlossberg, N. K. (2009). *Revitalizing retirement: Reshaping your identity, relationships, and purpose.* Washington, DC: American Psychological Association.

Schmidt, S. F. (1970). *Computational techniques in Kalman filtering (Mathematical formulation and computational techniques of Kalman filtering theory in aerospace applications).* 65-86.

Schneider, C. Q., & Wagemann, C. (2010). Standards of good practice in qualitative comparative analysis (QCA) and fuzzy-sets. *Comparative Sociology, 9*(3), 397-418.

Schneider, K. J. (2010). Existential psychotherapy. In I. B. Weiner & W. E. Craighead (Eds.), *The Corsini Encyclopedia of Psychology* (4th ed., p. 611). Hoboken, NJ: Wiley.

Schopp, W. K. (2000). Testimony on behalf of the Association of Private Pension and Welfare Plans before the U. S. Senate Special Committee on Aging. April 3. Washington, DC: *US Congress.* Retrieved from http://www. americanbenefitscouncil.org/documents/schopptestimony.pdf

Schwartz, E. S., & Longstaff, F. A., (1992). A two-factor interest rate model and contingent claims valuation. *The Journal of Fixed Income, 2*(3), 16-23.

Sennett, R. (1998). *The corrosion of character: The personal consequences of work in the new capitalism.* New York: Norton.

Shafiabady, N., Teshnehlab, M., & Shooredeh, M. A. (2006, December). A comparison of pso and backpropagation combined with ls and rls in identification using fuzzy neural networks. In *2006 IEEE International Conference on Industrial Technology* (pp. 1574-1579). IEEE.

Sharf, R. (2000). *Theories of psychotherapy & counseling: Concepts and cases.* Belmont, CA: Brooks/ Cole.

Sharf, R. (2002). *Applying career development theory to counseling* (3rd ed.). Pacific Grove, CA: Brooks/Cole.

Sharf, R. S. (2012). *Theories of psychotherapy and counseling: Concepts and cases.* Belmont. CA: Brooks/Cole.

Sharf, R. S. (2013). Advances in theories of career development. In W. B. Walsh, M. L. Savickas, & P. J. Hartung (Eds.), *Handbook of vocational psychology: Theory, research, and practice* (pp. 3-32). New York, NY: Routledge/Taylor & Francis Group.

Sheaks, C. (2007). The state of phased retirement: Facts, figures, and policies. *Aging Workforce,* XXXI, 57-62.

Slaney, R. B. (1981). The vocational card sort-Understanding your results. Unpublished manuscript.

(Available from RB Slaney, Department of Psychology, Southern Illinois University-Carbon-dale, Carbondale, Illinois 62901).

Smith, H. M., & Betz, N. E. (2000). Development and validation of a scale of perceived social self-efficacy. *Journal of career assessment*, 8(3), 283-301.

Snow, R. (1994). Abilities and aptitudes. In R. Sternberg (Ed.), *Encyclopedia of human intelligence* (vol.1, pp. 3-5). New York, NY: Macmillan.

Spiegler, R. (2016). Bayesian networks and boundedly rational expectations. *The Quarterly Journal of Economics*, 131(3), 1243-1290.

Spokane, A. R. (1991). *Career intervention*. Englewood Cliffs, NJ: Prentice-Hall.

Spokane, A. R. (1996). Holland's theory. *Career choice and development*, 3, 33-74.

Spokane, A. R., & Cruza-Guet, M. C. (2005). Holland's theory of vocational personalities in work environments. In S. D. Brown & R. W. Lent (Eds.), *Career development and counseling: Putting theory and research to work* (pp. 24-41). Hoboken, NJ: John Wiley.

Sternberg, R. J. (1985). *Beyond IQ: A triarchic theory of human intelligence*. New York: Cambridge University Press.

Stoltz, K. B., & Apodaca, M. (2017). Early recollections and career counseling: Identity, adaptability, and meaningful work. *VISTAS 2017*.

Super, D. E. (1955). Transition: From vocational guidance to counseling psychology. *Journal of Counseling Psychology*, 2, 3-9. doi:10.1037/h0041630.

Super, D. E. (1957). *The psychology of careers*. New York: Harper Collins.

Super, D. E. (1963). Self-concepts in vocational development. *Career development: Self-concept theory*, 1-16.

Super, D. E. (1965). *The preliminary appraisal in vocational counseling*. Personnel.

Super, D. E. (1969). Vocational development theory. *The Counseling Psychologist*, 1, 2-30.

Super, D. E. (1980). A life-span, life-space approach to career development. *Journal of Vocational Behavior, 13*, 289-298.

Super, D. E. (1983). Assessment in career guidance: Toward truly developmental counseling. *Personnel and Guidance Journal*, 61, 555-562. doi:10.1111/j.2164-4918.1983.tb00099.x

Super, D. E. (1990). A life-span approach to career development. In D. Brown & L. Brooks (Eds.), *Career choice and development* (2nd ed., pp. 107-261). San Francisco: Jossey-Bass.

Super, D. E. (1995). Values: Their nature, assessment, and practical use. In D. E. Super & B. Sverko (Eds.), *Life roles, values, and careers: International findings of the work importance study* (pp. 54-61). San Francisco, CA: Jossey-Bass.

Super, D. E., & Knasel, E. G. (1981). Career development in adulthood: Some theoretical problems and a possible solution. *British Journal of Guidance and Counselling, 9*(2), 194-201.

Super, D. E., & Sverko, B. (Eds.). (1995). *Life roles, values, and careers: International findings of the work importance study.* San Francisco: Jossey-Bass.

Super, D. E., Savickas, M. L., & Super, C. M. (1996). The life-span, life-space approach to careers. In D. Brown & L. Brown (Eds.), *Career choice and development* (3rd ed., pp. 121-178). San Francisco: Jossey-Bass.

Super, D. E., Thompson, A. S., & Lindeman, R. H. (1988). *Adult Career Concerns Inventory: Manual for research and exploratory use in counseling.* Palo Alto, CA: Consulting Psychologists Press.

Swanson, H. L. (1996). *Swanson cognitive processing test (S-CPT): A dynamic assessment measure.* Austin, TX: Pro-Ed.

Swanson, J. L. (1995). The process and outcome of career counseling. In W. B. Walsh & S. H. Osipow (Eds.). *Handbook of vocational psychology* (2nd ed., pp. 217-259). Hillsdale, NJ: Lawrence Erlbaum Associates.

Swanson, J. L., & Schneider, M. (2013). Minnesota theory of work adjustment. In S. D. Brown & R. W. Lent (Eds.), *Career development and counseling: Putting theory and research to work* (2nd ed., pp. 29-53). New York: Wiley.

Szinovacz, M. E., Martin, L., & Davey, A. (2013). Recession and expected retirement age: Another look at the evidence. *The Gerontologist, 53,* 245-257. doi:10.1093/geront/gnt010

Szymanski, E. M., & Hershenson, D. B. (2005). An ecological approach to vocational behavior and career development of people with disabilities. In R. M. Parker & J. Boland Patterson (Eds.), *Rehabilitation counseling: Basic and beyond* (pp. 225-280). Austin, TX: Pro-Ed.

Szymanski, E. M., & Parker, R. M. (2003). *Work and disabilities: Issues and strategies in career development and job placement.* Austin, TX: PRO_ED, Inc.

Taylor, J. M., & Santoro, D. (2016). *Pictorial narratives: A narrative, meaning-making intervention.* Unpublished manuscript Kent, Ohio: Department of Counseling, Kent State University.

Taylor, N. B., & Pryor, R. G. (1985). Exploring the process of compromise in career decision making. *Journal of Vocational Behavior, 27,* 171-190.

Taylor, N. B., & Pryor, R. G. (1989). Circumscription and compromise: Some problems and some possibilities. *Australian Psychologist, 24*(1), 101-113.

Telzrow, C. F., & Koch, L. C. (2003). Nonverbal learning disability: Vocational implications and rehabilitation treatment approaches. *Journal of Applied Rehabilitation Counseling, 34,* 9-16.

Thorgren, J. M., & Feit, S. S. (2001). The Career-O-Gram: A postmodern career intervention. *Career*

Development Quarterly, 49, 291-303.

Toporek, R. L., & Flamer, C. (2009). The resume's secret identity: A tool for narrative exploration in multicultural career counseling. *Journal of Employment Counseling, 46*, 4-17. doi:10.1002/j.2161-1920.2009.tb00061.x

Tsaousides, T., & Jome, L. (2008). Perceived career compromise, affect and work-related satisfaction in college students. *Journal of Vocational Behavior, 73*(2), 185-194.

U.S. Department of Labor. (1998). *Workers*. Retrieved from http://www.dol.gov/dol/audience/aud-workers.htm

U.S. GAO. (2003). Agricultural Conservation: USDA Needs to Better Ensure Protection of Highly Erodible Cropland and Wetlands. Report to the Ranking Democratic Member, Committee on Agriculture. *Nutrition, and Forestry, US Senate*.

Ulman, E. (2001). Art therapy: Problems of definition. *American Journal of Art Therapy, 40*, 16-26.

Ulrich, L. B., & Brott, P. E. (2005). Older workers and bridge employment: Redefining retirement. *Journal of Employment Counseling, 42*, 159-170. doi:10.1002/j.2161-1920.2005.tb01087.x

US Bureau of Labor Statistics [BLS] (2010). *BLS—Inflation Calculation*.

Vaillant, G. E., & DiRago, A. C. (2007). Resilience in inner city youth: Childhood predictors of occupational status across the lifespan. *Journal of Youth and Adolescence, 36*(1), 61-70.

Vinokur, A. D., & Schul, Y. (1997). Mastery and inoculation against setbacks as active ingredients in the JOBS intervention for unemployed. *Journal of Consulting and Clinical Psychology, 65*, 867-877. doi:10.1037/0022-006X.65.5.867.

Vinokur, A. D., Schul, Y., Vuori, J., & Price, R. H. (2000). Two years after a job loss: Long-term impact of the JOBS program on reemployment and mental health. *Journal of occupational health psychology, 5*(1), 32-47.

Vondracek, F. W., & Kawasaki, T. (1995). Toward a comprehensive framework for adult career development theory and intervention. In W. B. Walsh & S. H. Osipow (Eds.), *Handbook of vocational psychology: Theory, research, and practice* (2nd ed., pp. 111-141). Mahwah, NJ: Erlbaum.

Vondracek, F. W., & Porfeli, E. (2003). World of work and careers. In G. R. Adams & M. Berzonsky (Eds.), *The Blackwell handbook of adolescence* (pp. 109-128). Oxford, England: Blackwell.

Vondracek, F. W., Lerner, R. M., & Schulenberg, J. E. (1986). *Career development: A life-span developmental approach*. Hillsdale, NJ: Erlbaum.

Wachtel, P. L. (1993). *Therapeutic communication: Principles and effective practice*. New York: Guilford Press.

Walsh, A. (1990). *Statistics for the social sciences: With computer applications.* Harper & Row.

Walter, J. L., & Peller, J. E. (1992). *Becoming solution-focused in brief therapy.* New York, NY: Brunner/Mazel.

Walter, J. L., & Peller, J. E. (2000). *Recreating brief therapy: Preferences and possibilities.* New York: W. W. Norton & Co.

Wampold, B. E., Mordin, G. W., Moody, M., Stich, F., Benson, K., & Ahn, H. (1997). A meta-analysis of outcome studies comparing bona fide psychotherapies: Empirically, "all must have prizes." *Psychological Bulletin, 122,* 203-215. doi:10.1037/0033-2909.122.3.203.

Ward, C. M., & Bingham, R. P. (1993). Career assessment of ethnic minority women. *Journal of Career Assessment, 1*(3), 246-257.

Ward, C. M., & Tate, G. (1990). The career checklist. *GeorgiaState University Counseling Center. Also Journal of Career Assessment, 1*(3), 246-257.

Watson, J. C., & Greenberg, L. S. (2006). *Emotion-focused therapy for depression: Coaching clients to work through their feelings.* Washington, DC: American Psychological Association.

Watson, J. C., Goldman, R. N., & Greenberg, L. S. (2011). Humanistic and experiential theories of psychotherapy. In J. C. Norcross, G. R. VandenBos, & D. K. Freedheim (Eds.), *History of psychotherapy: Continuity and change* (pp. 141-172). Washington, DC: American Psychological Association.

Watson, M., & McMahon, M. (2010). Occupational aspirations of low socioeconomic black south african children. *Journal of Career Development, 37,* 717-734.

Watzlawick, P., Weakland, J., & Fisch, R. (1974). *Change, principles of problem formation & problem resolution.* New York: Norton.

Wehmeyer, M. L. (2003). A functional theory of self-determination: Model overview. In M. L. Wehmeyer, B. Abery, D. E. Mithaug, & R. Stancliffe (Eds.), *Theory in self-determination: Foundations for educational practice* (pp. 182-201). Springfield, IL: Charles C. Thomas.

Weinrach, S. G. (1984). Determinants of vocational choice: Holland's theory. In D. Brown, L. Brooks, et al. (Eds.), *Career choice and development* (pp. 61-93). San Francisco: Jossey-Bass.

Westbrook, B. W., & Parry-Hill Jr, J. W. (1973). The measurement of cognitive vocational maturity. *Journal of Vocational Behavior, 3*(3), 239-252.

Whiston, S. C. (2009). *Principles and applications of assessment in counselling* (3rd ed.). Belmont, CA: Brooks/Cole.

Whiston, S. C., & Rahardja, D. (2005). Qualitative career assessment: An overview and analysis. *Journal of Career Assessment, 13*(4), 371-380.

White, H. (1992). *Artificial neural networks: Approximation and learning theory.* Oxford: Blackwell Publishers, Inc..

White, M., & Epston, D. (1990). *Narrative means to therapeutic ends.* New York: W.W. Norton.

Whitely, S. E. (1980). Modeling aptitude test validity from cognitive components. *Journal of Educational Psychology, 72*(6), 750-769.

Whitfield, E. A., Feller, R., & Wood, C. T. (Eds.). (2009). *A counselor's guide to career assessment instruments.* National Career Development Association.

Whitney, D. R. (1969). Predicting from expressed choice. *Personnel and Guidance Journal, 48,* 279-286.

Wiatrowski, W. J. (2001). Changing retirement age: Ups and downs. *Monthly Lab. Rev., 124,* 3-12.

Williams, P. N. (1978). *Investigative reporting and editing.* Englewood Cliffs, NJ: Prentice Hall.

Williamson, E. G. (1939). *How to counsel students.* New York: McGraw-Hill.

Wilson, W. J. (1996). *When work disappears: The world of the new urban poor.* New York: Random House.

Wolberg, A. (1977). Group therapy and the dynamics of projective identification. In W. R. Wolberg & M. L. Aronson (Eds.), Group Therapy. New York: Stratton Intercontinental Medical Book Corporation.

Wubbolding, R. E. (2011). Reality therapy/Choice theory. *Counseling and psychotherapy: Theories and interventions, 1,* 263-285.

Wubbolding, R. E. (2015). *Reality therapy training manual* (16th revision). Cincinnati, OH: Center for Reality Therapy.

Yalom, I. D. (2014). *Momma and the meaning of life: Tales from psychotherapy.* New York: Basic Books.

Yalom, I. D., & Josselson, R. (2014). Existential psychotherapy. In D. Wedding & R. Corsini (Eds.), *Current psychotherapies* (10th ed., pp. 265-298). Belmont, CA: Brooks/Cole.

Yontef, G., & Jacobs, L. (2014). *Gestalt therapy.* In D. Wedding & R. Corsini (Eds.), *Current psychotherapies* (10th ed., pp. 299-338). Belmont, CA: Brooks/Cole.

Yost, E. B., & Corbishley, M. A. (1987). *Career counseling: A psychological approach.* San Francisco: Jossey-Bass.

Young, R. A., Valach, L., & Collin, A.(2002). A contexttual explanation of career. In D. Brown, L. Brooks, & Associates (Eds.), *Career choice and development* (4th ed., pp. 206-254). San Francisco: Jossey-Bass.

Zeig, J. K., & Munion, W. (1990). *What is psychotherapy?: Contemporary perspectives.* San Francisco:

Jossey-Bass.

Zimerman, L. I. (1993). *Efeito da revascularizacao miocadica por angioplastia coronaria no eletrocardiograma de alta resolucao.* Ciencias da Saude(6848).

Zunker, V. (2011). *Career counseling: A holistic approach.* Canada, Toronto: Nelson Education.

Zunker, V. G. (1998). *Career counseling: Applied concepts of life planning.* Pacific Grove, CA: Brooks.

Zunker, V. G. (2002). *Career counseling: Applied concepts of life planning* (6th ed.). Pacific Grove, CA: Brooks/Cole.

Zunker, V. G. (2006). *Career counseling: A holistic approach.* Belmont, CA: Brooks.

Zunker, V. G., & Osborn, D. S. (2002). *Using assessment results for career counseling* (6th ed.). Pacific Grove, CA: Brooks/Cole.

찾아보기

인명

내용

저자 소개

송관재(Song, Kwan Jae)
연세대학교 인간행동연구소

김범준(Kim, Beom Jun)
경기대학교 범죄심리학과

이재창(Lee, Jae Chang)
대전대학교 산업광고심리학과

이기학(Lee, Ki-Hak)
연세대학교 심리학과

직업상담학
Job Counseling

2020년 9월 20일 1판 1쇄 인쇄
2020년 9월 30일 1판 1쇄 발행

지은이 • 송관재 · 김범준 · 이재창 · 이기학
펴낸이 • 김진환
펴낸곳 • ㈜**학지사**
      04031 서울특별시 마포구 양화로 15길 20 마인드월드빌딩
대표전화 • 02-330-5114   팩스 • 02-324-2345
등록번호 • 제313-2006-000265호

홈페이지 • http://www.hakjisa.co.kr
페이스북 • https://www.facebook.com/hakjisa

ISBN 978-89-997-2201-1 93180

정가 24,000원

이 도서의 국립중앙도서관 출판시도서목록(CIP)은 서지정보유통지
원시스템 홈페이지(http://seoji.nl.go.kr)와 국가자료공동목록시스템
(http://www.nl.go.kr/kolisnet)에서 이용하실 수 있습니다.
(CIP 제어번호: CIP2020036707)

출판 · 교육 · 미디어기업 **학지사**

간호보건의학출판 **학지사메디컬** www.hakjisamd.co.kr
심리검사연구소 **인싸이트** www.inpsyt.co.kr
학술논문서비스 **뉴논문** www.newnonmun.com
원격교육연수원 **카운피아** www.counpia.com